기본 수학의 정석®

확률과 통계

홍성대 지음

동영상 강의 ▶
www.sungji.com

성지출판(주)

머 리 말

고등학교에서 다루는 대부분의 과목은 기억력과 사고력의 조화를 통하여 학습이 이루어진다. 그중에서도 수학 과목의 학습은 논리적인 사고력이 중요시되기 때문에 진지하게 생각하고 따지는 학습 태도가 아니고서는 소기의 목적을 달성할 수가 없다. 그렇기 때문에 학생들이 수학을 딱딱하게 여기는 것은 당연한 일이다. 더욱이 수학은 계단적인 학문이기 때문에 그 기초를 확고히 하지 않고서는 막중한 부담감만 주는 귀찮은 과목이 되기 쉽다.

그래서 이 책은 논리적인 사고력을 기르는 데 힘쓰는 한편, 기초가 없어 수학 과목의 부담을 느끼는 학생들에게 수학의 기본을 튼튼히 해 줌으로써 쉽고도 재미있게, 그러면서도 소기의 목적을 달성할 수 있도록, 내가 할 수 있는 온갖 노력을 다 기울인 책이다.

진지한 마음으로 처음부터 차근차근 읽어 나간다면 수학 과목에 대한 부담감은 단연코 사라질 것이며, 수학 실력을 향상시키는 데 있어서 필요충분한 벗이 되리라 확신한다.

끝으로 이 책을 내는 데 있어서 아낌없는 조언을 해주신 서울대학교 윤옥경 교수님을 비롯한 수학계의 여러분들께 감사드린다.

1966. 8. 31.

지은이 홍 성 대

개정판을 내면서

지금까지 수학Ⅰ, 수학Ⅱ, 확률과 통계, 미적분Ⅰ, 미적분Ⅱ, 기하와 벡터로 세분되었던 고등학교 수학 과정은 2018학년도 고등학교 입학생부터 개정 교육과정이 적용됨에 따라

수학, 수학Ⅰ, 수학Ⅱ, 미적분, 확률과 통계,
기하, 실용 수학, 경제 수학, 수학과제 탐구

로 나뉘게 된다. 이 책은 그러한 새 교육과정에 맞추어 꾸며진 것이다.

특히, 이번 개정판이 마련되기까지는 우선 남진영 선생님과 박재희 선생님의 도움이 무척 컸음을 여기에 밝혀 둔다. 믿음직스럽고 훌륭한 두 분 선생님이 개편 작업에 적극 참여하여 꼼꼼하게 도와준 덕분에 더욱 좋은 책이 되었다고 믿어져 무엇보다도 뿌듯하다.

또한, 개정판을 낼 때마다 항상 세심한 조언을 아끼지 않으신 서울대학교 김성기 명예교수님께는 이 자리를 빌려 특별히 깊은 사의를 표하며, 아울러 편집부 김소희, 송연정, 박지영, 오명희 님께도 감사한 마음을 전한다.

「수학의 정석」은 1966년에 처음으로 세상에 나왔으니 올해로 발행 51주년을 맞이하는 셈이다. 거기다가 이 책은 이제 세대를 뛰어넘은 책이 되었다. 할아버지와 할머니가 고교 시절에 펼쳐 보던 이 책이 아버지와 어머니에게 이어졌다가 지금은 손자와 손녀의 책상 위에 놓여 있다.

이처럼 지난 반세기를 거치는 동안 이 책은 한결같이 학생들의 뜨거운 사랑과 성원을 받아 왔고, 이러한 관심과 격려는 이 책을 더욱 좋은 책으로 다듬는 데 큰 힘이 되었다.

이 책이 학생들에게 두고두고 사랑 받는 좋은 벗이요 길잡이가 되기를 간절히 바라마지 않는다.

2017. 3. 1.

지은이 홍 성 대

차 례

11. 통계적 추정II (모비율의 추정)

1. 경우의 수

경우의 수

§1. 경우의 수

Advice | 경우의 수는 수학(하)에서 공부했지만, 앞으로 공부할 순열, 조합, 확률 등을 이해하는 데 기초가 되므로 여기에서 다시 한번 다룬다.

1 합의 법칙

이를테면

3가지 영화 a, b, c와 2가지 연극 x, y

가 있다고 하자. 어떤 사람이 영화 또는 연극 중에서 어느 한 가지를 택하여 관람하는 경우의 수는

$$a,\ b,\ c,\ x,\ y \Longrightarrow 3+2=5$$

임을 알 수 있다.

곧, 영화 a, b, c 중에서 한 가지를 택하는 경우의 수는 3이고, 연극 x, y 중에서 한 가지를 택하는 경우의 수는 2이므로 영화 또는 연극 중에서 한 가지를 택하여 관람하는 경우의 수는 $3+2=5$이다.

이때, 영화를 관람하면 연극을 관람할 수 없고, 연극을 관람하면 영화를 관람할 수 없으므로 이 두 사건은 동시에 일어날 수 없다는 사실에 주의한다.

일반적으로 다음 합의 법칙이 성립한다.

기본정석 — **합의 법칙**

두 사건 A, B가 동시에 일어나지 않을 때, 사건 A가 일어나는 경우의 수를 m, 사건 B가 일어나는 경우의 수를 n이라고 하면

사건 **A** 또는 사건 **B**가 일어나는 경우의 수는 $\Longrightarrow$ $m+n$

Advice | 합의 법칙은 어느 두 사건도 동시에 일어나지 않는 세 개 이상의 사건에 대해서도 성립한다.

보기 1 진돗개 3마리, 삽살개 4마리, 풍산개 2마리 중에서 한 마리를 분양 받는 경우의 수를 구하여라.

연구 합의 법칙에 의하여 $3+4+2=\mathbf{9}$

보기 2 자연수 x, y에 대하여 $x+y\le 4$를 만족시키는 순서쌍 (x, y)의 개수를 구하여라.

연구 x, y가 자연수이므로 $x+y\le 4$를 만족시키는 $x+y$의 값은 2, 3, 4이다.

(i) $x+y=2$일 때 $(x, y)=(1, 1)$의 1개

(ii) $x+y=3$일 때 $(x, y)=(1, 2)$, $(2, 1)$의 2개

(iii) $x+y=4$일 때 $(x, y)=(1, 3)$, $(2, 2)$, $(3, 1)$의 3개

따라서 순서쌍 (x, y)의 개수는 합의 법칙에 의하여

$$1+2+3=\mathbf{6}$$

2 합의 법칙과 집합

합의 법칙을 집합의 개념에서 생각하면 이해하기 쉬울 때가 있다.

이를테면 한 개의 주사위를 던져서 홀수의 눈이 나오는 사건을 A라고 하자. 이때, 나오는 눈의 수를 집합으로 나타내면 $\{1, 3, 5\}$이므로 사건 A와 집합 $\{1, 3, 5\}$를 같은 것으로 보아

$$\mathrm{A}=\{1, 3, 5\}$$

와 같이 나타내기로 하면 사건 A가 일어나는 경우의 수는 이 집합의 원소의 개수와 같다. 곧, 사건 A가 일어나는 경우의 수는 $n(\mathrm{A})$이다.

한편 두 사건 A, B에 대하여 사건 A 또는 사건 B가 일어나는 사건은 $\mathrm{A}\cup\mathrm{B}$로, 사건 A와 사건 B가 동시에 일어나는 사건은 $\mathrm{A}\cap\mathrm{B}$로 나타낼 수 있으므로 ⇦ p. 78 시행과 사건

$$n(\mathrm{A}\cup\mathrm{B})=n(\mathrm{A})+n(\mathrm{B})-n(\mathrm{A}\cap\mathrm{B})$$

가 성립한다.

여기서 두 사건 A, B가 동시에 일어나지 않을 때에는 $\mathrm{A}\cap\mathrm{B}=\varnothing$이므로

$$n(\mathrm{A}\cup\mathrm{B})=n(\mathrm{A})+n(\mathrm{B})$$

가 성립한다.

정석 $\mathrm{A}\cap\mathrm{B}\ne\varnothing$일 때 $n(\mathrm{A}\cup\mathrm{B})=n(\mathrm{A})+n(\mathrm{B})-n(\mathrm{A}\cap\mathrm{B})$

$\mathrm{A}\cap\mathrm{B}=\varnothing$일 때 $n(\mathrm{A}\cup\mathrm{B})=n(\mathrm{A})+n(\mathrm{B})$

보기 3 주사위 한 개를 던질 때, 다음을 구하여라.

(1) 홀수 또는 4의 배수의 눈이 나오는 경우의 수

(2) 홀수 또는 3의 배수의 눈이 나오는 경우의 수

연구 (1) 홀수의 눈이 나오는 사건을 A, 4의 배수의 눈이 나오는 사건을 B라고 하면 $A=\{1, 3, 5\}$, $B=\{4\}$이다.

이때, $A\cap B=\varnothing$이므로 구하는 경우의 수는

$$n(A\cup B)=n(A)+n(B)=3+1=\mathbf{4}$$

(2) 홀수의 눈이 나오는 사건을 A, 3의 배수의 눈이 나오는 사건을 B라고 하면 $A=\{1, 3, 5\}$, $B=\{3, 6\}$이다.

이때, $A\cap B=\{3\}$이므로 구하는 경우의 수는

$$n(A\cup B)=n(A)+n(B)-n(A\cap B)=3+2-1=\mathbf{4}$$

3 곱의 법칙

p. 7의 예에서와 같이

3가지 영화 *a*, *b*, *c*와 2가지 연극 *x*, *y*

가 있을 때, 영화 한 가지와 연극 한 가지를 관람하는 경우의 수는

$$a<\begin{matrix}x\\y\end{matrix}\qquad b<\begin{matrix}x\\y\end{matrix}\qquad c<\begin{matrix}x\\y\end{matrix}\;\Longrightarrow\; 3\times2=6$$

임을 알 수 있다. 일반적으로 다음 곱의 법칙이 성립한다.

기본정석 — **곱의 법칙**

사건 A가 일어나는 경우의 수가 m이고, 이 각각에 대하여 사건 B가 일어나는 경우의 수가 n일 때,

두 사건 **A, B**가 동시에 일어나는 경우의 수는 $\Longrightarrow$ $\boldsymbol{m\times n}$

Advice | 곱의 법칙은 동시에 일어나는 세 개 이상의 사건에 대해서도 성립한다.

보기 4 진우가 다니고 있는 학교에서는 과학 4과목, 사회 5과목, 제2외국어 3과목을 가르친다. 다음을 구하여라.

(1) 과학 과목과 사회 과목 중 한 과목씩 택하여 공부하는 경우의 수

(2) 과학, 사회, 제2외국어 과목 중 한 과목씩 택하여 공부하는 경우의 수

연구 (1) 과학 과목 중 하나를 택하는 경우는 4가지이고, 이 각각에 대하여 사회 과목 중 하나를 택하는 경우는 5가지씩 있다.

따라서 구하는 경우의 수는 곱의 법칙에 의하여 $4\times5=\mathbf{20}$

(2) 같은 방법으로 생각하면 구하는 경우의 수는 $4\times5\times3=\mathbf{60}$

기본 문제 1-1 두 종류의 주사위 A, B를 동시에 던질 때, 나오는 눈의 수의 합이 4의 배수가 되는 경우의 수를 구하여라.

정석연구 두 주사위 A, B를 동시에 던질 때 나오는 눈의 수의 합을 모두 적어 보면 오른쪽 표와 같다. 이 중 합이 4의 배수인 경우는 붉은 수의 경우로 9가지임을 알 수 있다.

또는 다음과 같이 구할 수도 있다.

A \ B	1	2	3	4	5	6
1	2	3	4	5	6	7
2	3	4	5	6	7	8
3	4	5	6	7	8	9
4	5	6	7	8	9	10
5	6	7	8	9	10	11
6	7	8	9	10	11	**12**

모범답안 주사위 A, B에서 나오는 눈의 수를 각각 a, b라고 하면

$$1\le a\le 6,\quad 1\le b\le 6$$

$$\therefore\ 2\le a+b\le 12$$

따라서 눈의 수의 합이 4의 배수가 되는 경우는

$$a+b=4,\ 8,\ 12$$

$a+b$	4	8	12
A(a)	3 2 1	6 5 4 3 2	6
B(b)	1 2 3	2 3 4 5 6	6
경우의 수	3	5	1

이고, 각 경우에 대하여 조건을 만족시키는 것은 위의 표와 같다.

따라서 구하는 경우의 수는 합의 법칙에 의하여 $3+5+1=\mathbf{9}$ ← 답

Advice | 경우의 수를 다루는 데 있어서는 빠짐없이, 중복되지 않게 가능한 모든 경우를 생각하는 방법을 익혀야 한다.

이를테면 우리가 사용하는 영한사전과 같이

a가 다 끝나면 b가 나오고, b가 다 끝나면 c가 나오고,
c가 다 끝나면 d가 나오고, ··· 하는

사전식 나열법

을 이용하여 단계별로 빠짐없이 구하는 것이 기본이다.

정석 경우의 수를 구할 때에는 ⟹ 빠짐없이, 중복되지 않게!

유제 **1**-1. 두 종류의 주사위 A, B를 동시에 던질 때, 다음을 구하여라.

(1) 나오는 눈의 수의 합이 7이 되는 경우의 수

(2) 나오는 눈의 수의 합이 4 또는 6이 되는 경우의 수

(3) 나오는 눈의 수의 합이 5의 배수가 되는 경우의 수

(4) 나오는 눈의 수의 합이 10 이상이 되는 경우의 수

답 (1) **6** (2) **8** (3) **7** (4) **6**

기본 문제 1-2 다음 물음에 답하여라.

(1) 360의 양의 약수의 개수와 이들 약수의 총합을 구하여라.

(2) 양의 약수의 개수가 20인 자연수 중 가장 작은 수를 구하여라.

정석연구 이를테면 12의 양의 약수의 개수를 생각해 보자.

12를 소인수분해하면 $12=2^2\times3^1$이므로

2^2의 양의 약수인 2^0, 2^1, 2^2 중에서 하나를 뽑고,

3^1의 양의 약수인 3^0, 3^1 중에서 하나를 뽑아

곱한 것은 모두 12의 양의 약수이다.

그리고 이 약수들을 모두 써 보면 오른쪽 표의 값이며, 그 개수는 곱의 법칙에 의하여

$$3\times2=6$$

이다. 이때의 6은 $2^2\times3^1$에서 지수인 2, 1에 각각 1을 더한 수인 $(2+1)$, $(1+1)$의 곱과 같다.

$\times$	3^0	3^1
2^0	$2^0\times3^0$	$2^0\times3^1$
2^1	$2^1\times3^0$	$2^1\times3^1$
2^2	$2^2\times3^0$	$2^2\times3^1$

이제 이 6개의 약수의 총합을 생각해 보자.

위의 6개의 약수들은 2^2의 약수들의 합과 3^1의 약수들의 합의 곱인

$$(2^0+2^1+2^2)(3^0+3^1)$$

을 전개할 때 나오는 각 항과 같다. 곧, 12의 양의 약수의 합은 다음과 같다.

$$(2^0+2^1+2^2)(3^0+3^1)=7\times4=28$$

정석 자연수 N이 $N=a^\alpha b^\beta$과 같이 소인수분해될 때,

N의 양의 약수의 개수 $\Longrightarrow$ $(\alpha+1)(\beta+1)$

N의 양의 약수의 총합 $\Longrightarrow$ $(a^0+a^1+\cdots+a^\alpha)(b^0+b^1+\cdots+b^\beta)$

모범답안 (1) $360=2^3\times3^2\times5^1$에서

약수의 개수 : $(3+1)(2+1)(1+1)=4\times3\times2=$**24**

약수의 총합 : $(2^0+2^1+2^2+2^3)(3^0+3^1+3^2)(5^0+5^1)=15\times13\times6=$**1170**

(2) $20=20\times1=10\times2=5\times4=5\times2\times2$이므로 각 경우에 가장 작은 수는

$$2^{19},\quad 2^9\times3^1,\quad 2^4\times3^3,\quad 2^4\times3^1\times5^1$$

이고, 이 네 수 중에서 가장 작은 수는 $2^4\times3^1\times5^1=$**240**

**Note* 0이 아닌 실수 a에 대하여 $a^0=1$이다. ⇦ 수학 I

유제 **1**-2. 108의 양의 약수의 개수와 이들 약수의 총합을 구하여라.

답 약수의 개수 : **12**, 약수의 총합 : **280**

유제 **1**-3. 양의 약수의 개수가 15인 자연수 중 가장 작은 수를 구하여라.

답 **144**

기본 문제 1-3 A지점에서 B지점으로 가는 데 있어 P 또는 Q지점을 거쳐야 하고, 각 지점 사이의 길은 오른쪽 그림과 같다.

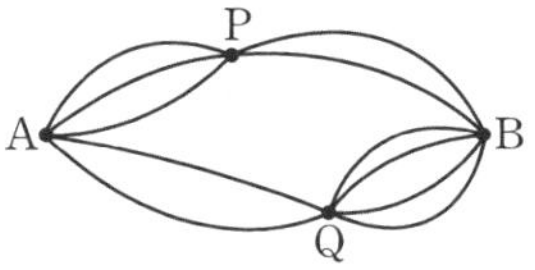

(1) A에서 P를 거쳐 B로 가는 길은 몇 가지인가?

(2) A에서 B로 가는 길은 모두 몇 가지인가?

(3) A를 출발하여 A와 B 사이를 한 번 왕복하는데, P를 반드시 그리고 오직 한 번만 거쳐 가는 방법은 몇 가지인가?

모범답안 (1) A에서 P로 가는 길을 a, b, c라 하고, P에서 B로 가는 길을 x, y라고 하면

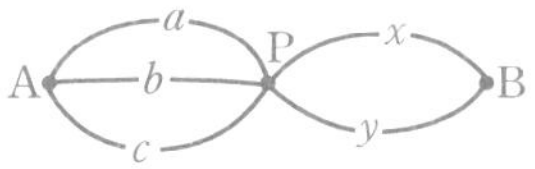

$$a<\begin{matrix}x\\y\end{matrix} \qquad b<\begin{matrix}x\\y\end{matrix} \qquad c<\begin{matrix}x\\y\end{matrix}$$

와 같이 a, b, c의 각각에 대하여 x, y의 두 가지씩 있다.

따라서 구하는 가짓수는 곱의 법칙에 의하여　$3\times2=6$

(2) A에서 P를 거쳐 B로 가는 경우는　$3\times2=6$(가지)

A에서 Q를 거쳐 B로 가는 경우는　$2\times4=8$(가지)

따라서 구하는 가짓수는 합의 법칙에 의하여　$6+8=14$

(3) 갈 때 P를 거쳐 가면 올 때는 Q를 거쳐 와야 하고, 갈 때 Q를 거쳐 가면 올 때는 P를 거쳐 와야 하므로 곱의 법칙에 의하여

$\text{A}\longrightarrow\text{P}\longrightarrow\text{B}\longrightarrow\text{Q}\longrightarrow\text{A}$의 경우 : $3\times2\times4\times2=48$(가지)

$\text{A}\longrightarrow\text{Q}\longrightarrow\text{B}\longrightarrow\text{P}\longrightarrow\text{A}$의 경우 : $2\times4\times2\times3=48$(가지)

따라서 구하는 가짓수는 합의 법칙에 의하여　$48+48=96$

답 (1) **6**가지　(2) **14**가지　(3) **96**가지

유제 **1**-4. A, B, C, D 네 지점 사이에 오른쪽 그림과 같은 도로망이 있다. A에서 D까지 가는 경로는 모두 몇 가지인가? 단, 같은 지점은 많아야 한 번 지난다.　답 **38**가지

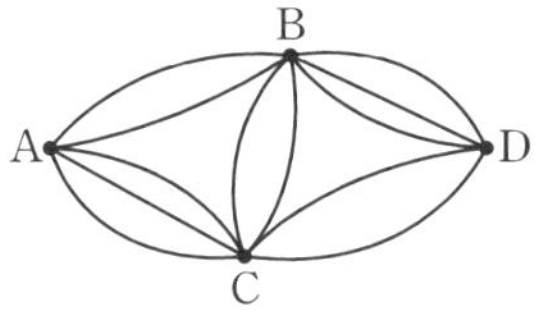

유제 **1**-5. A, B, C, D 네 지점 사이에 오른쪽 그림과 같은 도로망이 있다. 갑, 을 두 사람이 A에서 중간 지점 C, D를 각각 통과하여 B로 가는 방법의 수를 구하여라.

단, 한 사람이 통과한 중간 지점을 다른 사람이 통과할 수 없다.　답 **72**

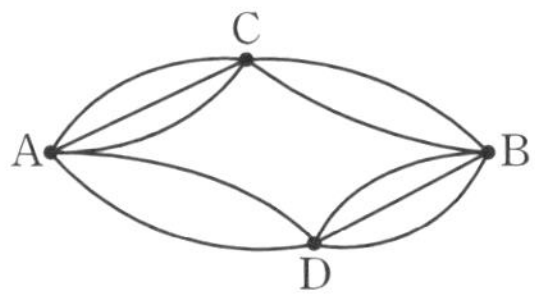

기본 문제 1-4 오른쪽 그림과 같이 철사로 연결된 공간도형이 있다.

모서리의 길이가 모두 같을 때, A지점에서 B지점까지 철사를 따라 최단 거리로 움직이는 경우의 수를 구하여라.

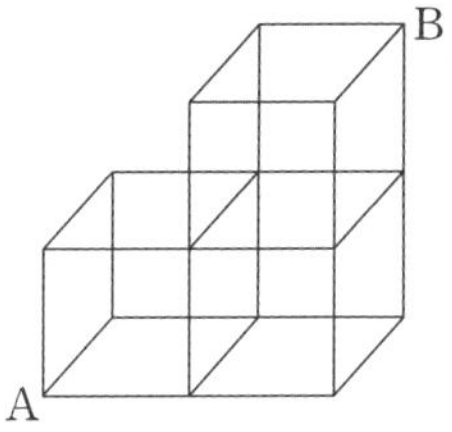

정석연구 오른쪽 그림에서 P 또는 Q를 지나는 경우의 수와 R 또는 S를 지나는 경우의 수를 구한 다음, 합의 법칙을 이용하면 된다.

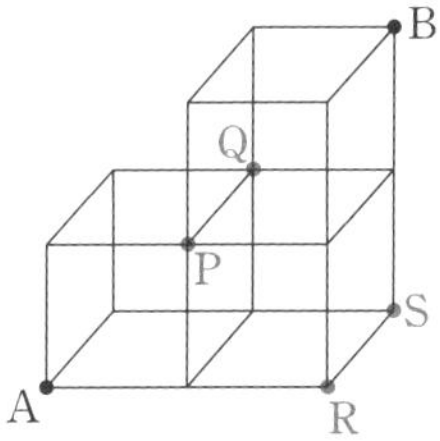

또, P 또는 Q를 지나는 경우의 수는

$$(A \longrightarrow P \longrightarrow B)+(A \longrightarrow Q \longrightarrow B)$$
$$-(A \longrightarrow P \longrightarrow Q \longrightarrow B)$$

에 의하여 구하고, R 또는 S를 지나는 경우의 수는

$$(A \longrightarrow R \longrightarrow B)+(A \longrightarrow S \longrightarrow B)-(A \longrightarrow R \longrightarrow S \longrightarrow B)$$

에 의하여 구하면 된다.

정석 경우의 수를 구할 때에는 $\Longrightarrow$ 빠짐없이, 중복되지 않게!

모범답안 P 또는 Q를 지나는 경우의 수는

$A \longrightarrow P \longrightarrow B$ 의 경우 : $2\times6=12$

$A \longrightarrow Q \longrightarrow B$ 의 경우 : $6\times2=12$

$A \longrightarrow P \longrightarrow Q \longrightarrow B$의 경우 : $2\times1\times2=4$

이므로 모두 $12+12-4=20$이다.

같은 방법으로 생각하면 R 또는 S를 지나는 경우의 수는

$$(1\times3)+(3\times1)-(1\times1\times1)=5$$

따라서 구하는 모든 경우의 수는

$20+5=\mathbf{25}$ ← 답

유제 **1**-6. 오른쪽 정육면체 ABCD-EFGH의 꼭짓점 A에서 출발하여 모서리를 따라 꼭짓점 G에 도달하는 길은 모두 몇 가지인가?

단, 한 번 지나간 꼭짓점은 다시 지나지 않는다.

답 **18**가지

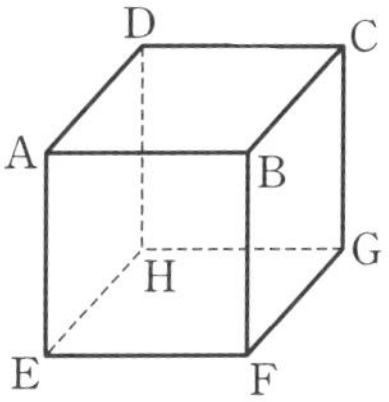

기본 문제 1-5 오른쪽 그림의 A, B, C, D, E에 주어진 다섯 가지 색의 전부 또는 일부를 사용하여 칠하려고 한다. 같은 색을 여러 번 사용해도 좋으나 이웃한 부분에는 서로 다른 색을 칠하는 경우의 수를 구하여라.

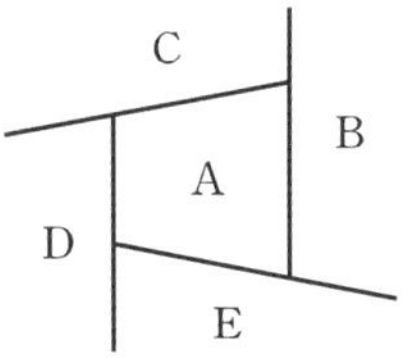

[정석연구] A부터 가능한 경우의 수를 생각해 보자.

1. A에는 5가지 색이 가능하다.
2. B에는 A에 칠한 색을 빼고 4가지 색이 가능하다.
3. C에는 A, B에 칠한 색을 빼고 3가지 색이 가능하다.
4. D에는 A, C에 칠한 색을 빼고 3가지 색이 가능하다.
5. E에는 A, B, D에 칠한 색을 빼고 나머지가 가능하다. 그런데 B와 D의 색이 같을 경우 3가지 색이 가능하고, 다를 경우 2가지 색이 가능하다.

따라서 B와 D의 색이 같은 경우와 다른 경우로 나누어 생각한다.

정석 경우의 수를 구할 때에는 ⟹ 빠짐없이, 중복되지 않게!

[모범답안] (i) B와 D의 색이 같은 경우 : A에는 5가지, B에는 4가지, C에는 3가지, E에는 3가지 색이 가능하므로 곱의 법칙에 의하여

$$5\times4\times3\times3=180(\text{가지})$$

(ii) B와 D의 색이 다른 경우 : A에는 5가지, B에는 4가지, C에는 3가지, D에는 2가지, E에는 2가지 색이 가능하므로 곱의 법칙에 의하여

$$5\times4\times3\times2\times2=240(\text{가지})$$

따라서 구하는 경우의 수는 합의 법칙에 의하여 180+240=**420** ← [답]

**Note* 다음과 같이 순열의 수로 생각할 수도 있다.

(i) 3가지 색을 사용하는 경우 : B와 D가 같은 색, C와 E가 또 다른 같은 색이고, A는 제3의 색을 칠하여 구별하는 방법은 ${}_5P_3=60$(가지)

(ii) 4가지 색을 사용하는 경우 : B와 D 또는 C와 E가 같은 색이고, 다른 3개의 부분에는 다른 색을 칠하여 구별하는 방법은 ${}_5P_4\times2=240$(가지)

(iii) 5가지 색을 사용하는 경우 : $5!=120$(가지)

따라서 합의 법칙에 의하여 60+240+120=**420**

[유제] **1**-7. 오른쪽 그림의 A, B, C, D, E에 주어진 다섯 가지 색의 전부 또는 일부를 사용하여 칠할 때, 같은 색을 여러 번 써도 좋으나 이웃한 부분에는 서로 다른 색을 칠하는 경우의 수를 구하여라. [답] **540**

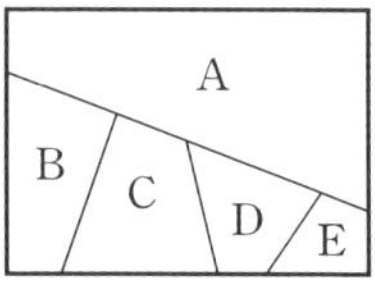

연습문제 1

1-1 오른쪽 그림에서 네 점 E, F, G, H는 정사각형 ABCD의 각 변의 중점이다.
이 그림 안에 있는 삼각형의 개수를 구하여라.

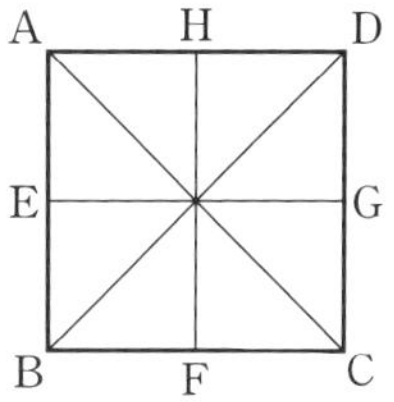

1-2 좌표평면 위에 9개의 점 (i, j) (단, $i=0, 4, 8$, $j=0, 4, 8$)가 있다. 이 9개의 점 중 네 점을 꼭짓점으로 하는 사각형 중에서 내부에 세 점 (1, 1), (1, 3), (3, 1)을 모두 포함하는 사각형의 개수를 구하여라.

1-3 $p\in\{1, 2, 3, 4\}$, $q\in\{0, 1, 2\}$일 때, x에 관한 이차방정식 $x^2-px+q=0$이 실근을 가지기 위한 순서쌍 (p, q)의 개수는?
① 7 ② 8 ③ 9 ④ 10 ⑤ 11

1-4 a, b, c (단, $a\geq b\geq c$)는 삼각형의 세 변의 길이가 될 수 있는 세 자연수라고 한다. $a+b+c=24$일 때, 다음 물음에 답하여라.
(1) a, b, c를 세 변의 길이로 하는 삼각형의 개수를 구하여라.
(2) a, b, c를 세 변의 길이로 하는 이등변삼각형의 개수를 구하여라.

1-5 10000원짜리 지폐 5장, 1000원짜리 지폐 7장, 100원짜리 동전 3개로 지불할 수 있는 금액의 경우의 수는? 단, 0원을 지불하는 경우는 제외한다.
① 104 ② 105 ③ 191 ④ 192 ⑤ 193

1-6 1부터 7까지의 숫자가 각각 적힌 빨간색 카드 7장, 1부터 5까지의 숫자가 각각 적힌 파란색 카드 5장, 1부터 3까지의 숫자가 각각 적힌 노란색 카드 3장이 있다. 이 15장의 카드 중에서 색도 다르고 숫자도 다른 3장의 카드를 뽑는 경우의 수를 구하여라.

1-7 오른쪽 정육면체 ABCD-EFGH에서 임의로 세 꼭짓점을 택하여 만들 수 있는 직각삼각형의 개수는?
① 40 ② 44 ③ 48
④ 52 ⑤ 56

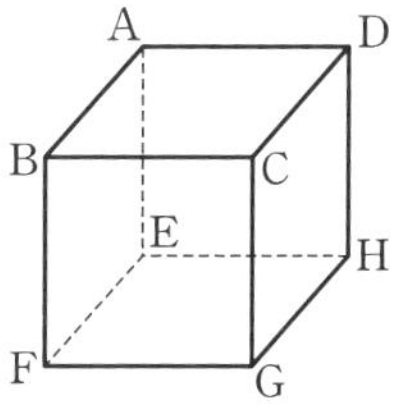

1-8 집합 S={1, 2, 3, 4, 5, 6}의 두 부분집합 A, B에 대하여 다음 물음에 답하여라.
(1) $A\cap B=\{1, 2\}$를 만족시키는 A, B의 쌍의 개수를 구하여라.
(2) $1\in A$, $2\notin B$이고 $A\subset B$를 만족시키는 A, B의 쌍의 개수를 구하여라.

1-9 오른쪽 그림과 같은 길을 따라 A에서 B까지 가는 방법의 수를 구하여라.

단, 먼 거리로 가도 되지만 서쪽으로 가서는 안 되고, 한 번 지나온 길을 다시 지나갈 수는 없는 것으로 한다.

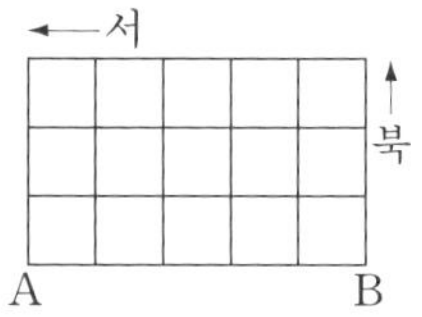

1-10 오른쪽 그림에서 점 A를 출발하여 점 B로 갈 때, 다음 물음에 답하여라. 단, 길은 반드시 왼쪽에서 오른쪽으로, 아래에서 위로 나아가고, 사선 부분은 왼쪽 아래에서 오른쪽 위로만 간다고 한다.

(1) 점 C를 지나는 방법의 수를 구하여라.

(2) 점 C를 지나지 않는 방법의 수를 구하여라.

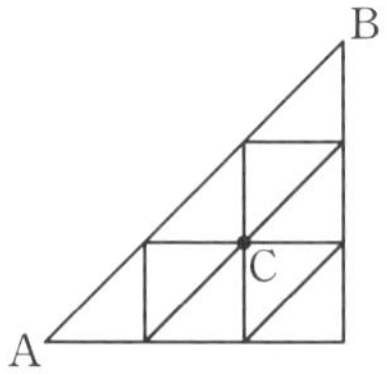

1-11 $A=\{1, 2, 3, 4\}$일 때, 함수 $f: A \longrightarrow A$ 중에서 A의 임의의 원소 a에 대하여 $f(a) \geq a$를 만족시키는 함수 f의 개수는?

① 9 ② 24 ③ 36 ④ 81 ⑤ 256

1-12 네 명의 학생이 자신의 수학 교과서를 한 권씩 꺼내어 섞어 놓고 다시 한 권씩 임의로 선택하기로 하였다. 이때, 어느 누구도 자신이 낸 교과서를 선택하지 않는 경우의 수는?

① 4 ② 9 ③ 11 ④ 14 ⑤ 44

1-13 오른쪽 그림의 A, B, C, D, E에 주어진 세 가지 색의 전부 또는 일부를 사용하여 칠하려고 한다. 이웃한 부분에는 서로 다른 색을 칠하고, A와 D에도 서로 다른 색을 칠할 때, 5개의 부분에 색을 칠하는 방법의 수를 구하여라.

단, B와 D, C와 E는 이웃하지 않은 것으로 본다.

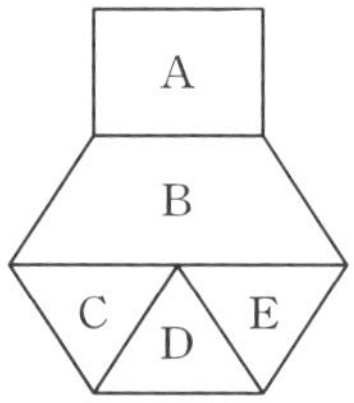

1-14 오른쪽 그림과 같은 정사각형 모양의 다섯 개의 밭에 세 가지 농작물을 심으려고 한다. 다음 세 조건을 만족시키는 방법의 수를 구하여라.

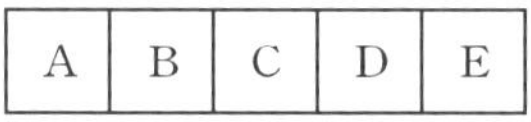

(가) 각 밭에는 한 농작물만 심는다.

(나) 이웃한 두 밭에는 서로 다른 농작물을 심는다.

(다) 각 농작물을 적어도 한 개 이상의 밭에 심는다.

2. 순 열

순열／중복순열／같은 것이
있는 순열／원순열

§1. 순 열

Advice │ 순열은 수학(하)에서 공부했지만, 앞으로 공부할 중복순열, 같은 것이 있는 순열, 원순열을 이해하는 데 필요한 개념이므로 여기에서 다시 한번 다룬다.

☐1☐ 순열의 수와 $_n\mathrm{P}_r$

이를테면 네 개의 숫자 1, 2, 3, 4에서 서로 다른 두 개의 숫자를 택하여 만들 수 있는 두 자리 자연수를

사전식 나열법

을 이용하여 나열해 보자.

십의 자리에 올 수 있는 숫자는 1, 2, 3, 4이므로 이 각각에 대하여 일의 자리에 올 수 있는 숫자를 모두 쓰면

$$1 \left\langle \begin{array}{l} 2\,(12) \\ 3\,(13) \\ 4\,(14) \end{array} \right. \quad 2 \left\langle \begin{array}{l} 1\,(21) \\ 3\,(23) \\ 4\,(24) \end{array} \right. \quad 3 \left\langle \begin{array}{l} 1\,(31) \\ 2\,(32) \\ 4\,(34) \end{array} \right. \quad 4 \left\langle \begin{array}{l} 1\,(41) \\ 2\,(42) \\ 3\,(43) \end{array} \right.$$

따라서 두 자리 자연수의 개수는 3+3+3+3=12이다.

한편 위의 수형도로부터 다음을 알 수 있다.

(ⅰ) 십의 자리에는 1, 2, 3, 4의 어느 숫자라도 올 수 있으므로 4가지가 가능하다.

(ⅱ) 일의 자리에는 십의 자리에 쓴 숫자를 제외한 나머지 3개의 숫자 중 어느 것이라도 올 수 있으므로 3가지가 가능하다.

따라서 두 자리 자연수의 개수는 곱의 법칙에 의하여 **4×3=12**

$$\underbrace{1,\ 2,\ 3,\ 4}$$

$$\begin{array}{ccc} \text{십의 자리} & & \text{일의 자리} \\ 4 & \times & 3 \end{array}$$

이와 같이 서로 다른 4개에서 2개를 택하여 일렬로 나열하는 것을 4개에서 2개를 택하는 순열이라 하고, 이 순열의 수를 기호 ${}_4\mathbf{P}_2$로 나타낸다. 곧,

$$ {}_4\mathrm{P}_2=4\times3 $$

같은 방법으로 네 개의 숫자 1, 2, 3, 4에서 서로 다른 세 숫자를 택하여 만들 수 있는 세 자리 자연수의 개수를 알아보면

백의 자리에 올 수 있는 것 4개,
십의 자리에 올 수 있는 것 3개,
일의 자리에 올 수 있는 것 2개

이다. 따라서 세 자리 자연수의 개수는

$$ 4\times3\times2=24 $$

이다. 이것을 ${}_4\mathrm{P}_3$으로 나타낸다. 곧,

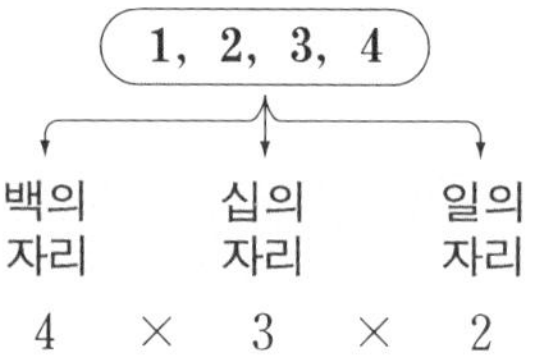

$$ {}_4\mathrm{P}_3=4\times3\times2 $$

여기에서 ${}_4\mathrm{P}_2=4\times3$은 4부터 시작하여 하나씩 작은 수를 2개 곱한 것이고, ${}_4\mathrm{P}_3=4\times3\times2$는 4부터 시작하여 하나씩 작은 수를 3개 곱한 것이다.

이것을 일반화하면 다음과 같다.

기본정석 — 순열의 수와 ${}_n\mathbf{P}_r$

서로 다른 n개에서 $r\,(n\geq r)$개를 택하여 일렬로 나열하는 것을 서로 다른 n개에서 r개를 택하는 순열이라고 한다.

또, 이 순열의 수를 기호로 ${}_n\mathbf{P}_r$와 같이 나타내며,

$$ {}_n\mathbf{P}_r=\underbrace{n(n-1)(n-2)\times\cdots\times(n-r+1)}_{r\text{개}} $$

로 계산한다.

Advice | ${}_n\mathrm{P}_r$에서 P는 Permutation(순열)의 첫 글자이다.

보기 1 다음을 계산하여라.

(1) ${}_3\mathrm{P}_2$　(2) ${}_4\mathrm{P}_4$　(3) ${}_5\mathrm{P}_4$　(4) ${}_6\mathrm{P}_3$

연구 (1) ${}_3\mathrm{P}_2=3\times2=\mathbf{6}$　(2) ${}_4\mathrm{P}_4=4\times3\times2\times1=\mathbf{24}$

(3) ${}_5\mathrm{P}_4=5\times4\times3\times2=\mathbf{120}$　(4) ${}_6\mathrm{P}_3=6\times5\times4=\mathbf{120}$

보기 2 다섯 개의 숫자 1, 2, 3, 4, 5에서 서로 다른 세 숫자를 택하여 만들 수 있는 세 자리 자연수의 개수를 구하여라.

연구 서로 다른 5개에서 3개를 택하는 순열의 수이므로

$$ {}_5\mathrm{P}_3=5\times4\times3=\mathbf{60} $$

2 $n!$의 정의

이를테면 ${}_4P_4=4\times3\times2\times1$은 1부터 4까지의 자연수를 모두 곱한 것이다.

일반적으로 서로 다른 n개에서 n개 모두를 택하는 순열의 수는

$$ {}_nP_n=n(n-1)(n-2)\times\cdots\times3\times2\times1 $$

이고, 이것은 1부터 n까지의 자연수를 모두 곱한 것이다.

이와 같은 1부터 n까지의 자연수의 곱을 기호로 $\boldsymbol{n}!$과 같이 나타내고, $\boldsymbol{n}$ 팩토리얼(factorial) 또는 $\boldsymbol{n}$의 계승이라고 읽는다.

정 의 $n!=n(n-1)(n-2)\times\cdots\times3\times2\times1$

보기 3 $3!$, $5!$을 계산하여라.

연구 $3!=3\times2\times1=\mathbf{6}$, $\quad 5!=5\times4\times3\times2\times1=\mathbf{120}$

보기 4 네 개의 숫자 1, 2, 3, 4를 모두 써서 만들 수 있는 네 자리 자연수의 개수를 구하여라.

연구 서로 다른 4개에서 4개를 택하는 순열의 수이므로

$$ {}_4P_4=4!=4\times3\times2\times1=\mathbf{24} $$

3 ${}_nP_r$의 변형식과 $0!$, ${}_nP_0$의 정의

$0<r<n$일 때

$$ {}_nP_r=n(n-1)(n-2)\times\cdots\times(n-r+1) $$

$$ =\frac{n(n-1)(n-2)\times\cdots\times(n-r+1)\times(n-r)(n-r-1)\times\cdots\times2\times1}{(n-r)(n-r-1)\times\cdots\times2\times1} $$

$$ =\frac{n!}{(n-r)!} \qquad 곧,\ {}_nP_r=\frac{n!}{(n-r)!} \qquad \cdots\cdots ① $$

이 식에 특히 $r=n$, $r=0$을 각각 대입하면

$$ {}_nP_n=\frac{n!}{(n-n)!}=\frac{n!}{0!}, \qquad {}_nP_0=\frac{n!}{(n-0)!}=\frac{n!}{n!} $$

따라서 $0!=1$, ${}_nP_0=1$로 정의하면 ①은 $r=n$, $r=0$일 때에도 성립한다.

기본정석 ${}_nP_r$의 변형식과 $0!$, ${}_nP_0$의 정의

(1) ${}_nP_r=\dfrac{n!}{(n-r)!}$ (단, $0\le r\le n$) ⇦ ${}_nP_r$의 변형식

(2) $0!=1$ (3) ${}_nP_0=1$ ⇦ 정 의

보기 5 $\dfrac{{}_nP_3}{n!}$, $\dfrac{n!}{n^2-n}$을 간단히 하여라.

연구 $\dfrac{{}_nP_3}{n!}=\dfrac{n!}{(n-3)!}\times\dfrac{1}{n!}=\mathbf{\dfrac{1}{(n-3)!}}$, $\quad \dfrac{n!}{n^2-n}=\dfrac{n!}{n(n-1)}=\mathbf{(n-2)!}$

기본 문제 2-1 다음 등식을 만족시키는 자연수 n 또는 r의 값을 구하여라.

(1) ${}_{n}\mathrm{P}_{2}=30$ (2) ${}_{2n}\mathrm{P}_{3}=44\times{}_{n}\mathrm{P}_{2}$ (3) ${}_{5}\mathrm{P}_{r}\times 6!=43200$

정석연구 주어진 등식을

$$\textbf{정 의}\quad {}_{n}\mathbf{P}_{r}=n(n-1)(n-2)\times\cdots\times(n-r+1)$$

을 써서 n 또는 r에 관한 방정식으로 고쳐서 푼다.

이때, 특히 $n\ge r$에 주의해야 한다.

$$\textbf{정 의}\quad {}_{n}\mathbf{P}_{r}\text{에서} \Longrightarrow n\ge r$$

모범답안 (1) ${}_{n}\mathrm{P}_{2}=n(n-1)$이므로 주어진 등식은

$n(n-1)=30$ ∴ $n^2-n-30=0$ ∴ $(n+5)(n-6)=0$

그런데 $n\ge 2$이므로 $\boldsymbol{n=6}$ ← 답

(2) ${}_{2n}\mathrm{P}_{3}=2n(2n-1)(2n-2)$, ${}_{n}\mathrm{P}_{2}=n(n-1)$이므로 주어진 등식은

$2n(2n-1)(2n-2)=44n(n-1)$ ∴ $4n(2n-1)(n-1)=44n(n-1)$

$n\ge 2$에서 $n(n-1)\ne 0$이므로 양변을 $4n(n-1)$로 나누면

$2n-1=11$ ∴ $\boldsymbol{n=6}$ ← 답

(3) ${}_{5}\mathrm{P}_{r}\times 6!=43200$에서 양변을 $6!(=720)$로 나누면

${}_{5}\mathrm{P}_{r}=60$ 곧, ${}_{5}\mathrm{P}_{r}=5\times 4\times 3$ ∴ $\boldsymbol{r=3}$ ← 답

Advice | ${}_{n}\mathrm{P}_{r}$의 변형식을 이용할 수도 있다. 이를테면 (3)의 경우

$$\textbf{정 석}\quad {}_{n}\mathbf{P}_{r}=\frac{n!}{(n-r)!}\quad (0\le r\le n)$$

을 써서 주어진 등식을 정리하면

$$\frac{5!}{(5-r)!}\times 6!=43200 \quad ∴ (5-r)!=2 \qquad ⇦ 2=2!$$

$$∴ 5-r=2 \quad ∴ \boldsymbol{r=3}$$

유제 **2**-1. 다음 등식을 만족시키는 자연수 r의 값을 구하여라.

(1) ${}_{6}\mathrm{P}_{r}=120$ (2) ${}_{4}\mathrm{P}_{r}\times 5!=2880$ 답 (1) $\boldsymbol{r=3}$ (2) $\boldsymbol{r=3, 4}$

유제 **2**-2. 다음 등식을 만족시키는 자연수 n의 값을 구하여라.

(1) ${}_{n}\mathrm{P}_{2}=8n$ (2) ${}_{n}\mathrm{P}_{4}=20\times{}_{n}\mathrm{P}_{2}$ (3) ${}_{n}\mathrm{P}_{2}+4\times{}_{n}\mathrm{P}_{1}=28$

답 (1) $\boldsymbol{n=9}$ (2) $\boldsymbol{n=7}$ (3) $\boldsymbol{n=4}$

유제 **2**-3. 다음 두 식을 동시에 만족시키는 자연수 n, r의 값을 구하여라.

${}_{n}\mathrm{P}_{r}=6\times{}_{n-1}\mathrm{P}_{r-1}$, $3\times{}_{n-1}\mathrm{P}_{r}={}_{n}\mathrm{P}_{r}$ 답 $\boldsymbol{n=6,\ r=4}$

기본 문제 2-2 다음 등식이 성립함을 보여라.

(1) ${}_{n}\mathrm{P}_{r}=n\times{}_{n-1}\mathrm{P}_{r-1}$ (단, $1\le r\le n$)

(2) ${}_{n}\mathrm{P}_{r}={}_{n-1}\mathrm{P}_{r}+r\times{}_{n-1}\mathrm{P}_{r-1}$ (단, $1\le r<n$)

정석연구 ${}_{n}\mathrm{P}_{r}$의 변형식인

$$\textbf{정석}\quad {}_{n}\mathrm{P}_{r}=\frac{n!}{(n-r)!}\quad (0\le r\le n)$$

을 이용한다.

모범답안 (1) $(\text{우변})=n\times\dfrac{(n-1)!}{\{(n-1)-(r-1)\}!}=\dfrac{n!}{(n-r)!}$

$={}_{n}\mathrm{P}_{r}=(\text{좌변})$

(2) $(\text{우변})=\dfrac{(n-1)!}{\{(n-1)-r\}!}+r\times\dfrac{(n-1)!}{\{(n-1)-(r-1)\}!}$

$=\dfrac{(n-1)!}{(n-r-1)!}+r\times\dfrac{(n-1)!}{(n-r)!}=\dfrac{(n-1)!}{(n-r)!}\{(n-r)+r\}$

$=\dfrac{(n-1)!}{(n-r)!}\times n=\dfrac{n!}{(n-r)!}={}_{n}\mathrm{P}_{r}=(\text{좌변})$

Advice | 순열의 수 ${}_{n}\mathrm{P}_{r}$는 1, 2, 3, $\cdots$, $n-1$, n에서 서로 다른 r개를 택하여 일렬로 나열하는 방법의 수이다. 이와 같은 순열의 뜻과 연결 지어 다음과 같은 방법으로 위의 등식이 성립함을 보일 수도 있다.

(1) n개에서 한 개를 택하는 방법의 수는 n이고, 이 각각에 대하여 나머지 $(n-1)$개의 수에서 $(r-1)$개를 택하여 일렬로 나열하는 방법의 수는 ${}_{n-1}\mathrm{P}_{r-1}$이므로 곱의 법칙에 의하여

$${}_{n}\mathrm{P}_{r}=n\times{}_{n-1}\mathrm{P}_{r-1}$$

(2) (i) r개 중에서 n이 포함되지 않는 경우 : n을 제외한 나머지 $(n-1)$개의 수 1, 2, 3, $\cdots$, $n-1$에서 r개를 택하여 일렬로 나열하는 경우이므로 그 경우의 수는 ${}_{n-1}\mathrm{P}_{r}$

(ii) r개 중에서 n이 포함되는 경우 : n을 제외한 나머지 $(n-1)$개의 수 1, 2, 3, $\cdots$, $n-1$에서 $(r-1)$개를 택하여 일렬로 나열한 다음, 이 각각에 대하여 $(r-1)$개를 나열할 때 생기는 r개의 자리에 n을 배치하는 경우이므로 그 경우의 수는 $r\times{}_{n-1}\mathrm{P}_{r-1}$

(i), (ii)는 동시에 일어나지 않으므로 ${}_{n}\mathrm{P}_{r}={}_{n-1}\mathrm{P}_{r}+r\times{}_{n-1}\mathrm{P}_{r-1}$

유제 **2**-4. $0\le l\le r\le n$일 때, 다음 등식이 성립함을 보여라.

$${}_{n}\mathrm{P}_{r}={}_{n}\mathrm{P}_{l}\times{}_{n-l}\mathrm{P}_{r-l}$$

기본 문제 **2**-3 10명의 학생이 있다.

(1) 이 10명을 일렬로 세우는 경우의 수를 구하여라.

(2) 이 10명 중에서 3명을 뽑아 일렬로 세우는 경우의 수를 구하여라.

(3) 이 10명 중에서 n명을 뽑아 일렬로 세우는 경우의 수가 90일 때, n의 값을 구하여라.

정석연구 서로 다른 n개에서 r개를 택하는 순열에 관한 문제이다.

이때의 순열의 수는

$$\text{정의}\quad {}_n\mathrm{P}_r=n(n-1)(n-2)\times\cdots\times(n-r+1)$$

을 이용한다.

모범답안 (1) 10명에서 10명을 택하는 순열의 수이므로 ⇦ ${}_{10}\mathrm{P}_{10}$

$10!=10\times9\times8\times7\times6\times5\times4\times3\times2\times1=\mathbf{3628800}$ ← 답

(2) 10명에서 3명을 택하는 순열의 수이므로

${}_{10}\mathrm{P}_3=10\times9\times8=\mathbf{720}$ ← 답

(3) 10명에서 n명을 택하는 순열의 수는 ${}_{10}\mathrm{P}_n$이므로

${}_{10}\mathrm{P}_n=90$ 곧, ${}_{10}\mathrm{P}_n=10\times9$ $\therefore$ $\boldsymbol{n=2}$ ← 답

유제 **2**-5. 야구 선수 9명의 타순을 정하는 방법은 몇 가지인가?

답 **362880**가지

유제 **2**-6. 서로 다른 지역에 사는 다섯 명의 친구 집을 한 번씩 모두 방문하는 방법의 수를 구하여라. 답 **120**

유제 **2**-7. 35명의 학생이 있는 학급에서 반장, 부반장, 학습부장을 각각 1명씩 선출하는 방법의 수를 구하여라. 답 **39270**

유제 **2**-8. 10개의 역이 있는 철도 노선이 있다. 출발역과 도착역을 표시한 차표의 종류는 몇 가지인가? 단, 왕복표와 일반실, 특실의 구별은 없다.

답 **90**가지

유제 **2**-9. 서로 다른 n권의 책이 있다. 단, $n\ge5$이다.

(1) 이 n권의 책을 책꽂이에 일렬로 꽂는 경우의 수를 구하여라.

(2) 이 n권 중에서 5권의 책을 뽑아 책꽂이에 일렬로 꽂는 경우의 수를 구하여라.

(3) 이 n권 중에서 2권의 책을 뽑아 책꽂이에 일렬로 꽂는 경우의 수가 42일 때, n의 값을 구하여라. 답 (1) $\boldsymbol{n!}$ (2) ${}_n\mathbf{P}_5$ (3) $\boldsymbol{n=7}$

기본 문제 2-4 여학생 3명, 남학생 4명이 일렬로 설 때,
(1) 여학생끼리 이웃하여 서는 경우의 수를 구하여라.
(2) 여학생끼리는 서로 이웃하지 않게 서는 경우의 수를 구하여라.

정석연구 이를테면 A, B, C, D의 네 사람을 일렬로 세울 때, A, B가 이웃하여 서는 경우를 나열하면 다음과 같다.

(AB)CD,　C(AB)D,　CD(AB),　⋯

따라서 A, B가 이웃하여 서는 경우는 A와 B를 한 사람으로 생각하여
(i) (AB)와 C, D의 세 사람을 일렬로 세우는 경우를 생각하고　⇦ $3!$
(ii) (AB)에서 A와 B를 일렬로 세우는 경우를 생각하면 된다.　⇦ $2!$
따라서 A, B가 이웃하여 일렬로 서는 경우의 수는

$$3!\times2!=6\times2=12$$　⇦ 곱의 법칙

임을 알 수 있다.

정석 **A, B, C**가 이웃하여 서는 경우의 수는
⟹ **A, B, C**를 묶어 하나로 생각한다.

모범답안 (1) 여학생 3명을 묶어 한 사람으로 보면 모두 5명이고, 이 5명을 일렬로 세우는 경우의 수는 $5!$이다.

이 각각에 대하여 묶음 속의 여학생 3명을 일렬로 세우는 경우의 수는 $3!$이다.
따라서 구하는 경우의 수는 $5!\times3!=120\times6=$**720** ← 답

(2) 남학생 4명을 일렬로 세우는 경우의 수는 $4!$이다.

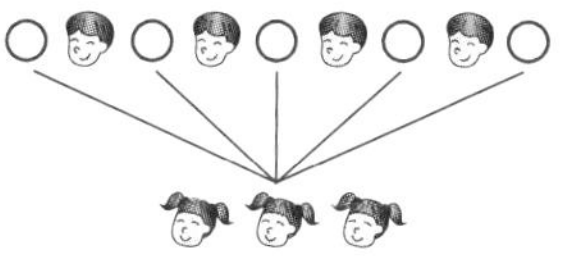

이 각각에 대하여 양 끝과 남학생 사이의 5개의 자리 중 3개의 자리에 여학생 3명을 세우는 경우의 수는 ${}_5P_3$이다.
따라서 구하는 경우의 수는
$4!\times{}_5P_3=24\times60=$**1440** ← 답

유제 **2**-10. 서로 다른 국어책 4권, 서로 다른 수학책 3권, 서로 다른 영어책 2권을 일렬로 나열할 때, 다음을 구하여라.
(1) 수학책 3권이 이웃하는 경우의 수
(2) 국어책은 국어책끼리, 수학책은 수학책끼리 이웃하는 경우의 수
(3) 수학책끼리는 서로 이웃하지 않는 경우의 수

답 (1) **30240**　(2) **3456**　(3) **151200**

기본 문제 2-5 special의 모든 문자를 써서 만든 순열에서

(1) s가 처음에, p가 마지막에 오는 경우의 수를 구하여라.

(2) s와 p 사이에 두 개의 문자가 있는 경우의 수를 구하여라.

(3) 적어도 한쪽 끝에 자음이 오는 경우의 수를 구하여라.

정석연구 (1) s○○○○○p의 꼴이므로, 가운데 ○○○○○에 e, c, i, a, l을 나열하는 경우의 수를 생각하면 된다.

(2) s○○p, p○○s의 꼴이다. 이들을 묶어 하나의 문자로 간주한다.

(3) (전체 순열의 수)−(양 끝에 모음이 오는 순열의 수)를 생각하면 된다.

정석 「적어도 …」 하면 ⟹ 여집합을 이용하여라.

모범답안 (1) s를 처음에, p를 마지막에 고정하고, 나머지 e, c, i, a, l의 순열의 수를 생각하면 되므로 구하는 경우의 수는 $5!=\mathbf{120}$ ← 답

(2) s와 p 사이에 두 개의 문자가 들어가는 순열의 수는 ${}_5P_2$이고, s와 p를 서로 바꾸는 순열의 수는 $2!$이다.

또, s○○p를 한 문자로 보면 이때의 순열의 수는 $4!$이므로 구하는 경우의 수는

s○○p, ○, ○, ○

$${}_5P_2\times2!\times4!=20\times2\times24=\mathbf{960}$$ ← 답

(3) 전체 순열의 수는 $7!$이고, 양 끝에 모두 모음이 오는 순열의 수는 ${}_3P_2\times5!$이므로 구하는 경우의 수는

(자)○○○○○(자)
(자)○○○○○(모)
(모)○○○○○(자)
} 적어도 한쪽 끝에 자음이 오는 경우
(모)○○○○○(모)

$$7!-{}_3P_2\times5!=5040-6\times120=\mathbf{4320}$$ ← 답

유제 **2**-11. 집합 $\{a, b, c, d, e, f\}$에서 원소 네 개를 뽑아 만든 순열 중 a가 처음에, f가 마지막에 오는 경우의 수를 구하여라. 답 **12**

유제 **2**-12. 1, 2, 3, 4, 5를 모두 써서 만든 다섯 자리 자연수 중에서

(1) 일의 자리의 숫자가 5인 것은 몇 개인가?

(2) 양 끝의 숫자가 홀수인 것은 몇 개인가? 답 (1) **24**개 (2) **36**개

유제 **2**-13. 부모와 세 아이가 일렬로 설 때, 부모 사이에 한 명의 아이가 서는 경우의 수를 구하여라. 답 **36**

유제 **2**-14. 남학생 2명, 여학생 4명이 일렬로 설 때, 적어도 한쪽 끝에 여학생이 서는 경우의 수를 구하여라. 답 **672**

기본 문제 **2**-6 다섯 개의 숫자 1, 2, 3, 4, 5를 모두 나열하여 만들 수 있는 다섯 자리 자연수가 있다.

(1) 이 다섯 자리 자연수는 모두 몇 개인가?

(2) 32000보다 작은 자연수는 모두 몇 개인가?

(3) (2) 중에서 5의 배수는 모두 몇 개인가?

정석연구 사전식 나열법을 생각한다. ⇦ p. 10

정 석 경우의 수는 ⟹ 사전식 나열법이 기본!

모범답안 (1) 1, 2, 3, 4, 5를 일렬로 나열한 것이므로 다섯 자리 자연수는

$5!=$**120**(개) ← 답

(2) 위의 120개 중에서 32000보다 작은 것은 다음 세 가지의 꼴이다.

1□□□□, 2□□□□, 31□□□

(i) 1□□□□ 꼴의 수 :

이것은 4개의 □에 2, 3, 4, 5를 나열한 것이므로 4!개이다.

(ii) 2□□□□ 꼴의 수 : 이것도 위와 마찬가지로 4!개이다.

(iii) 31□□□ 꼴의 수 :

이것은 3개의 □에 2, 4, 5를 나열한 것이므로 3!개이다.

따라서 32000보다 작은 자연수는

$4!+4!+3!=24+24+6=$**54**(개) ← 답

(3) 위의 54개 중에서 5의 배수는 다음 세 가지의 꼴이다.

1□□□5, 2□□□5, 31□□5

(i) 1□□□5 꼴의 수 :

이것은 3개의 □에 2, 3, 4를 나열한 것이므로 3!개이다.

(ii) 2□□□5 꼴의 수 : 이것도 위와 마찬가지로 3!개이다.

(iii) 31□□5 꼴의 수 :

이것은 2개의 □에 2, 4를 나열한 것이므로 2!개이다.

따라서 5의 배수는

$3!+3!+2!=6+6+2=$**14**(개) ← 답

유제 **2**-15. 네 개의 숫자 1, 2, 3, 4를 모두 나열하여 만들 수 있는 네 자리 자연수가 있다.

(1) 이 중에서 짝수는 모두 몇 개인가?

(2) 2300보다 작은 자연수는 모두 몇 개인가? 답 (1) **12**개 (2) **8**개

§2. 중복순열

1 중복순열의 수와 ${}_n\Pi_r$

이를테면 네 개의 숫자 1, 2, 3, 4에서 중복을 허락하여 세 숫자로 만들 수 있는 세 자리 자연수의 개수를 알아보자. 여기에서 '중복을 허락하여'라는 말은 123, 431과 같은 세 자리 자연수는 물론이거니와 332, 444와 같이 중복된 숫자가 있는 세 자리 자연수도 포함한다는 뜻이다. ⇦ p. 17과 비교

이와 같은 세 자리 자연수의 개수는 다음과 같이 구할 수 있다.

(i) 백의 자리에는 1, 2, 3, 4의 어느 숫자라도 올 수 있으므로 4가지

(ii) 십의 자리에는 백의 자리에 쓴 숫자도 올 수 있으므로 1, 2, 3, 4의 4가지

(iii) 마찬가지로 일의 자리에도 4가지가 가능하다.

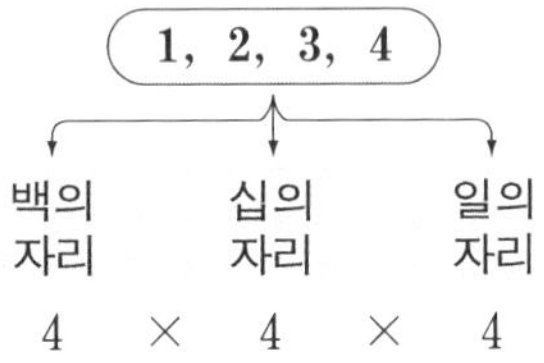

따라서 세 자리 자연수의 개수는 곱의 법칙에 의하여 $4\times4\times4=4^3$이다.

이와 같이 서로 다른 4개에서 중복을 허락하여 3개를 택하여 일렬로 나열하는 것을 4개에서 3개를 택하는 **중복순열**이라 하고, 이 중복순열의 수를 기호로 ${}_4\Pi_3$과 같이 나타내며, ${}_4\Pi_3=4^3$으로 계산한다.

기본정석 — **중복순열의 수와 ${}_n\Pi_r$**

서로 다른 n개에서 중복을 허락하여 r개를 택하는 순열을 서로 다른 n개에서 r개를 택하는 **중복순열**이라 하고, 이 중복순열의 수를 기호로 ${}_n\Pi_r$와 같이 나타내며,

$$ {}_n\Pi_r=n^r $$

으로 계산한다.

Advice 1° ${}_n\Pi_r$에서 Π는 Product(곱)의 첫 글자 P에 해당하는 그리스 문자로 '파이'라고 읽는다.

2° ${}_nP_r$는 $n\ge r$일 때만 의미를 가지지만, ${}_n\Pi_r$에서는 $n<r$이어도 된다. 왜냐하면 중복을 허락하여 뽑기 때문이다.

보기 1 5개의 숫자 1, 2, 3, 4, 5를 써서 만들 수 있는 세 자리 자연수 중에서

(1) 각 자리의 숫자가 모두 다른 것은 몇 개인가?

(2) 각 자리의 숫자가 같은 것이 있어도 상관없을 때에는 몇 개인가?

연구 (1) ${}_5P_3=5\times4\times3=$**60**(개) (2) ${}_5\Pi_3=5^3=$**125**(개)

기본 문제 2-7 네 개의 숫자 0, 1, 2, 3이 있다.

(1) 이 중에서 서로 다른 세 숫자를 써서 만들 수 있는 세 자리 자연수는 몇 개인가?

(2) 중복을 허락할 때, 이 숫자를 써서 만들 수 있는 세 자리 자연수는 몇 개인가?

정석연구 (1) 4개에서 3개를 택하는 순열의 수에 관한 문제이다.

다만 이와 같은 순열 중에서 012, 013, 023과 같이 백의 자리 숫자가 0인 것은 세 자리 자연수가 아니므로 제외해야 한다는 것에 주의해야 한다.

(2) 4개에서 3개를 택하는 중복순열의 수에 관한 문제이다.

역시 이와 같은 중복순열 중에서 012, 011, 002 등은 세 자리 자연수가 아니므로 제외해야 한다.

정석 자연수를 만드는 문제 ⟹ 맨 앞자리의 **0**에 주의하여라.

모범답안 (1) 백의 자리에는 0이 올 수 없으므로 백의 자리에 올 수 있는 숫자는 1, 2, 3의 3개이다.

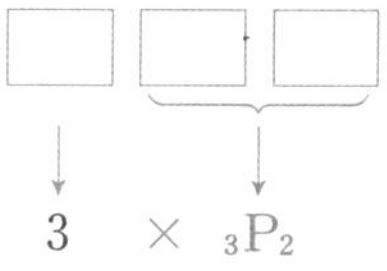

이 각각에 대하여 십의 자리, 일의 자리에는 백의 자리에 쓴 숫자를 제외한 3개의 숫자에서 2개의 숫자가 오면 되므로 $_3P_2$ 개이다.

따라서 세 자리 자연수는 $3\times{}_3P_2=3\times(3\times2)=\mathbf{18}$(개) ← 답

**Note* 0을 포함한 순열의 수에서 맨 앞자리에 0이 오는 순열의 수를 제외하면 되므로

$$_4P_3-{}_3P_2=4\times3\times2-3\times2=18$$

과 같이 구해도 된다.

(2) 백의 자리에는 0이 올 수 없으므로 백의 자리에 올 수 있는 숫자는 1, 2, 3의 3개이다.

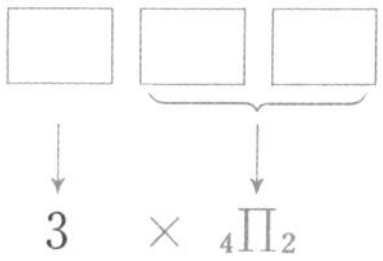

이 각각에 대하여 십의 자리, 일의 자리에는 0, 1, 2, 3의 어느 숫자가 중복하여 와도 되므로 $_4\Pi_2$ 개이다.

따라서 세 자리 자연수는 $3\times{}_4\Pi_2=3\times4^2=\mathbf{48}$(개) ← 답

**Note* $_4\Pi_3-{}_4\Pi_2=4^3-4^2=48$과 같이 구해도 된다.

유제 **2**-16. 네 개의 숫자 0, 1, 2, 3을 써서 만들 수 있는 네 자리 자연수 중에서 각 자리의 숫자가 모두 다른 것의 개수와 각 자리의 숫자가 같은 것이 있어도 상관없는 것의 개수를 구하여라. 답 **18, 192**

기본 문제 2-8 두 집합 X={1, 2, 3}, Y={4, 5, 6, 7}이 있다.

(1) 집합 X에서 집합 Y로의 함수의 개수를 구하여라.

(2) 집합 X에서 집합 Y로의 일대일함수의 개수를 구하여라.

정석연구 기본 수학(하)의 p. 176에서는 수형도를 그려 함수의 개수와 일대일대응의 개수를 구했다.

여기에서는 아래 **모범답안**과 같이 순열과 중복순열을 이용하여 함수, 일대일함수, 일대일대응의 개수를 구해 보자.

먼저 함수의 정의를 확실하게 알아 두자.

모범답안 (1) 집합 Y의 원소 4, 5, 6, 7에서 중복을 허락하여 세 개를 뽑아

1 ⟶ □, 2 ⟶ □, 3 ⟶ □

의 □ 안에 나열하는 경우의 수와 같으므로 구하는 함수의 개수는

$_4\Pi_3=\mathbf{64}$ ⟵ 답

(2) 집합 Y의 원소 4, 5, 6, 7에서 서로 다른 세 개를 뽑아

1 ⟶ □, 2 ⟶ □, 3 ⟶ □

의 □ 안에 나열하는 경우의 수와 같으므로 구하는 함수의 개수는

$_4P_3=\mathbf{24}$ ⟵ 답

Advice | 일반적으로 다음과 같이 정리할 수 있다.

정석 $\mathbf{X}=\{a_1, a_2, a_3, \cdots, a_r\}$, $\mathbf{Y}=\{b_1, b_2, b_3, \cdots, b_n\}$일 때,

X에서 **Y**로의 함수의 개수는 ⟹ $_n\Pi_r$

X에서 **Y**로의 일대일함수의 개수는 ⟹ $_n\mathbf{P}_r$ (단, $n\ge r$)

특히 $n=r$일 때

X에서 **Y**로의 일대일대응의 개수는 ⟹ $_n\mathbf{P}_n=n!$

유제 **2**-17. 두 집합 A={1, 2}, B={a, b, c}에 대하여 다음을 구하여라.

(1) 집합 A에서 집합 B로의 함수의 개수

(2) 집합 A에서 집합 B로의 일대일함수의 개수 답 (1) **9** (2) **6**

유제 **2**-18. 집합 X={1, 2, 3, 4}에 대하여 함수 f : X ⟶ X 중에서 치역이 집합 {3, 4}의 부분집합인 것의 개수를 구하여라. 답 **16**

유제 **2**-19. 집합 A={1, 2, 3}에 대하여 다음을 구하여라.

(1) 집합 A에서 집합 A로의 함수의 개수

(2) 집합 A에서 집합 A로의 일대일대응의 개수 답 (1) **27** (2) **6**

§3. 같은 것이 있는 순열

1 같은 것이 있는 순열

이를테면 세 개의 문자 a, a, b를 모두 일렬로 나열하는 순열의 수를 알아보자. 직접 이들을 일렬로 나열하면

$$\boldsymbol{aab},\quad \boldsymbol{aba},\quad \boldsymbol{baa} \qquad \cdots\cdots①$$

이고, 순열의 수는 3임을 알 수 있다.

또한 두 개의 문자 a가 서로 다른 문자 a_1, a_2라고 할 때, 세 개의 문자 a_1, a_2, b를 모두 일렬로 나열하면

$$\boldsymbol{a_1a_2b},\ \boldsymbol{a_2a_1b},\ \boldsymbol{a_1ba_2},\ \boldsymbol{a_2ba_1},\ \boldsymbol{ba_1a_2},\ \boldsymbol{ba_2a_1} \qquad \cdots\cdots②$$

이고, 순열의 수는 $3!=6$임을 알 수 있다.

이제 ①, ②의 순열의 관계를 비교해 보면 ①의 aab에 대하여 ②에서는 a_1a_2b, a_2a_1b의 2가지가 있고, ①의 aba, baa에 대해서도 ②에서는 각각 2가지씩 있음을 알 수 있다.

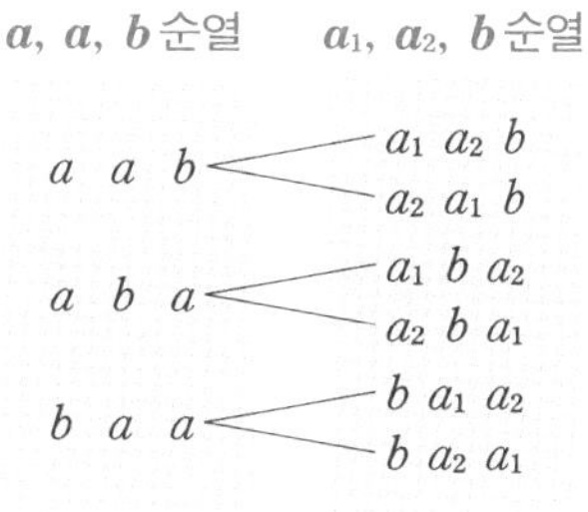

따라서 ①의 순열의 수를 x라고 할 때, ①과 ②의 순열의 수 사이에는

$$x\times2!=3!$$

인 관계가 성립한다. 따라서

$$x=\frac{3!}{2!}=3$$

이다. 여기서 분자의 3은 문자의 개수, 분모의 2는 같은 문자의 개수이다.

기본정석 — 같은 것이 있는 순열

$\underbrace{\boldsymbol{a, a, a, \cdots, a}}_{p\text{개}},\ \underbrace{\boldsymbol{b, b, b, \cdots, b}}_{q\text{개}},\ \boldsymbol{c, d}$ (n개)의 순열의 수 $\Longrightarrow \dfrac{\boldsymbol{n!}}{\boldsymbol{p!\times q!}}$

보기 1 다음 문자 또는 숫자를 모두 일렬로 나열하는 방법의 수를 구하여라.

(1) a, a, a, b　　(2) p, a, s, s　　(3) 1, 1, 1, 1, 2, 2, 2, 3, 4

연구 (1) $\dfrac{4!}{3!}=\boldsymbol{4}$　　(2) $\dfrac{4!}{2!}=\boldsymbol{12}$　　(3) $\dfrac{9!}{4!\times3!}=\boldsymbol{2520}$

기본 문제 2-9 success의 7개의 문자를 모두 일렬로 나열할 때, 다음을 구하여라.

(1) 나열하는 방법의 수

(2) 양 끝에 s가 오도록 나열하는 방법의 수

(3) 세 개의 s가 모두 이웃하도록 나열하는 방법의 수

정석연구 success는 s, s, s, c, c, u, e를 써서 만든 단어이다.

(1) 7개의 문자 s, s, s, c, c, u, e의 순열의 수를 생각한다.

(2) s○○○○○s와 같이 양 끝에 s를 고정하고, 나머지 5개의 문자 s, c, c, u, e의 순열의 수를 생각한다.

(3) s, s, s를 하나의 문자 S로 간주하여 S, c, c, u, e의 순열의 수를 생각한다. 여기에서 세 개의 문자 s, s, s의 순열의 수는 1이다.

정석 $\underbrace{a, a, \cdots, a}_{p\text{개}}, \underbrace{b, b, \cdots, b}_{q\text{개}}, c, d$ (n개)의 순열의 수 $\Longrightarrow \dfrac{n!}{p!\times q!}$

을 이용하여라.

모범답안 (1) 7개의 문자 s, s, s, c, c, u, e의 순열의 수이므로

$$\frac{7!}{3!\times 2!}=\frac{7\times 6\times 5\times 4\times 3\times 2\times 1}{(3\times 2\times 1)\times(2\times 1)}=\mathbf{420} \longleftarrow \boxed{\text{답}}$$

(2) s○○○○○s의 ○○○○○에 5개의 문자 s, c, c, u, e를 나열하는 순열의 수이므로

$$\frac{5!}{2!}=\frac{5\times 4\times 3\times 2\times 1}{2\times 1}=\mathbf{60} \longleftarrow \boxed{\text{답}}$$

(3) s, s, s를 하나의 문자 S로 간주할 때, S, c, c, u, e의 순열의 수이므로

$$\frac{5!}{2!}=\frac{5\times 4\times 3\times 2\times 1}{2\times 1}=\mathbf{60} \longleftarrow \boxed{\text{답}}$$

유제 **2**-20. internet의 모든 문자를 일렬로 나열하는 방법의 수를 구하여라.
답 **5040**

유제 **2**-21. 6개의 숫자 1, 1, 1, 2, 2, 3을 모두 써서 만들 수 있는 여섯 자리 자연수는 몇 개인가? 또, 이 중 짝수는 몇 개인가? 답 **60**개, **20**개

유제 **2**-22. 6개의 숫자 0, 1, 1, 1, 2, 2를 모두 써서 만들 수 있는 여섯 자리 자연수는 몇 개인가? 또, 이 중 짝수는 몇 개인가? 답 **50**개, **26**개

기본 문제 2-10 다음 그림과 같은 길을 따라 A지점에서 B지점까지 가려고 한다.

(1) 최단 거리의 길은 몇 가지인가?

(2) A에서 P를 거쳐 B로 가는 최단 거리의 길은 몇 가지인가?

(3) 대각선인 길 l은 지날 수 없다고 할 때, 최단 거리의 길은 몇 가지인가?

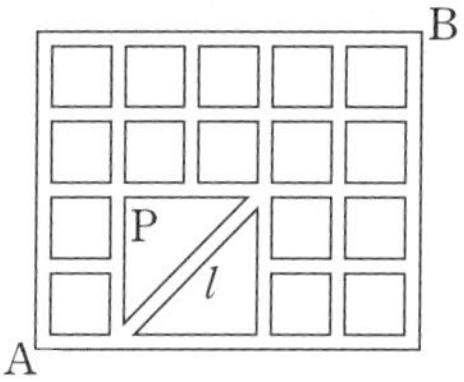

정석연구 이를테면 오른쪽 그림에서 A에서 M까지 최단 거리로 가려면 가로로 두 구간, 세로로 한 구간을 가야 한다.

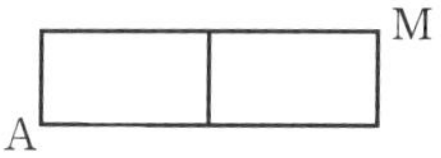

따라서 가로의 한 구간을 a, 세로의 한 구간을 b라고 하여 그 길잡이를 실제 그림으로 나타내어 보면(아래 그림의 초록 선)

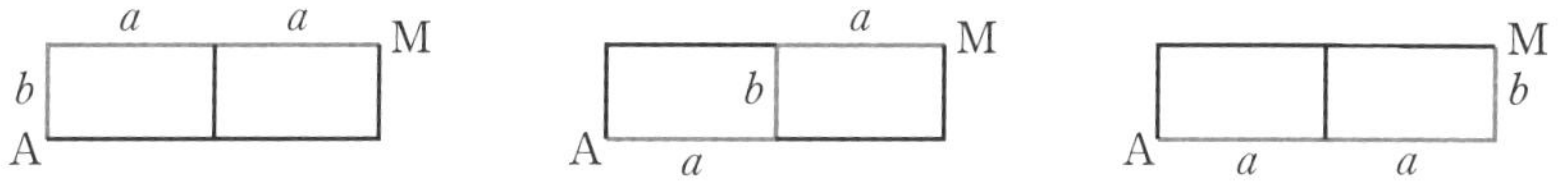

순서 ⟶ $b\ a\ a$ 순서 ⟶ $a\ b\ a$ 순서 ⟶ $a\ a\ b$

와 같이 세 가지 경우가 있고, 이 각각의 경우는 두 개의 a와 한 개의 b $(a,\ a,\ b)$를 일렬로 나열하는 경우와 같음을 알 수 있다.

모범답안 (1) l을 지나는 경우가 최단 거리의 길이므로 아래 그림에서

$$\mathrm{A} \longrightarrow \mathrm{C} \longrightarrow \mathrm{D} \longrightarrow \mathrm{B}$$

로 가면 된다.

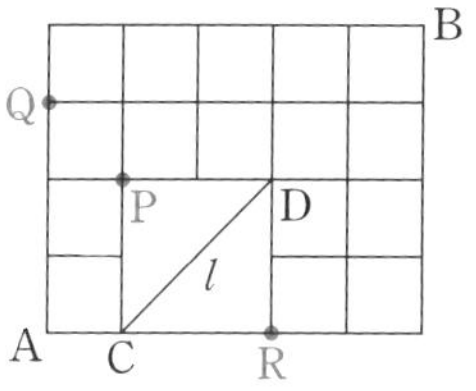

$$\therefore\ 1\times1\times\frac{4!}{2!2!}=\mathbf{6}(\text{가지}) \longleftarrow \boxed{\text{답}}$$

(2) $\dfrac{3!}{2!}\times\dfrac{6!}{4!2!}=\mathbf{45}(\text{가지}) \longleftarrow \boxed{\text{답}}$

(3) l을 지나지 않는 경우는 그림에서

$$\mathrm{A}\longrightarrow\mathrm{Q}\longrightarrow\mathrm{B},\quad \mathrm{A}\longrightarrow\mathrm{P}\longrightarrow\mathrm{B},\quad \mathrm{A}\longrightarrow\mathrm{R}\longrightarrow\mathrm{B}$$

로 가는 경우이므로

$$1\times\frac{6!}{5!}+\frac{3!}{2!}\times\frac{6!}{4!2!}+1\times\frac{6!}{2!4!}=\mathbf{66}(\text{가지}) \longleftarrow \boxed{\text{답}}$$

* ***Note*** $\overline{\mathrm{PR}}$와 $\overline{\mathrm{CD}}$의 교점을 S라고 할 때, S를 거치지 않는 경우이므로

$$\frac{9!}{5!4!}-\frac{3!}{2!}\times\frac{6!}{3!3!}=126-3\times20=\mathbf{66}(\text{가지})$$

Advice ‖ (3)에서 다음을 만족시키도록 P, Q, R를 잡아야 한다.

(i) **P, Q, R** 중 반드시 어느 한 점을 지나야 한다.

(ii) **P, Q, R** 중 어느 두 점을 모두 지나는 경우는 없다.

유제 **2**-23. 오른쪽 그림과 같은 길이 있다.

다음 경우에 대하여 최단 거리로 가는 방법의 수를 구하여라.

(1) A에서 B까지 가는 경우

(2) A에서 P를 거쳐 B까지 가는 경우

(3) A에서 P를 거치지 않고 B까지 가는 경우

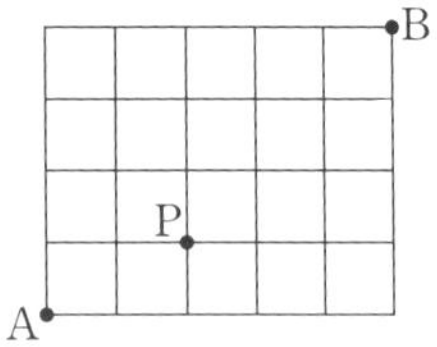

답 (1) **126** (2) **60** (3) **66**

유제 **2**-24. 오른쪽 그림과 같은 길이 있다.

P, Q를 거치지 않고 A에서 B까지 최단 거리로 가는 방법의 수를 구하여라. 답 **24**

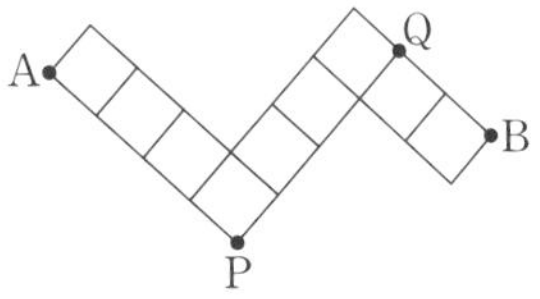

유제 **2**-25. 오른쪽 그림과 같은 길이 있다. P를 거치지 않고 A에서 B까지 최단 거리로 가는 방법의 수를 구하여라. 답 **64**

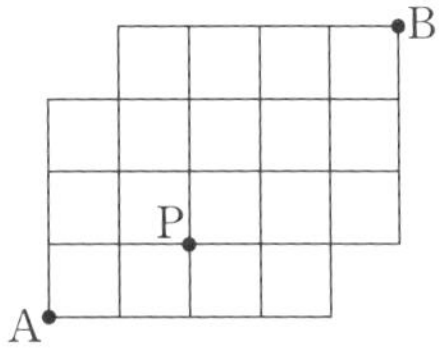

유제 **2**-26. 아래 그림과 같은 길이 있다. A에서 B까지 최단 거리로 가는 방법의 수를 구하여라.

(1)

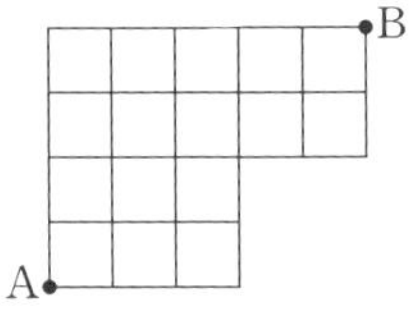

(2)

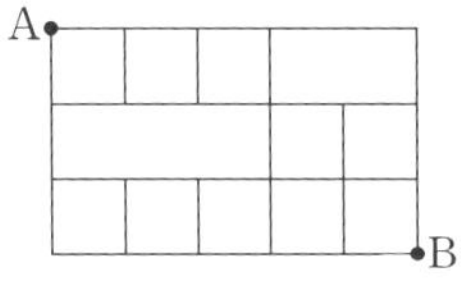

(3)

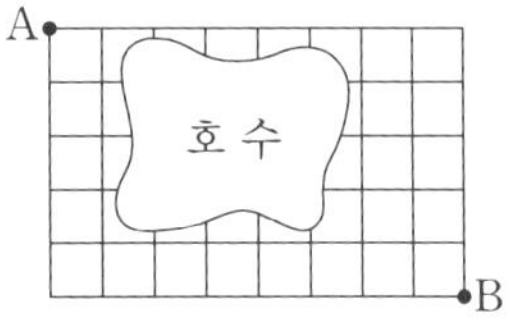

답 (1) **105** (2) **31** (3) **62**

유제 **2**-27. 오른쪽 그림과 같은 바둑판 모양의 도로망이 있다.

다음 조건을 만족시키며 A에서 B까지 최단 거리로 가는 방법의 수를 구하여라.

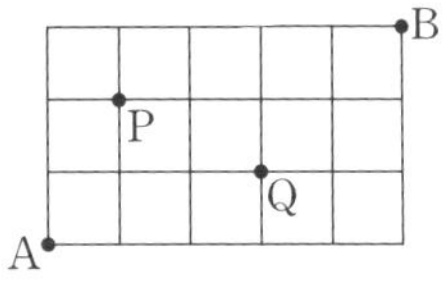

(1) 교차로 P와 Q는 지나지 않는다.

(2) 교차로 P와 Q에서 직진과 우회전은 할 수 있으나 좌회전은 할 수 없다.

답 (1) **17** (2) **46**

§ 4. 원 순 열

1 원순열의 수

이를테면 A, B, C, D가 원탁에 둘러앉는 경우의 수를 알아보자.

먼저 아래 그림과 같이 둘러앉는 경우를 생각해 보자.

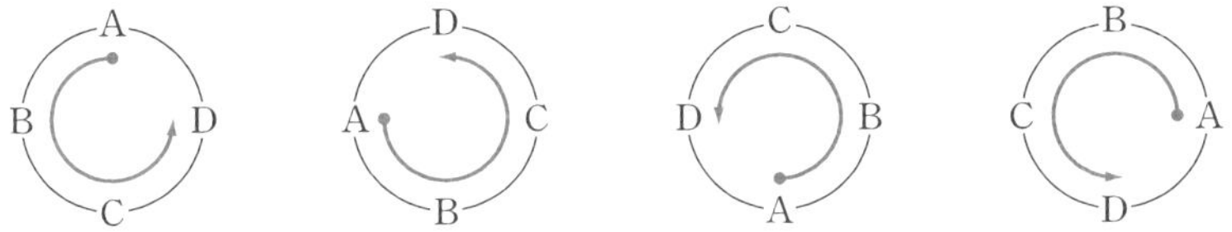

이들 네 경우는 모두 A의 오른쪽에 B, B의 오른쪽에 C, C의 오른쪽에 D가 앉는 경우로서, 처음과 끝의 구별이 없고 회전했을 때 순서가 바뀌지 않으므로 같은 순열로 볼 수 있다.

따라서 네 자리 가운데 어느 한 자리에 A를 고정해 놓고 나머지 세 자리에 B, C, D를 나열하는 순열의 수를 생각하면 이것이 곧 A, B, C, D가 원탁에 둘러앉는 경우의 수에 해당된다.

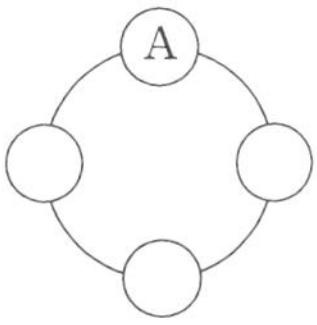

따라서 구하는 경우의 수는

$$(4-1)!=3!=3\times2\times1=6$$

여기에서 A를 고정하는 경우 이외에 B, C, D를 고정하는 경우도 있으므로 구하는 경우의 수를

$$(4-1)!\times4=3!\times4=3\times2\times1\times4=24$$

라고 착각해서는 안 된다.

이를테면 오른쪽 그림에서 그림 ①은 A를, 그림 ②는 B를 고정하는 경우이지만, 그림 ①, ②는 회전했을 때 일치하므로 같은 순열이다.

그림 ①　　그림 ②

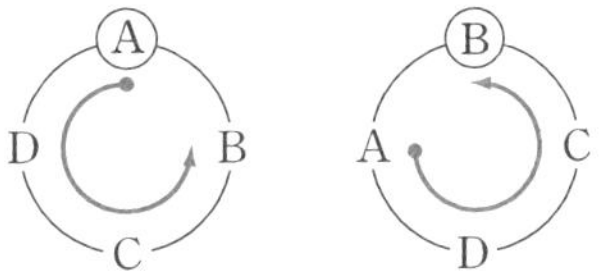

곧, 그림 ②는 그림 ①을 회전한 순열 중의 하나로서 B를 고정하는 순열은 A를 고정하는 순열에 모두 포함되기 때문에 A를 고정하는 경우만 생각하면 된다.

일반적으로

정 석 n명이 원탁에 둘러앉는 방법의 수는

$$\Longrightarrow (n-1)!=(n-1)(n-2)\times\cdots\times3\times2\times1$$

기본정석 — **원순열의 수**

서로 다른 n개를 원형으로 나열하는 순열을 원순열이라 하고,

정석 서로 다른 $\boldsymbol{n}$개를 원형으로 나열하는 방법의 수 $\Longrightarrow$ $(\boldsymbol{n}-1)!$

로 계산한다.

Advice | 원순열에서는 회전하여 일치하는 경우를 모두 같은 것으로 본다.

보기 1 서로 다른 다섯 개의 구슬이 있다.

(1) 이 구슬을 일렬로 나열하는 방법은 몇 가지인가?

(2) 이 구슬을 원형으로 나열하는 방법은 몇 가지인가?

연구 (1)은 순열의 수, (2)는 원순열의 수를 구하는 문제이다.

(1) $5!=\mathbf{120}$(가지) (2) $(5-1)!=\mathbf{24}$(가지)

보기 2 A, B 두 개의 원탁이 있다. A에는 어른 4명, B에는 어린이 6명이 앉는 방법은 모두 몇 가지인가?

연구 어른 4명이 원탁 A에 앉는 방법은 $(4-1)!=6$(가지)이다.

이 각각에 대하여 어린이 6명이 원탁 B에 앉는 방법은 $(6-1)!=120$(가지)이다.

따라서 구하는 방법은 곱의 법칙에 의하여 $6\times120=\mathbf{720}$(가지)

2 뒤집어 놓을 수 있는 원순열의 수 (고등학교 교육과정 밖의 내용)

이를테면 A, B, C, D를 원형으로 나열할 때, 오른쪽 그림 ①, ②의 경우는 회전했을 때 일치하지 않으므로 서로 다르다.

그러나 이것을 뒤집어 놓을 수 있다면 (염주나 목걸이 등과 같이) 두 경우는 같게 된다.

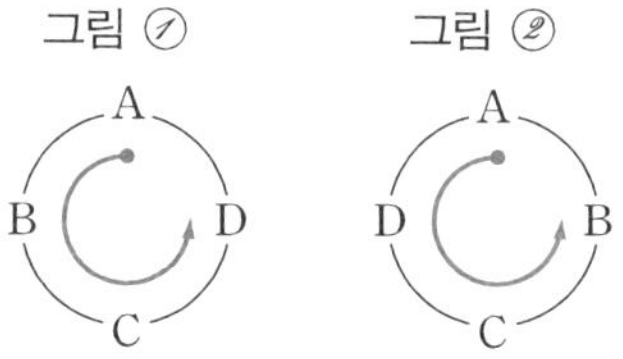

일반적으로 원형으로 나열할 때 같지 않던 것이 이것을 뒤집어 놓으면 같게 되는 것이 두 개씩 있다. 이상을 정리하면 다음과 같다.

정석 서로 다른 $\boldsymbol{n}$개에 대하여

뒤집어 놓을 수 있는 원순열의 수 $\Longrightarrow$ $\dfrac{1}{2}(\boldsymbol{n}-1)!$

보기 3 서로 다른 다섯 개의 구슬을 원형으로 실에 꿰어서 만들 수 있는 목걸이는 모두 몇 개인가?

연구 $\dfrac{1}{2}(5-1)!=\mathbf{12}$(개)

기본 문제 **2**-11　다음 물음에 답하여라.

(1) 오른쪽 그림과 같은 직사각형 모양의 책상에 8명이 둘러앉는 방법의 수를 구하여라.

(2) 네 쌍의 부부가 원탁에 둘러앉을 때, 부부끼리 이웃하여 앉는 방법의 수를 구하여라.

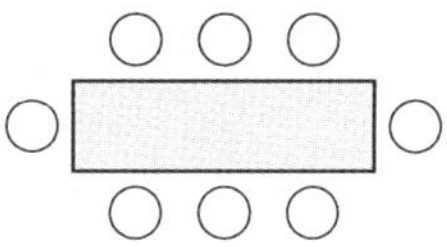

모범답안 (1) 우선 8명이 원탁에 둘러앉는 방법의 수는 $(8-1)!$ 이다.

그런데 아래 그림의 경우를 보면 모두 회전했을 때 순서가 바뀌지 않지만, 이것이 직사각형이기 때문에 ①을 어디에 고정하느냐에 따라 서로 다른 순열이 된다.

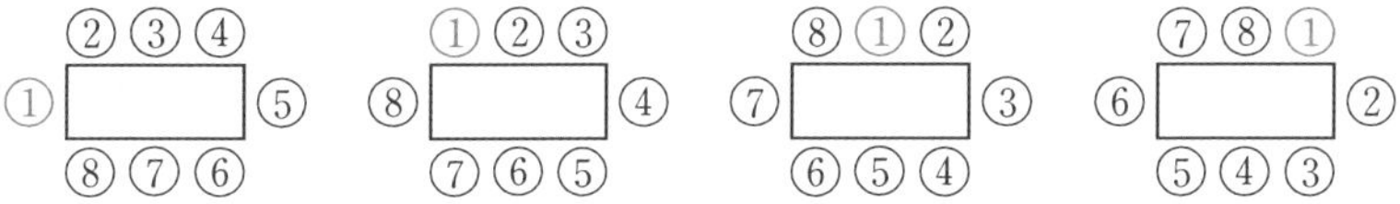

곧, 원에서는 같던 것이 직사각형에서는 네 가지씩 다른 것이 된다.

따라서 구하는 방법의 수는

$$(8-1)!\times 4=5040\times 4=\mathbf{20160} \longleftarrow \boxed{답}$$

(2) 네 쌍을 네 묶음으로 생각하면 이 네 묶음을 원탁에 앉히는 방법의 수는 $(4-1)!$ 이다.

이 각각에 대하여 각 묶음의 부부가 서로 바꾸어 앉는 방법의 수는 각 쌍마다 $2!$ 이다.

따라서 구하는 방법의 수는

$$(4-1)!\times 2!\times 2!\times 2!\times 2!=6\times 2\times 2\times 2\times 2=\mathbf{96} \longleftarrow \boxed{답}$$

유제 **2**-28. 다음 그림과 같은 정육각형, 정삼각형, 직사각형 모양의 탁자에 6명이 둘러앉는 방법의 수를 구하여라.

(1)

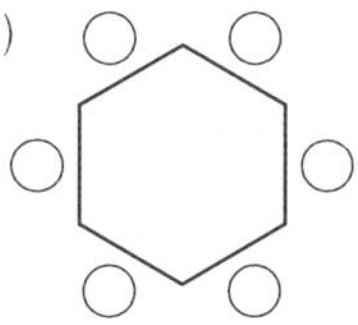

(2)

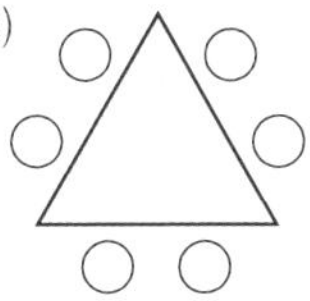

(3)

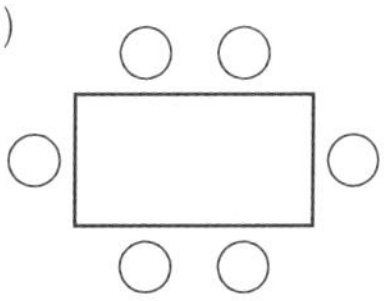

답 (1) **120**　(2) **240**　(3) **360**

유제 **2**-29. 부모와 4명의 자녀가 원탁에 둘러앉을 때,

(1) 부모가 서로 이웃하게 앉는 방법은 몇 가지인가?

(2) 부모가 서로 마주 보도록 앉는 방법은 몇 가지인가?

답 (1) **48**가지　(2) **24**가지

연습문제 2

2-1 어른 2명과 어린이 3명이 앞줄에 2개, 뒷줄에 3개의 의자가 있는 놀이 기구를 함께 타려고 한다. 어린이가 있는 줄에는 반드시 어른이 앉아야 할 때, 5명이 모두 놀이 기구의 의자에 앉는 방법의 수는?

① 60　② 66　③ 72　④ 78　⑤ 84

2-2 오른쪽 그림을 같은 선을 두 번 지나지 않으며 연필을 떼지 않고 그리는 모든 방법의 수는?

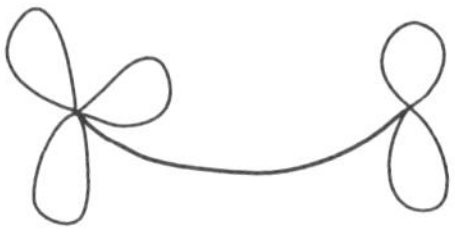

① 86　② 128　③ 192　④ 384　⑤ 768

2-3 어느 회사에서 사원 연수를 위하여 서울, 부산, 광주, 대전의 네 지역에서 각각 3명의 사원을 선발하여 4명씩 3개의 조로 나누려고 한다. 같은 지역에서 선발된 사원끼리는 같은 조에 속하지 않는 방법의 수는?

① 80　② 144　③ 216　④ 240　⑤ 288

2-4 집합 $A=\{1, 2, 3, 4\}$에서 집합 $B=\{3, 4, 5, 6\}$으로의 일대일대응 f 중에서 정의역에 속하는 모든 x에 대하여 $f(x)\neq x$인 것의 개수는?

① 12　② 14　③ 16　④ 18　⑤ 20

2-5 오른쪽 그림과 같이 구분된 6개 지역의 인구 조사를 조사원 5명이 하려고 한다. 1명은 이웃한 2개 지역을, 나머지 4명은 남은 4개 지역을 각각 한 지역씩 조사한다. 조사원 5명이 담당해야 할 지역을 나누는 경우의 수를 구하여라.

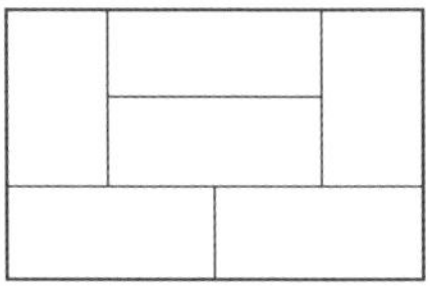

단, 경계가 일부라도 닿은 두 지역은 서로 이웃한 지역으로 본다.

2-6 세 자리 자연수 중에서 일의 자리, 십의 자리, 백의 자리 중 적어도 어느 한 자리의 수가 6의 약수인 것의 개수는?

① 612　② 648　③ 684　④ 720　⑤ 756

2-7 중복을 허락하여 세 숫자 1, 2, 3으로 네 자리 자연수를 만들 때, 1과 2가 모두 포함된 자연수의 개수는?

① 50　② 52　③ 54　④ 56　⑤ 58

2-8 기호 •, ━를 나열하여 전신 부호를 만들 때, 50가지 부호를 만들려면 이 기호를 최소한 몇 개까지 사용해야 하는가?

2-9 1, 2, 3, 4, 5의 숫자가 한 개씩 적힌 공 5개를 세 개의 상자 A, B, C에 나누어 넣으려고 한다. 각 상자에 넣은 공에 적힌 수의 합이 12 이하가 되도록 할 때, 공을 상자에 나누어 넣는 방법의 수를 구하여라.

단, 빈 상자의 경우는 공에 적힌 수의 합을 0으로 한다.

2-10 여섯 개의 숫자 1, 2, 2, 4, 5, 5를 일렬로 나열하여 여섯 자리 자연수를 만들 때, 300000보다 큰 자연수의 개수를 구하여라.

2-11 0, 1, 1, 1, 2, 2, 3을 모두 사용하여 일곱 자리 자연수를 만들 때, 다음 물음에 답하여라.

(1) 만들 수 있는 일곱 자리 수는 모두 몇 개인가?

(2) (1)에서 만들어진 일곱 자리 수 중 짝수는 몇 개인가?

(3) 홀수가 홀수 번째에 있는 일곱 자리 수는 몇 개인가?

2-12 friend의 모든 문자를 사용하여 만든 순열 중에서 i는 e보다 앞자리에 오고, d와 f는 홀수 번째 자리에 오는 것의 개수는?

① 56 ② 60 ③ 64 ④ 68 ⑤ 72

2-13 서로 다른 종류의 물건 5가지를 세 보관함 A, B, C에 넣어 보관하려고 한다. 이때, 비어 있는 보관함이 없도록 물건을 넣는 방법의 수를 구하여라.

단, 각 보관함에는 충분한 공간이 있다.

2-14 서로 다른 세 개의 통에 오른쪽 그림과 같이 8개의 공이 나누어 들어 있다. 이 8개의 공을 한 번에 한 개씩 모두 꺼내는 방법의 수를 구하여라.

단, 공은 위에서부터 차례대로 꺼내야 한다.

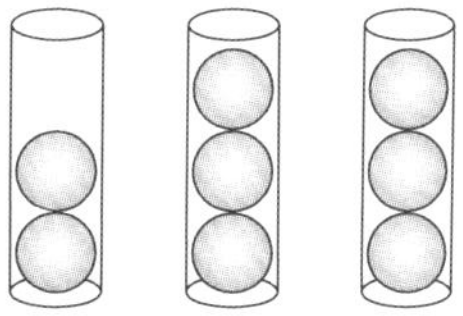

2-15 어느 행사장에 현수막을 1개씩 설치할 수 있는 장소가 5곳 있다. 현수막은 A, B, C의 세 종류이고, A는 1개, B는 4개, C는 2개 있다. A는 반드시 설치하고, B는 2곳 이상 설치할 때, 현수막 5개를 택하여 5곳에 설치하는 방법의 수를 구하여라. 단, 같은 종류의 현수막끼리는 구분하지 않는다.

2-16 오른쪽 그림과 같이 직사각형 모양의 잔디밭에 반지름의 길이가 같은 원 8개가 서로 외접하고 있는 형태의 산책로가 있다. A지점에서 출발하여 산책로를 따라 B지점까지 최단 거리로 가는 방법의 수를 구하여라.

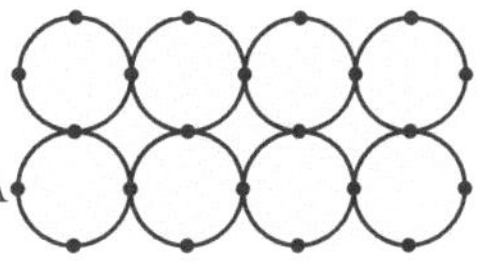

단, 원 위에 표시된 점은 원과 직사각형 또는 원과 원의 접점을 나타낸다.

2-17 오른쪽 그림과 같이 크기가 같은 정육면체 8개를 쌓아 직육면체를 만들 때, 꼭짓점 P에서 정육면체의 모서리를 따라 꼭짓점 Q까지 최단 거리로 가는 방법의 수를 구하여라.

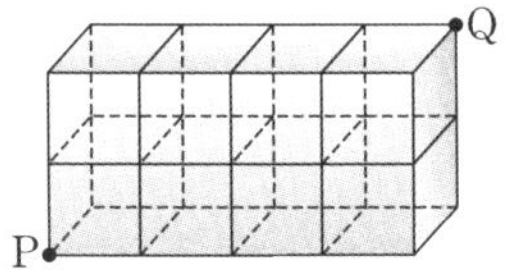

2-18 오른쪽 그림과 같이 좌표평면의 원점 O에 있는 점이 매번 상하 또는 좌우로 1씩 움직인다.

다섯 번 움직인 후에 점 $(-1, 2)$에 올 수 있는 방법의 수를 구하여라.

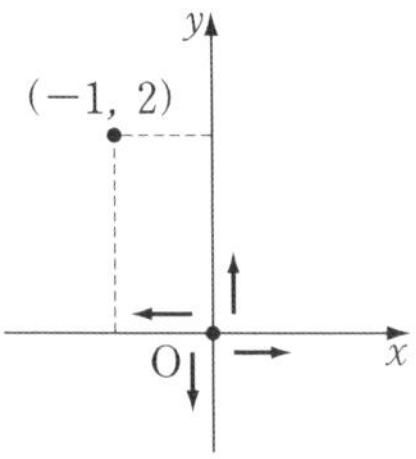

2-19 남자 5명과 여자 5명이 있다.

(1) 일렬로 앉을 때, 남녀가 서로 교대로 앉는 경우의 수를 구하여라.

(2) 원탁에 앉을 때, 남녀가 서로 교대로 앉는 경우의 수를 구하여라.

2-20 어른 3명, 어린이 6명이 원탁에 앉을 때, 다음을 구하여라.

(1) 어른끼리는 서로 이웃하지 않게 앉는 경우의 수

(2) (1)에서 어른과 어른 사이에 앉는 어린이의 수가 모두 다른 경우의 수

2-21 A, B 두 개의 원탁이 있다. A에는 두 쌍의 부부가, B에는 세 쌍의 약혼자가 둘러앉는다고 한다. 부부는 부부끼리, 약혼자는 약혼자끼리 서로 이웃하여 앉는 방법의 수를 구하여라.

2-22 오른쪽 그림과 같은 정오각뿔의 밑면과 옆면에 서로 다른 6가지 색을 모두 사용하여 칠하는 방법의 수를 구하여라.

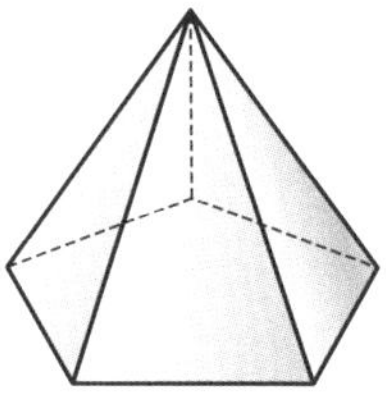

2-23 정육면체의 여섯 개의 면에 1부터 6까지의 숫자를 하나씩 써서 주사위를 만들려고 한다.

(1) 몇 가지 종류를 만들 수 있는가?

(2) 서로 마주 보는 두 면에 쓴 숫자의 합이 7이 되도록 할 때, 몇 가지 종류를 만들 수 있는가?

2-24 오른쪽 그림과 같이 옆면이 모두 등변사다리꼴인 사각뿔대가 있다. 이 사각뿔대의 여섯 개의 면에 서로 다른 6가지 색을 모두 사용하여 칠할 때, 다음을 구하여라.

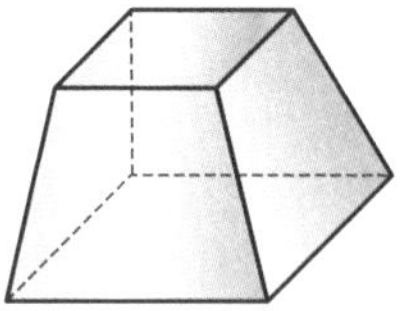

(1) 밑면과 윗면이 정사각형일 때, 칠하는 방법의 수

(2) 밑면과 윗면이 정사각형이 아닌 직사각형일 때, 칠하는 방법의 수

3. 조　합

조합／중복조합

§1. 조　합

Advice | 조합은 수학(하)에서 공부했지만, 앞으로 공부할 중복조합을 이해하는 데 필요한 개념이므로 여기에서 다시 한번 다룬다.

1 순열과 조합의 차이점

이를테면 A, B, C의 3명 중에서

반장, 부반장을 각각 **1**명씩 뽑을 때,　대표 **2**명을 뽑을 때

의 경우의 수는 어떻게 다른지 알아보자.

(i) 반장, 부반장을 각각 1명씩 뽑을 때

이를테면 A, B의 2명을 뽑는다면

① A ⟶ 반장,　B ⟶ 부반장

② B ⟶ 반장,　A ⟶ 부반장

일 때는 서로 다른 경우이다. 따라서 오른쪽과 같이 여섯 가지 경우가 있다.

	반장	부반장
①	A	B
②	B	A
③	B	C
④	C	B
⑤	C	A
⑥	A	C

(ii) 대표 2명을 뽑을 때

이때에는 ①, ②는 구별되지 않고 같은 경우이다. 곧, 대표 2명이 A, B이든 B, A이든 순서에는 관계없다. ③과 ④, 또 ⑤와 ⑥ 역시 같은 경우이다. 따라서 모두 세 가지 경우가 있다.

위의 (i)의 경우는 3명 중에서 2명을 뽑아서 그것을 나열하는 순서까지 생각한 것으로 경우의 수는 ${}_3P_2$이다.

그러나 (ii)의 경우는 3명 중에서(반장, 부반장 구별 없이) 2명을 뽑는 경우만을 생각한 것이므로 (i)의 경우와는 다르다.

이와 같이 순서를 생각하지 않고 뽑는 것을 3명 중에서 2명을 택하는 조합이라 하고, 이 조합의 수를 기호로 ${}_3\mathbf{C}_2$와 같이 나타낸다.

2 ${}_n\mathbf{C}_r$를 계산하는 방법(Ⅰ)

이제 ${}_3\mathrm{P}_2$와 ${}_3\mathrm{C}_2$의 관계를 알아보자.

3명 중에서 대표 2명을 뽑는 조합의 수 ${}_3\mathrm{C}_2$에 $2!$(뽑은 2명에 대하여 반장, 부반장의 순서를 생각하는 경우의 수)을 곱한 ${}_3\mathrm{C}_2\times 2!$은 3명 중에서 반장, 부반장 각각 1명씩 2명을 뽑는 순열의 수인 ${}_3\mathrm{P}_2$와 같으므로

$$ {}_3\mathrm{C}_2\times 2!={}_3\mathrm{P}_2 \qquad \text{곧, } {}_3\mathrm{C}_2=\frac{{}_3\mathrm{P}_2}{2!} $$

일반적으로 서로 다른 n개에서 r개를 택하는 조합의 수는 ${}_n\mathrm{C}_r$이고, 이 각각에 대하여 r개를 일렬로 나열하는 경우의 수는 $r!$이다.

따라서 서로 다른 n개에서 r개를 택하는 순열의 수는 ${}_n\mathrm{C}_r\times r!$이고, 이것은 ${}_n\mathrm{P}_r$와 같으므로

$$ {}_n\mathrm{C}_r\times r!={}_n\mathrm{P}_r \qquad \text{곧, } {}_n\mathbf{C}_r=\frac{{}_n\mathbf{P}_r}{r!} \qquad \cdots\cdots ⓐ $$

이 성립한다.

한편 ${}_n\mathrm{P}_r=\dfrac{n!}{(n-r)!}$이므로 $\quad {}_n\mathbf{C}_r=\dfrac{{}_n\mathbf{P}_r}{r!}=\dfrac{n!}{r!(n-r)!}$

또한 $0!=1$, ${}_n\mathrm{P}_0=1$이므로 ⓐ이 $r=0$일 때에도 성립하도록 ${}_n\mathrm{C}_0=1$로 정의한다.

기본정석 — **조합의 수와 ${}_n\mathbf{C}_r$**

(1) 조합의 수와 ${}_n\mathbf{C}_r$

서로 다른 n개에서 순서를 생각하지 않고 $r\,(n\ge r)$개를 택하는 것을 서로 다른 n개에서 r개를 택하는 조합이라 하고, 이 조합의 수를 기호로 ${}_n\mathbf{C}_r$와 같이 나타낸다.

(2) ${}_n\mathbf{C}_r$의 계산 방법과 ${}_n\mathbf{C}_0$의 정의

① ${}_n\mathbf{C}_r=\dfrac{{}_n\mathbf{P}_r}{r!}$, ${}_n\mathbf{C}_r=\dfrac{n!}{r!(n-r)!}$ (단, $0\le r\le n$) ⇦ ${}_n\mathbf{C}_r$의 변형식

② ${}_n\mathbf{C}_0=1$ ⇦ 정 의

Advice | ${}_n\mathrm{C}_r$에서 C는 Combination(조합)의 첫 글자이다.

보기 1 ${}_5\mathrm{C}_2$, ${}_5\mathrm{C}_3$, ${}_n\mathrm{C}_1$, ${}_n\mathrm{C}_n$을 계산하여라.

연구 ${}_5\mathrm{C}_2=\dfrac{{}_5\mathrm{P}_2}{2!}=\dfrac{5\times4}{2\times1}=\mathbf{10}$, $\quad {}_5\mathrm{C}_3=\dfrac{{}_5\mathrm{P}_3}{3!}=\dfrac{5\times4\times3}{3\times2\times1}=\mathbf{10}$,

${}_n\mathrm{C}_1=\dfrac{{}_n\mathrm{P}_1}{1!}=\boldsymbol{n}$, $\quad {}_n\mathrm{C}_n=\dfrac{{}_n\mathrm{P}_n}{n!}=\dfrac{n!}{n!}=\mathbf{1}$

보기 2 한국지리, 세계지리, 세계사, 동아시아사 중에서

(1) 두 과목을 선택하는 방법의 수를 구하여라.

(2) 세 과목을 선택하는 방법의 수를 구하여라.

연구 (1) 네 과목 중에서 두 과목을 선택하는 방법의 수이므로

$${}_4C_2=\frac{{}_4P_2}{2!}=\frac{4\times3}{2\times1}=\mathbf{6} \qquad \Leftarrow {}_4C_2=\frac{4!}{2!(4-2)!}=6$$

(2) 네 과목 중에서 세 과목을 선택하는 방법의 수이므로

$${}_4C_3=\frac{{}_4P_3}{3!}=\frac{4\times3\times2}{3\times2\times1}=\mathbf{4} \qquad \Leftarrow {}_4C_3=\frac{4!}{3!(4-3)!}=4$$

3 ${}_nC_r$ 를 계산하는 방법(Ⅱ)

앞에서 공부한 ${}_nC_r$ 의 변형식인

정석 $${}_nC_r=\frac{n!}{r!(n-r)!} \quad (0\le r\le n)$$

을 이용하면

$${}_nC_{n-r}=\frac{n!}{(n-r)!\{n-(n-r)\}!}=\frac{n!}{(n-r)!r!}=\frac{n!}{r!(n-r)!}={}_nC_r$$

곧, ${}_nC_r={}_nC_{n-r}$

가 성립한다.

기본정석 ${}_nC_r$ 를 계산하는 방법

(1) $0\le r\le n$ 일 때 ${}_nC_r={}_nC_{n-r}$

(2) ${}_nC_r={}_nC_p$ 이면 $\Longrightarrow$ $p=r$ 또는 $p=n-r$

Advice 1° 서로 다른 n개에서 r개를 택하는 조합의 수는 서로 다른 n개에서 남기는 $(n-r)$개를 택하는 조합의 수와 같다. 곧, ${}_nC_r={}_nC_{n-r}$ 이다.

2° ${}_nC_r={}_nC_{n-r}$ 이므로 이를테면 ${}_{10}C_8={}_{10}C_{10-8}={}_{10}C_2$ 이다.

$${}_{10}C_8=\frac{{}_{10}P_8}{8!}=\frac{10\times9\times8\times7\times6\times5\times4\times3}{8\times7\times6\times5\times4\times3\times2\times1}=45, \quad {}_{10}C_2=\frac{{}_{10}P_2}{2!}=\frac{10\times9}{2\times1}=45$$

에서 알 수 있듯이 ${}_nC_r$ 에서 r 가 $\frac{n}{2}$ 보다 클 때에는 ${}_nC_r$ 를 ${}_nC_{n-r}$ 로 바꾸어 계산하는 것이 능률적이다.

보기 3 ${}_9C_6$, ${}_{12}C_{10}$ 을 계산하여라.

연구 $${}_9C_6={}_9C_{9-6}={}_9C_3=\frac{{}_9P_3}{3!}=\frac{9\times8\times7}{3\times2\times1}=\mathbf{84} \qquad \Leftarrow {}_9C_3=\frac{9!}{3!(9-3)!}=84$$

$${}_{12}C_{10}={}_{12}C_{12-10}={}_{12}C_2=\frac{{}_{12}P_2}{2!}=\frac{12\times11}{2\times1}=\mathbf{66} \qquad \Leftarrow {}_{12}C_2=\frac{12!}{2!(12-2)!}=66$$

기본 문제 3-1 다음 물음에 답하여라.

(1) $2\times{}_n\mathrm{P}_2+4\times{}_n\mathrm{C}_4={}_n\mathrm{P}_3$ 을 만족시키는 자연수 n의 값을 구하여라.

(2) ${}_{20}\mathrm{C}_{r^2+1}={}_{20}\mathrm{C}_{r-1}$ 을 만족시키는 자연수 r의 값을 구하여라.

(3) $1\le r<n$ 일 때, ${}_n\mathrm{C}_r={}_{n-1}\mathrm{C}_{r-1}+{}_{n-1}\mathrm{C}_r$ 가 성립함을 보여라.

정석연구 ${}_n\mathrm{P}_r$, ${}_n\mathrm{C}_r$ 에 관한 다음 계산 공식을 이용한다.

정석 $\boldsymbol{{}_n\mathrm{P}_r=n(n-1)(n-2)\times\cdots\times(n-r+1)}$

$$\boldsymbol{{}_n\mathrm{P}_r=\frac{n!}{(n-r)!}\ (0\le r\le n),\quad {}_n\mathrm{C}_r=\frac{n!}{r!(n-r)!}\ (0\le r\le n)}$$

$$\boldsymbol{{}_n\mathrm{C}_r={}_n\mathrm{C}_{n-r}}$$

모범답안 (1) ${}_n\mathrm{C}_4=\dfrac{{}_n\mathrm{P}_4}{4!}=\dfrac{n(n-1)(n-2)(n-3)}{24}$ 이므로 준 식은

$$2\times n(n-1)+4\times\frac{n(n-1)(n-2)(n-3)}{24}=n(n-1)(n-2)$$

$n\ge4$ 에서 $n(n-1)\ne0$ 이므로 양변을 $n(n-1)$로 나누고 정리하면

$n^2-11n+30=0$ $\quad\therefore (n-5)(n-6)=0$ $\quad\therefore$ $\boldsymbol{n=5,\ 6}$ ← 답

(2) $r-1=r^2+1$ 일 때 $\quad r^2-r+2=0$

그런데 이 방정식은 허근을 가지므로 만족시키는 자연수 r의 값은 없다.

$r-1=20-(r^2+1)$ 일 때 $\quad r^2+r-20=0$ $\quad\therefore (r+5)(r-4)=0$

그런데 $0\le r^2+1\le20$, $0\le r-1\le20$ 이므로 $\quad r\ne-5$ $\quad\therefore$ $\boldsymbol{r=4}$ ← 답

(3) $$(\text{우변})=\frac{(n-1)!}{(r-1)!\{(n-1)-(r-1)\}!}+\frac{(n-1)!}{r!\{(n-1)-r\}!}$$
$$=\frac{(n-1)!}{(r-1)!(n-r)!}+\frac{(n-1)!}{r!(n-r-1)!}$$
$$=\frac{r\times(n-1)!}{r!(n-r)!}+\frac{(n-r)\times(n-1)!}{r!(n-r)!}$$
$$=\frac{(n-1)!\times(r+n-r)}{r!(n-r)!}=\frac{n!}{r!(n-r)!}={}_n\mathrm{C}_r=(\text{좌변})$$

**Note* p. 41의 *Advice* 1°과 같이 조합의 뜻과 연결 지어 설명할 수도 있다.

유제 **3**-1. 다음 등식을 만족시키는 자연수 n의 값을 구하여라.

(1) ${}_n\mathrm{C}_2={}_6\mathrm{C}_5+{}_6\mathrm{C}_2$ (2) ${}_{n+2}\mathrm{C}_4=11\times{}_n\mathrm{C}_2$

(3) ${}_n\mathrm{P}_2+4\times{}_n\mathrm{C}_2=60$ (4) ${}_{10}\mathrm{C}_{n+5}={}_{10}\mathrm{C}_{2n+2}$

답 (1) $\boldsymbol{n=7}$ (2) $\boldsymbol{n=10}$ (3) $\boldsymbol{n=5}$ (4) $\boldsymbol{n=1,\ 3}$

유제 **3**-2. $1\le r\le n$ 일 때, $r\times{}_n\mathrm{C}_r=n\times{}_{n-1}\mathrm{C}_{r-1}$ 이 성립함을 보여라.

기본 문제 3-2 남자 6명, 여자 4명이 있다.

(1) 이 중에서 남자 3명, 여자 2명을 뽑는 경우는 몇 가지인가?

(2) 이 중에서 6명을 뽑을 때, 여자 4명이 포함된 경우는 몇 가지인가?

(3) 이 중에서 4명을 뽑을 때, 적어도 여자 1명이 포함되는 경우는 몇 가지인가?

(4) 이 중에서 4명을 뽑을 때, 적어도 남녀 1명씩이 포함되는 경우는 몇 가지인가?

정석연구 순서를 생각하지 않는 경우의 수이다. 다음을 이용하여 계산한다.

정석 $_{n}\mathrm{C}_{r}=\dfrac{_{n}\mathrm{P}_{r}}{r!}=\dfrac{n!}{r!(n-r)!}\ (0\le r\le n),\qquad {_{n}\mathrm{C}_{r}}={_{n}\mathrm{C}_{n-r}}$

모범답안 (1) 남자 6명 중에서 3명을 뽑는 경우의 수는 $_{6}\mathrm{C}_{3}$이고, 여자 4명 중에서 2명을 뽑는 경우의 수는 $_{4}\mathrm{C}_{2}$이므로

$_{6}\mathrm{C}_{3}\times{_{4}\mathrm{C}_{2}}=20\times6=\mathbf{120}$(가지) ← 답

(2) 여자 4명은 미리 뽑아 놓고, 남자 6명 중에서 2명을 뽑는 경우를 생각하면 되므로 $_{6}\mathrm{C}_{2}=\mathbf{15}$(가지) ← 답

(3) 남녀 10명 중에서 4명을 뽑는 경우의 수는 $_{10}\mathrm{C}_{4}$이고, 이 중에서 4명이 모두 남자인 경우의 수는 $_{6}\mathrm{C}_{4}$이므로

$_{10}\mathrm{C}_{4}-{_{6}\mathrm{C}_{4}}=210-15=\mathbf{195}$(가지) ← 답 ⇦ $_{6}\mathrm{C}_{4}={_{6}\mathrm{C}_{2}}$

(4) 남녀 10명 중에서 4명을 뽑는 경우의 수는 $_{10}\mathrm{C}_{4}$이고, 이 중에서 4명이 모두 남자인 경우의 수는 $_{6}\mathrm{C}_{4}$, 4명이 모두 여자인 경우의 수는 $_{4}\mathrm{C}_{4}$이므로

$_{10}\mathrm{C}_{4}-({_{6}\mathrm{C}_{4}}+{_{4}\mathrm{C}_{4}})=210-(15+1)=\mathbf{194}$(가지) ← 답

유제 3-3. 10명 중에서 5명의 위원을 뽑을 때,

(1) 특정한 2명이 포함되는 경우의 수를 구하여라.

(2) 특정한 2명이 포함되지 않는 경우의 수를 구하여라.

답 (1) **56** (2) **56**

유제 3-4. 야구 선수 9명, 농구 선수 5명 중에서 3명의 대표를 뽑을 때, 야구 선수와 농구 선수 중에서 각각 적어도 1명의 선수가 포함되는 경우의 수를 구하여라.

답 **270**

유제 3-5. 남녀 합하여 10명인 모임에서 2명의 대표를 뽑을 때, 적어도 여자 1명이 포함되는 모든 경우의 수는 30이라고 한다. 남자는 몇 명인가?

답 **6명**

기본 문제 3-3 남학생 5명, 여학생 4명 중에서 남학생 3명, 여학생 2명을 뽑아서 다음 방법으로 앉히는 경우의 수를 구하여라.

(1) 일렬로 앉힌다. (2) 원탁에 앉힌다.

(3) 남학생 대표 A와 여학생 대표 B는 반드시 포함하고, 서로 이웃하게 원탁에 앉힌다.

정석연구 먼저 남학생 3명, 여학생 2명을 뽑는 조합의 수를 구한 다음, 이들 남녀 5명에 대하여

순열의 수, 원순열의 수

를 생각한다.

모범답안 (1) 남학생 5명, 여학생 4명 중에서 남학생 3명, 여학생 2명을 뽑는 경우의 수는

$${}_5C_3\times{}_4C_2=10\times6=60$$

이들 남녀 5명을 일렬로 앉히는 경우의 수는 5! 이므로

$$60\times5!=60\times120=\mathbf{7200}$$ ← 답

(2) 이들 남녀 5명을 원탁에 앉히는 경우의 수는 $(5-1)!$ 이므로

$$60\times(5-1)!=60\times24=\mathbf{1440}$$ ← 답

(3) A와 B를 미리 뽑아 놓을 때, 나머지 남학생 4명 중에서 2명을 뽑고 여학생 3명 중에서 1명을 뽑는 경우의 수는 ${}_4C_2\times{}_3C_1$이다.

또, 이들 남녀 5명 중에서 A와 B가 이웃하게 원탁에 앉는 경우의 수 (이때, A와 B를 한 사람으로 보되, 두 사람의 순서를 바꾸는 경우도 생각한다)는 $(4-1)!\times2!$ 이므로

$${}_4C_2\times{}_3C_1\times(4-1)!\times2!=6\times3\times6\times2=\mathbf{216}$$ ← 답

유제 **3**-6. 9개의 숫자 1, 2, 3, 4, 5, 6, 7, 8, 9를 써서 만들 수 있는 다섯 자리 자연수는 몇 개인가? 단, 각 자리의 숫자는 모두 다르고, 3개의 홀수와 2개의 짝수를 포함해야 한다. 답 **7200**개

유제 **3**-7. 서로 다른 모자 10개와 서로 다른 가방 5개가 있다. 이 중에서 3개의 모자와 2개의 가방을 뽑아 일렬로 나열하는 경우의 수와 원형으로 나열하는 경우의 수를 구하여라. 답 **144000, 28800**

유제 **3**-8. 김씨와 박씨를 포함한 성이 모두 다른 8명 중에서 4명을 뽑아 일렬로 세울 때, 김씨와 박씨는 반드시 포함하고 서로 이웃하게 세우는 경우는 몇 가지인가? 답 **180**가지

기본 문제 3-4 7개의 숫자 0, 1, 2, 3, 4, 5, 6 중에서 세 개를 뽑아 만든 세 자리 자연수의 백의 자리 숫자를 a, 십의 자리 숫자를 b, 일의 자리 숫자를 c라고 하자. 이때, 다음 물음에 답하여라.

단, 같은 숫자를 여러 번 뽑아도 된다.

(1) 이 세 자리 자연수는 모두 몇 개인가?

(2) $a>b>c$를 만족시키는 자연수는 모두 몇 개인가?

(3) $a>b\ge c$를 만족시키는 자연수는 모두 몇 개인가?

정석연구 (1) 0, 1, 2, 3, 4, 5, 6 중에서 백의 자리에는 0을 뺀 6개가 올 수 있다. 그리고 같은 숫자를 여러 번 뽑을 수 있으므로 십의 자리에는 7개, 일의 자리에는 7개가 올 수 있다.

(2) 이를테면 1, 2, 3 세 숫자를 모두 써서 만들 수 있는 세 자리 자연수는 모두 ${}_3P_3=3\times2\times1=6$(개)이지만, 이 중에서 $a>b>c$를 만족시키는 경우는 321의 한 가지뿐이다.

곧, 서로 다른 세 수를 뽑은 다음 이것을 크기 순으로 나열하는 경우는 한 가지뿐이므로 순서를 생각하지 않고 세 수를 뽑는 경우와 같다.

정석 순서가 정해진 경우의 수는 ⟹ 조합을 생각한다.

(3) $a>b>c$인 경우와 $a>b=c$인 경우로 나누어 생각하면 된다.

정석 필요하면 경우를 나누어 생각한다.

모범답안 (1) $6\times7\times7=$ **294**(개) ⟵ 답

(2) 서로 다른 7개의 숫자 중에서 서로 다른 3개를 뽑는 경우의 수와 같으므로 ${}_7C_3=$ **35**(개) ⟵ 답

(3) $a>b>c$인 경우는 (2)에서 35개

$a>b=c$인 경우는 서로 다른 7개의 숫자 중에서 서로 다른 2개를 뽑는 경우와 같으므로 ${}_7C_2=21$(개)

따라서 조건을 만족시키는 자연수는

$35+21=$ **56**(개) ⟵ 답

유제 **3**-9. 6개의 숫자 0, 1, 2, 3, 4, 5 중에서 중복을 허락하여 네 개를 뽑아 만든 네 자리 자연수의 천의 자리 숫자를 a, 백의 자리 숫자를 b, 십의 자리 숫자를 c, 일의 자리 숫자를 d라고 하자. 이때, $a<b\le c<d$를 만족시키는 자연수의 개수를 구하여라. 답 **15**

기본 문제 3-5 오른쪽 그림과 같이 좌표평면에 12개의 점이 있다. 다음을 구하여라.

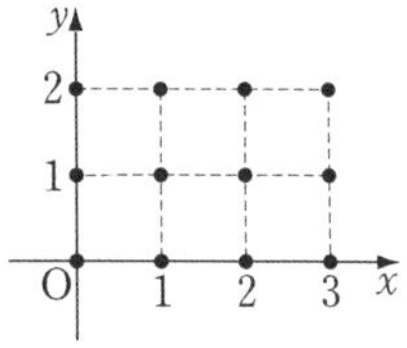

(1) 두 점을 연결하는 선분의 개수

(2) 두 점을 연결하는 직선의 개수

(3) 세 점을 꼭짓점으로 하는 삼각형의 개수

정석연구 (1) 12개의 점 중에서 두 점을 뽑는 경우의 수와 같다.

(2) 한 직선 l 위에 세 점이 있는 경우 두 점을 연결하여 만들 수 있는 선분의 개수는 ${}_3C_2$이다. 그러나 두 점을 연결하여 만들 수 있는 직선은 l뿐이므로 직선의 개수는 1이다. 따라서 (1)에서 한 직선 위에 세 점 또는 네 점이 있는 경우 중복하여 계산된 것을 빼 주어야 한다.

(3) 한 직선 위에 있지 않은 세 점은 하나의 삼각형을 결정하므로 세 점을 뽑는 경우의 수에서 한 직선 위에 있는 세 점을 뽑는 경우의 수를 뺀다.

정 석 선분, 직선은 ⟹ 두 점
삼각형은 ⟹ 한 직선 위에 있지 않은 세 점

모범답안 (1) 두 점을 뽑는 경우의 수와 같으므로 ${}_{12}C_2=\mathbf{66}$ ← 답

(2) 두 점을 뽑으면 직선이 하나 정해진다.

한편 네 점을 포함한 직선이 3개, 세 점을 포함한 직선이 8개이므로

$${}_{12}C_2-(3\times{}_4C_2+8\times{}_3C_2-11)=66-(18+24-11)=\mathbf{35} \leftarrow \text{답}$$

(3) 한 직선 위에 있지 않은 세 점을 뽑으면 삼각형이 하나 정해진다.

한편 네 점을 포함한 직선이 3개, 세 점을 포함한 직선이 8개이므로

$${}_{12}C_3-(3\times{}_4C_3+8\times{}_3C_3)=220-(12+8)=\mathbf{200} \leftarrow \text{답}$$

유제 **3**-10. 다음 도형 위의 점을 꼭짓점으로 하는 삼각형의 개수를 구하여라.

(1)

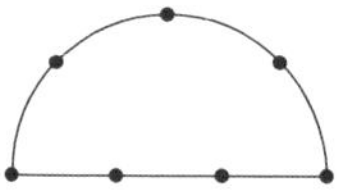

(2)

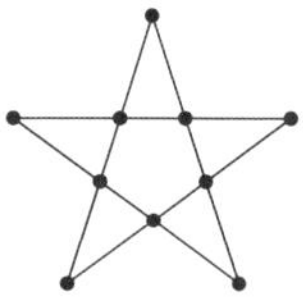

답 (1) **31** (2) **100**

유제 **3**-11. 볼록십각형에 대하여 다음 물음에 답하여라.

(1) 대각선의 개수를 구하여라.

(2) 대각선의 교점 중에서 꼭짓점이 아닌 점의 개수의 최댓값을 구하여라.

(3) 세 개의 꼭짓점을 이어서 만들 수 있는 삼각형 중에서 삼각형의 변이 볼록십각형의 어느 한 변과도 일치하지 않는 것의 개수를 구하여라.

답 (1) **35** (2) **210** (3) **50**

기본 문제 **3**-6 오른쪽 그림과 같은 원판의 다섯 곳에 빨강, 노랑, 파랑, 주황, 초록의 5가지 색을 사용하여 이웃한 곳은 서로 다른 색을 칠하여 구별하려고 한다. 다음 물음에 답하여라.

단, 두 원의 중심은 같고, 선분을 연장하면 두 직선은 원의 중심에서 수직으로 만난다.

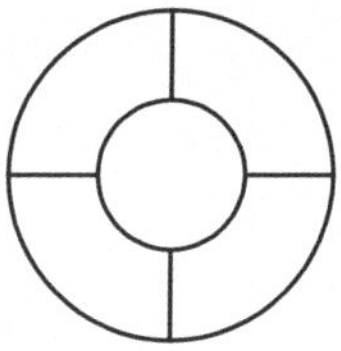

(1) 5가지 색을 모두 사용하여 칠하는 방법의 수를 구하여라.

(2) 5가지 색 중 4가지 색을 사용하여 칠하는 방법의 수를 구하여라.

정석연구 먼저 가운데 원에 색을 칠하는 방법을 생각한다.

정 석 순열의 수, 원순열의 수, 조합의 수의 차이점에 주의한다.

모범답안 (1) 5가지 색 중에서 1가지 색을 택하여 가운데 원에 칠하는 방법의 수는 ${}_5C_1$ 이고, 이 각각에 대하여 4가지 색을 남은 네 곳에 원형으로 나열하여 칠하는 방법의 수는 $(4-1)!$ 이다.

따라서 구하는 방법의 수는 ${}_5C_1\times(4-1)!=5\times6=\mathbf{30}$ ← 답

(2) 5가지 색 중에서 4가지 색을 택하는 방법의 수는 ${}_5C_4$ 이고, 이 각각에 대하여 4가지 색 중에서 1가지 색을 택하여 가운데 원에 칠하는 방법의 수는 ${}_4C_1$ 이다.

또, 나머지 3가지 색을 둘레의 네 곳에 칠하는 방법의 수는 3가지 색 중에서 1가지 색을 택하여 이웃하지 않은 두 곳을 정하여 칠하는 방법의 수 ${}_3C_1$ 이다.

따라서 구하는 방법의 수는

${}_5C_4\times{}_4C_1\times{}_3C_1=5\times4\times3$

$=\mathbf{60}$ ← 답

*Note 오른쪽 그림과 같이 색을 칠하는 것은 회전하면 같은 경우이다.

유제 **3**-12. 오른쪽 그림과 같이 삼각판을 네 개의 합동인 정삼각형으로 나누어 이웃한 곳은 서로 다른 색을 칠하여 구별하려고 한다.

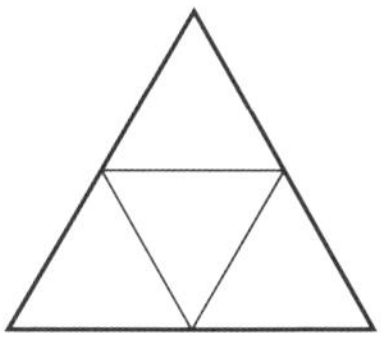

(1) 서로 다른 4가지 색을 모두 사용하여 칠하는 방법의 수를 구하여라.

(2) 서로 다른 6가지 색 중에서 4가지 색을 사용하여 칠하는 방법의 수를 구하여라.

답 (1) 8 (2) 120

Advice | 정다면체 색칠하기

정다면체에는 정사면체, 정육면체, 정팔면체, 정십이면체, 정이십면체의 5가지가 있다. 이 중에서 정사면체, 정육면체, 정팔면체, 정십이면체의 모든 면을 각각 서로 다른 4, 6, 8, 12가지의 색을 모두 사용하여 칠하는 방법의 수를 구해 보자.

(i) 정사면체 색칠하기 : 1가지 색을 한 면에 칠하여 밑면으로 고정한 다음, 나머지 3가지 색을 남은 세 면에 원형으로 나열하여 칠하는 방법과 같으므로 구하는 방법의 수는

$$(3-1)!=\mathbf{2}$$

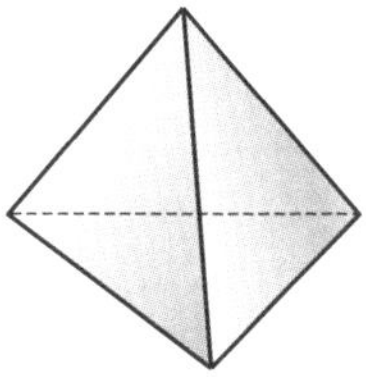

(ii) 정육면체 색칠하기 : 1가지 색을 한 면에 칠하여 밑면으로 고정한 다음, 나머지 5가지 색 중에서 1가지 색을 택하여 윗면에 칠한다. 이 각각에 대하여 나머지 4가지 색을 밑면과 이웃한 네 개의 옆면에 원형으로 나열하여 칠하는 방법과 같으므로 구하는 방법의 수는

$${}_5C_1\times(4-1)!=\mathbf{30}$$

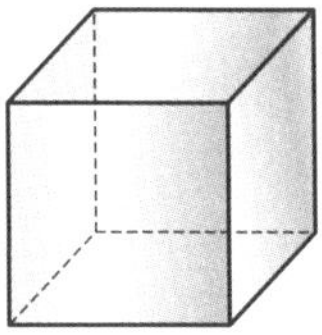

(iii) 정팔면체 색칠하기 : 1가지 색을 한 면에 칠하여 밑면으로 고정한 다음, 나머지 7가지 색 중에서 1가지 색을 택하여 윗면에 칠한다. 이 각각에 대하여 나머지 6가지 색 중에서 3가지 색을 택하여 밑면과 이웃한 세 개의 면에 원형으로 나열하여 칠하고, 나머지 3가지 색을 윗면과 이웃한 세 개의 면에 일렬로 나열하여 칠하는 방법과 같으므로 구하는 방법의 수는

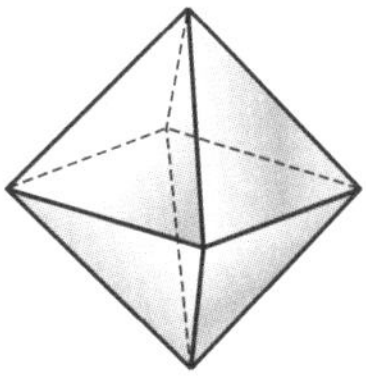

$${}_7C_1\times{}_6C_3\times(3-1)!\times3!=\mathbf{1680}$$

(iv) 정십이면체 색칠하기 : 1가지 색을 한 면에 칠하여 밑면으로 고정한 다음, 나머지 11가지 색 중에서 1가지 색을 택하여 윗면에 칠한다. 이 각각에 대하여 나머지 10가지 색 중에서 5가지 색을 택하여 밑면과 이웃한 다섯 개의 면에 원형으로 나열하여 칠하고, 나머지 5가지 색을 윗면과 이웃한 다섯 개의 면에 일렬로 나열하여 칠하는 방법과 같으므로 구하는 방법의 수는

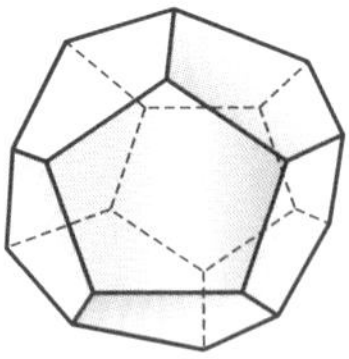

$${}_{11}C_1\times{}_{10}C_5\times(5-1)!\times5!=\mathbf{7983360}$$

기본 문제 3-7 서로 다른 책 9권이 있다. 이 책을 다음과 같이 세 묶음으로 나누는 모든 방법의 수를 구하여라.

(1) 2권, 3권, 4권 (2) 2권, 2권, 5권

(3) 3권, 3권, 3권

정석연구 이를테면 서로 다른 문자 a, b, c, d를 1개, 3개의 두 묶음으로 나누는 경우와 2개, 2개의 두 묶음으로 나누는 경우를 생각해 보자.

(i) **1개, 3개로 나누는 방법**

a, b, c, d에서 1개를 뽑고, 나머지 3개에서 3개를 뽑으면 되므로 곱의 법칙으로부터

$${}_4C_1\times{}_3C_3 \text{가지}$$

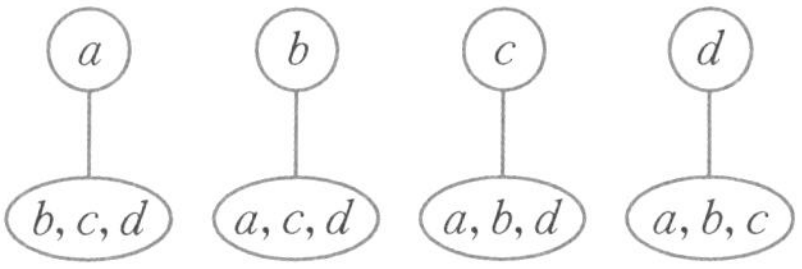

(ii) **2개, 2개로 나누는 방법**

a, b, c, d에서 2개를 뽑고, 나머지 2개에서 2개를 뽑으면 ${}_4C_2\times{}_2C_2$가지이다.

이 중에서 같은 것이 2가지씩(엄밀하게는 2!가지씩) 생기므로 2!로 나누어

$${}_4C_2\times{}_2C_2\times\frac{1}{2!} \text{가지}$$

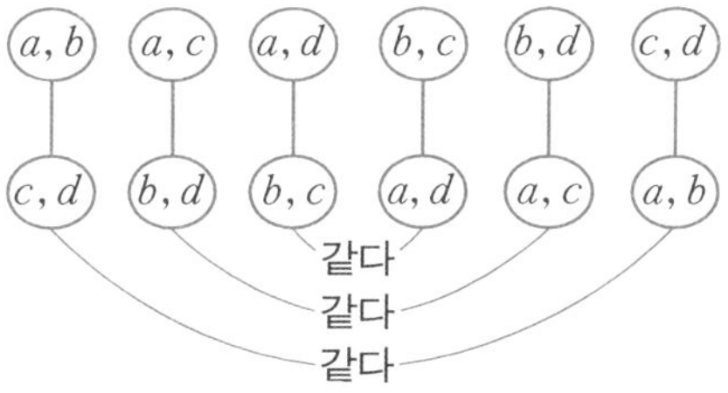

이와 같이 두 묶음으로 나누는 경우 각 묶음에 속한 것의 개수가 같은 경우와 같지 않은 경우는 서로 다르다는 사실을 알 수 있다.

일반적으로

정석 같은 수의 묶음이 n개일 때에는 $n!$로 나눈다

는 것에 주의해야 한다.

모범답안 (1) ${}_9C_2\times{}_7C_3\times{}_4C_4=36\times35\times1=\mathbf{1260}$ ← 답

(2) ${}_9C_2\times{}_7C_2\times{}_5C_5\times\frac{1}{2!}=36\times21\times1\times\frac{1}{2}=\mathbf{378}$ ← 답

(3) ${}_9C_3\times{}_6C_3\times{}_3C_3\times\frac{1}{3!}=84\times20\times1\times\frac{1}{6}=\mathbf{280}$ ← 답

* *Note* (1)의 경우, 9권에서 2권을 뽑고, 다시 남은 7권에서 3권을 뽑으면 4권이 남게 되고, 여기서 4권을 뽑는 방법은 오직 1가지뿐이므로 ${}_9C_2\times{}_7C_3$이라고 해도 된다.

(2), (3)에 대해서도 ${}_5C_5$, ${}_3C_3$을 곱하는 것을 생략해도 된다.

Advice | 이상을 정리하면

정석 서로 다른 n개를 p개, q개, r개 $(p+q+r=n)$의 세 묶음으로 나누는 방법의 수는

p, q, r가 서로 다르면 $\Longrightarrow$ ${}_nC_p\times{}_{n-p}C_q\times{}_rC_r$

p, q, r 중 어느 2개만 같으면 $\Longrightarrow$ ${}_nC_p\times{}_{n-p}C_q\times{}_rC_r\times\dfrac{1}{2!}$

$p=q=r$이면 $\Longrightarrow$ ${}_nC_p\times{}_{n-p}C_q\times{}_rC_r\times\dfrac{1}{3!}$

이다.

이것은 세 묶음으로 나누는 방법의 수만을 생각한 것이고, 이것을 다시 일렬로 나열하는 경우까지 생각해야 할 때에는(이를테면 세 묶음으로 나누어 세 사람에게 나누어 준다든가, 세 곳의 창고에 보관한다든가), 각각의 결과에 다시 3!을 곱해 주어야 한다.

유제 **3**-13. 10명의 학생이 있다.

(1) 4명, 6명의 두 조로 나누는 방법은 몇 가지인가?

(2) 5명, 5명의 두 조로 나누는 방법은 몇 가지인가?

답 (1) **210**가지 (2) **126**가지

유제 **3**-14. 서로 다른 꽃 15송이가 있다.

(1) 4송이, 5송이, 6송이의 세 묶음으로 나누는 방법은 몇 가지인가?

(2) 4송이, 4송이, 7송이의 세 묶음으로 나누는 방법은 몇 가지인가?

(3) 5송이, 5송이, 5송이의 세 묶음으로 나누는 방법은 몇 가지인가?

(4) 5송이씩 세 사람에게 나누어 주는 방법은 몇 가지인가?

답 (1) **630630**가지 (2) **225225**가지 (3) **126126**가지 (4) **756756**가지

유제 **3**-15. 8명의 여행객이 2명씩 네 조로 나누어 4개의 호텔에 투숙하는 방법의 수를 구하여라. 답 **2520**

유제 **3**-16. 6명을 2명씩 세 조로 나눈 다음, 두 조는 시합을 하고 한 조는 심판을 보는 방법의 수를 구하여라. 답 **45**

유제 **3**-17. 남자 7명, 여자 3명을 5명씩 두 조로 나눈다. 여자는 모두 같은 조에 넣기로 할 때, 나누는 방법의 수를 구하여라. 답 **21**

기본 문제 3-8 서로 다른 공 5개를 상자 3개에 빈 상자가 없도록 나누어 넣으려고 한다.

(1) 서로 같은 상자 3개에 넣는 방법의 수를 구하여라.

(2) 서로 다른 상자 3개에 넣는 방법의 수를 구하여라.

정석연구 (1) 상자의 구분이 없으므로 서로 다른 공 5개를 세 묶음으로 나누는 방법의 수를 구하면 된다. 이때, 빈 상자가 없어야 하므로 5개의 공을 1개, 1개, 3개 또는 1개, 2개, 2개씩 묶을 수 있다. 여기서 공의 개수가 같은 묶음이 있으므로 다음 **정석**을 이용한다.

정석 서로 다른 $\boldsymbol{n}$개를 $\boldsymbol{p}$개, $\boldsymbol{p}$개, $\boldsymbol{q}$개$(\boldsymbol{2p+q=n})$의
세 묶음으로 나누는 방법의 수 $\Longrightarrow$ ${}_{n}\mathbf{C}_{p}\times{}_{n-p}\mathbf{C}_{p}\times{}_{q}\mathbf{C}_{q}\times\dfrac{\mathbf{1}}{\mathbf{2!}}$

(2) 상자의 구분이 있으므로 서로 다른 공 5개를 세 묶음으로 나눈 다음, 묶음을 나열하는 방법도 함께 생각해야 한다.

정석 서로 다른 상자에 넣는 경우의 수
$\Longrightarrow$ (서로 같은 상자에 넣는 경우의 수)×(묶음을 나열하는 경우의 수)

모범답안 (1) 서로 다른 공 5개를 세 묶음으로 나누는 방법의 수와 같다.

(i) 1개, 1개, 3개로 나누는 방법 : ${}_{5}C_{1}\times{}_{4}C_{1}\times{}_{3}C_{3}\times\dfrac{1}{2!}=10$

(ii) 1개, 2개, 2개로 나누는 방법 : ${}_{5}C_{1}\times{}_{4}C_{2}\times{}_{2}C_{2}\times\dfrac{1}{2!}=15$

(i), (ii)에서 합의 법칙에 의하여 $10+15=\mathbf{25}$ ← 답

(2) 서로 다른 공 5개를 세 묶음으로 나눈 다음, 묶음을 나열해야 한다.

(i) 1개, 1개, 3개로 나누는 방법 : ${}_{5}C_{1}\times{}_{4}C_{1}\times{}_{3}C_{3}\times\dfrac{1}{2!}\times3!=60$

(ii) 1개, 2개, 2개로 나누는 방법 : ${}_{5}C_{1}\times{}_{4}C_{2}\times{}_{2}C_{2}\times\dfrac{1}{2!}\times3!=90$

(i), (ii)에서 합의 법칙에 의하여 $60+90=\mathbf{150}$ ← 답

*Note (2)는 (1)의 결과에 묶음을 나열하는 경우의 수인 3!을 곱한 것과 같다. 곧,
$25\times3!=\mathbf{150}$

유제 **3**-18. 서로 다른 구슬 5개를 서로 같은 주머니 4개에 빈 주머니가 없도록 나누어 넣는 방법의 수를 구하여라. 답 **10**

유제 **3**-19. 서로 다른 꽃 6송이를 서로 다른 꽃병 3개에 빈 꽃병이 없도록 나누어 꽂는 방법의 수를 구하여라. 답 **540**

기본 문제 3-9 두 집합 A={1, 2, 3, 4}, B={a, b}에 대하여 함수 f : A ⟶ B 중에서 치역과 공역이 서로 같은 것은 몇 개인가?

정석연구 이를테면 아래 그림과 같은 함수는 모두 치역과 공역이 서로 같은 함수이다.

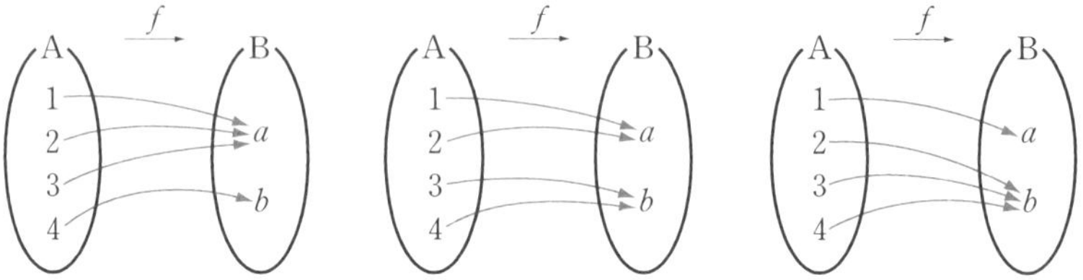

이와 같은 함수의 개수는 다음 세 가지 방법으로 구할 수 있다.

(방법 1) 함수 f는 ${}_2\Pi_4=2^4=16$(개)이고,

이 중에서

치역이 {a}인 것은 1개,

치역이 {b}인 것은 1개

이므로

$16-(1+1)=\mathbf{14}$(개) ⟵ 답

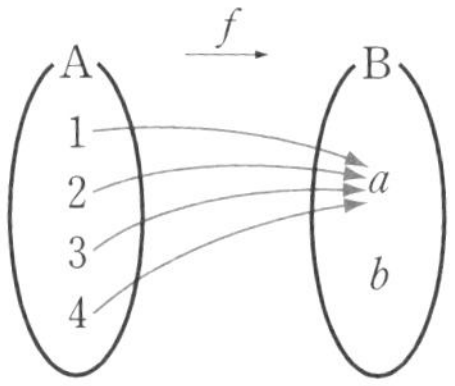

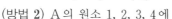

(방법 2) A의 원소 1, 2, 3, 4에

(a, a, a, b), (a, a, b, b), (a, b, b, b)

꼴의 모든 순열을 대응시키면 치역과 공역이 서로 같으므로

$$\frac{4!}{3!}+\frac{4!}{2!2!}+\frac{4!}{3!}=4+6+4=\mathbf{14}\text{(개)} \longleftarrow \boxed{\text{답}}$$

(방법 3) A의 원소 1, 2, 3, 4를 두 묶음으로 나눈 다음, B의 원소 a, b에 분배하는 방법을 생각한다.

1, 2, 3, 4를 두 묶음으로 나누는 방법은 1개, 3개로 나누는 방법과 2개, 2개로 나누는 방법이 있으므로

$$\left({}_4C_1\times{}_3C_3+{}_4C_2\times{}_2C_2\times\frac{1}{2!}\right)\times 2!=(4+3)\times 2=\mathbf{14}\text{(개)} \longleftarrow \boxed{\text{답}}$$

유제 **3**-20. 두 집합 A={1, 2, 3}, B={a, b}에 대하여 함수 f : A ⟶ B 중에서 치역과 공역이 서로 같은 것은 몇 개인가? 답 **6**개

유제 **3**-21. 두 집합 A={1, 2, 3, 4}, B={a, b, c}에 대하여 함수 f : A ⟶ B 중에서 치역과 공역이 서로 같은 것은 몇 개인가?

답 **36**개

§2. 중복조합

1 중복조합

이를테면 (갑), (을), (병)의 세 명의 선거인이 A, B 두 후보자에게

기명 투표할 경우,　　무기명 투표할 경우

개표 결과의 가짓수는 어떻게 다른지 알아보자.

(갑), (을), (병)이 각각 A, B의 어느 한 사람에게 투표하는 방법은 오른쪽과 같이 8가지의 경우가 있다.

	(갑)	(을)	(병)
①	A	A	A
②	A	A	B
③	A	B	A
④	B	A	A
⑤	A	B	B
⑥	B	A	B
⑦	B	B	A
⑧	B	B	B

첫째 — 기명 투표를 할 때

②, ③, ④의 경우 투표 결과는 A가 2표, B가 1표로 모두 같다. 그러나 기명 투표이므로 A가 얻은 2표는 (갑), (을)이 투표한 것, (갑), (병)이 투표한 것, (을), (병)이 투표한 것의 세 가지 경우가 모두 다르다. 곧, ②, ③, ④의 AAB, ABA, BAA는 모두 다른 경우이다.

⑤, ⑥, ⑦의 경우도 역시 서로 다른 경우임을 알 수 있다.

둘째 — 무기명 투표를 할 때

이때에는 무기명이므로 ②, ③, ④의 경우 투표 방법은 다르지만, 개표 결과는 AAB, ABA, BAA의 어느 경우든 구별되지 않고 A가 2표, B가 1표라는 한 가지이다.

위의 첫째의 경우는 A, B의 두 개에서 중복을 허락하여 세 개를 택하여 그것을 나열하는 순서까지 생각한 것이다. 따라서 이 방법의 수는 ${}_2\Pi_3$이다.

그러나 둘째의 경우는 A, B의 두 개에서 중복을 허락하여 세 개를 택하되 그것을 나열하는 순서는 생각하지 않으므로 첫째의 경우와는 다르다.

이와 같이 순서에 관계없이 중복을 허락하여 택하는 것을 서로 다른 2개에서 3개를 택하는 **중복조합**이라 하고, 이 중복조합의 수를 기호로 ${}_2\mathrm{H}_3$과 같이 나타낸다.

정석 **3**명의 선거인이 **2**명의 후보자에게 투표할 때, 개표 결과는

기명 투표일 경우 $\Longrightarrow$ ${}_2\Pi_3$가지

무기명 투표일 경우 $\Longrightarrow$ ${}_2\mathrm{H}_3$가지

2 $_{n}\mathrm{H}_{r}$를 계산하는 방법

세 개의 숫자 1, 2, 3에서 중복을 허락하여 6개를 뽑는 경우의 수는

$$_{3}\mathrm{H}_{6}$$

이다. 이제 이 값을 계산하는 방법을 알아보자.

이를테면

1을 3개, 2를 2개, 3을 1개

뽑는 경우 그림 ①과 같이 나열할 수 있다.

그림 ①

1 1 1 2 2 3

여기에서 모든 숫자를 ○로 표시하고 2개의 ↓로 각 숫자를 구분하여 그림 ②와 같이 나타낼 수도 있다.

그림 ②

○ ○ ○↓○ ○↓○

이와 같이 생각하면 $_{3}\mathrm{H}_{6}$은

6개의 ○와 2개의 ↓를 나열하는 경우의 수

와 같다. 이는

8개의 칸 중에서 6개의 ○를 그리는 칸을 정하는 경우의 수

와 같으므로 다음이 성립한다.

$$_{3}\mathrm{H}_{6}={}_{6+3-1}\mathrm{C}_{6}$$ ⇦ $8=6+(3-1)$

**Note* 오른쪽과 같은 나열은 1을 4개, 2를 0개, 3을 2개 뽑는 것을 나타낸다.

○ ○ ○ ○↓↓○ ○

기본정석 — 중복조합의 수와 $_{n}\mathrm{H}_{r}$

서로 다른 n개에서 중복을 허락하여 r개를 택하는 조합을 서로 다른 n개에서 r개를 택하는 **중복조합**이라 하고, 이 중복조합의 수를 기호로 $_{n}\mathrm{H}_{r}$와 같이 나타내며,

$$_{n}\mathrm{H}_{r}={}_{n+r-1}\mathrm{C}_{r}$$

로 계산한다.

Advice | $_{n}\mathrm{H}_{r}$에서 H는 Homogeneous(동질)의 첫 글자이다.

보기 1 $_{2}\mathrm{H}_{3}$, $_{3}\mathrm{H}_{4}$를 계산하여라.

연구 $_{2}\mathrm{H}_{3}={}_{2+3-1}\mathrm{C}_{3}={}_{4}\mathrm{C}_{3}={}_{4}\mathrm{C}_{4-3}={}_{4}\mathrm{C}_{1}=\mathbf{4}$

$_{3}\mathrm{H}_{4}={}_{3+4-1}\mathrm{C}_{4}={}_{6}\mathrm{C}_{4}={}_{6}\mathrm{C}_{6-4}={}_{6}\mathrm{C}_{2}=\mathbf{15}$

보기 2 똑같은 8개의 구슬을 모양이 서로 다른 3개의 통에 나누어 넣는 방법은 몇 가지인가?

연구 세 개의 통을 A, B, C라고 하면 중복을 허락하여 A, B, C를 8개 뽑는 경우의 수와 같다. 따라서 $_{3}\mathrm{H}_{8}={}_{3+8-1}\mathrm{C}_{8}={}_{10}\mathrm{C}_{8}={}_{10}\mathrm{C}_{2}=\mathbf{45}$(가지)

3 $_n\mathrm{P}_r$, $_n\Pi_r$, $_n\mathrm{C}_r$, $_n\mathrm{H}_r$ 의 차이점

지금까지

순열, 중복순열, 조합, 중복조합

에 관하여 공부하였다.

그러나 실제 문제를 대하고 보면 그것이 그것 같아서 자신 있게 구별하기 어려울 때가 많다.

이들을 간단히 정리하면

순서를 생각한다. 중복을 허락하지 않는다. ⟹ 순열
순서를 생각한다. 중복을 허락한다. ⟹ 중복순열
순서를 생각하지 않는다. 중복을 허락하지 않는다. ⟹ 조합
순서를 생각하지 않는다. 중복을 허락한다. ⟹ 중복조합

이다.

이를테면 서로 다른 세 문자 a, b, c가 있다고 하자. 이 중에서

(i) 두 문자를 택하여 일렬로 나열하는 방법은

ab, ba, ac, ca, bc, cb $\longrightarrow$ $_3\mathrm{P}_2$가지(순열)

(ii) 중복을 허락하여 두 문자를 택하여 일렬로 나열하는 방법은

ab, ba, ac, ca, bc, cb, aa, bb, cc $\longrightarrow$ $_3\Pi_2$가지(중복순열)

(iii) 순서를 생각하지 않고 두 문자를 택하는 방법은

ab, ac, bc $\longrightarrow$ $_3\mathrm{C}_2$가지(조합)

(iv) 순서를 생각하지 않고 중복을 허락하여 두 문자를 택하는 방법은

ab, ac, bc, aa, bb, cc $\longrightarrow$ $_3\mathrm{H}_2$가지(중복조합)

보기 3 네 개의 숫자 1, 2, 3, 4에서 두 개를 택하는 순열, 중복순열, 조합, 중복조합을 나열하고, 그 개수를 구하여라.

연구 (i) 순열 : 12, 21, 13, 31, 14, 41, 23, 32, 24, 42, 34, 43

순열의 수 : $_4\mathrm{P}_2=\mathbf{12}$

(ii) 중복순열 : 12, 21, 13, 31, 14, 41, 23, 32, 24, 42, 34, 43, 11, 22, 33, 44

중복순열의 수 : $_4\Pi_2=4^2=\mathbf{16}$

(iii) 조합 : 12, 13, 14, 23, 24, 34

조합의 수 : $_4\mathrm{C}_2=\mathbf{6}$

(iv) 중복조합 : 12, 13, 14, 23, 24, 34, 11, 22, 33, 44

중복조합의 수 : $_4\mathrm{H}_2={}_{4+2-1}\mathrm{C}_2={}_5\mathrm{C}_2=\mathbf{10}$

기본 문제 3-10 방정식 $x+y+z+w=10$에 대하여 다음을 구하여라.

(1) 음이 아닌 정수해의 개수 (2) 양의 정수해의 개수

정석연구 이를테면 방정식 $x+y=5$에 대해서 생각해 보자.

(i) $x+y=5$의 음이 아닌 정수해는

$$(x,\ y)=(0,\ 5),\ (1,\ 4),\ (2,\ 3),\ (3,\ 2),\ (4,\ 1),\ (5,\ 0)$$

의 여섯 쌍임을 알 수 있다.

여기에서 $x=2$에 xx, $x=3$에 xxx, 또 $x=2$, $y=3$에 $xxyyy$와 같이 대응시키면, 위의 여섯 쌍의 해는

$$(0,\ 5) \Longleftrightarrow yyyyy,\quad (1,\ 4) \Longleftrightarrow xyyyy,\quad (2,\ 3) \Longleftrightarrow xxyyy,$$
$$(3,\ 2) \Longleftrightarrow xxxyy,\quad (4,\ 1) \Longleftrightarrow xxxxy,\quad (5,\ 0) \Longleftrightarrow xxxxx$$

이다. 이때, 우변의 문자는 x, y의 두 문자에서 중복을 허락하여 5개를 택하는 조합, 곧 2개에서 5개를 택하는 중복조합과 같다.

따라서 음이 아닌 정수해는 ${}_2\mathrm{H}_5={}_{2+5-1}\mathrm{C}_5={}_6\mathrm{C}_5=6$(개)이다.

(ii) $x+y=5$의 양의 정수해는

위의 경우에서 x, y는 각각 적어도 1개씩을 택해야 하므로 x 하나, y 하나는 미리 택했다고 생각하면 x, y의 두 문자에서 중복을 허락하여 3개를 택하는 중복조합과 같다.

따라서 양의 정수해는 ${}_2\mathrm{H}_3={}_{2+3-1}\mathrm{C}_3={}_4\mathrm{C}_3=4$(개)이다.

정석 방정식 $\boldsymbol{x_1+x_2+x_3+\cdots+x_n=r}$에서
음이 아닌 정수해의 개수는 $\Longrightarrow\ {}_n\mathbf{H}_r$
양의 정수해의 개수는 $\Longrightarrow\ {}_n\mathbf{H}_{r-n}\ (\boldsymbol{r\ge n})$

모범답안 (1) x, y, z, w에서 10개를 택하는 중복조합의 수와 같으므로

$${}_4\mathrm{H}_{10}={}_{4+10-1}\mathrm{C}_{10}={}_{13}\mathrm{C}_{10}=\mathbf{286} \longleftarrow \boxed{답}$$

(2) $x+y+z+w=10$에서

$x=a+1$, $y=b+1$, $z=c+1$, $w=d+1$ (a, b, c, d는 음이 아닌 정수)

로 놓으면 $a+b+c+d=6$

따라서 a, b, c, d에서 6개를 택하는 중복조합의 수와 같으므로

$${}_4\mathrm{H}_6={}_{4+6-1}\mathrm{C}_6={}_9\mathrm{C}_6=\mathbf{84} \longleftarrow \boxed{답}$$

***Note** $x+y+z+w=10$에서 ${}_n\mathrm{H}_{r-n}$을 이용하면 구하는 개수는 ${}_4\mathrm{H}_{10-4}$이다.

유제 **3**-22. 방정식 $x+y+z=8$에 대하여 다음을 구하여라.

(1) 음이 아닌 정수해의 개수 (2) 양의 정수해의 개수 답 (1) **45** (2) **21**

기본 문제 3-11 서로 같은 공 7개를 서로 다른 상자 3개에 나누어 넣으려고 한다. 다음 물음에 답하여라.

(1) 빈 상자가 있어도 된다고 할 때, 넣는 방법의 수를 구하여라.

(2) 빈 상자가 없도록 넣는 방법의 수를 구하여라.

(3) 넣은 공의 개수가 각각 홀수가 되도록 넣는 방법의 수를 구하여라.

정석연구 (1) 구하는 방법의 수는 서로 다른 3개에서 중복을 허락하여 7개를 택하는 중복조합의 수 ${}_3H_7$과 같다.

(2) 빈 상자가 없어야 하므로 각 상자에 공 1개씩을 먼저 넣는다. 이때, 남은 공 4개를 서로 다른 상자 3개에 넣는 방법의 수를 생각하면 된다.

정석 방정식 $\boldsymbol{x_1+x_2+x_3+\cdots+x_n=r}$에서
음이 아닌 정수해의 개수 $\Longrightarrow$ ${}_n\mathbf{H}_r$

모범답안 서로 다른 상자 3개에 넣은 공의 개수를 각각 $x,\ y,\ z$라고 하면

$$x+y+z=7$$

(1) 방정식 $x+y+z=7$의 음이 아닌 정수해의 개수와 같다.

$$\therefore\ {}_3H_7={}_{3+7-1}C_7={}_9C_7=\mathbf{36} \longleftarrow \boxed{답}$$

(2) 방정식 $x+y+z=7$에서

$$x=a+1,\ y=b+1,\ z=c+1\ (a,\ b,\ c\text{는 음이 아닌 정수})$$

로 놓으면 $(a+1)+(b+1)+(c+1)=7$ $\quad\therefore\ a+b+c=4$

따라서 방정식 $a+b+c=4$의 음이 아닌 정수해의 개수와 같다.

$$\therefore\ {}_3H_4={}_{3+4-1}C_4={}_6C_4=\mathbf{15} \longleftarrow \boxed{답}$$

(3) 방정식 $x+y+z=7$에서

$$x=2p+1,\ y=2q+1,\ z=2r+1\ (p,\ q,\ r\text{는 음이 아닌 정수})$$

로 놓으면 $(2p+1)+(2q+1)+(2r+1)=7$ $\quad\therefore\ p+q+r=2$

따라서 방정식 $p+q+r=2$의 음이 아닌 정수해의 개수와 같다.

$$\therefore\ {}_3H_2={}_{3+2-1}C_2={}_4C_2=\mathbf{6} \longleftarrow \boxed{답}$$

**Note* (2)의 $x+y+z=7$에서 $x,\ y,\ z$는 자연수이므로 해의 개수를 ${}_3H_7$이라고 해서는 안 된다.

유제 **3**-23. 서로 같은 장미 15송이를 서로 다른 꽃병 4개에 나누어 꽂으려고 한다. 다음을 구하여라.

(1) 빈 꽃병이 있어도 된다고 할 때, 꽂는 방법의 수

(2) 각 꽃병에 2송이 이상의 장미를 꽂는 방법의 수 답 (1) **816** (2) **120**

기본 문제 **3**-12 A={1, 2, 3}, B={4, 5, 6, 7}일 때, 함수 f : A ⟶ B 중 다음 조건을 만족시키는 함수의 개수를 구하여라.

(1) $i \neq j$이면 $f(i) \neq f(j)$ (2) $i<j$이면 $f(i)<f(j)$

(3) $i<j$이면 $f(i) \leq f(j)$

모범답안 (1) A의 서로 다른 원소에 B의 서로 다른 원소가 대응하는 경우이므로 f는 일대일함수이다.

따라서 함수 f의 개수는 ${}_4P_3=\mathbf{24}$ ⟵ 답

정의 $\boldsymbol{i \neq j}$이면 $\boldsymbol{f(i) \neq f(j)} \iff \boldsymbol{f}$는 일대일함수

(2) 오른쪽과 같이 A의 원소 1, 2, 3에, B의 원소 4, 5, 6, 7 중에서 서로 다른 세 개의 원소를 뽑아 이것을 크기 순서로 대응시키면 된다.

여기에서 크기 순서로 대응시키므로 B에서 세 개의 원소를 뽑는 방법 한 가지에 대하여 대응시키는 방법은 한 가지뿐이다.

A :	1	2	3
	↓	↓	↓
	4	5	6
	4	5	7
	4	6	7
	5	6	7

따라서 함수 f의 개수는 ${}_4C_3=\mathbf{4}$ ⟵ 답

(3) 오른쪽과 같이 A의 원소 1, 2, 3에, B의 원소 4, 5, 6, 7 중에서 중복을 허락하여 세 개의 원소를 뽑아 이것을 크기 순서로 대응시키면 된다.

따라서 함수 f의 개수는

$${}_4H_3={}_{4+3-1}C_3={}_6C_3=\mathbf{20} \longleftarrow \text{답}$$

A :	1	2	3
	↓	↓	↓
	4	4	4
	4	4	5
	4	5	5
		···	

Note 중복을 허락하는 것은 $f(i)=f(j)$인 경우도 가능하기 때문이다.

유제 **3**-24. 집합 A={a, b, c}에서 집합 B={1, 2, 3, 4, 5}로의 함수 f 중에서 다음 조건을 만족시키는 함수의 개수를 구하여라.

(1) $f(a)<f(b)<f(c)$ (2) $f(a) \leq f(b) \leq f(c)$

답 (1) **10** (2) **35**

유제 **3**-25. 집합 A={1, 2, 3, ···, m}에서 집합 B={1, 2, 3, ···, n}으로의 함수 f 중에서 다음 조건을 만족시키는 함수의 개수를 구하여라.

단, $n \geq m$이다.

(1) $i \neq j$이면 $f(i) \neq f(j)$ (2) $i<j$이면 $f(i)<f(j)$

(3) $i<j$이면 $f(i) \leq f(j)$

답 (1) ${}_n\mathbf{P}_m$ (2) ${}_n\mathbf{C}_m$ (3) ${}_n\mathbf{H}_m$

연습문제 3

3-1 ${}_n\mathrm{P}_r=272$, ${}_n\mathrm{C}_r=136$일 때, $n+r$의 값은?

① 16　② 17　③ 18　④ 19　⑤ 20

3-2 13쌍의 부부가 참석한 모임에서 남자는 자신의 배우자를 제외한 모든 사람과 악수를 하였고, 여자끼리는 악수를 하지 않았다.

모임에 참석한 26명이 나눈 악수의 횟수는?

① 210　② 234　③ 247　④ 312　⑤ 325

3-3 어느 사회 복지사가 방문해야 할 곳은 A, B를 포함하여 모두 6곳이다. 이 중에서 A, B를 포함한 4곳을 오늘 방문하려고 하는데, B보다 A를 먼저 방문하려고 한다. 오늘 방문할 곳을 택하고 방문 순서를 정하는 경우의 수를 구하여라.

3-4 어느 회사의 본사로부터 5개의 지사까지의 거리는 오른쪽 표와 같다. 본사에서 각 지사에 A, B, C, D, E를 지사장으로 발령할 때, B가 A보다 본사로부터 거리가 먼 지사의 지사장이 되도록 5명을 발령하는 경우의 수를 구하여라.

지사	P	Q	R	S	T
거리(km)	50	50	100	150	200

3-5 똑같은 10자루의 연필이 들어 있는 필통에서 한 번에 1자루 또는 2자루를 꺼낸다고 할 때, 모든 연필을 꺼내는 방법의 수를 구하여라.

3-6 국번이 123인 전화번호 중 뒤의 네 자리가

$$123-2322,\quad 123-0010,\quad 123-9090,\quad \cdots$$

과 같이 두 종류의 숫자로만 이루어진 전화번호의 개수는?

① 600　② 610　③ 620　④ 630　⑤ 640

3-7 여덟 개의 a와 네 개의 b를 모두 사용하여 만든 12자리 문자열 중에서 다음 두 조건을 만족시키는 문자열의 개수를 구하여라.

(가) b는 연속해서 나올 수 없다.

(나) 첫째 자리 문자가 b이면 마지막 자리 문자는 a이다.

3-8 평면에 6개의 평행선과 이것과 평행하지 않은 다른 5개의 평행선이 있다. 이들 평행선 사이의 간격이 모두 같다고 할 때, 이들 평행선이 만나서 생기는 평행사변형 중 마름모가 아닌 것의 개수를 구하여라.

3-9 1부터 100까지의 자연수 중에서 서로 다른 4개의 수를 뽑을 때, 4개의 수 중에서 두 번째로 작은 수가 k인 경우의 수를 a_k라고 하자.

다음 중 옳은 것만을 있는 대로 고른 것은?

ㄱ. $a_3={}_2C_1\times{}_{97}C_2$	ㄴ. $a_{10}=a_{90}$	ㄷ. $\sum_{k=2}^{98} a_k={}_{100}C_4$

① ㄱ ② ㄴ ③ ㄱ, ㄷ ④ ㄴ, ㄷ ⑤ ㄱ, ㄴ, ㄷ

3-10 오른쪽 그림과 같은 네 개의 섬이 있다.

세 개의 다리를 건설하여 네 개의 섬을 연결하는 방법의 수는?

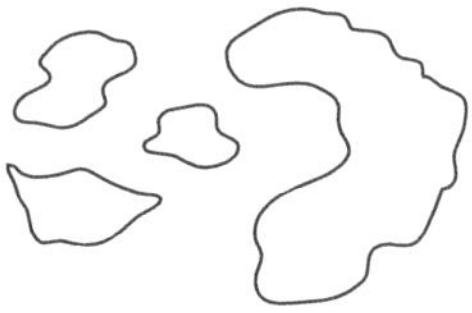

① 12 ② 16 ③ 20
④ 24 ⑤ 28

3-11 오른쪽 그림과 같이 서로 외접하고 크기가 같은 원 3개와 이 세 원의 중심을 꼭짓점으로 하는 정삼각형으로 만들어지는 7개의 영역에 서로 다른 7가지 색을 모두 사용하여 칠하려고 한다.

한 영역에 한 가지 색만을 칠할 때, 가능한 경우의 수를 구하여라. 단, 회전하여 일치하는 것은 같은 것으로 본다.

3-12 다음 왼쪽 그림과 같이 크기가 같은 정육면체 모양의 투명한 상자 12개로 직육면체를 만들었다. 이 중에서 상자 4개를 같은 크기의 초록색 상자로 바꾸어 넣은 직육면체를 위에서 내려다본 모양이 (가)와 같이 되고, 옆에서 본 모양이 (나)와 같이 되도록 만들 수 있는 방법의 수를 구하여라.

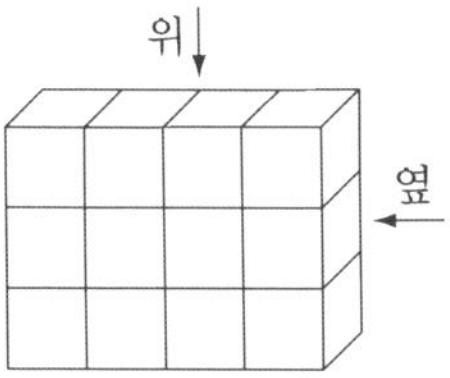

(가)

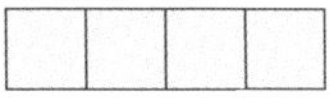

(나)

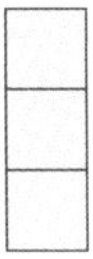

3-13 여행객 11명을 4명, 4명, 3명의 세 팀으로 나눌 때, 특정한 부부 한 쌍을 같은 팀에 넣는 방법의 수를 구하여라.

3-14 8개의 축구팀이 오른쪽 그림과 같이 토너먼트로 시합을 할 때, 대진표를 작성하는 방법의 수를 구하여라.

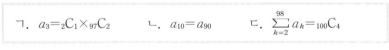

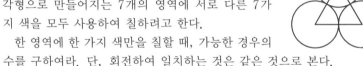

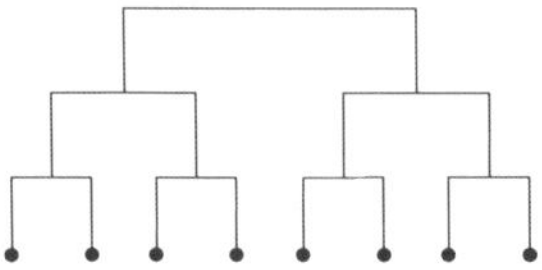

3-15 자연수 2310에 대하여 다음 물음에 답하여라.

(1) 1보다 큰 두 자연수의 곱으로 나타내는 방법의 수를 구하여라.

(2) 1보다 큰 세 자연수의 곱으로 나타내는 방법의 수를 구하여라.

(3) 1보다 큰 세 자연수 a, b, c가 $abc=2310$을 만족시킬 때, a, b, c의 순서쌍 $(a,\ b,\ c)$의 개수를 구하여라.

3-16 두 집합 $\mathrm{X}=\{a,\ b,\ c,\ d,\ e\}$, $\mathrm{Y}=\{1,\ 2,\ 3\}$에 대하여 X에서 Y로의 함수 중에서 치역의 원소의 개수가 2인 함수의 개수를 구하여라.

3-17 집합 $\mathrm{A}=\{1,\ 2,\ 3,\ 4\}$에서 집합 A로의 함수 f 중에서 모든 a에 대하여 $(f\circ f)(a)=a$를 만족시키는 함수의 개수를 구하여라.

3-18 $3\le|a|\le|b|\le|c|\le9$를 만족시키는 정수 a, b, c의 순서쌍 $(a,\ b,\ c)$의 개수는?

① 636 ② 648 ③ 660 ④ 672 ⑤ 684

3-19 $a+b+c=12$인 자연수 a, b, c가 다음 조건을 만족시킬 때, a, b, c의 순서쌍 $(a,\ b,\ c)$의 개수를 구하여라.

(1) $a\times b$는 홀수 (2) a, b는 c의 배수 (단, $c\ge2$)

3-20 다음 두 조건을 만족시키는 자연수 a, b, c, d의 순서쌍 $(a,\ b,\ c,\ d)$의 개수를 구하여라.

(가) $a+b+c+d=14$ (나) a, b, c, d 중에서 홀수는 2개이다.

3-21 자연수 n에 대하여 $abc=4^n$을 만족시키는 자연수 a, b, c의 순서쌍 $(a,\ b,\ c)$의 개수가 45일 때, n의 값을 구하여라.

3-22 다음 식을 전개하여 동류항끼리 정리했을 때, 서로 다른 항의 개수를 구하여라.

(1) $(x+y+z)^6$ (2) $(a+b)^6(x+y+z)^3$

3-23 흰 공 2개, 붉은 공 4개, 검은 공 7개가 있다. 이 13개의 공을 세 명에게 나누어 주는 방법의 수는? 단, 같은 색의 공은 구별되지 않고, 검은 공은 세 명 모두 받아야 한다.

① 225 ② 1095 ③ 1300 ④ 1325 ⑤ 1350

3-24 A, B, C, D 네 종류의 사탕 중에서 12개를 택하려고 한다. A는 2개 이하, B는 3개 이상, C는 2개 이상, D는 1개 이상을 택하는 경우의 수를 구하여라. 단, 각 종류의 사탕은 12개 이상씩 있다.

4. 이항정리

이항정리／이항계수의 성질

§ 1. 이항정리

1 이항정리와 일반항

이를테면 $(a+b)^2$, $(a+b)^3$, $(a+b)^4$, $\cdots$을 교환법칙, 결합법칙, 분배법칙을 이용하여 전개하면 다음과 같은 곱셈 공식을 얻을 수 있다.

$$(a+b)^2=a^2+2ab+b^2,$$
$$(a+b)^3=a^3+3a^2b+3ab^2+b^3,$$
$$(a+b)^4=a^4+4a^3b+6a^2b^2+4ab^3+b^4,$$
$$\cdots\cdots$$

이제 위의 공식을 조합을 이용하여 나타내는 방법을 생각해 보자.

이를테면 $(a+b_1)(a+b_2)(a+b_3)$을 전개하여 a에 관하여 정리하면

$$(a+b_1)(a+b_2)(a+b_3)$$
$$=a^3+(b_1+b_2+b_3)a^2+(b_1b_2+b_2b_3+b_3b_1)a+b_1b_2b_3$$

여기에서 a^2의 계수는 b_1, b_2, b_3의 합이고, 항의 개수는 3개에서 1개를 택하는 조합의 수이므로 ${}_3C_1=3$이다.

또, a의 계수는 b_1, b_2, b_3에서 2개씩 택하여 만든 곱의 합이고, 항의 개수는 3개에서 2개를 택하는 조합의 수이므로 ${}_3C_2=3$이다.

따라서 위의 식에서 특히 $b_1=b_2=b_3=b$로 놓으면 이 전개식은

$$(a+b)^3=a^3+{}_3C_1a^2b+{}_3C_2ab^2+b^3$$

이다. 그런데 a^3의 계수 1은 ${}_3C_0$으로, b^3의 계수 1은 ${}_3C_3$으로 생각할 수 있으므로 위의 식을 다시 옮겨 쓰면 다음과 같다.

$$(a+b)^3={}_3C_0a^3+{}_3C_1a^2b+{}_3C_2ab^2+{}_3C_3b^3$$

이것은 a^3, a^2, a, 1과 1, b, b^2, b^3을

$$a^3\times 1,\quad a^2b,\quad ab^2,\quad 1\times b^3$$

과 같이 곱하고, 각 항의 계수를 ${}_3C_0$, ${}_3C_1$, ${}_3C_2$, ${}_3C_3$으로 하여 더한 것이다.

같은 방법으로 생각하면 다음과 같이 나타낼 수 있다.

$$(a+b)^4={}_4C_0a^4+{}_4C_1a^3b+{}_4C_2a^2b^2+{}_4C_3ab^3+{}_4C_4b^4$$ ⇦ 아래 보기 1

$$(a+b)^5={}_5C_0a^5+{}_5C_1a^4b+{}_5C_2a^3b^2+{}_5C_3a^2b^3+{}_5C_4ab^4+{}_5C_5b^5$$

기본정석 — 이항정리, 이항정리의 일반항, 이항계수

n이 자연수일 때, $(a+b)^n$을 전개하면 다음과 같다.

$$(a+b)^n={}_nC_0a^n+{}_nC_1a^{n-1}b+{}_nC_2a^{n-2}b^2+\cdots+{}_nC_ra^{n-r}b^r+\cdots+{}_nC_nb^n$$

이것을 이항정리라 하고, ${}_nC_ra^{n-r}b^r$을 일반항, ${}_nC_0$, ${}_nC_1$, ${}_nC_2$, $\cdots$, ${}_nC_n$을 이항계수라고 한다.

따라서 일반항을 써서 이항정리를 나타내면 다음과 같다.

$$(a+b)^n=\sum_{r=0}^{n}{}_nC_ra^{n-r}b^r$$

Advice 1° n개의 수 a_1, a_2, a_3, $\cdots$, a_n의 합을 기호 $\sum$(시그마)를 사용하여 다음과 같이 나타낸다.

$$a_1+a_2+a_3+\cdots+a_n=\sum_{k=1}^{n}a_k$$ ⇦ 수학 I

2° $(a-b)^n$의 전개식은 다음과 같다.

$$(a-b)^n={}_nC_0a^n-{}_nC_1a^{n-1}b+{}_nC_2a^{n-2}b^2-\cdots+(-1)^n{}_nC_nb^n$$

보기 1 다음 식을 전개하여라.

(1) $(a+b)^4$ (2) $(x+1)^6$ (3) $(x-2y)^5$

연구 (1) $(a+b)^4={}_4C_0a^4+{}_4C_1a^3b+{}_4C_2a^2b^2+{}_4C_3ab^3+{}_4C_4b^4$

여기에서 ${}_4C_0={}_4C_4=1$, ${}_4C_1={}_4C_3=4$, ${}_4C_2=6$이므로

$$\boldsymbol{(a+b)^4=a^4+4a^3b+6a^2b^2+4ab^3+b^4}$$

(2) $(x+1)^6={}_6C_0x^6+{}_6C_1x^5+{}_6C_2x^4+{}_6C_3x^3+{}_6C_4x^2+{}_6C_5x+{}_6C_6$

$$=\boldsymbol{x^6+6x^5+15x^4+20x^3+15x^2+6x+1}$$

(3) $(x-2y)^5=\{x+(-2y)\}^5$

$$={}_5C_0x^5+{}_5C_1x^4(-2y)+{}_5C_2x^3(-2y)^2+{}_5C_3x^2(-2y)^3+{}_5C_4x(-2y)^4+{}_5C_5(-2y)^5$$

$$=\boldsymbol{x^5-10x^4y+40x^3y^2-80x^2y^3+80xy^4-32y^5}$$

보기 2 다음 물음에 답하여라.

(1) $(a+b)^6$의 전개식에서 a^2b^4의 계수를 구하여라.

(2) $(a+b)^7$의 전개식에서 a^4b^3의 계수를 구하여라.

연구 $(\boldsymbol{a}+\boldsymbol{b})^n$의 전개식의 일반항은 ${}_n\mathrm{C}_r\boldsymbol{a}^{n-r}\boldsymbol{b}^r$임을 이용한다.

(1) $(a+b)^6$의 전개식의 일반항은 ${}_6\mathrm{C}_r a^{6-r}b^r$이다.

$a^{6-r}b^r$이 a^2b^4과 같으려면

a의 지수에서 $6-r=2$, b의 지수에서 $r=4$

위의 두 식을 동시에 만족시키는 r의 값은 $r=4$

따라서 a^2b^4의 계수는 ${}_6\mathrm{C}_r={}_6\mathrm{C}_4=\mathbf{15}$

(2) $(a+b)^7$의 전개식의 일반항은 ${}_7\mathrm{C}_r a^{7-r}b^r$이다.

$a^{7-r}b^r$이 a^4b^3과 같으려면

a의 지수에서 $7-r=4$, b의 지수에서 $r=3$

위의 두 식을 동시에 만족시키는 r의 값은 $r=3$

따라서 a^4b^3의 계수는 ${}_7\mathrm{C}_r={}_7\mathrm{C}_3=\mathbf{35}$

2 파스칼의 삼각형

$(a+b)^1$, $(a+b)^2$, $(a+b)^3$, $(a+b)^4$, $\cdots$의 전개식에서 각 항의 계수만을 적어 다음과 같이 삼각형 모양의 나열을 생각할 수 있다.

이와 같이 이항계수를 나열한 것을 파스칼(Pascal)의 삼각형이라고 한다.

	1	1
$(a+b)^1$	1 1	${}_1\mathrm{C}_0$ ${}_1\mathrm{C}_1$
$(a+b)^2$	1 2 1	${}_2\mathrm{C}_0$ ${}_2\mathrm{C}_1$ ${}_2\mathrm{C}_2$
$(a+b)^3$	1 3 3 1	${}_3\mathrm{C}_0$ ${}_3\mathrm{C}_1$ ${}_3\mathrm{C}_2$ ${}_3\mathrm{C}_3$
$(a+b)^4$	1 4 6 4 1	${}_4\mathrm{C}_0$ ${}_4\mathrm{C}_1$ ${}_4\mathrm{C}_2$ ${}_4\mathrm{C}_3$ ${}_4\mathrm{C}_4$
$(a+b)^5$	1 5 10 10 5 1	${}_5\mathrm{C}_0$ ${}_5\mathrm{C}_1$ ${}_5\mathrm{C}_2$ ${}_5\mathrm{C}_3$ ${}_5\mathrm{C}_4$ ${}_5\mathrm{C}_5$
⋮	⋮	⋮

여기에서 각 가로줄의 수의 나열은 좌우 대칭임을 알 수 있다.

또, 각 가로줄의 수의 나열에서 이웃하는 두 수의 합은 이 두 수의 아래 줄 중앙에 있는 수와 같음을 알 수 있다. 이는 조합에서 공부한 다음 성질에서도 확인할 수 있다.

$${}_{n-1}\mathrm{C}_{r-1} \quad {}_{n-1}\mathrm{C}_r$$
$${}_n\mathrm{C}_r$$

정석 ${}_n\mathrm{C}_r={}_n\mathrm{C}_{n-r}$, ${}_{n-1}\mathrm{C}_{r-1}+{}_{n-1}\mathrm{C}_r={}_n\mathrm{C}_r$

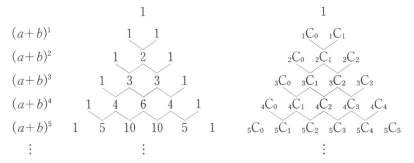

보기 3 다음 식을 전개하여라.

(1) $(2x+1)^3$ (2) $(3x+2)^4$ (3) $(x-2)^5$

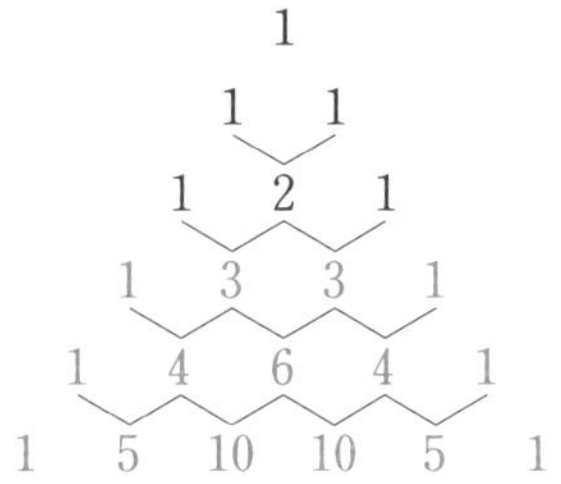

연구 이와 같이 차수가 크지 않을 때에는 오른쪽 파스칼의 삼각형을 이용하여 이항계수를 찾는 것이 편리하다.

3제곱의 계수 ⟹ 1, 3, 3, 1
4제곱의 계수 ⟹ 1, 4, 6, 4, 1
5제곱의 계수 ⟹ 1, 5, 10, 10, 5, 1

정석 전개식의 계수 ⟹ 파스칼의 삼각형을 이용

(1) $(2x+1)^3=1\times(2x)^3+3\times(2x)^2\times1+3\times2x\times1^2+1\times1^3$
$=\mathbf{8x^3+12x^2+6x+1}$

(2) $(3x+2)^4=1\times(3x)^4+4\times(3x)^3\times2+6\times(3x)^2\times2^2+4\times3x\times2^3+1\times2^4$
$=\mathbf{81x^4+216x^3+216x^2+96x+16}$

(3) $(x-2)^5=1\times x^5+5\times x^4\times(-2)+10\times x^3\times(-2)^2+10\times x^2\times(-2)^3$
$+5\times x\times(-2)^4+1\times(-2)^5$
$=\mathbf{x^5-10x^4+40x^3-80x^2+80x-32}$

보기 4 오른쪽 파스칼의 삼각형을 이용하여 다음 값을 구하여라.

(1) ${}_3C_0+{}_4C_1+{}_5C_2+{}_6C_3+{}_7C_4+{}_8C_5$

(2) ${}_3C_1+{}_4C_2+{}_5C_3+{}_6C_4+{}_7C_5$

(3) ${}_3H_0+{}_3H_1+{}_3H_2+{}_3H_3+{}_3H_4$

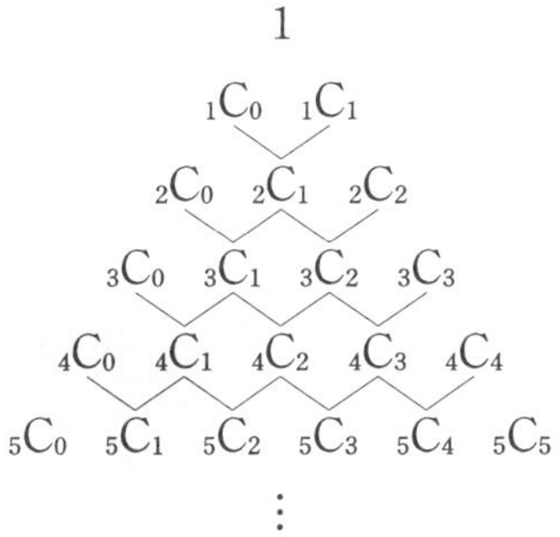

연구 파스칼의 삼각형은

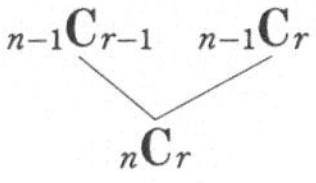

와 같은 성질이 있다. 이를 이용한다.

(1) (준 식)$={}_4C_0+{}_4C_1+{}_5C_2+{}_6C_3+{}_7C_4+{}_8C_5={}_5C_1+{}_5C_2+{}_6C_3+{}_7C_4+{}_8C_5$
$={}_6C_2+{}_6C_3+{}_7C_4+{}_8C_5={}_7C_3+{}_7C_4+{}_8C_5={}_8C_4+{}_8C_5={}_9C_5=\mathbf{126}$

(2) ${}_3C_0+{}_3C_1+{}_4C_2+{}_5C_3+{}_6C_4+{}_7C_5={}_4C_1+{}_4C_2+{}_5C_3+{}_6C_4+{}_7C_5$
$={}_5C_2+{}_5C_3+{}_6C_4+{}_7C_5={}_6C_3+{}_6C_4+{}_7C_5={}_7C_4+{}_7C_5={}_8C_5$
$\therefore\ {}_3C_1+{}_4C_2+{}_5C_3+{}_6C_4+{}_7C_5={}_8C_5-{}_3C_0=56-1=\mathbf{55}$

(3) (준 식)$={}_2C_0+{}_3C_1+{}_4C_2+{}_5C_3+{}_6C_4={}_3C_0+{}_3C_1+{}_4C_2+{}_5C_3+{}_6C_4$
$={}_4C_1+{}_4C_2+{}_5C_3+{}_6C_4={}_5C_2+{}_5C_3+{}_6C_4={}_6C_3+{}_6C_4={}_7C_4=\mathbf{35}$

Advice | 파스칼의 삼각형의 여러 가지 성질

파스칼의 삼각형을 살펴보면 여러 가지 성질을 발견할 수 있다.

$$\begin{array}{c} 1 \\ 1 \quad 1 \\ 1 \quad 2 \quad 1 \\ 1 \quad 3 \quad 3 \quad 1 \\ 1 \quad 4 \quad 6 \quad 4 \quad 1 \\ 1 \quad 5 \quad 10 \quad 10 \quad 5 \quad 1 \\ 1 \quad 6 \quad 15 \quad 20 \quad 15 \quad 6 \quad 1 \\ 1 \quad 7 \quad 21 \quad 35 \quad 35 \quad 21 \quad 7 \quad 1 \\ 1 \quad 8 \quad 28 \quad 56 \quad 70 \quad 56 \quad 28 \quad 8 \quad 1 \\ \vdots \end{array}$$

$$\begin{array}{c} 1 \\ {}_1C_0 \quad {}_1C_1 \\ {}_2C_0 \quad {}_2C_1 \quad {}_2C_2 \\ {}_3C_0 \quad {}_3C_1 \quad {}_3C_2 \quad {}_3C_3 \\ {}_4C_0 \quad {}_4C_1 \quad {}_4C_2 \quad {}_4C_3 \quad {}_4C_4 \\ {}_5C_0 \quad {}_5C_1 \quad {}_5C_2 \quad {}_5C_3 \quad {}_5C_4 \quad {}_5C_5 \\ {}_6C_0 \quad {}_6C_1 \quad {}_6C_2 \quad {}_6C_3 \quad {}_6C_4 \quad {}_6C_5 \quad {}_6C_6 \\ {}_7C_0 \quad {}_7C_1 \quad {}_7C_2 \quad {}_7C_3 \quad {}_7C_4 \quad {}_7C_5 \quad {}_7C_6 \quad {}_7C_7 \\ {}_8C_0 \quad {}_8C_1 \quad {}_8C_2 \quad {}_8C_3 \quad {}_8C_4 \quad {}_8C_5 \quad {}_8C_6 \quad {}_8C_7 \quad {}_8C_8 \\ \vdots \end{array}$$

(i) 파스칼의 삼각형에서 각 가로줄에 적힌 수의 합은 2의 거듭제곱이다.

첫째 가로줄 ⟹ $1=2^0$

둘째 가로줄 ⟹ $1+1=2^1$

셋째 가로줄 ⟹ $1+2+1=2^2$

넷째 가로줄 ⟹ $1+3+3+1=2^3$

$\cdots$

(ii) 파스칼의 삼각형에서 각 가로줄의 첫 번째 수인 1부터 시작하여 오른쪽 아래 방향(↘)으로 더한 값은 그다음 가로줄의 왼쪽 수가 된다. 곧,

$$1+5+15=21 \Longrightarrow {}_4C_0+{}_5C_1+{}_6C_2={}_7C_2 \qquad \Leftarrow {}_6C_2 \longrightarrow {}_{6+1}C_2$$

또, 각 가로줄의 마지막 수인 1부터 시작하여 왼쪽 아래 방향(↙)으로 더한 값은 그다음 가로줄의 오른쪽 수가 된다. 곧,

$$1+4+10+20+35=70 \Longrightarrow {}_3C_3+{}_4C_3+{}_5C_3+{}_6C_3+{}_7C_3={}_8C_4$$

$$\Leftarrow {}_7C_3 \longrightarrow {}_{7+1}C_{3+1}$$

이것을 위와 같이 색칠하여 보면 하키 스틱 모양이 되므로 하키 스틱 패턴이라고 부른다.

***Note** 하키 스틱 패턴을 이용하면

$$1+2+3+\cdots+n={}_1C_1+{}_2C_1+{}_3C_1+\cdots+{}_nC_1={}_{n+1}C_2=\frac{n(n+1)}{2}$$

(iii) $n+1$번째 가로줄에서 n이 소수이면, $n+1$번째 가로줄에서 양쪽 끝 수인 1을 제외한 수들은 모두 n의 배수이다.

보기 5 파스칼의 삼각형을 이용하여 다음을 ${}_nC_r$의 꼴로 나타내어라.

(1) ${}_2C_0+{}_3C_1+{}_4C_2+\cdots+{}_{15}C_{13}$ (2) ${}_2C_2+{}_3C_2+{}_4C_2+\cdots+{}_{20}C_2$

연구 위의 성질 (ii)를 이용한다.

(1) $\mathbf{{}_{16}C_{13}}$ $\Leftarrow {}_{15}C_{13} \longrightarrow {}_{15+1}C_{13}$ (2) $\mathbf{{}_{21}C_3}$ $\Leftarrow {}_{20}C_2 \longrightarrow {}_{20+1}C_{2+1}$

기본 문제 4-1 다음 물음에 답하여라.

(1) $\left(2x+\dfrac{1}{x}\right)^8$의 전개식에서 상수항과 x^4의 계수, $\dfrac{1}{x^2}$의 계수를 구하여라.

(2) $(2x^2-y)^{10}$의 전개식에서 x^6y^7의 계수를 구하여라.

정석연구 앞에서 공부한 이항정리

$$(a+b)^n={}_n\mathrm{C}_0\,a^n+{}_n\mathrm{C}_1\,a^{n-1}b+\cdots+{}_n\mathrm{C}_r\,a^{n-r}b^r+\cdots+{}_n\mathrm{C}_n\,b^n$$

을 써서 준 식을 전개한 다음 필요한 항의 계수를 계산하면 된다.

그러나 이와 같은 방법은 식이 복잡하거나 차수가 클 때에는 번잡하기가 이를 데 없다.

따라서 이 문제와 같이 특정한 몇 항의 계수를 구하는 경우

정석 $(a+b)^n$의 전개식의 일반항 $\Longrightarrow$ ${}_n\mathrm{C}_r\,a^{n-r}b^r$

임을 이용하는 것이 능률적이다.

모범답안 (1) 전개식의 일반항은 ⇦ $a=2x,\ b=\dfrac{1}{x},\ n=8$

$${}_8\mathrm{C}_r(2x)^{8-r}\left(\frac{1}{x}\right)^r={}_8\mathrm{C}_r\,2^{8-r}x^{8-r}x^{-r}={}_8\mathrm{C}_r\,2^{8-r}x^{8-2r}$$ ⇦ $\dfrac{1}{x^r}=x^{-r}$

(i) 상수항 : $8-2r=0$으로 놓으면 $r=4$이므로 상수항은

$${}_8\mathrm{C}_r\,2^{8-r}={}_8\mathrm{C}_4\times2^{8-4}=70\times16=\mathbf{1120}$$ ← 답

(ii) x^4의 계수 : $8-2r=4$로 놓으면 $r=2$이므로 x^4의 계수는

$${}_8\mathrm{C}_r\,2^{8-r}={}_8\mathrm{C}_2\times2^{8-2}=28\times64=\mathbf{1792}$$ ← 답

(iii) $\dfrac{1}{x^2}$의 계수 : $8-2r=-2$로 놓으면 $r=5$이므로 $\dfrac{1}{x^2}$의 계수는

$${}_8\mathrm{C}_r\,2^{8-r}={}_8\mathrm{C}_5\times2^{8-5}=56\times8=\mathbf{448}$$ ← 답

(2) 전개식의 일반항은

$${}_{10}\mathrm{C}_r(2x^2)^{10-r}(-y)^r={}_{10}\mathrm{C}_r\,2^{10-r}(-1)^r x^{20-2r}y^r$$

전개식에서 x^6y^7항일 때 $20-2r=6,\ r=7$ $\quad\therefore\ r=7$

따라서 x^6y^7의 계수는

$${}_{10}\mathrm{C}_r\,2^{10-r}(-1)^r={}_{10}\mathrm{C}_7\times2^{10-7}\times(-1)^7=\mathbf{-960}$$ ← 답

유제 **4**-1. 다음 식의 전개식에서 주어진 항의 계수를 구하여라.

(1) $\left(2x^3+\dfrac{1}{x}\right)^8$, 상수항 (2) $\left(x^2-\dfrac{2}{x}\right)^6$, $\dfrac{1}{x^3}$항

(3) $(2x-y)^7$, x^4y^3항 (4) $\left(x-\dfrac{1}{y}\right)^7$, $\dfrac{x^4}{y^3}$항

답 (1) **112** (2) **−192** (3) **−560** (4) **−35**

기본 문제 4-2 다음 물음에 답하여라.

(1) $\left(x^2+\dfrac{a}{x^3}\right)^5$의 전개식에서 $\dfrac{1}{x^5}$의 계수가 640일 때, 실수 a의 값을 구하여라. 또, 이때의 상수항을 구하여라.

(2) $(ax-3y^2)^6$의 전개식에서 x^2y^8의 계수가 4860일 때, 상수 a의 값을 구하여라.

정석연구 각 항의 계수를 모두 구하지 않아도 된다.

정석 $(\boldsymbol{a}+\boldsymbol{b})^n$의 전개식의 일반항 $\Longrightarrow$ ${}_n\mathrm{C}_r\boldsymbol{a}^{n-r}\boldsymbol{b}^r$

임을 이용하여 필요한 항의 계수에 대해서만 생각하면 된다.

모범답안 (1) 전개식의 일반항은

$${}_5\mathrm{C}_r(x^2)^{5-r}\left(\frac{a}{x^3}\right)^r={}_5\mathrm{C}_r a^r x^{10-2r}x^{-3r}={}_5\mathrm{C}_r a^r x^{10-5r}$$

전개식에서 $\dfrac{1}{x^5}$항일 때 $10-5r=-5$ $\therefore r=3$

이때, 계수는 ${}_5\mathrm{C}_r a^r={}_5\mathrm{C}_3\times a^3=10a^3$

문제의 조건으로부터 $10a^3=640$이고, a는 실수이므로 $\boldsymbol{a=4}$ ← 답

또, 전개식에서 상수항일 때 $10-5r=0$ $\therefore r=2$

이때, 상수항은 ${}_5\mathrm{C}_r a^r={}_5\mathrm{C}_2\times 4^2=\mathbf{160}$ ← 답

(2) 전개식의 일반항은

$${}_6\mathrm{C}_r(ax)^{6-r}(-3y^2)^r={}_6\mathrm{C}_r a^{6-r}(-3)^r x^{6-r}y^{2r}$$

전개식에서 x^2y^8항일 때 $6-r=2,\ 2r=8$ $\therefore r=4$

이때, 계수는 ${}_6\mathrm{C}_r a^{6-r}(-3)^r={}_6\mathrm{C}_4\times a^{6-4}\times(-3)^4=1215a^2$

문제의 조건으로부터 $1215a^2=4860$ $\therefore \boldsymbol{a=\pm 2}$ ← 답

유제 **4**-2. $\left(ax^2-\dfrac{1}{x}\right)^6$의 전개식에서 상수항이 60일 때, 상수 a의 값을 구하여라.

답 $\boldsymbol{a=\pm 2}$

유제 **4**-3. $\left(x^2+\dfrac{a}{y}\right)^7$의 전개식에서 $\dfrac{x^4}{y^5}$의 계수가 672일 때, 실수 a의 값을 구하여라.

답 $\boldsymbol{a=2}$

유제 **4**-4. $(x+ay)^5$의 전개식에서 다음 물음에 답하여라.

(1) x^2y^3의 계수가 80일 때, 실수 a의 값을 구하여라.

(2) x^4y의 계수와 xy^4의 계수의 합이 0일 때, 0이 아닌 실수 a의 값을 구하여라.

답 (1) $\boldsymbol{a=2}$ (2) $\boldsymbol{a=-1}$

기본 문제 **4**-3 다음 물음에 답하여라.

(1) $(x+1)^2(x+2)^5$의 전개식에서 x의 계수를 구하여라.

(2) $(x+1)(x^2-2y)^{10}$의 전개식에서 $x^{15}y^3$의 계수를 구하여라.

정석연구 (1) 파스칼의 삼각형을 써서 $(1+x)^2$, $(2+x)^5$을 각각 전개하면

$$(1+x)^2=\mathbf{1+2x}+x^2$$
$$(2+x)^5=\mathbf{32+80x}+80x^2+40x^3+10x^4+x^5$$

그런데 이들의 곱에서 x의 계수만을 생각하는 것이므로 이차 이상의 항에 대해서는 생각하지 않아도 된다.

곧, $\mathbf{1+2x}$와 $\mathbf{32+80x}$의 곱에서 일차항은 $(1\times80+2\times32)x$이므로 구하는 일차항의 계수는 144이다.

(2) $(x+1)(x^2-2y)^{10}$의 전개식에서 $x^{15}y^3$항이 가능한 경우는

x항과 $x^{14}y^3$항의 곱, 1(상수항)과 $x^{15}y^3$항의 곱

이므로 먼저 $(x^2-2y)^{10}$의 전개식에 $x^{14}y^3$항 또는 $x^{15}y^3$항이 있는지 알아본다.

모범답안 (1) $(1+x)^2$, $(2+x)^5$의 전개식의 일반항은 각각 ${}_2C_r x^r$, ${}_5C_s 2^{5-s}x^s$이므로 $(1+x)^2(2+x)^5$의 전개식의 일반항은

$${}_2C_r x^r\times{}_5C_s 2^{5-s}x^s={}_2C_r\times{}_5C_s 2^{5-s}x^{r+s} \quad\cdots\cdots㉠$$

따라서 x항은 $r+s=1$인 경우이고, 이때

$$r=0,\ s=1 \quad 또는 \quad r=1,\ s=0$$

이 값을 ㉠의 계수에 대입하여 더하면 x의 계수는

$${}_2C_0\times{}_5C_1\times2^{5-1}+{}_2C_1\times{}_5C_0\times2^{5-0}=\mathbf{144} \longleftarrow \boxed{답}$$

(2) $(x^2-2y)^{10}$의 전개식의 일반항은

$${}_{10}C_r(x^2)^{10-r}(-2y)^r={}_{10}C_r(-2)^r x^{20-2r}y^r$$

따라서 y^3을 포함한 항은 $r=3$일 때이고, 이때 항은

$${}_{10}C_r(-2)^r x^{20-2r}y^r={}_{10}C_3\times(-2)^3x^{14}y^3=-960x^{14}y^3$$

이 항과 $x+1$의 x를 곱하면 $x^{15}y^3$항이므로 $\mathbf{-960} \longleftarrow \boxed{답}$

유제 **4**-5. $(1+2x)^4(1-x)^5$의 전개식에서 x^2의 계수를 구하여라.

답 -6

유제 **4**-6. $(x-1)(2x-y)^7$의 전개식에서 x^4y^3의 계수를 구하여라.

답 **560**

유제 **4**-7. $(x^2+1)\left(x+\dfrac{1}{x}\right)^{10}$의 전개식에서 상수항을 구하여라. 답 **462**

§ 2. 이항계수의 성질

$(1+x)^n$을 이항정리를 써서 전개하면

$$(1+x)^n={}_n\mathrm{C}_0+{}_n\mathrm{C}_1x+{}_n\mathrm{C}_2x^2+{}_n\mathrm{C}_3x^3+\cdots+{}_n\mathrm{C}_nx^n \quad \cdots\cdots ①$$

이고, 이 식은 x에 관한 항등식이다.

(i) ①의 양변에 $x=1$을 대입하면

$$ {}_n\mathrm{C}_0+{}_n\mathrm{C}_1+{}_n\mathrm{C}_2+{}_n\mathrm{C}_3+\cdots+{}_n\mathrm{C}_n=2^n \quad \cdots\cdots ②$$

(ii) ①의 양변에 $x=-1$을 대입하면

$$ {}_n\mathrm{C}_0-{}_n\mathrm{C}_1+{}_n\mathrm{C}_2-{}_n\mathrm{C}_3+\cdots+(-1)^n{}_n\mathrm{C}_n=0 \quad \cdots\cdots ③$$

(iii) 성질 ②, ③으로부터 다음 성질을 얻을 수 있다.

②+③하면 $2({}_n\mathrm{C}_0+{}_n\mathrm{C}_2+{}_n\mathrm{C}_4+\cdots)=2^n$

$\therefore\ {}_n\mathrm{C}_0+{}_n\mathrm{C}_2+{}_n\mathrm{C}_4+\cdots=2^{n-1}$ ⇦ 홀수 번째 항의 계수의 합

②−③하면 $2({}_n\mathrm{C}_1+{}_n\mathrm{C}_3+{}_n\mathrm{C}_5+\cdots)=2^n$

$\therefore\ {}_n\mathrm{C}_1+{}_n\mathrm{C}_3+{}_n\mathrm{C}_5+\cdots=2^{n-1}$ ⇦ 짝수 번째 항의 계수의 합

(iv) ①의 양변을 x에 관하여 미분하면 ⇦ 수학 Ⅱ, 미적분

$$n(1+x)^{n-1}={}_n\mathrm{C}_1+2\,{}_n\mathrm{C}_2x+3\,{}_n\mathrm{C}_3x^2+\cdots+n\,{}_n\mathrm{C}_nx^{n-1}$$

이고, 이 식은 x에 관한 항등식이다.

이 식의 양변에 $x=1$, $x=-1$을 각각 대입하면

$$ {}_n\mathrm{C}_1+2\,{}_n\mathrm{C}_2+3\,{}_n\mathrm{C}_3+\cdots+n\,{}_n\mathrm{C}_n=n\times2^{n-1}$$

$$ {}_n\mathrm{C}_1-2\,{}_n\mathrm{C}_2+3\,{}_n\mathrm{C}_3-\cdots+(-1)^{n-1}n\,{}_n\mathrm{C}_n=0$$

기본정석 — 이항계수의 성질

(1) $(1+x)^n$의 전개식

$$(1+x)^n={}_n\mathrm{C}_0+{}_n\mathrm{C}_1x+{}_n\mathrm{C}_2x^2+{}_n\mathrm{C}_3x^3+\cdots+{}_n\mathrm{C}_nx^n=\sum_{r=0}^{n}{}_n\mathrm{C}_rx^r$$

(2) 이항계수의 성질

① ${}_n\mathrm{C}_0+{}_n\mathrm{C}_1+{}_n\mathrm{C}_2+{}_n\mathrm{C}_3+\cdots+{}_n\mathrm{C}_n=2^n$

② ${}_n\mathrm{C}_0-{}_n\mathrm{C}_1+{}_n\mathrm{C}_2-{}_n\mathrm{C}_3+\cdots+(-1)^n{}_n\mathrm{C}_n=0$

③ ${}_n\mathrm{C}_0+{}_n\mathrm{C}_1+{}_n\mathrm{C}_2+{}_n\mathrm{C}_3+{}_n\mathrm{C}_4+{}_n\mathrm{C}_5+\cdots+{}_n\mathrm{C}_n$에서

${}_n\mathrm{C}_0+{}_n\mathrm{C}_2+{}_n\mathrm{C}_4+{}_n\mathrm{C}_6+\cdots$ (홀수 번째 항의 계수의 합)$=2^{n-1}$

${}_n\mathrm{C}_1+{}_n\mathrm{C}_3+{}_n\mathrm{C}_5+{}_n\mathrm{C}_7+\cdots$ (짝수 번째 항의 계수의 합)$=2^{n-1}$

보기 1 다음 값을 구하여라.

(1) ${}_{10}C_1+{}_{10}C_2+{}_{10}C_3+{}_{10}C_4+\cdots+{}_{10}C_{10}$

(2) ${}_{10}C_1-{}_{10}C_2+{}_{10}C_3-{}_{10}C_4+\cdots-{}_{10}C_{10}$

연구 1° 다음 이항계수의 성질을 이용한다.

정석 ${}_nC_0+{}_nC_1+{}_nC_2+{}_nC_3+\cdots+{}_nC_n=\mathbf{2^n}$

${}_nC_0-{}_nC_1+{}_nC_2-{}_nC_3+\cdots+(-1)^n\,{}_nC_n=\mathbf{0}$

(1) ${}_{10}C_0+{}_{10}C_1+{}_{10}C_2+{}_{10}C_3+\cdots+{}_{10}C_{10}=2^{10}$이므로

${}_{10}C_1+{}_{10}C_2+{}_{10}C_3+\cdots+{}_{10}C_{10}=\mathbf{2^{10}-1}$

(2) ${}_{10}C_0-{}_{10}C_1+{}_{10}C_2-{}_{10}C_3+\cdots+{}_{10}C_{10}=0$이므로

${}_{10}C_1-{}_{10}C_2+{}_{10}C_3-\cdots-{}_{10}C_{10}={}_{10}C_0=\mathbf{1}$

연구 2° $(1+x)^n={}_nC_0+{}_nC_1x+{}_nC_2x^2+{}_nC_3x^3+\cdots+{}_nC_nx^n$

(1) 양변에 $x=1$, $n=10$을 대입하면 (준 식)$=\mathbf{2^{10}-1}$

(2) 양변에 $x=-1$, $n=10$을 대입하면 (준 식)$=\mathbf{1}$

보기 2 ${}_nC_0+{}_nC_1+{}_nC_2+\cdots+{}_nC_n=128$을 만족시키는 n의 값을 구하여라.

연구 $2^n=128$에서 $2^n=2^7$ $\therefore$ $\boldsymbol{n=7}$

보기 3 다음 값을 구하여라.

(1) ${}_{10}C_0+{}_{10}C_2+{}_{10}C_4+{}_{10}C_6+{}_{10}C_8+{}_{10}C_{10}$

(2) ${}_{10}C_1+{}_{10}C_3+{}_{10}C_5+{}_{10}C_7+{}_{10}C_9$

연구 1° 다음 이항계수의 성질을 이용한다.

정석 ${}_nC_0+{}_nC_1+{}_nC_2+{}_nC_3+{}_nC_4+{}_nC_5+\cdots+{}_nC_n$에서

${}_nC_0+{}_nC_2+{}_nC_4+\cdots$ (홀수 번째 항의 계수의 합)$=\mathbf{2^{n-1}}$

${}_nC_1+{}_nC_3+{}_nC_5+\cdots$ (짝수 번째 항의 계수의 합)$=\mathbf{2^{n-1}}$

(1) (준 식)$=2^{10-1}=\mathbf{2^9}$ (2) (준 식)$=2^{10-1}=\mathbf{2^9}$

연구 2° $(1+x)^n={}_nC_0+{}_nC_1x+{}_nC_2x^2+{}_nC_3x^3+\cdots+{}_nC_nx^n$

양변에 $x=1$, $n=10$을 대입하면

${}_{10}C_0+{}_{10}C_1+{}_{10}C_2+{}_{10}C_3+\cdots+{}_{10}C_{10}=2^{10}$ ……①

양변에 $x=-1$, $n=10$을 대입하면

${}_{10}C_0-{}_{10}C_1+{}_{10}C_2-{}_{10}C_3+\cdots+{}_{10}C_{10}=0$ ……②

(1) ①+② 하면 $2({}_{10}C_0+{}_{10}C_2+{}_{10}C_4+{}_{10}C_6+{}_{10}C_8+{}_{10}C_{10})=2^{10}$

$\therefore$ ${}_{10}C_0+{}_{10}C_2+{}_{10}C_4+{}_{10}C_6+{}_{10}C_8+{}_{10}C_{10}=\mathbf{2^9}$

(2) ①−② 하면 $2({}_{10}C_1+{}_{10}C_3+{}_{10}C_5+{}_{10}C_7+{}_{10}C_9)=2^{10}$

$\therefore$ ${}_{10}C_1+{}_{10}C_3+{}_{10}C_5+{}_{10}C_7+{}_{10}C_9=\mathbf{2^9}$

기본 문제 **4**-4 다음 물음에 답하여라.

(1) $2000<{}_{n}C_1+{}_{n}C_2+{}_{n}C_3+\cdots+{}_{n}C_n<3000$ 을 만족시키는 자연수 n의 값을 구하여라.

(2) $\displaystyle\sum_{n=1}^{30}\left(\sum_{m=1}^{n}{}_{n}C_m\right)$의 값을 구하여라.

(3) $\log_2({}_{99}C_{50}+{}_{99}C_{51}+{}_{99}C_{52}+\cdots+{}_{99}C_{99})$의 값을 구하여라.

정석연구 다음 이항계수의 성질을 이용한다.

$$\textbf{정석}\quad \sum_{r=0}^{n}{}_{n}C_r={}_{n}C_0+{}_{n}C_1+{}_{n}C_2+\cdots+{}_{n}C_n=2^n$$

모범답안 (1) ${}_{n}C_0+{}_{n}C_1+{}_{n}C_2+{}_{n}C_3+\cdots+{}_{n}C_n=2^n$ 이므로

$${}_{n}C_1+{}_{n}C_2+{}_{n}C_3+\cdots+{}_{n}C_n=2^n-1$$

따라서 주어진 식은 $2000<2^n-1<3000$ 곧, $2001<2^n<3001$

그런데 $2^{10}=1024,\ 2^{11}=2048,\ 2^{12}=4096$ 이므로

위의 부등식을 만족시키는 자연수 n의 값은 $\boldsymbol{n=11}$ ← 답

(2) $\displaystyle\sum_{m=1}^{n}{}_{n}C_m={}_{n}C_1+{}_{n}C_2+{}_{n}C_3+\cdots+{}_{n}C_n=2^n-1$ 이므로

$$(\text{준 식})=\sum_{n=1}^{30}(2^n-1)=\sum_{n=1}^{30}2^n-\sum_{n=1}^{30}1=\frac{2(2^{30}-1)}{2-1}-30=\boldsymbol{2^{31}-32} \leftarrow \text{답}$$

(3) ${}_{99}C_r={}_{99}C_{99-r}$ (단, $r=0,\ 1,\ 2,\ \cdots,\ 99$)이므로

$${}_{99}C_{50}+{}_{99}C_{51}+{}_{99}C_{52}+\cdots+{}_{99}C_{99}={}_{99}C_{49}+{}_{99}C_{48}+{}_{99}C_{47}+\cdots+{}_{99}C_0$$

한편 ${}_{99}C_0+{}_{99}C_1+{}_{99}C_2+\cdots+{}_{99}C_{99}=2^{99}$ 이므로

$${}_{99}C_{50}+{}_{99}C_{51}+{}_{99}C_{52}+\cdots+{}_{99}C_{99}=\frac{1}{2}\times2^{99}=2^{98}$$

$$\therefore\ (\text{준 식})=\log_2 2^{98}=98\log_2 2=\boldsymbol{98} \leftarrow \text{답}$$

*Note $\log_a a=1,\quad \log_{a^m}b^n=\dfrac{n}{m}\log_a b$ (단, $m\neq0$) ⇦ 수학 I

유제 **4**-8. 다음 등식을 만족시키는 자연수 n의 값을 구하여라.

(1) $\displaystyle\sum_{r=1}^{n}{}_{n}C_r=255$ (2) $\displaystyle\sum_{i=0}^{n}\left(\sum_{j=0}^{i}{}_{i}C_j\right)=63$

답 (1) $\boldsymbol{n=8}$ (2) $\boldsymbol{n=5}$

유제 **4**-9. $\displaystyle 1000<\sum_{r=0}^{n}{}_{n}C_r<2000$ 을 만족시키는 자연수 n의 값을 구하여라.

답 $\boldsymbol{n=10}$

유제 **4**-10. $\displaystyle\log_4\left(\sum_{k=8}^{15}{}_{15}C_k\right)$의 값을 구하여라. 답 **7**

기본 문제 4-5 $a_n={}_nC_0-\frac{1}{2}{}_nC_1+\frac{1}{2^2}{}_nC_2-\frac{1}{2^3}{}_nC_3+\cdots+(-1)^n\frac{1}{2^n}{}_nC_n$

일 때, 다음 물음에 답하여라.

(1) a_n을 간단히 하여라. (2) $\sum_{k=1}^{n}a_k$를 구하여라.

정석연구 $(1+x)^n={}_nC_0+{}_nC_1x+{}_nC_2x^2+\cdots+{}_nC_nx^n$ ……①

의 양변에 $x=1$, $x=-1$ 등을 각각 대입하면 이항계수에 관한 여러 가지 성질을 알 수 있다.

이를테면 ①의 양변에 $x=-\frac{1}{2}$을 대입하면

$$\left(1-\frac{1}{2}\right)^n={}_nC_0+{}_nC_1\left(-\frac{1}{2}\right)+{}_nC_2\left(-\frac{1}{2}\right)^2+\cdots+{}_nC_n\left(-\frac{1}{2}\right)^n$$

이므로

$${}_nC_0-\frac{1}{2}{}_nC_1+\frac{1}{2^2}{}_nC_2-\cdots+(-1)^n\frac{1}{2^n}{}_nC_n=\frac{1}{2^n} \quad \cdots\cdots②$$

임을 알 수 있다.

정석 $\sum_{r=0}^{n}{}_nC_r\boldsymbol{x}^r={}_nC_0+{}_nC_1\boldsymbol{x}+{}_nC_2\boldsymbol{x}^2+\cdots+{}_nC_n\boldsymbol{x}^n=(\mathbf{1}+\boldsymbol{x})^n$

한편 $(a+b)^n={}_nC_0a^n+{}_nC_1a^{n-1}b+{}_nC_2a^{n-2}b^2+\cdots$
$+{}_nC_ra^{n-r}b^r+\cdots+{}_nC_nb^n$

에서 양변에 $a=1$, $b=-\frac{1}{2}$을 대입해도 ②를 얻을 수 있다.

모범답안 (1) $(1+x)^n$을 전개하면

$$(1+x)^n={}_nC_0+{}_nC_1x+{}_nC_2x^2+\cdots+{}_nC_nx^n$$

이 식의 양변에 $x=-\frac{1}{2}$을 대입하면

$${}_nC_0-\frac{1}{2}{}_nC_1+\frac{1}{2^2}{}_nC_2-\cdots+(-1)^n\frac{1}{2^n}{}_nC_n=\frac{1}{2^n} \quad \therefore\ \boldsymbol{a_n=\frac{1}{2^n}} \leftarrow \text{답}$$

(2) $$\sum_{k=1}^{n}a_k=\sum_{k=1}^{n}\frac{1}{2^k}=\frac{1}{2}+\frac{1}{2^2}+\cdots+\frac{1}{2^n}=\frac{\frac{1}{2}\left\{1-\left(\frac{1}{2}\right)^n\right\}}{1-\frac{1}{2}}=\mathbf{1-\frac{1}{2^n}} \leftarrow \text{답}$$

유제 **4**-11. 다음 값을 구하여라.

(1) ${}_{11}C_0+9\times{}_{11}C_1+9^2\times{}_{11}C_2+9^3\times{}_{11}C_3+\cdots+9^{11}\times{}_{11}C_{11}$ 답 (1) $\mathbf{10^{11}}$

(2) ${}_{10}C_0-2\times{}_{10}C_1+2^2\times{}_{10}C_2-2^3\times{}_{10}C_3+\cdots+2^{10}\times{}_{10}C_{10}$ (2) **1**

유제 **4**-12. $a_n={}_nC_0+3{}_nC_1+3^2{}_nC_2+\cdots+3^n{}_nC_n$일 때, $\sum_{k=1}^{n}a_k$를 구하여라.

답 $\mathbf{\frac{4}{3}(4^n-1)}$

기본 문제 **4**-6 $p_k={}_{10}\mathrm{C}_k\left(\frac{5}{6}\right)^{10-k}\left(\frac{1}{6}\right)^k$ (단, $k=0, 1, 2, \cdots, 10$)이고
$f(x)=\sum_{k=0}^{10} p_k x^{2k}$일 때, $f'(1)$의 값을 구하여라.

정석연구 $(a+b)^n$의 전개식에서 좌변과 우변을 바꾸어 쓰면

$$ {}_n\mathrm{C}_0 a^n+{}_n\mathrm{C}_1 a^{n-1}b+{}_n\mathrm{C}_2 a^{n-2}b^2+\cdots+{}_n\mathrm{C}_k a^{n-k}b^k+\cdots+{}_n\mathrm{C}_n b^n $$
$$ =(a+b)^n $$

이다. 곧,

정석 $\sum_{k=0}^{n} {}_n\mathrm{C}_k \boldsymbol{a}^{n-k}\boldsymbol{b}^k=(\boldsymbol{a}+\boldsymbol{b})^n$ ⇦ p. 63의 기본정석

이다.

이를테면

$$ \sum_{k=0}^{10} {}_{10}\mathrm{C}_k 2^{10-k}3^k=(2+3)^{10}=5^{10}, $$
$$ \sum_{k=0}^{10} {}_{10}\mathrm{C}_k 3^k=\sum_{k=0}^{10} ({}_{10}\mathrm{C}_k\times 1^{10-k}\times 3^k)=(1+3)^{10}=4^{10} $$

이다.

이에 착안하여 $f(x)$를

$$ \sum_{k=0}^{n} {}_n\mathrm{C}_k \boldsymbol{a}^{n-k}\boldsymbol{b}^k $$

의 꼴로 변형한다.

모범답안 $f(x)=\sum_{k=0}^{10} p_k x^{2k}=\sum_{k=0}^{10} {}_{10}\mathrm{C}_k\left(\frac{5}{6}\right)^{10-k}\left(\frac{1}{6}\right)^k(x^2)^k$

$$ =\sum_{k=0}^{10} {}_{10}\mathrm{C}_k\left(\frac{5}{6}\right)^{10-k}\left(\frac{1}{6}x^2\right)^k=\left(\frac{5}{6}+\frac{1}{6}x^2\right)^{10} $$

$$ \therefore\ f'(x)=10\left(\frac{5}{6}+\frac{1}{6}x^2\right)^9\left(\frac{5}{6}+\frac{1}{6}x^2\right)'=10\left(\frac{5}{6}+\frac{1}{6}x^2\right)^9\times\frac{1}{3}x $$

$$ \therefore\ f'(1)=10\times 1\times\frac{1}{3}=\boldsymbol{\frac{10}{3}} \longleftarrow \boxed{\text{답}} $$

**Note* 함수 $f(x)$의 도함수 $f'(x)$에 대해서는 수학 Ⅱ, 미적분에서 공부한다.

유제 **4**-13. 다음 중 옳지 않은 것은?

① $\sum_{r=0}^{n} {}_n\mathrm{C}_r=2^n$ ② $\sum_{r=0}^{n} 2^r\,{}_n\mathrm{C}_r=3^n$ ③ $\sum_{r=0}^{n} (-1)^r\,{}_n\mathrm{C}_r=0$

④ $\sum_{r=0}^{n} (5+r){}_n\mathrm{C}_r=(10+n)\times 2^{n-1}$ ⑤ $\sum_{r=1}^{n} 2^r\,{}_n\mathrm{C}_r p^r q^{n-r}=(2p+q)^n$

답 ⑤

유제 **4**-14. $f(x)={}_{10}\mathrm{C}_x\left(\frac{1}{3}\right)^{10-x}\left(\frac{2}{3}\right)^x$ (단, $x=0, 1, 2, \cdots, 10$)일 때,
$f(1)+f(2)+f(3)+\cdots+f(10)$의 값을 구하여라. 답 $\boldsymbol{1-\frac{1}{3^{10}}}$

Advice ‖ $(\boldsymbol{a}+\boldsymbol{b}+\boldsymbol{c})^n$의 전개식의 일반항 (이항정리의 응용)

$(a+b+c)^n$과 같은 식을 전개할 때 이항정리를 이용하면 전개식의 일반항 및 항의 계수에 대한 성질도 알 수 있다. 아래에서 다루는 내용은 이항정리를 좀 더 깊이 공부하고자 하는 학생을 위한 것이다.

보기 1 $(a+b+c)^9$의 전개식에서 $a^4b^3c^2$의 계수를 구하여라.

연구 $\{(a+b)+c\}^9=(a+b)^9+{}_9\mathrm{C}_1(a+b)^8c+{}_9\mathrm{C}_2(a+b)^7c^2+\cdots+c^9$

$$=(a+b)^9+{}_9\mathrm{C}_1(a+b)^8c+{}_9\mathrm{C}_2c^2(a^7+{}_7\mathrm{C}_1a^6b+{}_7\mathrm{C}_2a^5b^2+{}_7\mathrm{C}_3a^4b^3+\cdots+b^7)+\cdots+c^9$$

$$=(a+b)^9+{}_9\mathrm{C}_1(a+b)^8c+\cdots+{}_9\mathrm{C}_2\times{}_7\mathrm{C}_3a^4b^3c^2+\cdots+c^9$$

곧, $\{(a+b)+c\}^9$의 전개식에서 c^2을 포함한 항은

$${}_9\mathrm{C}_2(a+b)^{9-2}c^2={}_9\mathrm{C}_2(a+b)^7c^2$$

또, $(a+b)^7$의 전개식에서 b^3을 포함한 항은 ${}_7\mathrm{C}_3a^{7-3}b^3={}_7\mathrm{C}_3a^4b^3$

이므로 $a^4b^3c^2$의 계수는 ${}_9\mathrm{C}_2\times{}_7\mathrm{C}_3$이고

$${}_9\mathrm{C}_2\times{}_7\mathrm{C}_3=\frac{9!}{2!7!}\times\frac{7!}{3!4!}=\frac{9!}{4!3!2!}=\mathbf{1260}$$

일반적으로 다음과 같이 정리할 수 있다.

정석 $(\boldsymbol{a}+\boldsymbol{b}+\boldsymbol{c})^n$의 전개식에서

$\boldsymbol{a^pb^qc^r}$의 계수는 $\Longrightarrow \dfrac{\boldsymbol{n!}}{\boldsymbol{p!q!r!}}$ (단, $\boldsymbol{p+q+r=n}$)

보기 2 $(a+b+c)^8$의 전개식에서 $a^3b^2c^3$의 계수를 구하여라.

연구 전개식의 일반항은

$$\frac{8!}{p!q!r!}\times a^pb^qc^r \quad (p+q+r=8)$$

이므로 $a^3b^2c^3$항은 $p=3,\ q=2,\ r=3$일 때이다.

따라서 $a^3b^2c^3$의 계수는 $\dfrac{8!}{3!2!3!}=\mathbf{560}$

보기 3 $(x^2-x+1)^5$의 전개식에서 x^3의 계수를 구하여라.

연구 전개식의 일반항은

$$\frac{5!}{p!q!r!}\times(x^2)^p(-x)^q\times1^r=\frac{5!\times(-1)^q}{p!q!r!}\times x^{2p+q} \quad (p+q+r=5)$$

x^3항일 때 $2p+q=3,\ p+q+r=5$

$p,\ q,\ r$는 음이 아닌 정수이므로 $(p,\ q,\ r)=(0,\ 3,\ 2),\ (1,\ 1,\ 3)$

따라서 x^3의 계수는 $\dfrac{5!\times(-1)^3}{0!3!2!}+\dfrac{5!\times(-1)^1}{1!1!3!}=\mathbf{-30}$

연습문제 4

4-1 오른쪽 파스칼의 삼각형에서 색칠한 부분의 수를 차례로 2개씩 더하면 다음과 같은 패턴을 찾을 수 있다. 이 패턴을 일반화하여 조합 기호를 사용한 n에 관한 식으로 나타내고, 이를 증명하여라.

$1+3=2^2,\quad 3+6=3^2,$

$6+10=4^2,\quad 10+15=5^2,\quad \cdots$

```
            1
          1   1
        1   2   1
      1   3   3   1
    1   4   6   4   1
  1   5  10  10   5   1
1   6  15  20  15   6   1
            ⋮
```

4-2 다음 식의 전개식에서 계수의 합을 구하여라.

(1) $(1-x)^{10}$ (2) $(x^2-xy+y^2)^5$ (3) $(x+2y)(2x+y)^2(x+y)^3$

4-3 $209^4+4\times209^3+6\times209^2+4\times209+1$의 양의 약수의 개수는?

① 256 ② 315 ③ 400 ④ 575 ⑤ 625

4-4 $(1+x+x^2)^n$의 전개식에서 x^r(단, $r=0,\ 1,\ 2,\ \cdots,\ 2n$)의 계수를 a_r라고 할 때, $a_0-a_1+a_2-a_3+\cdots+a_{2n}$의 값은?

① 0 ② 1 ③ 2 ④ 3 ⑤ 4

4-5 $(4x^2-2x-1)^8=a_0+a_1x+a_2x^2+a_3x^3+\cdots+a_{16}x^{16}$일 때, $a_2+a_4+a_6+\cdots+a_{16}$의 값을 구하여라.

4-6 $(ax+b)^{2n}$과 $(bx+a)^{2n-1}$의 전개식에서 x^n의 계수가 서로 같을 때, 상수 a의 값을 구하여라. 단, $ab\neq0$이다.

4-7 $\left(2x^3+\dfrac{1}{x^2}\right)^n$의 전개식에서 0이 아닌 상수항이 존재하도록 하는 100 이하의 자연수 n의 개수를 구하여라. 또, 자연수 n이 최소일 때의 상수항을 구하여라.

4-8 $(1+x)^n=a_0+a_1x+a_2x^2+a_3x^3+\cdots+a_nx^n$에서 $a_1,\ a_2,\ a_3$이 이 순서로 등차수열을 이룰 때, 자연수 n의 값은? 단, $n\geq3$이다.

① 5 ② 6 ③ 7 ④ 8 ⑤ 9

4-9 $\left(\sqrt{3}\,x-\sqrt[3]{2}\,y\right)^{20}$의 전개식에서 계수가 유리수인 항의 개수는?

① 3 ② 4 ③ 5 ④ 6 ⑤ 7

4-10 $(1+x)^5(1+x^2)^n$의 전개식에서 x^2의 계수가 14일 때, 자연수 n의 값은?

① 3 ② 4 ③ 5 ④ 6 ⑤ 7

4-11 다음 식의 전개식에서 x^2의 계수를 구하여라.

(1) $(1+x)+(1+x)^2+(1+x)^3+\cdots+(1+x)^n$

(2) $\left(x+\dfrac{1}{x}\right)^2+\left(x+\dfrac{1}{x}\right)^3+\left(x+\dfrac{1}{x}\right)^4+\left(x+\dfrac{1}{x}\right)^5+\left(x+\dfrac{1}{x}\right)^6$

4-12 다음 물음에 답하여라.

(1) 21^{21}을 40으로 나눈 나머지를 구하여라.

(2) n이 자연수일 때, 2^{4n}을 5로 나눈 나머지를 구하여라.

4-13 0.99^{10}을 소수점 아래 다섯째 자리까지 구하여라.

4-14 원소의 개수가 n인 집합 $A=\{a_1, a_2, a_3, \cdots, a_n\}$에 대하여

(1) 곱의 법칙을 이용하여 집합 A의 부분집합의 개수를 구하여라.

(2) 조합을 이용하여 집합 A의 부분집합의 개수를 구하여라.

(3) 집합 A의 부분집합 중에서 원소의 개수가 홀수인 부분집합의 개수를 구하여라.

4-15 $(1+i)^{16}$의 전개식을 이용하여 다음 값을 구하여라. 단, $i=\sqrt{-1}$이다.

$${}_{16}C_0-{}_{16}C_2+{}_{16}C_4-{}_{16}C_6+\cdots-{}_{16}C_{14}+{}_{16}C_{16}$$

4-16 원주 위에 $2n$개의 점이 있다. 이들을 전부 또는 몇 개를 택하여 만들 수 있는 볼록다각형의 개수를 구하여라.

4-17 지혜는 서로 다른 알사탕 5개와 서로 같은 박하사탕 5개를 가지고 있다. 이 중에서 5개를 택하여 종서에게 주는 방법의 수는?

① 16 ② 32 ③ 64 ④ 128 ⑤ 256

4-18 서로 다른 15권의 책 중에서 8권 이상을 택하는 방법의 수는?

① 2^{11} ② 2^{12} ③ 2^{13} ④ 2^{14} ⑤ 2^{15}

4-19 다음 값을 구하여라.

(1) $\displaystyle\sum_{k=1}^{9} {}_{19}C_{2k}$ (2) $\displaystyle\sum_{k=0}^{100}\left({}_{100}C_k\times\frac{101}{k+1}\right)$

(3) $\dfrac{1\times{}_{10}C_1+2\times{}_{10}C_2+3\times{}_{10}C_3+\cdots+10\times{}_{10}C_{10}}{{}_{10}C_0+{}_{10}C_1+{}_{10}C_2+\cdots+{}_{10}C_{10}}$

4-20 $f(k)={}_{2n}C_k$일 때, $\displaystyle\sum_{k=1}^{n} f(2k-1)$을 구하여라.

4-21 두 자연수 m, n에 대하여 $(1+x)^m(1+x)^n=(1+x)^{m+n}$임을 이용하여 다음 등식이 성립함을 보여라.

(1) ${}_6C_0\times{}_{12}C_5+{}_6C_1\times{}_{12}C_4+{}_6C_2\times{}_{12}C_3+\cdots+{}_6C_5\times{}_{12}C_0={}_{18}C_5$

(2) ${}_nC_0{}^2+{}_nC_1{}^2+{}_nC_2{}^2+\cdots+{}_nC_n{}^2={}_{2n}C_n$

5. 확률의 정의

시행과 사건／확률의
정의／기하적 확률

§ 1. 시행과 사건

1 시행과 사건

▶ 시행, 표본공간, 사건 : 이를테면 한 개의 주사위를 던질 때, 그 결과는 1의 눈이 나오는 것, 2의 눈이 나오는 것, …, 6의 눈이 나오는 것의 여섯 가지이고, 이들 중 어느 하나만 일어난다.

1의 눈이 나오는 것을 1,
2의 눈이 나오는 것을 2,
……
6의 눈이 나오는 것을 6

으로 나타낼 때, 1, 2, 3, 4, 5, 6을 원소로 하는 집합

$$S=\{1, 2, 3, 4, 5, 6\}$$

을 생각할 수 있다.

이와 같이 주사위나 동전을 던지는 경우와 같이, 일반적으로 같은 조건에서 여러 번 반복할 수 있으며 그 결과가 우연에 의해서 결정되는 실험이나 관찰을 **시행**이라고 한다.

또, 위의 집합 S와 같이 어떤 시행에서 일어날 수 있는 모든 결과의 집합을 **표본공간**이라고 한다.

또한 이 표본공간 S의 부분집합은 $2^6(=64)$개로

$$\varnothing, \{1\}, \{2\}, \cdots, \{6\}, \{1, 2\}, \cdots, \{1, 2, 3, 4, 5, 6\}$$

을 생각할 수 있으며, 이 표본공간의 부분집합을 **사건**이라고 한다.

이를테면 S의 부분집합 중에서 A, B가

$A=\{1\}, \quad B=\{2, 4, 6\}$

이라고 하면 이것은 다음과 같은 사건에 대응된다.

$A=\{1\} \longleftrightarrow$ 1의 눈이 나오는 사건

$B=\{2, 4, 6\} \longleftrightarrow$ 짝수의 눈이 나오는 사건

이와 같이 집합을 사건에 대응시키면 편리하다. 그래서 표본공간 S와 S의 부분집합에 대하여 여러 가지 사건을 다음과 같이 정의한다.

▶ 근원사건, 전사건, 공사건 : 표본공간 $S=\{1, 2, 3, 4, 5, 6\}$에서

$\{1\}, \{2\}, \{3\}, \{4\}, \{5\}, \{6\}$

과 같이 표본공간의 부분집합 중에서 한 개의 원소로 이루어진 집합(사건)을 **근원사건**이라고 한다.

또, 표본공간 $S=\{1, 2, 3, 4, 5, 6\}$과 같이 어떤 시행에서 반드시 일어나는 사건을 **전사건**이라 하고, 결코 일어나지 않는 사건을 **공사건**이라 하며, 공사건을 기호로 $\varnothing$과 같이 나타낸다.

보기 1 100원짜리 동전 1개와 500원짜리 동전 1개를 동시에 던지는 시행에서 동전의 앞면을 H, 뒷면을 T로 나타내고, 100원짜리 동전은 앞면, 500원짜리 동전은 뒷면이 나오는 근원사건을 $\{(H, T)\}$로 나타낼 때,

(1) 표본공간 S를 구하여라.

(2) 두 개 모두 앞면 또는 모두 뒷면이 나오는 사건 A를 구하여라.

(3) 적어도 한 개가 앞면이 나오는 사건 B를 구하여라.

연구 (1) $S=\{(H, H), (H, T), (T, H), (T, T)\}$

(2) $A=\{(H, H), (T, T)\}$ (3) $B=\{(H, H), (H, T), (T, H)\}$

▶ 합사건, 곱사건 : 한 개의 주사위를 던지는 시행에서

홀수의 눈이 나오는 사건을 A,

3 이하의 눈이 나오는 사건을 B

라고 하면

$A=\{1, 3, 5\}, \quad B=\{1, 2, 3\}$

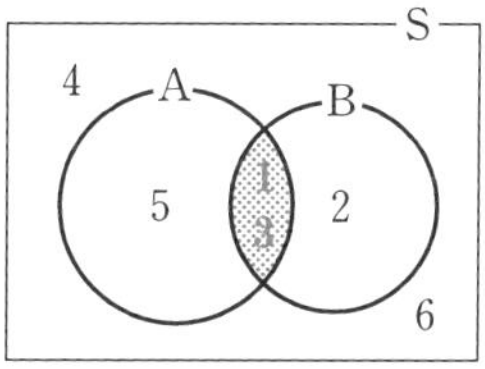

으로 나타낼 수 있다.

이때, 홀수 또는 3 이하의 눈이 나오는 사건은 $\{1, 2, 3, 5\}$로 나타낼 수 있으며, 이는 집합 A와 B의 합집합 $A\cup B$에 대응된다.

또, 홀수인 동시에 3 이하의 눈이 나오는 사건은 $\{1, 3\}$으로 나타낼 수 있으며, 이는 집합 A와 B의 교집합 $A\cap B$에 대응된다.

일반적으로 표본공간의 부분집합인 두 사건 A, B에 대하여 A 또는 B가 일어나는 사건을 A와 B의 합사건이라 하고, 기호로 **A∪B**와 같이 나타낸다.

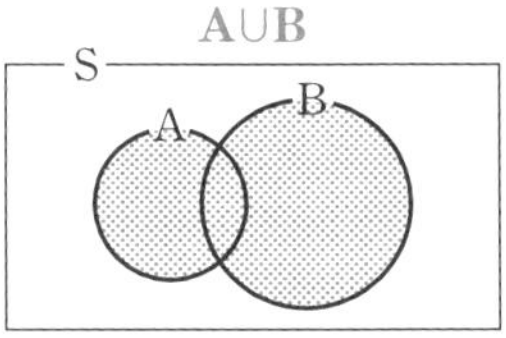

또, 표본공간의 부분집합인 두 사건 A, B에 대하여 A와 B가 동시에 일어나는 사건을 A와 B의 곱사건이라 하고, 기호로 **A∩B**와 같이 나타낸다.

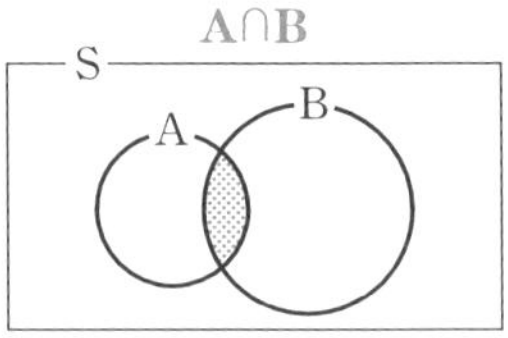

▶ 배반사건, 여사건 : 한 개의 주사위를 던지는 시행에서

홀수의 눈이 나오는 사건을 A,
짝수의 눈이 나오는 사건을 B

라고 하면

A={1, 3, 5}, B={2, 4, 6}

으로 나타낼 수 있으며, 이때

A∩B=∅

이다.

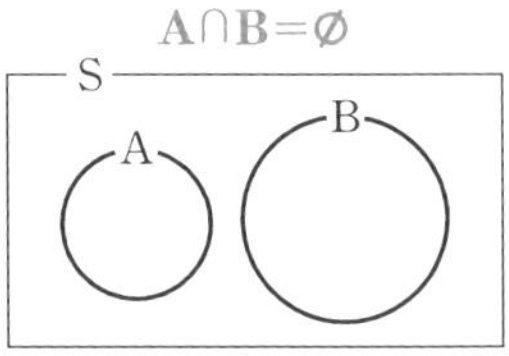

배반사건

이와 같이 두 사건 A, B에 대하여 A와 B 중에서 어느 한 사건이 일어나면 다른 사건은 일어나지 않을 때, 곧 A∩B=∅일 때 A와 B는 서로 배반이라 하고, 배반인 두 사건을 서로 배반사건이라고 한다.

정의 **A∩B=∅ ⟺ A**와 **B**는 서로 배반사건

또, 표본공간 S={1, 2, 3, 4, 5, 6}에서 사건 A={1, 3, 5}에 대하여

'A가 일어나지 않는다'

라는 사건은 집합 {2, 4, 6}으로 나타낼 수 있으며, 이는 A의 여집합 A^c과 같다.

일반적으로 사건 A에 대하여 A가 일어나지 않는 사건을 A의 여사건이라 하고, 기호로 $\mathbf{A^c}$과 같이 나타낸다.

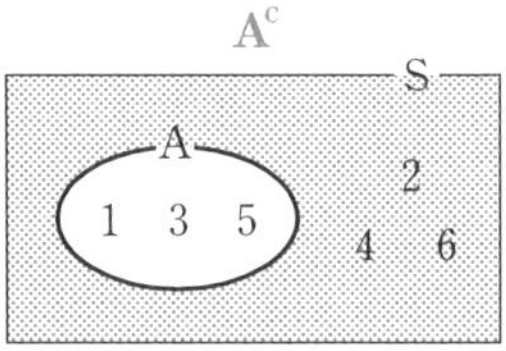

여사건

이때, $A\cap A^c=\varnothing$이므로 A와 A^c은 서로 배반사건이다.

보기 2 표본공간 S={1, 2, 3, ···, 10}에서 두 사건

A={1, 2, 3, 4}, B={3, 4, 5, 6, 7}

에 대하여 합사건 A∪B, 곱사건 A∩B, 여사건 A^c을 구하여라.

연구 A∪B=**{1, 2, 3, 4, 5, 6, 7}**, A∩B=**{3, 4}**, A^c=**{5, 6, 7, 8, 9, 10}**

기본 문제 5-1 한 개의 주사위를 한 번 던지는 시행에서 i의 눈이 나오는 것을 e_i로 나타내기로 하자.

이 시행의 표본공간을 S, 3 이하의 눈이 나오는 사건을 A, 짝수의 눈이 나오는 사건을 B, 5의 눈이 나오는 사건을 C라고 할 때,

(1) S, A, B, C를 구하여라.

(2) A와 B의 합사건은 C의 여사건과 서로 같음을 보여라.

(3) A와 B는 서로 배반이 아님을 보여라.

(4) A와 서로 배반인 사건은 몇 개인가?

[정석연구] 시행 결과의 전체집합을

$$S=\{e_1, e_2, e_3, \cdots, e_n\}$$

이라 하고, A, B를 S의 부분집합이라고 할 때,

정 의 집합과 사건의 대응 관계

표본공간 **S** ⟷ 전사건, 공집합 $\varnothing$ ⟷ 공사건

S의 부분집합 ⟷ 사건, $\{e_1\}, \{e_2\}, \cdots, \{e_n\}$ ⟷ 근원사건

$A\cap B$ ⟷ 곱사건(두 사건 **A**, **B**가 동시에 일어나는 사건)

$A\cup B$ ⟷ 합사건(두 사건 **A**, **B** 중 적어도 하나가 일어나는 사건)

A^C ⟷ 여사건(사건 **A**가 일어나지 않는 사건)

$A\cap B=\varnothing$ ⟷ 사건 **A**와 사건 **B**는 서로 배반사건

[모범답안] (1) $S=\{e_1, e_2, e_3, e_4, e_5, e_6\}$,

$A=\{e_1, e_2, e_3\}$, $B=\{e_2, e_4, e_6\}$, $C=\{e_5\}$ ⟵ [답]

(2) $A\cup B=\{e_1, e_2, e_3, e_4, e_6\}$, $C^C=\{e_1, e_2, e_3, e_4, e_6\}$ $\therefore$ $A\cup B=C^C$

(3) $A\cap B=\{e_2\}\neq\varnothing$, 곧 $A\cap B\neq\varnothing$ 이므로 사건 A와 B는 서로 배반이 아니다.

(4) 집합 $\{e_4, e_5, e_6\}$의 부분집합은 모두 A와 서로 배반사건이므로 구하는 사건의 개수는 위 집합의 부분집합의 개수이다. $\therefore$ $2^3=8$(개) ⟵ [답]

[유제] **5**-1. 한 개의 주사위를 던지는 시행에서 홀수의 눈이 나오는 사건을 A, 4 이상의 짝수의 눈이 나오는 사건을 B, 소수의 눈이 나오는 사건을 C라고 할 때, 다음 물음에 답하여라.

(1) 사건 A와 사건 B는 서로 배반사건인지 말하여라.

(2) 사건 A의 여사건과 사건 B의 여사건은 서로 배반사건인지 말하여라.

(3) 사건 B의 여사건을 사건 A와 사건 C로 나타내어라.

[답] (1) 배반사건이다. (2) 배반사건이 아니다. (3) $A\cup C$

§2. 확률의 정의

1 수학적 확률

한 개의 주사위를 던지면 1, 2, 3, 4, 5, 6 중 어느 한 눈이 나온다. 이 결과는 미리 알 수 없지만, 1의 눈이 나올 가능성은 1이 여섯 가지 경우 중 하나이므로 $\frac{1}{6}$이다. 2, 3, 4, 5, 6의 눈이 나올 가능성도 각각 이와 같다.

여기에서 주의할 것은 이 주사위가 이상적으로 정확하게 만들어진 경우가 아니고, 극단적으로 말해서 오뚝이처럼 어느 한 눈만이 항상 윗면에 나타나는 경우라고 한다면 $\frac{1}{6}$이라는 수는 의미가 없다는 것이다. 따라서 어느 눈이나 같은 가능성을 가지고 나온다는 가정이 필요하다.

이와 같이 각 근원사건이 일어날 가능성이 모두 같다고 기대할 수 있을 때, 각 근원사건이 일어날 가능성이 같은 정도로 기대된다고 한다.

일반적으로 어떤 시행에서 사건 A가 일어날 가능성을 0부터 1까지의 실수의 값으로 나타낸 것을 사건 A의 확률이라 하고, $\mathbf{P(A)}$와 같이 나타낸다.

이제 한 개의 주사위를 던질 때, 홀수의 눈이 나오는 확률에 대하여 생각해 보자.

표본공간 S는

$$S=\{1, 2, 3, 4, 5, 6\}$$

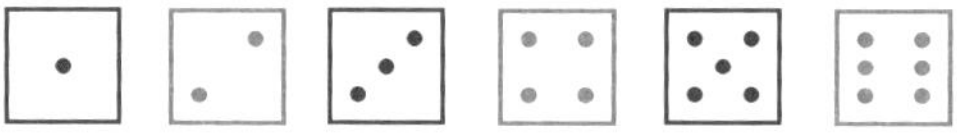

이고, 각 눈이 나올 가능성이 같은 정도로 기대된다고 하자(주사위나 동전을 던지는 경우, 특별한 말이 없는 한 나올 가능성이 같은 정도로 기대된다고 본다). 이때, 홀수의 눈이 나오는 사건 A는 $A=\{1, 3, 5\}$이고, A가 일어난다는 것은 6개의 근원사건 $\{1\}, \{2\}, \{3\}, \{4\}, \{5\}, \{6\}$ 중에서 3개의 근원사건 $\{1\}, \{3\}, \{5\}$ 중의 어느 하나가 나온다는 뜻이다.

$$\therefore\ P(A)=\frac{3}{6}=\mathbf{\frac{1}{2}}$$

기본정석 — 확률의 정의

어떤 시행에서 표본공간 S에 대하여 각 근원사건이 일어날 가능성이 같은 정도로 기대될 때, 사건 A가 일어날 확률 P(A)는

정의 $$P(A)=\frac{(\text{사건 }\mathbf{A}\text{의 원소의 개수})}{(\text{표본공간 }\mathbf{S}\text{의 원소의 개수})}=\frac{\boldsymbol{n(A)}}{\boldsymbol{n(S)}}$$

로 정의하고, 이를 표본공간 S에서 사건 A가 일어날 수학적 확률이라고 한다.

보기 1 세 개의 제비 중에서 임의로 한 개의 제비를 뽑기로 한다.
제비의 내용이 다음과 같을 때, 당첨 제비를 뽑을 확률을 구하여라.

(1) 당첨 제비가 세 개 모두일 때 (2) 당첨 제비가 두 개일 때

(3) 당첨 제비가 한 개일 때 (4) 당첨 제비가 한 개도 없을 때

연구 당첨인 제비를 ○, 당첨이 아닌 제비를 ×로 나타내면

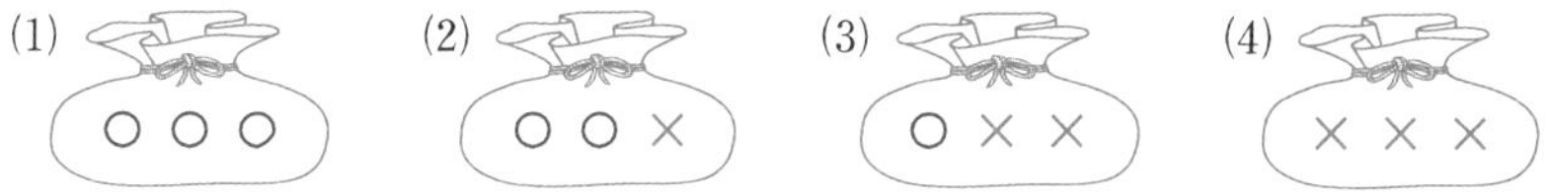

$\frac{3}{3}=\mathbf{1}$ $\qquad$ $\mathbf{\frac{2}{3}}$ $\qquad$ $\mathbf{\frac{1}{3}}$ $\qquad$ $\frac{0}{3}=\mathbf{0}$

보기 2 한 개의 주사위를 던질 때, 다음을 구하여라.

(1) 짝수의 눈이 나올 확률 (2) 3 이상의 눈이 나올 확률

연구 한 개의 주사위를 던질 때, 표본공간을 S, 짝수의 눈이 나오는 사건을 A, 3 이상의 눈이 나오는 사건을 B라고 하면

$$S=\{1, 2, 3, 4, 5, 6\}, \quad A=\{2, 4, 6\}, \quad B=\{3, 4, 5, 6\}$$

(1) $P(A)=\frac{n(A)}{n(S)}=\frac{3}{6}=\mathbf{\frac{1}{2}}$ (2) $P(B)=\frac{n(B)}{n(S)}=\frac{4}{6}=\mathbf{\frac{2}{3}}$

2 확률 1과 0의 의미

(i) 확률이 1 : **보기 1**의 (1)과 같이 세 개의 제비 중 당첨 제비가 세 개 모두일 경우, 이 중에서 한 개를 뽑을 때 뽑은 제비는 언제나 당첨 제비이다. 이와 같이 어떤 사건이 일어날 확률이 1이라는 것은 이 사건이 반드시 일어난다는 것을 의미한다.

(ii) 확률이 0 : **보기 1**의 (4)와 같이 세 개의 제비 중 당첨 제비가 한 개도 없을 경우, 이 중에서 한 개를 뽑을 때 뽑은 제비는 언제나 당첨 제비가 아니다. 이와 같이 어떤 사건이 일어날 확률이 0이라는 것은 이 사건이 결코 일어나지 않는다는 것을 의미한다.

기본정석 — **확률 1과 0의 의미**

(1) 표본공간 S의 임의의 사건 A에 대하여 $\mathbf{0\le P(A)\le 1}$

(2) $\mathbf{P(A)=1}$ ⟺ 사건 A가 반드시 일어난다 ⇦ $A=S$

(3) $\mathbf{P(A)=0}$ ⟺ 사건 A가 결코 일어나지 않는다 ⇦ $A=\varnothing$

Advice | P(A)가 1에 가까운 수일수록 사건 A가 일어날 가능성이 높고, 0에 가까운 수일수록 사건 A가 일어날 가능성이 낮다.

3 통계적 확률

이를테면 어느 양궁 선수가 화살을 쏠 때 과녁에 명중할 가능성이 항상 같은 정도로 기대되는 것은 아니다. 이와 같이 우리 주변의 현상 중에는 어느 시행에서 각 근원사건이 일어날 가능성이 같은 정도로 기대된다고 가정하기 어려운 경우가 많다. 이때에는 시행을 충분히 많이 반복하여 얻은 상대도수가 어떤 일정한 값에 가까워지는 것을 보고 그 사건의 경향성을 파악한다.

곧, 10회의 시행 중 7회가 과녁에 명중했다고 하면 그 상대도수는 $\dfrac{7}{10}$이다. 그러나 훨씬 많은 시행을 한 결과 10회 중 7회의 비율로 명중했다고 하면 과녁에 명중할 가능성은 $\dfrac{7}{10}$이라고 추정할 수 있다.

기본정석 — **통계적 확률**

일정한 조건에서 같은 시행을 n회 반복할 때, 사건 A가 일어난 횟수를 r_n이라고 하자. 이때, 시행 횟수 n이 한없이 커짐에 따라 상대도수 $\dfrac{r_n}{n}$이 일정한 값 p에 가까워지면 이 값 p를 사건 A가 일어날 통계적 확률 또는 경험적 확률이라고 한다.

Advice | 한 개의 주사위를 던질 때 1의 눈이 나올 확률이 $\dfrac{1}{6}$이라는 것은 주사위를 6번 던질 때 이 중에서 한 번은 반드시 1의 눈이 나온다는 뜻은 아니다. 실제로 주사위를 6번 던질 때 1의 눈이 6번 모두 나올 수도 있고 한 번도 나오지 않을 수도 있지만, 던지는 횟수가 많으면 많을수록 1의 눈이 나오는 횟수의 비율이 $\dfrac{1}{6}$에 가까워진다는 것을 뜻한다.

일반적으로 상대도수 $\dfrac{r_n}{n}$에서 시행 횟수 n을 크게 하면 할수록 이 값은 사건 A가 일어날 수학적 확률 P(A)의 값에 한없이 가까워진다는 사실이 알려져 있다. 곧,

$$\frac{r_n}{n} \fallingdotseq \mathrm{P(A)}, \qquad \lim_{n\to\infty}\frac{r_n}{n}=\mathrm{P(A)} \qquad \Leftarrow \text{ 미적분}$$

이다. 그러나 실제로는 시행 횟수 n을 한없이 크게 할 수 없으므로 n이 충분히 클 때의 상대도수 $\dfrac{r_n}{n}$을 보통 통계적 확률로 본다.

보기 3 어떤 농구 선수가 각종 대회에서 총 10000번의 자유투를 시도하였고, 그중에 6758번을 성공하였다. 이 농구 선수가 한 번의 자유투를 시도할 때, 성공할 확률을 구하여라.

연구 $(\text{확률})=\dfrac{(\text{기대하는 것이 일어난 횟수})}{(\text{시행한 횟수})}=\dfrac{6758}{10000}=\mathbf{0.6758}$

기본 문제 5-2 1부터 6까지의 눈이 새겨진 주사위 A와 2부터 7까지의 눈이 새겨진 주사위 B를 동시에 던질 때,

(1) 나오는 눈의 수가 서로 같을 확률을 구하여라.

(2) 나오는 눈의 수의 합이 7이 될 확률을 구하여라.

(3) 나오는 눈의 수의 합이 11 이상이 될 확률을 구하여라.

(4) 나오는 눈의 수의 곱이 제곱수가 될 확률을 구하여라.

정석연구 주사위 A의 눈의 수는 1, 2, 3, 4, 5, 6이고, B의 눈의 수는 2, 3, 4, 5, 6, 7인 것에 주의하면서 다음 확률의 정의를 이용한다.

정의 $P(E)=\dfrac{(\text{사건 } E\text{가 일어나는 경우의 수})}{(\text{일어날 수 있는 모든 경우의 수})}$

모범답안 일어날 수 있는 모든 경우는

$6\times6=36$(가지)

A → 6, B → 6: $6 \times 6 = 36$(가지)

(1) 나오는 눈의 수가 서로 같은 경우는 오른쪽과 같이 5가지이므로

구하는 확률은 $\dfrac{5}{36}$ ← 답

A	2	3	4	5	6
B	2	3	4	5	6

(2) 나오는 눈의 수의 합이 7이 되는 경우는 오른쪽과 같이 5가지이므로

구하는 확률은 $\dfrac{5}{36}$ ← 답

A	1	2	3	4	5
B	6	5	4	3	2

(3) 나오는 눈의 수의 합이 11 이상이 되는 경우는 오른쪽과 같이 6가지이므로

구하는 확률은 $\dfrac{6}{36}=\dfrac{1}{6}$ ← 답

A	4	5	5	6	6	6
B	7	6	7	5	6	7

(4) 나오는 눈의 수의 곱이 제곱수가 되는 경우는 오른쪽과 같이 6가지이므로

구하는 확률은 $\dfrac{6}{36}=\dfrac{1}{6}$ ← 답

A	1	2	3	4	5	6
B	4	2	3	4	5	6

유제 **5**-2. 두 주사위 A, B를 동시에 던질 때, 다음 사건이 일어날 확률을 구하여라.

(1) 눈의 수가 서로 같다. (2) 눈의 수의 합이 7

(3) 눈의 수의 합이 3 이하 (4) 눈의 수의 차가 3 이상

답 (1) $\dfrac{1}{6}$ (2) $\dfrac{1}{6}$ (3) $\dfrac{1}{12}$ (4) $\dfrac{1}{3}$

기본 문제 5-3 흰 공 3개와 붉은 공 5개가 들어 있는 주머니에서

(1) 임의로 1개의 공을 꺼낼 때, 꺼낸 공이 흰 공일 확률을 구하여라.

(2) 임의로 2개의 공을 꺼낼 때, 꺼낸 공이 모두 붉은 공일 확률을 구하여라.

(3) 임의로 4개의 공을 꺼낼 때, 꺼낸 공이 흰 공 1개, 붉은 공 3개일 확률을 구하여라.

정석연구 주머니에 8개의 공이 들어 있다. 다음 확률의 정의를 이용한다.

정 의 $P(A)=\dfrac{(\text{사건 } A\text{가 일어나는 경우의 수})}{(\text{일어날 수 있는 모든 경우의 수})}$

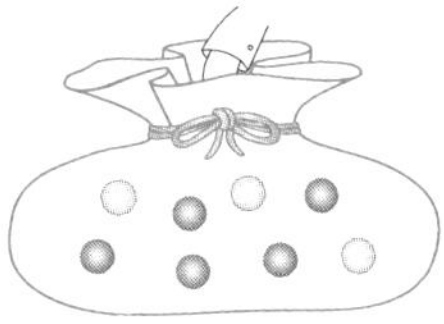

모범답안 (1) 8개의 공 중에서 1개의 공을 꺼내는 경우의 수는 ${}_8C_1$이고, 이 중에서 흰 공이 1개인 경우의 수는 ${}_3C_1$이다.

따라서 구하는 확률은 $\dfrac{{}_3C_1}{{}_8C_1}=\dfrac{3}{8}$ ← 답

(2) 8개의 공 중에서 2개의 공을 꺼내는 경우의 수는 ${}_8C_2$이고, 이 중에서 붉은 공이 2개인 경우의 수는 ${}_5C_2$이다.

따라서 구하는 확률은 $\dfrac{{}_5C_2}{{}_8C_2}=\dfrac{5}{14}$ ← 답

(3) 8개의 공 중에서 4개의 공을 꺼내는 경우의 수는 ${}_8C_4$이고, 이 중에서 흰 공 1개, 붉은 공 3개인 경우의 수는 ${}_3C_1\times{}_5C_3$이다.

따라서 구하는 확률은 $\dfrac{{}_3C_1\times{}_5C_3}{{}_8C_4}=\dfrac{3}{7}$ ← 답

유제 **5**-3. 20장의 복권 중 당첨 복권이 4장 있다고 한다. 이 중에서 임의로 2장의 복권을 살 때, 2장 모두 당첨 복권일 확률을 구하여라. 답 $\dfrac{3}{95}$

유제 **5**-4. 10개의 제품 중 3개의 불량품이 있다고 한다. 이 중에서 임의로 2개의 제품을 뽑을 때, 다음 사건이 일어날 확률을 구하여라.

(1) 2개가 모두 불량품 (2) 1개는 정상품, 1개는 불량품

답 (1) $\dfrac{1}{15}$ (2) $\dfrac{7}{15}$

유제 **5**-5. 남자 6명, 여자 4명 중에서 임의로 위원 4명을 뽑을 때, 남자 2명, 여자 2명이 뽑힐 확률을 구하여라. 답 $\dfrac{3}{7}$

기본 문제 5-4 $a,\ b,\ c,\ d,\ e,\ f$ 의 6개의 문자가 있다.

(1) 이것을 임의로 일렬로 나열할 때, a가 맨 처음에 올 확률을 구하여라.

(2) 이것을 임의로 일렬로 나열할 때, $a,\ b,\ c$가 이웃할 확률을 구하여라.

(3) 이것을 임의로 일렬로 나열할 때, a와 b 사이에 한 개의 문자가 들어갈 확률을 구하여라.

(4) 이것을 임의로 원형으로 나열할 때, $a,\ b$가 이웃할 확률을 구하여라.

정석연구 6개의 문자를 여섯 사람 또는 6장의 카드 등으로 바꾸어도 생각하는 방법은 같다. 다음 확률의 정의를 이용한다.

정 의 $\mathrm{P(A)}=\dfrac{(\text{사건 }\mathbf{A}\text{가 일어나는 경우의 수})}{(\text{일어날 수 있는 모든 경우의 수})}$

모범답안 6개의 문자를 일렬로 나열하는 경우의 수는 $6!$ 이다.

(1) 이 중에서 a가 맨 처음에 오는 경우의 수는 $5!$ 이므로

구하는 확률은 $\dfrac{5!}{6!}=\mathbf{\dfrac{1}{6}}$ ← 답 a□□□□□

(2) 이 중에서 $a,\ b,\ c$가 이웃하는 경우의 수는 $4!\times3!$ 이므로

구하는 확률은 $\dfrac{4!\times3!}{6!}=\mathbf{\dfrac{1}{5}}$ ← 답 ($a\ b\ c$)□□□

(3) 이 중에서 a와 b 사이에 한 개의 문자가 들어가는 경우의 수는 $4\times2!\times4!$ 이므로

구하는 확률은 $\dfrac{4\times2!\times4!}{6!}=\mathbf{\dfrac{4}{15}}$ ← 답 (a□b)□□□

(4) 6개의 문자를 원형으로 나열하는 경우의 수는 $(6-1)!$ 이고, 이 중에서 $a,\ b$가 이웃하는 경우의 수는 $(5-1)!\times2!$ 이므로

구하는 확률은 $\dfrac{(5-1)!\times2!}{(6-1)!}=\dfrac{4!\times2}{5!}=\mathbf{\dfrac{2}{5}}$ ← 답

유제 **5**-6. 일곱 사람이 임의로 일렬로 설 때, 특정한 세 사람이 이웃하게 될 확률을 구하여라. 답 $\mathbf{\dfrac{1}{7}}$

유제 **5**-7. 남학생 5명과 여학생 3명이 임의로 원탁에 둘러앉을 때,

(1) 여학생 3명이 이웃할 확률을 구하여라.

(2) 특정한 남학생 1명, 여학생 1명이 이웃할 확률을 구하여라.

(3) 여학생끼리 서로 이웃하지 않을 확률을 구하여라.

답 (1) $\mathbf{\dfrac{1}{7}}$ (2) $\mathbf{\dfrac{2}{7}}$ (3) $\mathbf{\dfrac{2}{7}}$

§3. 기하적 확률

Advice | (고등학교 교육과정 밖의 내용) 기하적 확률은 고등학교 교육과정에서 제외되었지만, 좀 더 깊이 공부하고 싶은 학생을 위해 여기에 다룬다.

1 기하적 확률

이를테면 오른쪽 그림과 같이 길이가 10 cm인 선분 AB 위에 길이가 5 cm인 선분 CD가 있다고 하자. 선분 AB 위의 어느 점을 잡든 잡을 가능성이 같은 정도로 기대된다고 하면, 선분 AB 위의 한 점을 임의로 잡을 때 이 점이 선분 CD 위에 있을 확률 P는

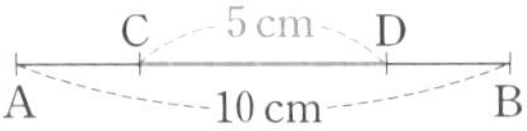

$$\mathrm{P}=\frac{(\text{선분 CD의 길이})}{(\text{선분 AB의 길이})}=\frac{5}{10}=\frac{1}{2}$$

이라고 할 수 있다.

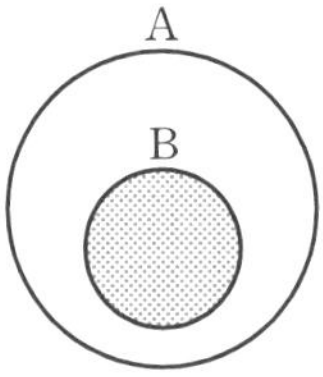

또, 반지름의 길이가 10 cm인 원 A의 내부에 반지름의 길이가 5 cm인 원 B가 있다고 하자. 원 A의 내부의 어느 점을 잡든 잡을 가능성이 같은 정도로 기대된다고 하면, 원 A의 내부의 한 점을 임의로 잡을 때 이 점이 원 B의 내부의 점일 확률 P는

$$\mathrm{P}=\frac{(\text{원 B의 넓이})}{(\text{원 A의 넓이})}=\frac{\pi\times5^2}{\pi\times10^2}=\frac{1}{4}$$

이라고 할 수 있다. 이와 같이 경우의 수가 무한히 많아서 그 수를 셀 수 없는 경우의 확률을 다음과 같이 정의한다.

기본정석 — 기하적 확률

영역 U는 연속적인 변량 u를 크기로 가지고, 이 영역에서 어느 점을 잡든 잡을 가능성이 같은 정도로 기대된다고 하자.

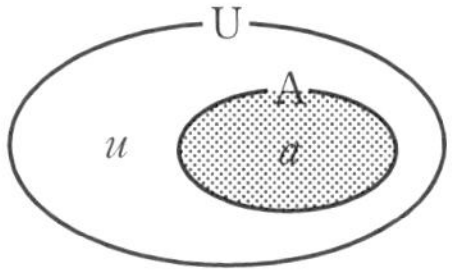

이제 영역 A가 영역 U에 포함되어 있고 A의 크기가 a일 때, 영역 U에서 임의로 잡은 점 P가 영역 A에 속할 확률을 $\dfrac{a}{u}$라고 정의한다. 곧,

정의 $$\mathrm{P(A)}=\frac{(\text{A가 일어나는 영역의 크기})}{(\text{일어날 수 있는 전 영역의 크기})}$$

기본 문제 5-5 한 변의 길이가 10cm인 정사각형 모양의 타일을 깐 넓은 마루에 반지름의 길이가 1cm인 동전을 임의로 던질 때,

(1) 이 동전이 한 장의 타일에 완전히 얹힐 확률 P_1을 구하여라.

(2) 이 동전이 두 장의 타일에 걸칠 확률 P_2를 구하여라.

(3) 이 동전이 세 장의 타일에 걸칠 확률 P_3을 구하여라.

(4) 이 동전이 네 장의 타일에 걸칠 확률 P_4를 구하여라.

정석연구 한 장의 타일 위의 임의의 점에 동전의 중심이 떨어지는 것은 모두 같은 정도로 기대된다고 본다. 이때,

이 정사각형 안에서 동전의 중심이 떨어지는 범위

를 (1), (2), (3), (4)에 대하여 각각 생각하고

정석 넓이의 비로 확률을 구하여라.

모범답안 (1) 그림에서 한 변의 길이가 8cm인 정사각형의 내부(경계 포함)에 동전의 중심이 떨어질 확률이므로

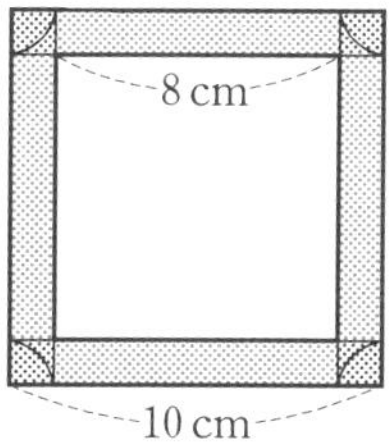

$$P_1=\frac{8^2}{10^2}=\frac{\mathbf{16}}{\mathbf{25}} \longleftarrow \boxed{\text{답}}$$

(2) 그림에서 초록 점 찍은 부분에 동전의 중심이 떨어질 확률이므로

$$P_2=\frac{4\times1\times8}{10^2}=\frac{\mathbf{8}}{\mathbf{25}} \longleftarrow \boxed{\text{답}}$$

(3) 그림에서 붉은 점 찍은 부분에 동전의 중심이 떨어질 확률이므로

$$P_3=\frac{4\left(1^2-\frac{1}{4}\pi\times1^2\right)}{10^2}=\frac{\mathbf{4-\pi}}{\mathbf{100}} \longleftarrow \boxed{\text{답}}$$

(4) 그림에서 검은 점 찍은 부분에 동전의 중심이 떨어질 확률이므로

$$P_4=\frac{\pi\times1^2}{10^2}=\frac{\boldsymbol{\pi}}{\mathbf{100}} \longleftarrow \boxed{\text{답}}$$

유제 **5**-8. 한 모서리의 길이가 10cm인 정육면체 모양의 상자가 있다. 밑면에 네 개의 합동인 정사각형이 생기도록 직교하는 두 선분이 그어져 있다. 이 상자 속에 반지름의 길이가 1cm인 동전을 넣어서 충분히 흔들고 정지시킬 때, 이 동전이 선분과 만날 확률을 구하여라.

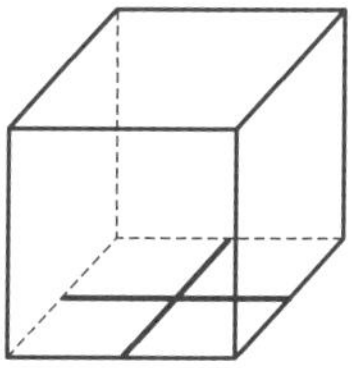

답 $\frac{7}{16}$

기본 문제 **5**-6 한 변의 길이가 1인 정사각형 ABCD의 내부의 한 점 P를 임의로 잡을 때, 다음 물음에 답하여라.

(1) △ABP가 둔각삼각형이 될 확률을 구하여라.

(2) △ABP가 예각삼각형이 될 확률을 구하여라.

정석연구 근원사건의 개수가 무한히 많아서 그 수를 셀 수 없는 경우에는 기하적 확률을 생각해 본다. 곧,

$$\textbf{정석}\quad P(E)=\frac{(E\text{가 일어나는 영역의 크기})}{(\text{일어날 수 있는 전 영역의 크기})}$$

를 이용한다.

모범답안 (1) 점 P가 선분 AB를 지름으로 하는 반원의 내부에 있으면 ∠APB>90° 이므로 △ABP는 둔각삼각형이다.

그런데 □ABCD의 넓이는 1이고, 반원의 넓이는

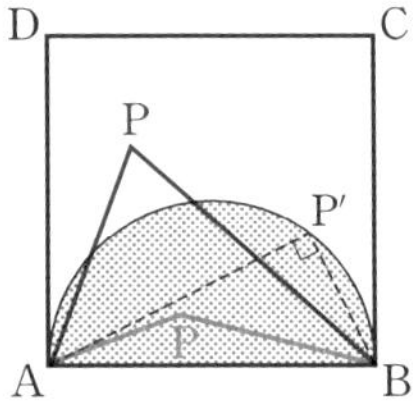

$$\pi\left(\frac{1}{2}\right)^2\times\frac{1}{2}=\frac{\pi}{8}$$

이므로 구하는 확률은

$$\frac{(\text{반원의 넓이})}{(\square ABCD\text{의 넓이})}=\frac{\pi/8}{1}=\boldsymbol{\frac{\pi}{8}} \longleftarrow \boxed{답}$$

(2) 점 P가 선분 AB를 지름으로 하는 반원의 외부에 있으면 ∠APB<90° 이므로 △ABP는 예각삼각형이다.

따라서 구하는 확률은

$$\frac{(\text{반원 밖의 넓이})}{(\square ABCD\text{의 넓이})}=\frac{1-(\pi/8)}{1}=\boldsymbol{1-\frac{\pi}{8}} \longleftarrow \boxed{답}$$

유제 **5**-9. 반지름의 길이가 5인 원판 위의 한 점 P를 임의로 잡을 때, 중심 O와 점 P 사이의 거리가 2 이상 3 이하일 확률을 구하여라. 답 $\boldsymbol{\frac{1}{5}}$

유제 **5**-10. 오른쪽 그림과 같이 한 변의 길이가 2인 정사각형 ABCD의 내부의 한 점 P를 임의로 잡을 때, 다음 물음에 답하여라.

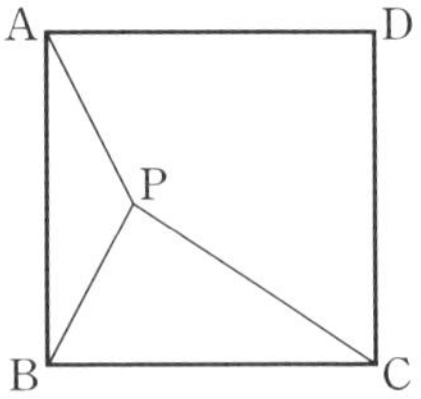

(1) △PBC의 넓이가 1보다 작을 확률을 구하여라.

(2) △PAB와 △PBC가 모두 둔각삼각형이 될 확률을 구하여라. 답 (1) $\boldsymbol{\frac{1}{2}}$ (2) $\boldsymbol{\frac{\pi-2}{8}}$

연습문제 5

5-1 1부터 9까지의 자연수가 하나씩 적힌 9개의 공이 들어 있는 주머니에서 임의로 2개의 공을 동시에 꺼낼 때, 꺼낸 공에 적힌 두 수의 곱이 4의 배수일 확률은?

① $\frac{1}{9}$　② $\frac{2}{9}$　③ $\frac{1}{3}$　④ $\frac{4}{9}$　⑤ $\frac{5}{9}$

5-2 대표 1명, 부대표 3명, 부원 10명인 모임이 있다. 어느 날 14명이 모두 참석한 이 모임에서 대표 1명은 나머지 13명과 모두 악수를 하였고, 부대표 3명은 각자 나머지 10명의 부원과 모두 악수를 하였다. 이날 모인 14명 중에서 임의로 3명을 택할 때, 3명이 모두 서로 악수를 나눈 사람일 확률을 구하여라.

5-3 coffee의 6개의 문자를 모두 사용하여 임의로 일렬로 나열할 때, 3개의 모음이 이웃할 확률은?

① $\frac{1}{5}$　② $\frac{1}{4}$　③ $\frac{1}{3}$　④ $\frac{1}{2}$　⑤ $\frac{2}{3}$

5-4 키가 서로 다른 네 사람이 있다. 이들을 임의로 일렬로 세울 때, 앞에서 세 번째 사람이 자신과 이웃한 두 사람보다 키가 작을 확률은?

① $\frac{1}{3}$　② $\frac{1}{2}$　③ $\frac{3}{5}$　④ $\frac{2}{3}$　⑤ $\frac{3}{4}$

5-5 주머니에 흰 공과 검은 공이 합하여 8개 들어 있다. 이 주머니에서 임의로 2개의 공을 꺼내 보고 다시 넣는 시행을 충분히 많이 반복해 보니 4회에 3회 꼴로 2개 모두 흰 공이었다고 한다.

주머니에 흰 공이 몇 개 들어 있다고 할 수 있는가?

5-6 남녀 합하여 36명인 학급에서 임의로 2명의 위원을 선출할 때, 선출된 위원이 모두 남자이거나 모두 여자일 확률이 $\frac{1}{2}$이라고 한다.

이때, 이 학급의 남자 수와 여자 수의 차를 구하여라.

5-7 어떤 근로자는 일주일 단위로 주간 근무만 하거나 야간 근무만 하는데, 앞으로 10주 동안 3주는 야간 근무, 7주는 주간 근무를 하게 되었다.

회사에서 주간 근무하는 주와 야간 근무하는 주를 임의로 배정할 때, 이 근로자가 2주 이상 연속하여 야간 근무를 하지 <u>않을</u> 확률은?

① $\frac{19}{45}$　② $\frac{7}{15}$　③ $\frac{23}{45}$　④ $\frac{5}{9}$　⑤ $\frac{3}{5}$

5-8 한 개의 주사위를 세 번 던질 때, 다음 물음에 답하여라.

(1) 나오는 눈의 수가 모두 짝수일 확률을 구하여라.

(2) 나오는 눈의 수의 합이 5일 확률을 구하여라.

(3) 같은 수의 눈이 두 번만 나올 확률을 구하여라.

5-9 흰색 카드 4장, 노란색 카드 4장, 파란색 카드 4장에 각각 숫자 1, 2, 3, 4가 적혀 있다. 이 중에서 임의로 3장을 뽑을 때, 다음 사건이 일어날 확률을 구하여라.

(1) 모두 같은 색이다. (2) 숫자가 모두 다르다.

(3) 색도 숫자도 모두 다르다.

5-10 수험생 5명의 수험표를 섞어서 임의로 나누어 줄 때, 5명 모두가 다른 사람의 수험표를 받을 확률을 구하여라.

5-11 서로 다른 두 개의 주사위를 동시에 던질 때, 한 주사위 눈의 수가 다른 주사위 눈의 수의 배수가 될 확률은?

① $\frac{7}{18}$ ② $\frac{1}{2}$ ③ $\frac{11}{18}$ ④ $\frac{13}{18}$ ⑤ $\frac{5}{6}$

5-12 한 개의 주사위를 두 번 던져서 나오는 눈의 수를 차례로 a, b라고 할 때, 함수 $f(x)=2x^2-13x+15$에 대하여 $f(a)f(b)>0$이 성립할 확률은?

① $\frac{5}{18}$ ② $\frac{13}{36}$ ③ $\frac{4}{9}$ ④ $\frac{19}{36}$ ⑤ $\frac{11}{18}$

5-13 두 개의 주사위 A, B를 던져서 나오는 눈의 수를 각각 a, b라고 할 때, 함수 $f(x)=x^2+ax+b$의 최솟값이 0 이하일 확률을 구하여라.

5-14 6명의 학생 A, B, C, D, E, F를 임의로 2명씩 짝을 지어 3개의 조로 나누려고 한다. A와 B는 같은 조가 되고, C와 D는 다른 조가 될 확률을 구하여라.

5-15 두 집합 X={1, 2, 3, 4}, Y={a, b, c}에 대하여 X에서 Y로의 함수 중 임의로 한 개를 택할 때, 이 함수의 치역과 공역이 서로 같을 확률을 구하여라.

5-16 한국, 중국, 일본 학생이 2명씩 있다. 6명이 오른쪽 그림과 같이 번호가 지정된 6개의 좌석 중 임의로 1개씩 선택하여 앉을 때, 같은 나라의 두 학생끼리는 좌석 번호의 차가 1 또는 10이 되도록 앉을 확률을 구하여라.

11	12	13
21	22	23

5-17 주머니 A에는 숫자 1, 2, 3, 4가 하나씩 적힌 4장의 카드가 들어 있고, 주머니 B에는 숫자 2, 3, 4, 5가 하나씩 적힌 4장의 카드가 들어 있다. 갑은 주머니 A에서, 을은 주머니 B에서 각자 임의로 두 장의 카드를 꺼내어 가질 때, 갑이 가진 두 장의 카드에 적힌 수의 합과 을이 가진 두 장의 카드에 적힌 수의 합이 같을 확률은?

① $\frac{1}{12}$ ② $\frac{5}{36}$ ③ $\frac{7}{36}$ ④ $\frac{1}{4}$ ⑤ $\frac{11}{36}$

5-18 주머니에 1부터 9까지의 자연수가 하나씩 적힌 9개의 공이 들어 있다. 이 주머니에서 임의로 3개의 공을 동시에 꺼낼 때, 꺼낸 공에 적힌 수의 합이 홀수이고, 곱이 3의 배수일 확률을 구하여라.

5-19 정사각형 ABCD의 변을 따라 A, B, C, D, A, B, $\cdots$ 의 순으로 꼭짓점에서 꼭짓점으로 옮겨 가는 점 P가 있다. 점 P는 처음에 꼭짓점 A를 출발점으로 하여 한 개의 주사위를 던져서 나온 눈의 수만큼 다음 꼭짓점으로 옮겨 간다. 다음에 옮긴 점을 출발점으로 하여 또 한 번 같은 시행을 할 때, 다음 물음에 답하여라.

(1) 첫 번째 시행에서 점 P가 점 A, B, C, D에 있을 확률을 각각 구하여라.

(2) 두 번째 시행 후 점 P가 점 A에 있을 확률을 구하여라.

5-20 오른쪽 그림과 같이 흰 종이에 한 변의 길이가 3인 정삼각형을 그린 다음, 이것을 한 변의 길이가 1인 정삼각형 9개로 다시 나눈다.

9개의 작은 정삼각형 중 임의로 3개를 택하여 빨간색을 칠할 때, 빨간 등변사다리꼴이 만들어질 확률을 구하여라.

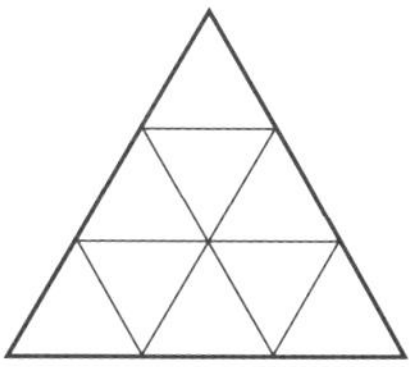

5-21 정팔각형의 8개의 꼭짓점 중에서 임의로 3개를 잡아 삼각형을 만들 때, 직각삼각형이 될 확률을 구하여라.

5-22 오른쪽 그림과 같은 도로망이 있다. A에서 B까지 최단 경로로 가는 친구를 지점 P, Q, R, S, T 중 어느 한 지점에서 기다리려고 한다.

최단 경로를 택할 가능성이 같은 정도로 기대된다고 할 때, 만날 확률이 가장 큰 지점은?

① P ② Q ③ R ④ S ⑤ T

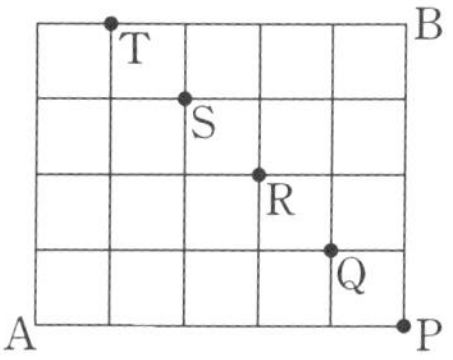

⑥. 확률의 덧셈정리

확률의 덧셈정리／여사건의 확률

§ 1. 확률의 덧셈정리

1 확률의 덧셈정리

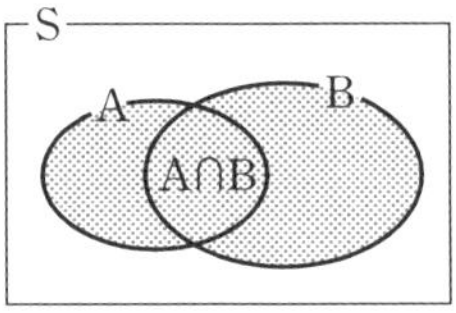

표본공간 S의 두 사건 A, B에 대하여

$$n(A\cup B)=n(A)+n(B)-n(A\cap B)$$

가 성립한다. ⇦ p. 8

이 등식의 양변을 $n(S)$로 나누면

$$\frac{n(A\cup B)}{n(S)}=\frac{n(A)}{n(S)}+\frac{n(B)}{n(S)}-\frac{n(A\cap B)}{n(S)}$$

여기에서 각 근원사건이 일어날 가능성이 같은 정도로 기대될 때, 확률의 정의에 의하여 다음이 성립한다.

$$P(A\cup B)=P(A)+P(B)-P(A\cap B)$$

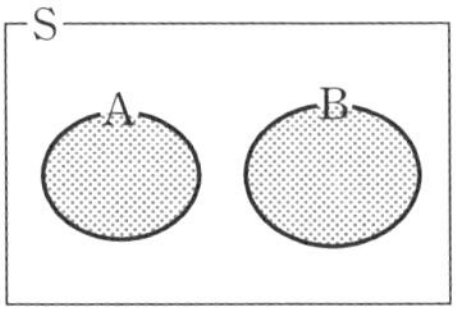

A, B가 배반사건

이 성질을 확률의 덧셈정리라고 한다.

특히 두 사건 A, B가 서로 배반사건일 때에는 $P(A\cap B)=0$이므로 다음이 성립한다.

$$P(A\cup B)=P(A)+P(B)$$

기본정석 — 확률의 덧셈정리

(1) 두 사건 **A, B**에 대하여

$$P(A\cup B)=P(A)+P(B)-P(A\cap B)$$

(2) 두 사건 **A, B**가 서로 배반사건일 때, 곧 $A\cap B=\varnothing$일 때

$$P(A\cup B)=P(A)+P(B)$$

Advice | 두 사건 A, B가 일어나는 경우의 수에 관한 성질

정석 $n(\mathrm{A}\cup\mathrm{B})=n(\mathrm{A})+n(\mathrm{B})-n(\mathrm{A}\cap\mathrm{B})$

특히 $\mathrm{A}\cap\mathrm{B}=\varnothing$일 때

$n(\mathrm{A}\cup\mathrm{B})=n(\mathrm{A})+n(\mathrm{B})$

와의 관련성을 비교하면서 기억해 두길 바란다.

보기 1 한 개의 주사위를 던질 때, 2의 배수 또는 3의 배수의 눈이 나올 확률을 구하여라.

연구 한 개의 주사위를 던질 때, 표본공간을 S, 2의 배수의 눈이 나오는 사건을 A, 3의 배수의 눈이 나오는 사건을 B라고 하면

$$\mathrm{S}=\{1, 2, 3, 4, 5, 6\},\quad \mathrm{A}=\{2, 4, 6\},\quad \mathrm{B}=\{3, 6\},\quad \mathrm{A}\cap\mathrm{B}=\{6\}$$

이다.

다음 두 가지 방법으로 구해 보자.

(i) 확률의 정의 이용 : $\mathrm{A}\cup\mathrm{B}=\{2, 3, 4, 6\}$이므로

$$\mathrm{P}(\mathrm{A}\cup\mathrm{B})=\frac{n(\mathrm{A}\cup\mathrm{B})}{n(\mathrm{S})}=\frac{4}{6}=\mathbf{\frac{2}{3}}$$

(ii) 확률의 덧셈정리 이용 : $\mathrm{P}(\mathrm{A})=\frac{3}{6}$, $\mathrm{P}(\mathrm{B})=\frac{2}{6}$, $\mathrm{P}(\mathrm{A}\cap\mathrm{B})=\frac{1}{6}$이므로

$$\mathrm{P}(\mathrm{A}\cup\mathrm{B})=\mathrm{P}(\mathrm{A})+\mathrm{P}(\mathrm{B})-\mathrm{P}(\mathrm{A}\cap\mathrm{B})=\frac{3}{6}+\frac{2}{6}-\frac{1}{6}=\mathbf{\frac{2}{3}}$$

보기 2 한 개의 주사위를 던질 때, 2의 배수 또는 3 이상의 홀수의 눈이 나올 확률을 구하여라.

연구 한 개의 주사위를 던질 때, 표본공간을 S, 2의 배수의 눈이 나오는 사건을 A, 3 이상의 홀수의 눈이 나오는 사건을 B라고 하면

$$\mathrm{S}=\{1, 2, 3, 4, 5, 6\},\quad \mathrm{A}=\{2, 4, 6\},\quad \mathrm{B}=\{3, 5\},\quad \mathrm{A}\cap\mathrm{B}=\varnothing$$

이다.

다음 두 가지 방법으로 구해 보자.

(i) 확률의 정의 이용 : $\mathrm{A}\cup\mathrm{B}=\{2, 3, 4, 5, 6\}$이므로

$$\mathrm{P}(\mathrm{A}\cup\mathrm{B})=\frac{n(\mathrm{A}\cup\mathrm{B})}{n(\mathrm{S})}=\mathbf{\frac{5}{6}}$$

(ii) 확률의 덧셈정리 이용 : $\mathrm{P}(\mathrm{A})=\frac{3}{6}$, $\mathrm{P}(\mathrm{B})=\frac{2}{6}$, $\mathrm{P}(\mathrm{A}\cap\mathrm{B})=0$

두 사건 **A, B**는 서로 배반사건이므로

$$\mathrm{P}(\mathrm{A}\cup\mathrm{B})=\mathrm{P}(\mathrm{A})+\mathrm{P}(\mathrm{B})=\frac{3}{6}+\frac{2}{6}=\mathbf{\frac{5}{6}}$$

기본 문제 6-1 오른쪽 그림은 표본공간 S와 S의 세 사건 A, B, C를 나타낸 것이다. 이 표본공간에서

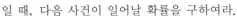

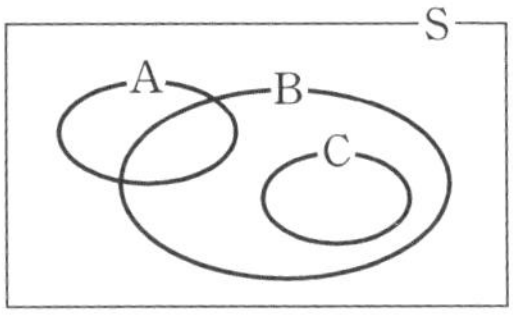

$$P(A)=0.3,\quad P(B)=0.5,$$
$$P(C)=0.1,\quad P(A\cap B)=0.2$$

일 때, 다음 사건이 일어날 확률을 구하여라.

(1) $A\cup B$ (2) $A\cup C$ (3) $B\cup C$ (4) $B\cap C$ (5) $A\cup B\cup C$

정석연구 표본공간 S의 두 사건 A, B에 대하여

정 석 확률의 덧셈정리

$$\mathbf{P(A\cup B)=P(A)+P(B)-P(A\cap B)}$$

배반사건의 덧셈정리

$$\mathbf{A\cap B=\varnothing}\text{일 때, }\mathbf{P(A\cup B)=P(A)+P(B)}$$

를 이용하여라.

모범답안 (1) $P(A\cup B)=P(A)+P(B)-P(A\cap B)$

$=0.3+0.5-0.2=\mathbf{0.6}$ ← 답

(2) 그림에서 두 사건 A, C는 서로 배반사건이므로

$P(A\cup C)=P(A)+P(C)=0.3+0.1=\mathbf{0.4}$ ← 답

(3) $C\subset B$이므로 $B\cup C=B$ $\therefore$ $P(B\cup C)=P(B)=\mathbf{0.5}$ ← 답

(4) $C\subset B$이므로 $B\cap C=C$ $\therefore$ $P(B\cap C)=P(C)=\mathbf{0.1}$ ← 답

(5) $B\cup C=B$이므로 $P(A\cup B\cup C)=P(A\cup B)=\mathbf{0.6}$ ← 답

유제 **6**-1. 두 사건 A, B가 서로 배반사건이고,

$$P(A\cup B)=\frac{2}{3},\quad P(A)=3P(B)$$

일 때, P(A), P(B)를 구하여라. 답 $\mathbf{P(A)=\frac{1}{2},\ P(B)=\frac{1}{6}}$

유제 **6**-2. 어떤 문제를 A가 풀 확률은 0.7, B가 풀 확률은 0.6이고, A와 B가 모두 풀 확률은 0.4일 때, A, B 중 적어도 한 사람이 풀 확률을 구하여라. 답 **0.9**

유제 **6**-3. 사건 A가 일어날 확률은 0.7, 사건 B가 일어날 확률은 0.5이고, 사건 A 또는 B가 일어날 확률은 0.9일 때, 사건 A와 B가 동시에 일어날 확률을 구하여라. 답 **0.3**

기본 문제 6-2 1부터 50까지의 자연수가 각각 적힌 50장의 카드가 있다. 다음 물음에 답하여라.

(1) 임의로 한 장의 카드를 뽑을 때, 카드에 적힌 수가 4의 배수이거나 6의 배수일 확률을 구하여라.

(2) 임의로 두 장의 카드를 뽑을 때, 카드에 적힌 수가 모두 짝수이거나 적힌 수의 합이 홀수일 확률을 구하여라.

정석연구 두 사건 A, B에 대한 덧셈정리를 이용한다.

정석 확률의 덧셈정리 : $\mathbf{P(A\cup B)=P(A)+P(B)-P(A\cap B)}$
배반사건의 덧셈정리 : $\mathbf{P(A\cup B)=P(A)+P(B)}$

모범답안 (1) 한 장의 카드를 뽑을 때, 카드에 적힌 수가 4의 배수인 사건을 A, 6의 배수인 사건을 B라고 하면

$A=\{4\times1,\ 4\times2,\ 4\times3,\ \cdots,\ 4\times12\},\ B=\{6\times1,\ 6\times2,\ 6\times3,\ \cdots,\ 6\times8\}$

이고, $A\cap B$는 12의 배수인 사건이므로 $A\cap B=\{12,\ 24,\ 36,\ 48\}$

$\therefore\ P(A\cup B)=P(A)+P(B)-P(A\cap B)=\dfrac{12}{50}+\dfrac{8}{50}-\dfrac{4}{50}=\mathbf{\dfrac{8}{25}}$ ← 답

(2) 두 장의 카드를 뽑을 때, 카드에 적힌 수가 모두 짝수인 사건을 C, 카드에 적힌 수의 합이 홀수인 사건을 D라고 하자.

50장의 카드에서 두 장의 카드를 뽑는 경우의 수는 ${}_{50}C_2$이고, 이 중에서 사건 C가 일어나는 경우의 수는 ${}_{25}C_2$이다. 또, 뽑은 두 수의 합이 홀수인 경우는 두 수 중 하나는 짝수이고, 다른 하나는 홀수인 경우이므로 사건 D가 일어나는 경우의 수는 ${}_{25}C_1\times{}_{25}C_1$이다.

두 사건 C, D는 서로 배반사건이므로

$$P(C\cup D)=P(C)+P(D)$$
$$=\frac{{}_{25}C_2}{{}_{50}C_2}+\frac{{}_{25}C_1\times{}_{25}C_1}{{}_{50}C_2}=\frac{12}{49}+\frac{25}{49}=\mathbf{\frac{37}{49}}$$ ← 답

유제 **6**-4. 주머니에 10000원, 5000원, 1000원짜리 지폐가 각각 4장, 10장, 6장 들어 있다. 이 주머니에서 임의로 두 장의 지폐를 꺼낼 때, 모두 5000원짜리 지폐이거나 모두 1000원짜리 지폐일 확률을 구하여라. 답 $\mathbf{\dfrac{6}{19}}$

유제 **6**-5. 10개의 제품 중 3개의 불량품이 있다. 이 중에서 임의로 3개의 제품을 뽑을 때, 다음 물음에 답하여라.

(1) 3개가 모두 불량품이거나 모두 정상품일 확률을 구하여라.

(2) 2개 이상이 불량품일 확률을 구하여라. 답 (1) $\mathbf{\dfrac{3}{10}}$ (2) $\mathbf{\dfrac{11}{60}}$

기본 문제 6-3 흰 공 2개, 검은 공 3개, 붉은 공 4개가 들어 있는 주머니에서 임의로 2개의 공을 꺼낼 때, 다음 물음에 답하여라.

(1) 2개가 모두 같은 색의 공일 확률을 구하여라.

(2) 2개가 서로 다른 색의 공일 확률을 구하여라.

정석연구 세 개 이상의 사건에 대하여 어떠한 두 사건도 서로 배반이면 이들 사건은 서로 배반이라고 한다.

이를테면 사건 A, B, C가 서로 배반사건이면 $A\cap B=\varnothing$, $B\cap C=\varnothing$, $C\cap A=\varnothing$이므로 다음 배반사건의 덧셈정리가 성립한다.

정 석 사건 **A, B, C**가 서로 배반사건일 때

$$\mathbf{P(A\cup B\cup C)=P(A)+P(B)+P(C)}$$

모범답안 (1) 모두 9개의 공 중에서 2개의 공을 꺼내는 경우의 수는 ${}_9C_2$이다.

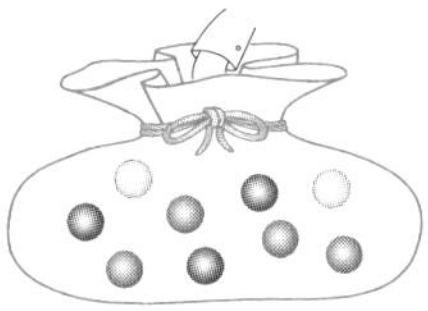

2개가 모두 흰 공인 사건을 A,
2개가 모두 검은 공인 사건을 B,
2개가 모두 붉은 공인 사건을 C

라고 하면 세 사건 A, B, C는 서로 배반사건이므로

$$P(A\cup B\cup C)=P(A)+P(B)+P(C)$$
$$=\frac{{}_2C_2}{{}_9C_2}+\frac{{}_3C_2}{{}_9C_2}+\frac{{}_4C_2}{{}_9C_2}=\frac{1}{36}+\frac{3}{36}+\frac{6}{36}=\mathbf{\frac{5}{18}}$$ ← 답

(2) 2개의 공이 흰 공, 검은 공인 사건을 D, 검은 공, 붉은 공인 사건을 E, 붉은 공, 흰 공인 사건을 F라고 하면 D, E, F는 서로 배반사건이므로

$$P(D\cup E\cup F)=P(D)+P(E)+P(F)$$
$$=\frac{{}_2C_1\times{}_3C_1}{{}_9C_2}+\frac{{}_3C_1\times{}_4C_1}{{}_9C_2}+\frac{{}_4C_1\times{}_2C_1}{{}_9C_2}$$
$$=\frac{6}{36}+\frac{12}{36}+\frac{8}{36}=\mathbf{\frac{13}{18}}$$ ← 답

Advice | (2)는 (1)의 여사건의 확률(p. 99)이므로 다음과 같이 구할 수도 있다.

$$1-P(A\cup B\cup C)=1-\frac{5}{18}=\mathbf{\frac{13}{18}}$$

유제 **6**-6. 주머니에 10원, 100원, 500원짜리 동전이 각각 3개, 4개, 5개 들어 있다. 이 주머니에서 임의로 3개의 동전을 꺼낼 때, 3개가 모두 같은 금액의 동전일 확률을 구하여라. 답 $\mathbf{\frac{3}{44}}$

§ 2. 여사건의 확률

1 여사건의 확률

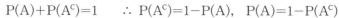

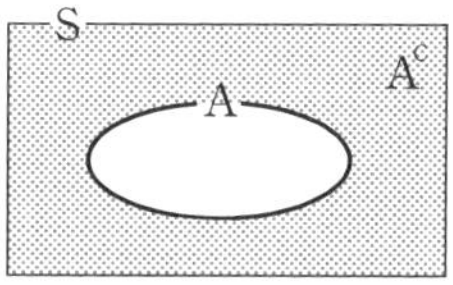

표본공간 S에서 사건 A와 여사건 A^c은 서로 배반사건이므로 확률의 덧셈정리에 의하여

$$P(A\cup A^c)=P(A)+P(A^c)$$

이다.

이때, $P(A\cup A^c)=P(S)=1$이므로

$$P(A)+P(A^c)=1 \qquad \therefore\ P(A^c)=1-P(A),\quad P(A)=1-P(A^c)$$

이를 이용하여 사건 A의 확률 P(A)를 알면 여사건 A^c의 확률 $P(A^c)$을 구할 수 있고, 사건 A의 여사건 A^c의 확률 $P(A^c)$을 알면 사건 A의 확률 P(A)를 구할 수 있다.

기본정석 **여사건의 확률**

사건 A의 확률과 여사건 A^c의 확률 사이에는

$$\mathbf{P(A)+P(A^c)=1} \quad \text{곧, } \mathbf{P(A^c)=1-P(A),\ P(A)=1-P(A^c)}$$

이 성립한다.

Advice | 표본공간 S에서 사건 A와 여사건 A^c에 대하여 사건 S, A, A^c이 일어나는 경우의 수는 각각 $n(S)$, $n(A)$, $n(A^c)$이고, $A\cup A^c=S$, $A\cap A^c=\varnothing$ 이므로

$$n(A)+n(A^c)=n(S)$$

이 등식의 양변을 $n(S)$로 나누면

$$\frac{n(A)}{n(S)}+\frac{n(A^c)}{n(S)}=1 \qquad \therefore\ \mathbf{P(A)+P(A^c)=1}$$

보기 1 서로 다른 두 개의 주사위를 동시에 던질 때, 서로 다른 수의 눈이 나올 확률을 구하여라.

연구 서로 다른 수의 눈이 나오는 사건을 A라고 하면 여사건 A^c은 서로 같은 수의 눈이 나오는 사건이므로

$$P(A^c)=\frac{6}{6\times6}=\frac{1}{6}$$

따라서 구하는 확률은 $P(A)=1-P(A^c)=1-\frac{1}{6}=\mathbf{\frac{5}{6}}$

기본 문제 6-4 두 사건 A, B가 서로 배반사건일 때, 다음 물음에 답하여라.

(1) $P(A\cap B^c)=\frac{1}{5}$, $P(A^c\cap B)=\frac{1}{4}$일 때, $P(A\cup B)$를 구하여라.

(2) $P(A)=\frac{1}{4}$, $P(A^c\cap B^c)=\frac{1}{8}$일 때, $P(A\cup B)$, $P(B)$를 구하여라.

정석연구 이와 같은 유형의 문제를 다룰 때에는 먼저 사건 A, B가 서로 배반사건인지 아닌지를 확인한 다음

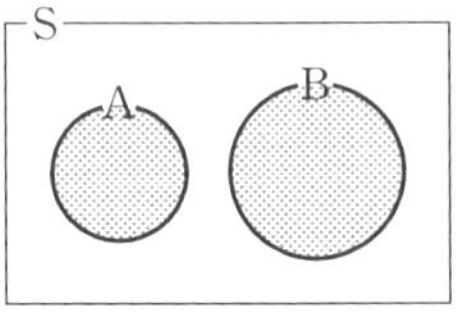

정석 사건 **A**, **B**가 서로 배반사건일 때,

① $\mathbf{P(A\cup B)=P(A)+P(B)}$

② $\mathbf{A\cap B^c=A,\ A^c\cap B=B}$

를 이용한다.

또, 여사건의 확률을 다룰 때에는 다음 **정석**을 이용한다.

정석 $\mathbf{P(A^c)=1-P(A),\quad P(A)=1-P(A^c)}$

모범답안 (1) 두 사건 A, B는 서로 배반사건이므로 $A\cap B=\varnothing$이다.

$$\therefore\ A\cap B^c=A,\quad A^c\cap B=B$$

$$\therefore\ P(A\cap B^c)=P(A)=\frac{1}{5},\quad P(A^c\cap B)=P(B)=\frac{1}{4}$$

$$\therefore\ P(A\cup B)=P(A)+P(B)=\frac{1}{5}+\frac{1}{4}=\mathbf{\frac{9}{20}} \leftarrow \boxed{\text{답}}$$

(2) $P(A^c\cap B^c)=P\big((A\cup B)^c\big)=1-P(A\cup B)$이므로

$$1-P(A\cup B)=\frac{1}{8}\qquad \therefore\ P(A\cup B)=\mathbf{\frac{7}{8}} \leftarrow \boxed{\text{답}}$$

또, 두 사건 A, B는 서로 배반사건이므로 $P(A\cup B)=P(A)+P(B)$

$$\therefore\ \frac{7}{8}=\frac{1}{4}+P(B)\qquad \therefore\ P(B)=\mathbf{\frac{5}{8}} \leftarrow \boxed{\text{답}}$$

유제 **6**-7. 두 사건 A, B에 대하여

$$P(A)=0.6,\quad P(B)=0.5,\quad P(A\cap B)=0.3$$

일 때, 다음을 구하여라.

(1) $P(A^c)$ (2) $P(A\cup B)$ (3) $P(A^c\cup B^c)$ (4) $P(A^c\cap B^c)$

답 (1) **0.4** (2) **0.8** (3) **0.7** (4) **0.2**

유제 **6**-8. 두 사건 A, B에 대하여

$$P(A^c)=0.4,\quad P(B^c)=0.7,\quad P(A^c\cap B^c)=0.2$$

일 때, $P(A\cup B)$, $P(A\cap B)$를 구하여라. 답 **0.8**, **0.1**

기본 문제 6-5 10장의 복권 중 당첨 복권이 3장 있다. 이 중에서 임의로 3장의 복권을 살 때, 다음 물음에 답하여라.

(1) 한 장도 당첨되지 않을 확률을 구하여라.

(2) 적어도 한 장은 당첨될 확률을 구하여라.

정석연구 3장의 복권의 내용을 살펴보면 다음과 같다.

① 3장 모두 당첨인 것 …… ○○○
② 2장만 당첨인 것 …… ○○×
③ 1장만 당첨인 것 …… ○××
} 적어도 한 장 당첨

④ 3장 모두 당첨이 아닌 것 …… ×××

이 중에서 (1)은 ④가 일어날 확률을 구하는 문제이고, (2)는 ①, ②, ③ 중 어느 것이 일어나도 좋을 확률을 구하는 문제이다.

여기에서 적어도 한 장은 당첨인 사건(①, ②, ③)은 3장 모두 당첨이 아닌 사건(④)의 여사건인 것에 주목하여 다음을 이용한다.

정석 「적어도 …」 하면 ⟹ 여사건을 생각하여라.

$$\mathbf{P(A)+P(A^c)=1}$$

모범답안 (1) 한 장도 당첨되지 않는 사건을 A라고 하면

$$P(A)=\frac{{}_7C_3}{{}_{10}C_3}=\frac{35}{120}=\mathbf{\frac{7}{24}} \longleftarrow \text{답}$$

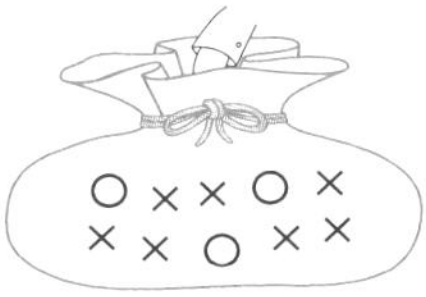

(2) 적어도 한 장은 당첨되는 사건은 한 장도 당첨되지 않는 사건 A의 여사건 A^c이므로

$$P(A^c)=1-P(A)=1-\frac{7}{24}=\mathbf{\frac{17}{24}} \longleftarrow \text{답}$$

유제 **6**-9. 8개의 제품 중 2개의 불량품이 있다. 이 중에서 임의로 3개를 뽑을 때, 적어도 1개가 불량품일 확률을 구하여라. 답 $\frac{9}{14}$

유제 **6**-10. 주머니에 5개의 흰 공과 3개의 검은 공이 들어 있다.
이 중에서 임의로 2개의 공을 꺼낼 때, 적어도 1개가 흰 공일 확률을 구하여라. 답 $\frac{25}{28}$

유제 **6**-11. 20장의 복권 중 몇 장의 당첨 복권이 있다. 이 중에서 임의로 2장을 뽑을 때, 적어도 한 장이 당첨 복권일 확률이 $\frac{7}{19}$이라고 한다.
이때, 당첨 복권은 몇 장인가? 답 4장

기본 문제 6-6 서로 다른 세 개의 주사위를 동시에 던져서 나오는 눈의 수를 a, b, c라고 할 때, 다음 물음에 답하여라.

(1) 세 수의 곱 abc가 짝수일 확률을 구하여라.

(2) $(a-b)(b-c)(c-a)=0$일 확률을 구하여라.

정석연구 (1) abc가 짝수이면 a, b, c 중 적어도 하나는 짝수이므로 abc가 짝수인 사건의 여사건은 a, b, c가 모두 홀수인 사건이다.

정석 「적어도 하나가 짝수」의 여사건은 ⟹ 모두가 홀수

(2) $(a-b)(b-c)(c-a)=0$에서

$$a-b=0 \text{ 또는 } b-c=0 \text{ 또는 } c-a=0 \quad \cdots\cdots ㉮$$

이므로 ㉮을 만족시키는 확률을 구해도 된다.

그런데 ㉮의 경우의 수를 구할 때 $a=b$, $b=c$, $c=a$인 경우의 수를 각각 구하여 이들을 모두 더하면 된다고 생각해서는 안 된다. 왜냐하면 $a=b$인 경우와 $b=c$인 경우에는 중복되는 경우(다른 경우도 마찬가지이다)도 있으므로 이런 경우를 일일이 세어 빼 주어야 하기 때문이다. 따라서 이와 같은 방법으로 경우의 수를 구하는 것은 복잡하다.

이런 경우에는 ㉮의 부정인

$$a\neq b \text{이고 } b\neq c \text{이고 } c\neq a \qquad \Leftarrow a,\ b,\ c\text{는 서로 다른 수}$$

를 만족시키는 경우의 수를 구한 다음, 그 여사건을 생각하는 것이 쉽다.

정석 「또는」으로 연결된 경우의 수는 ⟹ 여사건을 생각하여라.

모범답안 일어날 수 있는 모든 경우의 수는 $6\times6\times6=6^3$

(1) abc가 짝수인 사건을 A라고 하면 여사건 A^c은 abc가 홀수인 사건, 곧 a, b, c가 모두 홀수인 사건이다.

$$\therefore P(A^c)=\frac{3^3}{6^3}=\frac{1}{8} \qquad \therefore P(A)=1-P(A^c)=\frac{7}{8} \longleftarrow \text{답}$$

(2) $(a-b)(b-c)(c-a)=0$인 사건을 B라고 하면 여사건 B^c은

$$(a-b)(b-c)(c-a)\neq0 \qquad \text{곧, } a\neq b \text{이고 } b\neq c \text{이고 } c\neq a$$

인 사건이다.

$$\therefore P(B^c)=\frac{{}_6P_3}{6^3}=\frac{5}{9} \qquad \therefore P(B)=1-P(B^c)=\frac{4}{9} \longleftarrow \text{답}$$

유제 **6**-12. 서로 다른 세 개의 주사위를 동시에 던져서 나오는 눈의 수를 a, b, c라고 할 때, $(a-b)(b-c)=0$일 확률을 구하여라. 답 $\frac{11}{36}$

기본 문제 6-7 오른쪽 그림과 같이 한 모서리의 길이가 1인 정육면체에서 임의로 서로 다른 두 꼭짓점을 택할 때, 다음 물음에 답하여라.

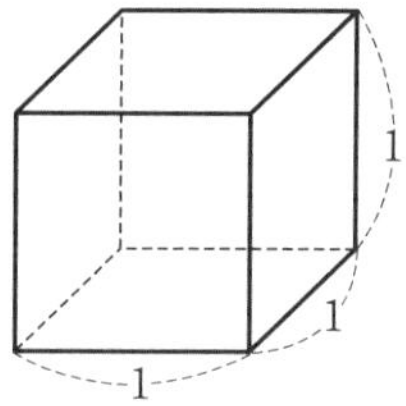

(1) 두 꼭짓점 사이의 거리가 $\sqrt{2}$ 이거나 $\sqrt{3}$ 일 확률을 구하여라.

(2) 두 꼭짓점 사이의 거리가 $\sqrt{2}$ 이하일 확률을 구하여라.

정석연구 두 꼭짓점 사이의 거리는 1 또는 $\sqrt{2}$ 또는 $\sqrt{3}$ 이다.

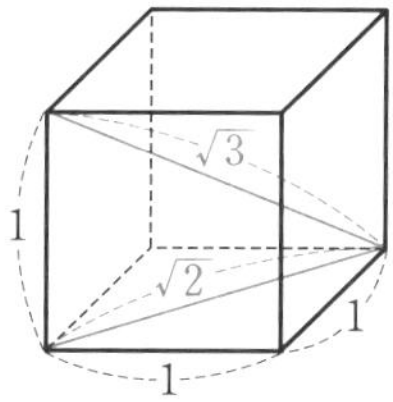

두 꼭짓점 사이의 거리가 1인 경우는 모든 모서리의 수인 12개이고, $\sqrt{2}$ 인 경우는 여섯 개 면의 정사각형에 2개씩 있으므로 $6\times2=12$(개)이며, $\sqrt{3}$ 인 경우는 정육면체의 대각선의 수인 4개이다.

정 석 「이하(또는 이상)일 확률」 하면 ⟹ 여사건의 확률을 생각하여라.

모범답안 한 변의 길이가 1인 정사각형의 대각선의 길이는 $\sqrt{2}$ 이고, 한 모서리의 길이가 1인 정육면체의 대각선의 길이는 $\sqrt{3}$ 이다.

(1) 두 꼭짓점 사이의 거리가 $\sqrt{2}$ 인 사건을 A, $\sqrt{3}$ 인 사건을 B라고 하면

$$\mathrm{P(A)}=\frac{6\times2}{{}_8\mathrm{C}_2}=\frac{3}{7},\quad \mathrm{P(B)}=\frac{4}{{}_8\mathrm{C}_2}=\frac{1}{7}$$

두 사건 A, B는 서로 배반사건이므로

$$\mathrm{P(A\cup B)}=\mathrm{P(A)}+\mathrm{P(B)}=\frac{3}{7}+\frac{1}{7}=\mathbf{\frac{4}{7}} \leftarrow \boxed{답}$$

(2) 두 꼭짓점 사이의 거리가 $\sqrt{2}$ 이하인 사건을 E라고 하면 여사건 E^c은 두 꼭짓점 사이의 거리가 $\sqrt{3}$ 인 사건이므로

$$\mathrm{P}(E^c)=\frac{4}{{}_8\mathrm{C}_2}=\frac{1}{7}\qquad \therefore\ \mathrm{P(E)}=1-\mathrm{P}(E^c)=1-\frac{1}{7}=\mathbf{\frac{6}{7}} \leftarrow \boxed{답}$$

**Note* (1)의 경우, 거리가 1인 사건의 여사건의 확률을 구해도 된다.

유제 **6**-13. 한 변의 길이가 3인 정사각형을 오른쪽 그림과 같이 크기가 같은 9개의 정사각형으로 나눈다. 16개의 꼭짓점 중에서 임의로 서로 다른 두 점을 택할 때, 두 점 사이의 거리가 1일 확률, 2일 확률, $\sqrt{2}$ 일 확률을 구하여라.

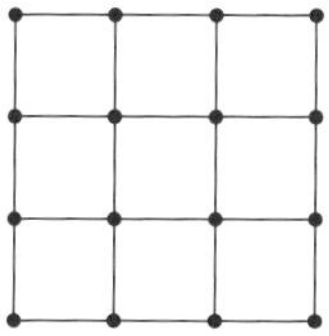

답 $\mathbf{\frac{1}{5}}$, $\mathbf{\frac{2}{15}}$, $\mathbf{\frac{3}{20}}$

연습문제 6

6-1 두 사건 A, B가 서로 배반사건이고,

$$P(A\cup B)=\frac{3}{4}, \quad \frac{1}{4}\le P(B)\le\frac{2}{5}$$

일 때, P(A)의 최댓값과 최솟값을 구하여라.

6-2 두 사건 A, B에 대하여 $P(A)=\frac{1}{5}$, $P(B)=\frac{3}{5}$일 때, $P(A\cup B)$의 최댓값과 최솟값을 구하여라.

6-3 한 개의 주사위를 두 번 던질 때, 나오는 눈의 수의 합이 8이거나 차가 2일 확률을 구하여라.

6-4 어느 게임에서 얻을 수 있는 점수는 4점, 3점, 2점, 1점, 0점의 5가지이다. 어떤 사람이 이 게임에서 1점 이상을 얻을 확률은 0.9, 2점 이하를 얻을 확률은 0.6이라고 할 때, 이 사람이 1점 또는 2점을 얻을 확률은?

① 0.2　② 0.3　③ 0.4　④ 0.5　⑤ 0.6

6-5 1부터 9까지의 자연수가 하나씩 적힌 9장의 카드 중에서 임의로 3장의 카드를 뽑은 다음 이 카드에 적힌 수를 일렬로 나열하여 세 자리 수를 만들 때, 이 수가 2의 배수이거나 5의 배수일 확률을 구하여라.

6-6 오른쪽과 같이 $2^1, 2^2, 2^3, \cdots, 2^{10}$을 나열한 표가 있다. 각 가로줄에서 임의로 한 개씩 택할 때, 두 수의 곱을 3으로 나눈 나머지가 2일 확률을 구하여라.

2^1	2^2	2^3	2^4	2^5
2^6	2^7	2^8	2^9	2^{10}

6-7 두 사건 A, B에 대하여 A^C과 B는 서로 배반사건이고, $P(A)=\frac{3}{4}$, $P(B^C)=\frac{2}{3}$일 때, $P(A\cap B^C)$은?

① $\frac{1}{4}$　② $\frac{1}{3}$　③ $\frac{5}{12}$　④ $\frac{1}{2}$　⑤ $\frac{7}{12}$

6-8 4명의 자녀가 부모와 함께 임의로 원탁에 둘러앉을 때, 부모가 이웃하지 않을 확률은?

① $\frac{1}{5}$　② $\frac{1}{3}$　③ $\frac{2}{5}$　④ $\frac{3}{5}$　⑤ $\frac{2}{3}$

6-9 주머니에 n개의 공이 들어 있고, 이 중에서 흰 공은 4개이다. 이 주머니에서 임의로 2개의 공을 꺼낼 때, 적어도 1개가 흰 공일 확률이 $\frac{13}{18}$이라고 한다. 이때, n의 값을 구하여라.

6-10 유통 기한이 7일 남은 우유가 5개, 3일 남은 우유가 2개, 1일 남은 우유가 3개 들어 있는 냉장고에서 임의로 3개의 우유를 꺼낼 때, 유통 기한이 1일 남은 우유가 1개 이상 포함될 확률은?

① $\frac{7}{24}$ ② $\frac{3}{8}$ ③ $\frac{13}{24}$ ④ $\frac{5}{8}$ ⑤ $\frac{17}{24}$

6-11 A, B 두 반의 학생 62명을 남녀로 구분한 결과 오른쪽과 같은 표를 얻었다. 이 학생 중에서 임의로 2명의 대표를 뽑을 때, 남학생이 포함되거나 A반 학생이 포함될 확률을 구하여라.

	남학생	여학생	합계
A반	15	17	32
B반	16	14	30
합계	31	31	62

6-12 한 개의 주사위를 두 번 던져서 첫 번째 나오는 눈의 수를 a, 두 번째 나오는 눈의 수를 b라고 할 때, x에 관한 이차방정식 $x^2+2ax+b=0$이 실근을 가질 확률을 구하여라.

6-13 세 개의 주사위를 동시에 던질 때, 나오는 눈의 수의 최댓값을 M, 최솟값을 m이라고 하자. 이때, $\mathrm{M}-m>1$일 확률을 구하여라.

6-14 오른쪽 좌석표에서 2행 2열 좌석(점 찍은 부분)을 제외한 8개의 좌석에 여학생 4명과 남학생 4명을 임의로 배정할 때, 적어도 2명의 남학생이 서로 이웃하게 배정될 확률을 구하여라. 단, 2명이 같은 행의 바로 옆이나 같은 열의 바로 앞뒤에 배정될 때, 서로 이웃한 것으로 본다.

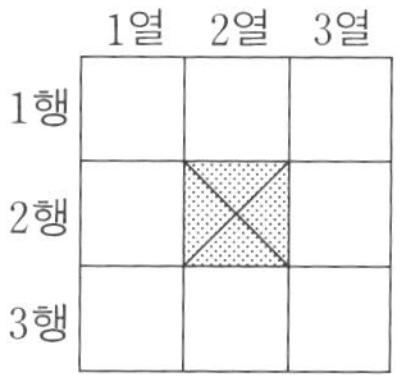

6-15 표본공간 S와 S의 사건 A, B에 대하여 다음 중 옳지 않은 것은?

① $\mathrm{P}(\mathrm{A}\cup\mathrm{B})\le\mathrm{P}(\mathrm{A})+\mathrm{P}(\mathrm{B})$ ② $\mathrm{P}(\mathrm{A}\cup\mathrm{B})=\mathrm{P}(\mathrm{A})+\mathrm{P}(\mathrm{A}^c\cap\mathrm{B})$

③ $\mathrm{P}(\mathrm{A}\cap\mathrm{B})\le\mathrm{P}(\mathrm{A})+\mathrm{P}(\mathrm{B})-1$ ④ $\mathrm{P}(\mathrm{A}\cap\mathrm{B}^c)=\mathrm{P}(\mathrm{A})-\mathrm{P}(\mathrm{A}\cap\mathrm{B})$

⑤ $\mathrm{P}(\mathrm{A}\cup\mathrm{B}^c)=1+\mathrm{P}(\mathrm{A})-\mathrm{P}(\mathrm{A}\cup\mathrm{B})$

6-16 1부터 100까지의 자연수가 하나씩 적힌 100장의 카드에서 임의로 한 장을 뽑을 때, 카드에 적힌 수가 3의 배수도 4의 배수도 아닐 확률을 구하여라.

6-17 3명씩 탑승한 두 대의 자동차 P, Q가 어느 주차장에서 만났다. 이들 6명은 연료 절약을 위하여 좌석이 6개인 자동차 Q에 모두 승차하려고 한다. 자동차 Q의 운전자는 자리를 바꾸지 않고 나머지 5명은 임의로 앉을 때, 처음부터 자동차 Q에 탔던 2명이 모두 처음 자리가 아닌 다른 자리에 앉게 될 확률을 구하여라.

7. 확률의 곱셈정리

조건부확률과 확률의 곱셈정리／사건의 독립과 종속／독립시행의 확률

§1. 조건부확률과 확률의 곱셈정리

1 조건부확률과 확률의 곱셈정리

이를테면 남녀 60명의 학생 중에서 남학생은 35명이고, 남학생 중 안경을 쓴 학생은 10명이라고 하자.

60명 중에서 임의로 1명을 뽑을 때의 표본공간을 S, 남학생을 뽑는 사건을 A, 안경을 쓴 학생을 뽑는 사건을 B라고 하면

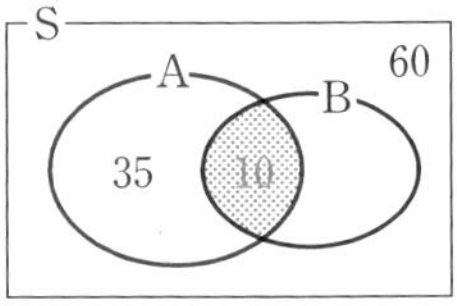

$$n(\mathrm{S})=60,\quad n(\mathrm{A})=35,\quad n(\mathrm{A}\cap\mathrm{B})=10$$

이다.

따라서 60명 중에서 임의로 1명을 뽑을 때, 남학생일 확률 P(A)와 안경을 쓴 남학생일 확률 $\mathrm{P}(\mathrm{A}\cap\mathrm{B})$는 각각 다음과 같다.

$$\mathrm{P}(\mathrm{A})=\frac{n(\mathrm{A})}{n(\mathrm{S})}=\frac{35}{60},\quad \mathrm{P}(\mathrm{A}\cap\mathrm{B})=\frac{n(\mathrm{A}\cap\mathrm{B})}{n(\mathrm{S})}=\frac{10}{60} \qquad \cdots\cdots①$$

또한 남학생 35명 중에서 임의로 1명을 뽑을 때, 안경을 쓴 남학생일 확률을 P라고 하면 P는 다음과 같다.

$$\mathrm{P}=\frac{n(\mathrm{A}\cap\mathrm{B})}{n(\mathrm{A})}=\frac{10}{35} \qquad \cdots\cdots②$$

여기에서 ①은 사건 S를 표본공간으로 생각할 때 사건 $\mathrm{A}\cap\mathrm{B}$의 확률이고, ②는 사건 A를 표본공간으로 생각할 때 사건 $\mathrm{A}\cap\mathrm{B}$의 확률이다.

이때, ②의 확률 P는 사건 A가 일어났다고 가정할 때 사건 B가 일어날 확률이라고 할 수 있다. 이 확률을 사건 A가 일어났을 때의 사건 B의 조건부확률이라 하고, 기호로 **P(B|A)**와 같이 나타낸다.

여기에서 사건 A가 일어나지 않으면 조건부확률의 의미가 없어지므로 조건부확률 $P(B|A)$에서는 $P(A)>0$이라고 가정한다.

일반적으로 표본공간 S의 각 근원사건이 일어날 가능성이 모두 같은 정도로 기대될 때, 표본공간 S의 두 사건 A, B에 대하여

$n(S)=m,\ n(A)=a\,(a\neq 0),\ n(A\cap B)=c$

라고 하자.

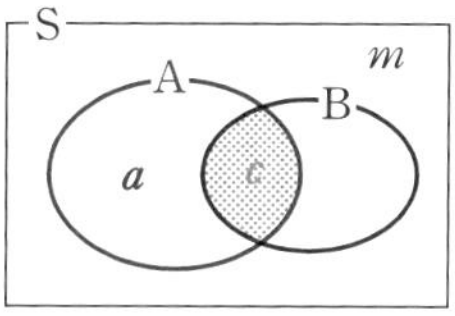

사건 A가 일어났을 때의 사건 B의 조건부확률 $P(B|A)$는 사건 A가 일어났다고 가정할 때 사건 $A\cap B$가 일어날 확률이므로

$$P(B|A)=\frac{n(A\cap B)}{n(A)}=\frac{c}{a}$$

따라서 우변의 분자, 분모를 m으로 나누면

$$P(B|A)=\frac{c}{a}=\frac{c/m}{a/m}=\frac{P(A\cap B)}{P(A)} \quad \text{곧, } P(B|A)=\frac{P(A\cap B)}{P(A)}$$

이고, 이 식의 양변에 $P(A)$를 곱하면

$$P(A\cap B)=P(A)P(B|A)$$

가 성립한다. 이 성질을 확률의 곱셈정리라고 한다.

마찬가지로 $P(A|B)$에 대해서도 다음 성질이 성립한다.

$$P(A|B)=\frac{P(A\cap B)}{P(B)},\quad P(A\cap B)=P(B)P(A|B)$$

기본정석 **조건부확률과 확률의 곱셈정리**

(1) 조건부확률 : 표본공간 S의 두 사건 A, B에 대하여 확률이 0이 아닌 사건 A가 일어났다고 가정할 때 사건 B가 일어날 확률을 사건 A가 일어났을 때의 사건 B의 조건부확률이라 하고, 기호로 $\mathbf{P(B|A)}$와 같이 나타낸다.

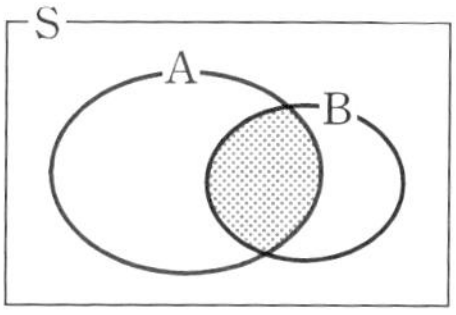

정석 $P(A)>0$일 때, $\quad P(B|A)=\dfrac{P(A\cap B)}{P(A)}$

(2) 확률의 곱셈정리 : 두 사건 A, B의 확률에 대하여 다음 곱셈정리가 성립한다.

정석 $P(A)>0,\ P(B)>0$일 때,

$$P(A\cap B)=P(A)P(B|A)=P(B)P(A|B)$$

보기 1 두 사건 A, B에 대하여

$$P(A)=\frac{3}{5},\quad P(B)=\frac{2}{5},\quad P(A\cup B)=\frac{4}{5}$$

일 때, $P(B|A)$와 $P(A|B)$를 구하여라.

연구 $P(A)>0$, $P(B)>0$일 때, 다음 조건부확률의 성질을 이용한다.

정석 $\mathbf{P(B|A)=\dfrac{P(A\cap B)}{P(A)}},\quad \mathbf{P(A|B)=\dfrac{P(A\cap B)}{P(B)}}$

$$P(A\cap B)=P(A)+P(B)-P(A\cup B)=\frac{3}{5}+\frac{2}{5}-\frac{4}{5}=\frac{1}{5}$$ 이므로

$$P(B|A)=\frac{P(A\cap B)}{P(A)}=\frac{1/5}{3/5}=\mathbf{\frac{1}{3}},\quad P(A|B)=\frac{P(A\cap B)}{P(B)}=\frac{1/5}{2/5}=\mathbf{\frac{1}{2}}$$

보기 2 어느 고등학교 A, B 두 반의 학생 60명을 남녀로 구분한 결과 오른쪽과 같은 표를 얻었다.

	남(M)	여(F)	합계
A반	17	15	32
B반	16	12	28
합계	33	27	60

이 60명 중에서 임의로 1명을 뽑을 때, 표본공간을 S, A반 학생인 사건을 A, B반 학생인 사건을 B, 남학생인 사건을 M, 여학생인 사건을 F라고 하자. 이때, 다음을 구하여라.

(1) $P(A\cap M)$ (2) $P(A|M)$ (3) $P(M|A)$ (4) $P(F|B)$

연구 오른쪽 벤 다이어그램에서 $P(A\cap B)$는 S를 표본공간으로 할 때 점 찍은 부분의 사건이 일어날 확률이고, $P(B|A)$는 A를 표본공간으로 할 때 점 찍은 부분의 사건이 일어날 확률이다.

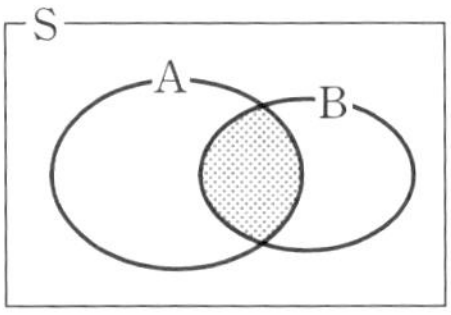

이와 같이 어떤 사건의 확률을 구할 때에는 조건에 따라 표본공간이 달라지고, 표본공간이 달라지면 확률도 달라진다.

정석 표본공간이 달라지면 $\Longrightarrow$ 확률도 달라진다.

(1) 60명 중에서 1명을 뽑을 때, A반 남학생이 뽑힐 확률이므로

$$P(A\cap M)=\frac{n(A\cap M)}{n(S)}=\mathbf{\frac{17}{60}}$$

(2) 남학생 33명 중에서 1명을 뽑을 때, A반 학생이 뽑힐 확률이므로

$$P(A|M)=\frac{n(A\cap M)}{n(M)}=\mathbf{\frac{17}{33}}$$ ⇦ $P(A|M)=\dfrac{P(A\cap M)}{P(M)}=\dfrac{17/60}{33/60}$

같은 방법으로 하면

(3) $P(M|A)=\mathbf{\dfrac{17}{32}}$ (4) $P(F|B)=\dfrac{12}{28}=\mathbf{\dfrac{3}{7}}$

**Note* P(A∩M)은 60명 중에서 1명을 뽑을 때 A반 남학생이 뽑힐 확률이고, P(A|M)은 '뽑힌 학생이 남학생이었을 때, 이 학생이 A반 학생일 확률'이다.

보기 3 한 개의 주사위를 던져서 홀수의 눈이 나왔을 때, 이 눈의 수가 소수일 확률을 구하여라.

연구 한 개의 주사위를 던지는 시행에서 표본공간을 S, 홀수의 눈이 나오는 사건을 A, 소수의 눈이 나오는 사건을 B라고 하면

$$S=\{1, 2, 3, 4, 5, 6\}, \quad A=\{1, 3, 5\}, \quad B=\{2, 3, 5\}$$

이고, $A\cap B=\{3, 5\}$이다.

$$\therefore\ P(A)=\frac{3}{6}=\frac{1}{2}, \quad P(A\cap B)=\frac{2}{6}=\frac{1}{3}$$

구하는 확률은 사건 A가 일어났을 때의 사건 B의 조건부확률이므로

$$P(B|A)=\frac{P(A\cap B)}{P(A)}=\frac{1/3}{1/2}=\mathbf{\frac{2}{3}}$$

보기 4 두 사건 A, B에 대하여 $P(A)=0.6$, $P(B)=0.4$, $P(B|A)=0.2$일 때, $P(A|B)$를 구하여라.

연구 확률의 곱셈정리

정석 $\mathbf{P(A\cap B)=P(A)P(B|A)=P(B)P(A|B)}$

를 이용하여 먼저 $P(A\cap B)$를 구한다. 곧,

$$P(A\cap B)=P(A)P(B|A)=0.6\times0.2=0.12$$

$$\therefore\ P(A|B)=\frac{P(A\cap B)}{P(B)}=\frac{0.12}{0.4}=\mathbf{0.3}$$

**Note* 확률의 곱셈정리 $P(A)P(B|A)=P(B)P(A|B)$에 주어진 값을 대입하면

$$0.6\times0.2=0.4\times P(A|B) \qquad \therefore\ P(A|B)=\mathbf{0.3}$$

보기 5 상자에 사과 6개, 배 4개가 들어 있다. 이 상자에서 임의로 한 개씩 2개의 과일을 꺼낼 때, 2개 모두 사과일 확률을 구하여라. 단, 한 번 꺼낸 과일은 다시 넣지 않는다.

연구 첫 번째 꺼낸 과일이 사과인 사건을 A, 두 번째 꺼낸 과일이 사과인 사건을 B라고 하면 2개 모두 사과인 사건은 $A\cap B$이다.

첫 번째 꺼낸 과일이 사과일 확률은 $P(A)=\dfrac{6}{10}=\dfrac{3}{5}$

첫 번째 사과를 꺼내면 남은 과일은 사과 5개, 배 4개이므로 두 번째 꺼낸 과일이 사과일 확률은 $P(B|A)=\dfrac{5}{9}$

따라서 구하는 확률은 $P(A\cap B)=P(A)P(B|A)=\dfrac{3}{5}\times\dfrac{5}{9}=\mathbf{\dfrac{1}{3}}$

기본 문제 **7**-1 두 사건 A, B에 대하여 다음 물음에 답하여라.

(1) $P(A)=0.3$, $P(B)=0.2$, $P(A^c\cap B^c)=0.6$일 때,
$P(A\cup B)$, $P(A\cap B)$, $P(B|A)$를 구하여라.

(2) $P(A)=0.4$, $P(A|B)=0.2$, $P(A\cup B)=0.6$일 때,
$P(B)$, $P(A\cap B)$, $P(B|A)$를 구하여라.

정석연구 다음 조건부확률의 성질과 확률의 곱셈정리를 이용한다.

정석 $\mathbf{P(A)>0}$일 때,

$$\mathbf{P(B|A)=\frac{P(A\cap B)}{P(A)}},\qquad \mathbf{P(A\cap B)=P(A)P(B|A)}$$

모범답안 (1) $P(A^c\cap B^c)=0.6$에서 $P\big((A\cup B)^c\big)=0.6$

$\therefore\ P(A\cup B)=1-P\big((A\cup B)^c\big)=1-0.6=\mathbf{0.4}$ ← 답

$\therefore\ P(A\cap B)=P(A)+P(B)-P(A\cup B)$ ⇦ $P(A)=0.3$, $P(B)=0.2$

$=0.3+0.2-0.4=\mathbf{0.1}$ ← 답

$\therefore\ P(B|A)=\dfrac{P(A\cap B)}{P(A)}=\dfrac{0.1}{0.3}=\mathbf{\dfrac{1}{3}}$ ← 답

(2) $P(A\cap B)=P(B\cap A)=P(B)P(A|B)=0.2P(B)$ ⇦ $P(A|B)=0.2$

$\therefore\ P(A\cup B)=P(A)+P(B)-P(A\cap B)$

$=0.4+P(B)-0.2P(B)=0.4+0.8P(B)$

조건에서 $P(A\cup B)=0.6$이므로 $P(B)=\mathbf{0.25}$ ← 답

$\therefore\ P(A\cap B)=0.2P(B)=0.2\times0.25=\mathbf{0.05}$ ← 답

$\therefore\ P(B|A)=\dfrac{P(A\cap B)}{P(A)}=\dfrac{0.05}{0.4}=\mathbf{0.125}$ ← 답

유제 **7**-1. 두 사건 A, B에 대하여

$$P(A)=\frac{5}{12},\quad P(B)=\frac{3}{8},\quad P(A\cap B)=\frac{1}{12}$$

일 때, $P(A\cap B^c)$, $P(A\cup B)$, $P(B|A)$, $P(A|B^c)$을 구하여라.

답 $\mathbf{P(A\cap B^c)=\frac{1}{3}}$, $\mathbf{P(A\cup B)=\frac{17}{24}}$, $\mathbf{P(B|A)=\frac{1}{5}}$, $\mathbf{P(A|B^c)=\frac{8}{15}}$

유제 **7**-2. 두 사건 A, B에 대하여 $P(B)=0.2$, $P(A\cup B)=0.4$일 때,
$P(A^c|B^c)$을 구하여라. 답 **0.75**

유제 **7**-3. 두 사건 A, B에 대하여 $P(A)=\frac{2}{3}$, $P(B^c)=\frac{1}{2}$, $P(B|A)=\frac{1}{3}$일 때, $P(A\cap B)$, $P(A|B^c)$을 구하여라. 답 $\mathbf{P(A\cap B)=\frac{2}{9}}$, $\mathbf{P(A|B^c)=\frac{8}{9}}$

기본 문제 7-2 어느 고등학교 학생 중에서 남학생은 전체 학생의 60 %이고, 안경을 쓴 남학생은 전체 학생의 20 %라고 한다. 이 학교의 학생 중에서 임의로 뽑은 한 학생이 남학생이었을 때, 이 학생이 안경을 쓴 학생일 확률을 구하여라.

정석연구 표본공간 S에서 남학생이 뽑히는 사건을 A, 안경을 쓴 학생이 뽑히는 사건을 B라고 하자.

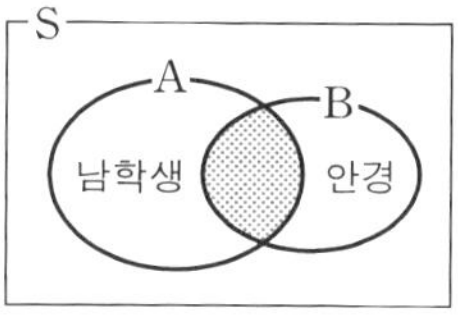

이때, 안경을 쓴 남학생이 뽑히는 사건은 $A\cap B$이므로 $P(A\cap B)$는 전체 학생 중에서 안경을 쓴 남학생이 뽑힐 확률이다.

한편 $P(B|A)$는 이 학교의 남학생 중에서 임의로 한 명을 뽑을 때, 이 학생이 안경을 쓴 학생일 확률이다.

정석 $\mathbf{P(A\cap B)}$와 $\mathbf{P(B|A)}$는 표본공간이 다르다
$\Longrightarrow$ 표본공간이 달라지면 확률도 달라진다

모범답안 남학생이 뽑히는 사건을 A, 안경을 쓴 학생이 뽑히는 사건을 B라고 하면 안경을 쓴 남학생이 뽑히는 사건은 $A\cap B$이다.

문제의 조건에서 $P(A)=0.6$, $P(A\cap B)=0.2$이고, 구하는 확률은 사건 A가 일어났을 때의 사건 B의 조건부확률이므로

$$P(B|A)=\frac{P(A\cap B)}{P(A)}=\frac{0.2}{0.6}=\mathbf{\frac{1}{3}} \leftarrow \text{답}$$

Advice | 다음과 같은 표현도 이 문제와 같은 뜻이다.

◦ 이 학교의 학생 중에서 임의로 뽑은 한 학생이 남학생일 때, 이 학생이 안경을 쓴 학생 중에서 뽑혔을 확률을 구하여라.

◦ 이 학교의 남학생 중에서 임의로 한 학생을 뽑을 때, 이 학생이 안경을 쓴 학생일 확률을 구하여라.

유제 **7**-4. 어느 문구점에서 지윤이가 연필을 살 확률은 $\frac{3}{4}$이고, 연필과 노트를 모두 살 확률은 $\frac{1}{2}$이라고 한다. 지윤이가 이 문구점에서 연필을 살 때, 노트도 살 확률을 구하여라. 답 $\frac{2}{3}$

유제 **7**-5. 1부터 20까지의 자연수가 하나씩 적힌 20장의 카드 중에서 임의로 한 장을 뽑았다. 뽑은 카드에 적힌 수가 3의 배수일 때, 이 수가 2의 배수 중에서 뽑혔을 확률을 구하여라. 답 $\frac{1}{2}$

기본 문제 **7**-3 주머니에 흰 공 7개, 붉은 공 3개가 들어 있다. 이 주머니에서 임의로 한 개씩 두 개의 공을 꺼낼 때, 다음 물음에 답하여라.

(1) 꺼낸 공을 다시 넣지 않을 때, 꺼낸 공이 모두 흰 공일 확률을 구하여라.

(2) 꺼낸 공을 다시 넣을 때, 꺼낸 공이 모두 흰 공일 확률을 구하여라.

정석연구 첫 번째 흰 공을 꺼내는 사건을 A, 두 번째 흰 공을 꺼내는 사건을 B라고 하면 두 개 모두 흰 공을 꺼내는 사건은 $A\cap B$이다.

따라서 다음 확률의 곱셈정리를 이용하여 $P(A\cap B)$를 구한다.

정석 $\mathbf{P(A\cap B)=P(A)P(B|A)}$

이 문제에서 $P(A)=\dfrac{7}{10}$이고, $P(B|A)$는 첫 번째 흰 공을 꺼냈을 때 두 번째 꺼낸 공이 흰 공일 확률이다. 따라서

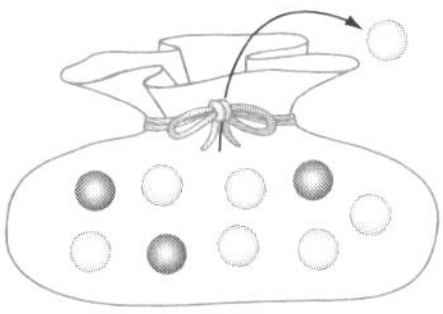

(1) 첫 번째에 흰 공을 꺼내면 남은 공은 흰 공 6개, 붉은 공 3개이다.

이 중에서 흰 공을 1개 꺼낼 확률이므로

$$P(B|A)=\frac{6}{9}$$

(2) 꺼낸 공을 다시 넣으므로 처음과 같이 흰 공 7개, 붉은 공 3개이다.

이 중에서 흰 공을 1개 꺼낼 확률이므로

$$P(B|A)=\frac{7}{10}$$

모범답안 첫 번째 흰 공을 꺼내는 사건을 A, 두 번째 흰 공을 꺼내는 사건을 B라고 하면 두 개 모두 흰 공을 꺼내는 사건은 $A\cap B$이다.

(1) $P(A\cap B)=P(A)P(B|A)=\dfrac{7}{10}\times\dfrac{6}{9}=\mathbf{\dfrac{7}{15}}$ ← 답

(2) $P(A\cap B)=P(A)P(B|A)=\dfrac{7}{10}\times\dfrac{7}{10}=\mathbf{\dfrac{49}{100}}$ ← 답

* ***Note*** (1)과 같이 꺼낸 것을 다시 넣지 않고 다음 것을 꺼내는 경우를 비복원추출이라 하고, (2)와 같이 꺼낸 것을 다시 넣고 꺼내는 경우를 복원추출이라 한다.

유제 **7**-6. 주머니에 검은 공 5개, 붉은 공 10개가 들어 있다. 이 주머니에서 임의로 한 개씩 두 개의 공을 꺼낼 때, 다음을 구하여라.

(1) 꺼낸 공을 다시 넣지 않을 때, 꺼낸 공이 모두 검은 공일 확률

(2) 꺼낸 공을 다시 넣을 때, 꺼낸 공이 모두 검은 공일 확률

답 (1) $\mathbf{\dfrac{2}{21}}$ (2) $\mathbf{\dfrac{1}{9}}$

기본 문제 7-4 3개의 당첨 제비를 포함하여 10개의 제비가 들어 있는 주머니에서 A가 임의로 한 개를 뽑고 다음에 B가 임의로 한 개를 뽑을 때, 다음을 구하여라. 단, 한 번 뽑은 제비는 다시 넣지 않는다.

(1) A가 당첨 제비를 뽑을 확률 (2) B가 당첨 제비를 뽑을 확률

정석연구 B가 당첨 제비를 뽑는 경우는

(i) A가 당첨 제비를 뽑고 B도 당첨 제비를 뽑는 경우

(ii) A가 당첨 제비를 뽑지 못하고 B는 당첨 제비를 뽑는 경우

가 있고, 이들 두 사건은 서로 배반사건이다.

(i)의 경우 A가 당첨 제비를 뽑고 나면 나머지 9개의 제비 중 당첨 제비는 2개가 남게 되고,

(ii)의 경우 A가 당첨 제비를 뽑지 못하면 나머지 9개의 제비 중 당첨 제비는 3개가 그대로 남게 된다.

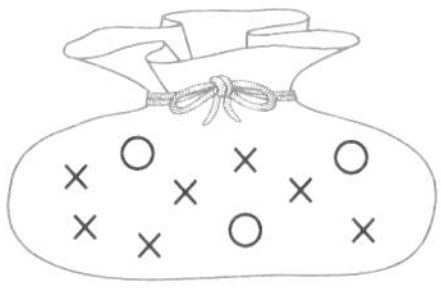

정석 $\mathbf{P(A\cap B)}$는 $\Longrightarrow$ $\mathbf{P(A\cap B)=P(A)P(B|A)}$를 이용!

모범답안 A, B가 당첨 제비를 뽑는 사건을 각각 A, B라고 하자.

(1) A가 당첨 제비를 뽑을 확률은 $P(A)=\mathbf{\dfrac{3}{10}}$ ← 답

(2) A가 당첨 제비를 뽑고 B도 당첨 제비를 뽑을 확률은

$$P(A\cap B)=P(A)P(B|A)=\frac{3}{10}\times\frac{2}{9}=\frac{6}{90}$$

A가 당첨 제비를 뽑지 못하고 B는 당첨 제비를 뽑을 확률은

$$P(A^c\cap B)=P(A^c)P(B|A^c)=\frac{7}{10}\times\frac{3}{9}=\frac{21}{90}$$

$$\therefore P(B)=P(A\cap B)+P(A^c\cap B)$$

$$=\frac{6}{90}+\frac{21}{90}=\mathbf{\frac{3}{10}} \leftarrow \text{답}$$

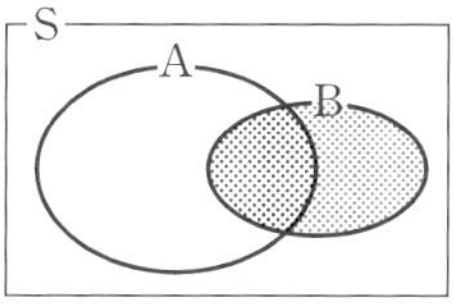

Advice ‖ 먼저 뽑든 나중에 뽑든 당첨 제비를 뽑을 확률이 같으므로 굳이 먼저 뽑으려고 앞을 다툴 필요가 없다는 것을 알 수 있다.

유제 **7**-7. 4개의 당첨 제비를 포함하여 10개의 제비가 들어 있는 주머니가 있다. 이 주머니에서 A가 임의로 한 개의 제비를 뽑고 다음에 B가 임의로 한 개를 뽑을 때, B가 당첨 제비를 뽑을 확률을 구하여라. 단, 한 번 뽑은 제비는 다시 넣지 않는다. 답 $\mathbf{\dfrac{2}{5}}$

기본 문제 7-5 주머니에 흰 공 3개와 붉은 공 2개가 들어 있다. 이 주머니에서 임의로 1개의 공을 꺼내어 색을 조사한 후 되돌려 넣고, 이 공과 같은 색의 공을 하나 더 주머니에 넣은 다음, 주머니에 있는 6개의 공 중에서 임의로 2개의 공을 꺼낸다. 이때, 2개의 공 중에서 적어도 1개가 흰 공일 확률을 구하여라.

정석연구 (i) 처음에 꺼낸 1개의 공이 흰 공일 때에는 주머니에 흰 공 4개, 붉은 공 2개가 있게 된다. 여기에서 2개의 공을 꺼낼 때, 적어도 1개의 흰 공을 꺼낼 확률은 $1-\dfrac{{}_2C_2}{{}_6C_2}$이다.

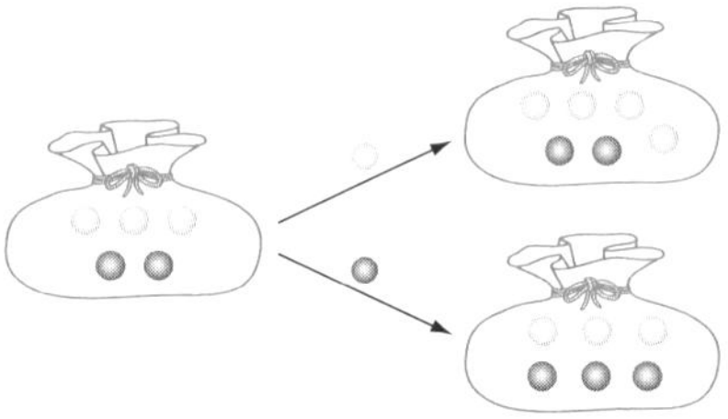

(ii) 처음에 꺼낸 1개의 공이 붉은 공일 때에는 주머니에 흰 공 3개, 붉은 공 3개가 있게 된다. 여기에서 2개의 공을 꺼낼 때, 적어도 1개의 흰 공을 꺼낼 확률은 $1-\dfrac{{}_3C_2}{{}_6C_2}$이다.

그리고 각 경우에 대하여 확률의 곱셈정리를 적용해 보자.

정석 $\mathrm{P}(\mathrm{A}\cap\mathrm{B})=\mathrm{P}(\mathrm{A})\mathrm{P}(\mathrm{B}|\mathrm{A})$

모범답안 처음에 흰 공을 꺼내는 사건을 W, 붉은 공을 꺼내는 사건을 R라고 하자. 또, 꺼낸 공을 되돌려 넣고 이 공과 같은 색의 공을 하나 더 주머니에 넣은 다음 다시 2개의 공을 꺼낼 때, 적어도 1개의 흰 공을 꺼내는 사건을 E라고 하자.

(i) 처음에 흰 공을 꺼내고 다시 2개를 꺼낼 때, 적어도 1개가 흰 공인 경우

$$\mathrm{P}(\mathrm{W}\cap\mathrm{E})=\mathrm{P}(\mathrm{W})\mathrm{P}(\mathrm{E}|\mathrm{W})=\frac{3}{5}\times\left(1-\frac{{}_2C_2}{{}_6C_2}\right)=\frac{14}{25}$$

(ii) 처음에 붉은 공을 꺼내고 다시 2개를 꺼낼 때, 적어도 1개가 흰 공인 경우

$$\mathrm{P}(\mathrm{R}\cap\mathrm{E})=\mathrm{P}(\mathrm{R})\mathrm{P}(\mathrm{E}|\mathrm{R})=\frac{2}{5}\times\left(1-\frac{{}_3C_2}{{}_6C_2}\right)=\frac{8}{25}$$

$$\therefore\ \mathrm{P}(\mathrm{E})=\mathrm{P}(\mathrm{W}\cap\mathrm{E})+\mathrm{P}(\mathrm{R}\cap\mathrm{E})=\frac{14}{25}+\frac{8}{25}=\mathbf{\frac{22}{25}}$$ ← 답

유제 **7**-8. 상자에 흰 공 5개와 검은 공 1개가 들어 있다. 이 상자에서 임의로 2개의 공을 꺼낸 후 되돌려 넣지 않고 다시 임의로 2개의 공을 꺼낼 때, 나중에 꺼낸 두 공이 모두 흰 공일 확률을 구하여라. 답 $\mathbf{\dfrac{2}{3}}$

기본 문제 7-6 상자 A에는 흰 공 2개, 붉은 공 4개가 들어 있고, 상자 B에는 흰 공 3개, 붉은 공 2개가 들어 있다. 상자 A, B 중에서 임의로 한 개를 택하고, 택한 상자에서 임의로 2개의 공을 꺼낸다.

(1) 흰 공 1개, 붉은 공 1개가 나올 확률을 구하여라.

(2) 나온 공이 흰 공 1개, 붉은 공 1개이었을 때, 택한 상자가 A일 확률을 구하여라.

정석연구 상자 A, B를 택하는 사건을 각각 A, B라 하고, 꺼낸 2개의 공이 흰 공 1개, 붉은 공 1개인 사건을 E라고 하자.

(1) 상자 A에서 흰 공 1개, 붉은 공 1개가 나오는 경우와 상자 B에서 흰 공 1개, 붉은 공 1개가 나오는 경우를 생각해야 하므로

$$\mathrm{P(E)=P(A\cap E)+P(B\cap E)}$$

이다. 이때, $\mathrm{P(A\cap E)}$, $\mathrm{P(B\cap E)}$는 확률의 곱셈정리

정석 $\mathrm{P(A\cap E)=P(A)P(E|A)}$, $\quad \mathrm{P(B\cap E)=P(B)P(E|B)}$

를 이용하여 구한다.

(2) 사건 E가 일어났을 때의 사건 A의 조건부확률 $\mathrm{P(A|E)}$를 구한다.

정석 $\mathrm{P(A|E)=\dfrac{P(A\cap E)}{P(E)}}$

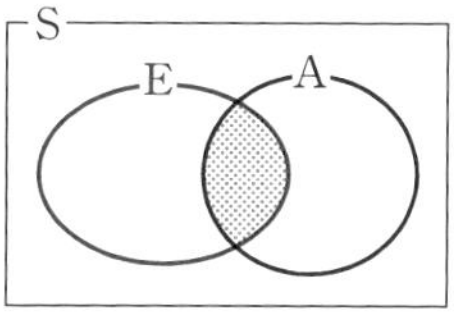

모범답안 상자 A, B를 택하는 사건을 각각 A, B라 하고, 꺼낸 2개의 공이 흰 공 1개, 붉은 공 1개인 사건을 E라고 하자.

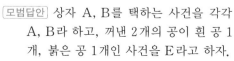

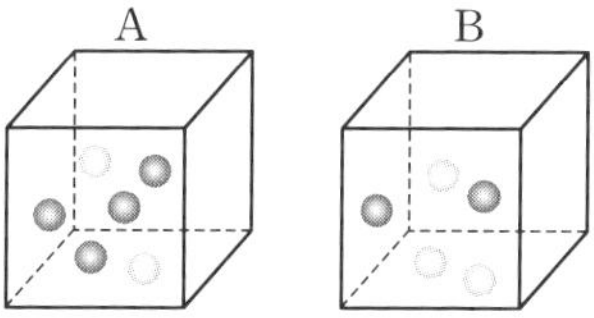

(1) $\mathrm{P(E)=P(A\cap E)+P(B\cap E)}$

$\mathrm{=P(A)P(E|A)+P(B)P(E|B)}$

$=\dfrac{1}{2}\times\dfrac{{}_2\mathrm{C}_1\times{}_4\mathrm{C}_1}{{}_6\mathrm{C}_2}+\dfrac{1}{2}\times\dfrac{{}_3\mathrm{C}_1\times{}_2\mathrm{C}_1}{{}_5\mathrm{C}_2}=\dfrac{4}{15}+\dfrac{3}{10}=\mathbf{\dfrac{17}{30}}$ ← 답

(2) $\mathrm{P(A|E)=\dfrac{P(A\cap E)}{P(E)}}=\dfrac{4}{15}\times\dfrac{30}{17}=\mathbf{\dfrac{8}{17}}$ ← 답

유제 **7**-9. 정육면체의 여섯 개의 면에 숫자 1, 1, 1, 2, 2, 2를 한 개씩 써서 주사위 A를, 숫자 1, 1, 1, 1, 2, 2를 한 개씩 써서 주사위 B를 만들었다.

주사위 A, B 중에서 임의로 한 개를 택하여 두 번 던졌더니 두 번 모두 1이 나왔다고 할 때, 택한 주사위가 A일 확률을 구하여라. 답 $\mathbf{\dfrac{9}{25}}$

기본 문제 **7**-7 볼트를 만드는 어느 공장에서 두 대의 기계 A, B가 각각 전체 생산량의 40 %, 60 %를 만들고, 각 기계에서 생산된 제품의 5 %, 3 %가 불량품이라고 한다.

(1) 제품 중에서 임의로 꺼낸 하나의 제품이 불량품일 확률을 구하여라.

(2) 제품 중에서 임의로 꺼낸 하나의 제품이 불량품일 때, 이 제품이 기계 A에서 만들어졌을 확률을 구하여라.

정석연구 기계 A, B의 제품인 사건을 각각 A, B라 하고, 불량품인 사건을 E라고 할 때, 주어진 조건을 정리하면 다음과 같다.

(i) 기계 A, B의 생산량이 각각 전체 생산량의 40 %, 60 %이므로

$$P(A)=0.4, \quad P(B)=0.6$$

(ii) 기계 A의 제품의 불량률이 5 %이므로 $P(E|A)=0.05$

기계 B의 제품의 불량률이 3 %이므로 $P(E|B)=0.03$

특히 (2)에서 구하고자 하는 확률은

꺼낸 제품이 불량품일 때, 이것이 기계 A의 제품일 확률 $P(A|E)$

이므로 (i), (ii)의 조건을 이용하여 이 값을 구하면 된다.

$$\textbf{정석}\quad \mathbf{P(A|E)=\frac{P(A\cap E)}{P(E)}}$$

모범답안 기계 A, B의 제품인 사건을 각각 A, B라 하고, 불량품인 사건을 E라고 하자.

(1) 불량품은 기계 A의 제품일 수도 있고, 기계 B의 제품일 수도 있으므로

$$P(E)=P(A\cap E)+P(B\cap E)$$

이때, 확률의 곱셈정리에서

$$P(A\cap E)=P(A)P(E|A)=0.4\times0.05=0.02$$

$$P(B\cap E)=P(B)P(E|B)=0.6\times0.03=0.018$$

$$\therefore\ P(E)=P(A\cap E)+P(B\cap E)=0.02+0.018=\mathbf{0.038}$$ ← 답

(2) $P(A|E)=\dfrac{P(A\cap E)}{P(E)}=\dfrac{0.02}{0.038}=\mathbf{\dfrac{10}{19}}$ ← 답

유제 **7**-10. 어떤 병아리 감별사는 수컷 중에서 2 %는 암컷으로, 암컷 중에서 3 %는 수컷으로 잘못 판정한다고 한다. 어느 부화장에서 부화된 병아리 중에서 수컷이 40 %, 암컷이 60 %라고 할 때, 이 감별사가 수컷으로 판정한 병아리가 실제로는 암컷일 확률을 구하여라. 답 $\mathbf{\dfrac{9}{205}}$

§ 2. 사건의 독립과 종속

1 독립사건과 종속사건

이를테면 흰 공 4개, 붉은 공 3개가 들어 있는 주머니에서 임의로 공을 한 개씩 두 번 꺼낼 때, 첫 번째 꺼낸 공이 흰 공인 사건을 A, 두 번째 꺼낸 공이 흰 공인 사건을 B라고 하자.

(i) 꺼낸 공을 다시 넣을 때 (복원추출)

첫 번째 꺼낸 공의 색에 관계없이 주머니에는 처음과 같이 흰 공 4개, 붉은 공 3개가 있으므로 $\mathrm{P}(\mathrm{B}|\mathrm{A})=\dfrac{4}{7}$, $\mathrm{P}(\mathrm{B}|\mathrm{A}^c)=\dfrac{4}{7}$

이와 같이 $\mathrm{P}(\mathrm{B}|\mathrm{A})=\mathrm{P}(\mathrm{B}|\mathrm{A}^c)=\mathrm{P}(\mathrm{B})$, 곧 A가 일어나든 일어나지 않든 B가 일어날 확률이 달라지지 않을 때, A와 B는 서로 독립이라고 한다.

(ii) 꺼낸 공을 다시 넣지 않을 때 (비복원추출)

첫 번째 꺼낸 공이 흰 공이면 흰 공 3개, 붉은 공 3개가 남고, 첫 번째 꺼낸 공이 붉은 공이면 흰 공 4개, 붉은 공 2개가 남으므로

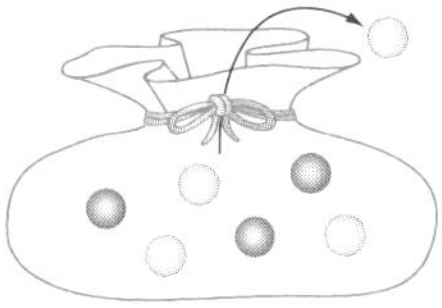

$$\mathrm{P}(\mathrm{B}|\mathrm{A})=\frac{3}{6},\ \mathrm{P}(\mathrm{B}|\mathrm{A}^c)=\frac{4}{6}$$

이와 같이 $\mathrm{P}(\mathrm{B}|\mathrm{A})\neq\mathrm{P}(\mathrm{B}|\mathrm{A}^c)$, 곧 A가 일어나는 경우와 일어나지 않는 경우 B가 일어날 확률이 달라질 때, A와 B는 서로 종속이라고 한다.

기본정석 — **독립사건과 종속사건**

두 사건 A, B에 대하여

(1) $\mathrm{P}(\mathrm{B}|\mathrm{A})=\mathrm{P}(\mathrm{B}|\mathrm{A}^c)=\mathrm{P}(\mathrm{B})$일 때, 두 사건 A와 B는 서로 **독립**이라 하고, 독립인 두 사건을 서로 **독립사건**이라고 한다.

(2) 서로 독립이 아닌 두 사건 A와 B를 서로 **종속**이라 하고, 종속인 두 사건을 서로 **종속사건**이라고 한다.

2 독립사건의 곱셈정리

두 사건 A, B에 대하여 $\mathrm{P}(\mathrm{A})>0$, $\mathrm{P}(\mathrm{B})>0$이라고 하자.

사건 A, B가 서로 독립이면 $\mathrm{P}(\mathrm{B}|\mathrm{A})=\mathrm{P}(\mathrm{B})$이므로

곱셈정리 : $\mathbf{P(A\cap B)=P(A)P(B|A)}$

에서 $\mathrm{P}(\mathrm{A}\cap\mathrm{B})=\mathrm{P}(\mathrm{A})\mathrm{P}(\mathrm{B})$이다.

역으로 사건 A, B가 $P(A\cap B)=P(A)P(B)$를 만족시키면

$$P(B|A)=\frac{P(A\cap B)}{P(A)}=\frac{P(A)P(B)}{P(A)}=P(B)$$

곧, $P(B|A)=P(B)$이므로 두 사건 A와 B는 서로 독립이다.

따라서 다음 독립사건의 곱셈정리가 성립한다.

기본정석 **독립사건의 곱셈정리**

두 사건 A, B에 대하여 $P(A)>0$, $P(B)>0$일 때,

사건 A, B가 서로 독립 $\Longleftrightarrow$ $P(A\cap B)=P(A)P(B)$

Advice | 두 사건 A, B가 서로 독립임을 보이려면

$$P(B|A)=P(B|A^C),\quad P(B|A)=P(B),\quad P(A\cap B)=P(A)P(B)$$

중에서 어느 하나가 성립함을 보이면 된다.

마찬가지로 두 사건 A, B가 서로 종속임을 보이려면

$$P(B|A)\neq P(B|A^C),\quad P(B|A)\neq P(B),\quad P(A\cap B)\neq P(A)P(B)$$

중에서 어느 하나를 보이면 된다.

보기 1 한 개의 주사위를 던지는 시행에서 짝수의 눈이 나오는 사건을 A, 소수의 눈이 나오는 사건을 B, 3 이상의 눈이 나오는 사건을 C라고 할 때, 다음 두 사건이 서로 독립인지 종속인지 말하여라.

(1) 사건 A와 사건 B (2) 사건 B와 사건 C (3) 사건 A와 사건 C

연구 $A=\{2, 4, 6\}$, $B=\{2, 3, 5\}$, $C=\{3, 4, 5, 6\}$이므로

$$P(A)=\frac{1}{2},\quad P(B)=\frac{1}{2},\quad P(C)=\frac{2}{3}$$

또, $A\cap B=\{2\}$, $B\cap C=\{3, 5\}$, $A\cap C=\{4, 6\}$이므로

$$P(A\cap B)=\frac{1}{6},\quad P(B\cap C)=\frac{1}{3},\quad P(A\cap C)=\frac{1}{3}$$

(1) $P(A\cap B)=\frac{1}{6}$, $P(A)P(B)=\frac{1}{2}\times\frac{1}{2}=\frac{1}{4}$ $\therefore P(A\cap B)\neq P(A)P(B)$

(2) $P(B\cap C)=\frac{1}{3}$, $P(B)P(C)=\frac{1}{2}\times\frac{2}{3}=\frac{1}{3}$ $\therefore P(B\cap C)=P(B)P(C)$

(3) $P(A\cap C)=\frac{1}{3}$, $P(A)P(C)=\frac{1}{2}\times\frac{2}{3}=\frac{1}{3}$ $\therefore P(A\cap C)=P(A)P(C)$

답 (1) 종속 (2) 독립 (3) 독립

**Note* $P(B|A)=P(B|A^C)$의 성립 여부나 $P(B|A)=P(B)$의 성립 여부로 두 사건 A, B가 서로 독립인지 종속인지를 판정해도 된다.

보기 2 서로 독립인 두 사건 A, B에 대하여 $P(A)=\frac{2}{3}$, $P(A\cap B)=\frac{1}{2}$일 때, P(B)를 구하여라.

연구 사건 A, B가 서로 독립이므로

정석 사건 **A, B**가 서로 독립 $\Longleftrightarrow$ $\mathbf{P(A\cap B)=P(A)P(B)}$

를 이용한다.

곧, $P(A\cap B)=P(A)P(B)$에 주어진 조건을 대입하면

$$\frac{1}{2}=\frac{2}{3}P(B) \qquad \therefore\ P(B)=\frac{1}{2}\times\frac{3}{2}=\mathbf{\frac{3}{4}}$$

보기 3 서로 독립인 두 사건 A, B에 대하여 $P(A)=\frac{1}{2}$, $P(A\cup B)=\frac{3}{4}$일 때, P(B)를 구하여라.

연구 사건 A, B가 서로 독립이므로 $P(A\cap B)=P(A)P(B)$이다.

따라서 확률의 덧셈정리 $P(A\cup B)=P(A)+P(B)-P(A\cap B)$에서

정석 사건 **A, B**가 서로 독립이면
$\mathbf{P(A\cup B)=P(A)+P(B)-P(A)P(B)}$

가 성립한다.

곧, $P(A\cup B)=P(A)+P(B)-P(A)P(B)$에 주어진 조건을 대입하면

$$\frac{3}{4}=\frac{1}{2}+P(B)-\frac{1}{2}P(B) \qquad \therefore\ P(B)=\mathbf{\frac{1}{2}}$$

보기 4 한 개의 주사위와 한 개의 동전을 동시에 던질 때, 주사위는 3의 눈이 나오고 동전은 앞면이 나올 확률을 구하여라.

연구 주사위의 3의 눈이 나오는 사건을 A, 동전의 앞면이 나오는 사건을 B라고 하면 주사위에서 3의 눈이 나오든 나오지 않든 동전에서 앞면이 나올 확률에는 아무런 영향을 주지 않으므로 사건 A와 B는 서로 독립이다.

정석 사건 **A, B**의 확률에 서로 영향을 주지 않으면 $\Longrightarrow$ **A, B**는 독립!

$$\therefore\ P(A\cap B)=P(A)P(B)=\frac{1}{6}\times\frac{1}{2}=\mathbf{\frac{1}{12}}$$

보기 5 주머니 A에는 붉은 공 5개, 흰 공 4개가 들어 있고, 주머니 B에는 붉은 공 9개, 흰 공 6개가 들어 있다. 두 주머니에서 임의로 각각 한 개의 공을 꺼낼 때, 두 개 모두 붉은 공일 확률을 구하여라.

연구 각 주머니에서 붉은 공을 꺼내는 사건은 서로 독립이므로

$$\frac{{}_5C_1}{{}_9C_1}\times\frac{{}_9C_1}{{}_{15}C_1}=\frac{5}{9}\times\frac{9}{15}=\mathbf{\frac{1}{3}}$$

기본 문제 **7**-8 $0<P(A)<1$, $0<P(B)<1$인 두 사건 A, B에 대하여 다음 설명 중 옳지 않은 것은?

① A와 B가 서로 독립이면 A와 B^c도 서로 독립이다.
② A와 B가 서로 독립이면 A^c과 B^c도 서로 독립이다.
③ $P(A\cap B)=P(A)P(B)$이면 $P(A^c|B)=1-P(A|B^c)$이다.
④ A와 B가 서로 배반이면 A와 B는 서로 독립이다.
⑤ A와 B가 서로 배반이면 $P(B|A^c)P(A^c)=P(B)$이다.

정석연구 사건 A, B가 서로 독립인지 확인할 때는 다음 **정석**을 이용한다.

정석 사건 A, B가 서로 독립 $\Longleftrightarrow$ $\mathbf{P(B|A)=P(B|A^c)=P(B)}$
$\Longleftrightarrow$ $\mathbf{P(A\cap B)=P(A)P(B)}$

모범답안 ① $P(A\cap B^c)=P(A)-P(A\cap B)=P(A)-P(A)P(B)$ ⇦ 독립
$=P(A)\{1-P(B)\}=P(A)P(B^c)$

② $P(A^c\cap B^c)=P\big((A\cup B)^c\big)=1-P(A\cup B)$
$=1-\{P(A)+P(B)-P(A)P(B)\}=\{1-P(A)\}-P(B)\{1-P(A)\}$
$=\{1-P(A)\}\{1-P(B)\}=P(A^c)P(B^c)$

③ $P(A\cap B)=P(A)P(B)$ $\Longleftrightarrow$ A와 B는 독립 $\Longleftrightarrow$ A^c과 B, A와 B^c은 독립
$\therefore\ P(A^c|B)=P(A^c)=1-P(A)=1-P(A|B^c)$

④ A와 B가 배반 $\Longleftrightarrow$ $A\cap B=\varnothing$ $\quad\therefore\ P(A\cap B)=0$
한편 $P(A)P(B)\neq 0$이므로 $P(A\cap B)\neq P(A)P(B)$

⑤ A와 B가 배반 $\Longleftrightarrow$ $A\cap B=\varnothing$ $\quad\therefore\ P(B\cap A^c)=P(B)$

$$\therefore\ P(B|A^c)P(A^c)=\frac{P(B\cap A^c)}{P(A^c)}\times P(A^c)=P(B)$$

답 ④

Advice 1° ④에서「공사건 아닌 A와 B가 배반이면 A와 B는 종속이다」
또, 대우가 참이므로「A와 B가 독립이면 A와 B는 배반이 아니다」

2° A와 B가 서로 독립이면 A와 B^c도 서로 독립, A^c과 B도 서로 독립, A^c과 B^c도 서로 독립이다. 이것을 기억해 두고 활용하는 것이 좋다.

유제 **7**-11. $P(A)>0$, $P(B)>0$인 두 사건 A, B에 대하여 옳지 않은 것은?

① A와 A^c은 서로 배반이다.
② A와 B가 서로 배반이면 $P(A^c|B)=1$이다.
③ A와 B가 서로 독립이면 $P(A^c\cap B)=P(A^c)P(B)$이다.
④ A와 B가 서로 독립이면 $P(A^c|B^c)=1-P(A|B)$이다.
⑤ $P(A)P(B|A)=P(B)P(A|B)$이면 A, B는 서로 독립이다. 답 ⑤

기본 문제 7-9 A의 명중률은 0.6이고, B의 명중률은 0.8이라고 한다. A, B 두 사람이 동시에 활을 쏠 때, 다음 물음에 답하여라.

(1) A와 B 모두 명중할 확률을 구하여라.

(2) A는 명중하고 B는 명중하지 못할 확률을 구하여라.

(3) A는 명중하지 못하고 B는 명중할 확률을 구하여라.

(4) A 또는 B가 명중할 확률을 구하여라.

정석연구 A가 명중하는 사건을 A라 하고, B가 명중하는 사건을 B라고 하면 사건 A와 B는 서로 독립이다.

또한 사건 A와 B가 서로 독립이면 사건 A와 B^c, 사건 A^c과 B, 사건 A^c과 B^c도 각각 서로 독립이다. ⇦ 기본 문제 7-8의 ①, ②

정석 사건 **A**와 **B**가 서로 독립이면

$$\mathbf{P(A\cap B)=P(A)P(B)}$$

$$\mathbf{P(A\cup B)=P(A)+P(B)-P(A\cap B)=P(A)+P(B)-P(A)P(B)}$$

임을 이용하여라.

모범답안 A, B가 명중하는 사건을 각각 A, B라고 하자.

(1) $P(A\cap B)=P(A)P(B)=0.6\times0.8=\mathbf{0.48}$ ← 답

(2) $P(A\cap B^c)=P(A)P(B^c)=0.6\times(1-0.8)=\mathbf{0.12}$ ← 답

(3) $P(A^c\cap B)=P(A^c)P(B)=(1-0.6)\times0.8=\mathbf{0.32}$ ← 답

(4) $P(A\cup B)=P(A)+P(B)-P(A\cap B)=P(A)+P(B)-P(A)P(B)$

$=0.6+0.8-0.48=\mathbf{0.92}$ ← 답

Advice ‖ (4)는 다음 방법으로도 구할 수 있다.

(i) $P(A\cap B)+P(A\cap B^c)+P(A^c\cap B)=0.48+0.12+0.32=\mathbf{0.92}$

(ii) $P(A\cup B)=1-P(A^c\cap B^c)=1-P(A^c)P(B^c)=1-(1-0.6)(1-0.8)=\mathbf{0.92}$

유제 **7**-12. A, B 두 사람이 30년 후까지 생존할 확률이 A는 0.2, B는 0.25라고 할 때, 다음 물음에 답하여라.

(1) 두 사람 중 한 사람만이 30년 후까지 생존할 확률을 구하여라.

(2) 적어도 한 사람이 30년 후까지 생존할 확률을 구하여라.

답 (1) **0.35** (2) **0.4**

유제 **7**-13. 어떤 시험에서 A, B, C가 합격할 확률은 각각 0.2, 0.4, 0.6이라고 한다. 세 사람 중 적어도 한 사람이 합격할 확률을 구하여라.

답 **0.808**

기본 문제 7-10 다음 그림과 같은 네 개의 스위치를 가진 회로가 있다. 각 순간에 각 스위치가 열려 있을 확률은 오른쪽 표와 같다.

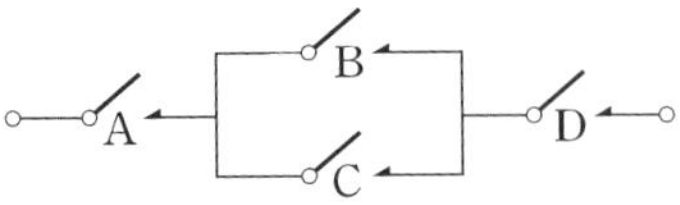

스위치	A	B	C	D
확률	0.5	0.4	0.7	0.6

이때, 어느 순간에 다음 각 사건이 일어나서 회로에 전류가 흐르지 않을 확률을 구하여라. 단, 각 스위치가 열려 있는 사건은 서로 독립이다.

(1) A 또는 D가 열려 있다. (2) B와 C가 열려 있다.

(3) A 또는 D가 열려 있거나, A와 D는 닫혀 있지만 B와 C는 열려 있다.

정석연구 각 스위치가 열려 있는 사건은 서로 독립이므로

정석 사건 A, B가 서로 독립 $\Longleftrightarrow$ $\mathbf{P(A\cap B)=P(A)P(B)}$를 이용!

모범답안 A, B, C, D가 열려 있는 사건을 각각 A, B, C, D라고 하자.

(1) $P(A\cup D)=P(A)+P(D)-P(A\cap D)=P(A)+P(D)-P(A)P(D)$
$=0.5+0.6-0.5\times0.6=\mathbf{0.8}$ ← 답

(2) $P(B\cap C)=P(B)P(C)=0.4\times0.7=\mathbf{0.28}$ ← 답

(3) A 또는 D가 열려 있을 확률은 $P(A\cup D)=0.8$

A와 D가 닫혀 있을 확률은 $P(A^c\cap D^c)=1-P(A\cup D)=1-0.8=0.2$

따라서 A와 D는 닫혀 있지만 B와 C는 열려 있을 확률은

$P(A^c\cap D^c)P(B\cap C)=0.2\times0.28=0.056$

따라서 구하는 확률은 $0.8+0.056=\mathbf{0.856}$ ← 답

유제 7-14. 다음 그림과 같은 세 개의 스위치를 가진 회로에서 각 순간에 각 스위치가 닫혀 있을 확률은 오른쪽 표와 같다.

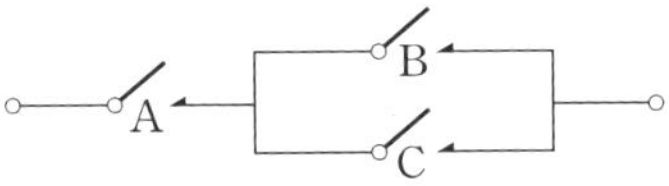

스위치	A	B	C
확률	0.4	0.3	0.2

이때, 어느 순간에 다음 각 사건이 일어나서 회로에 전류가 흐를 확률을 구하여라. 단, 각 스위치가 열려 있는 사건은 서로 독립이다.

(1) A, B는 닫혀 있고 C는 열려 있다.

(2) A, C는 닫혀 있고 B는 열려 있다.

(3) A, B, C가 모두 닫혀 있다. 답 (1) **0.096** (2) **0.056** (3) **0.024**

기본 문제 7-11 주머니 A에는 붉은 공 5개, 흰 공 3개가 들어 있고, 주머니 B에는 붉은 공 4개, 흰 공 6개가 들어 있다.

(1) 주머니 A에서 임의로 1개의 공을, 주머니 B에서 임의로 2개의 공을 꺼낼 때, 3개 모두 붉은 공일 확률을 구하여라.

(2) 주머니 A에서 임의로 1개의 공을 꺼내어 주머니 B에 넣은 다음 주머니 B에서 임의로 1개의 공을 꺼낼 때, 이 공이 붉은 공일 확률을 구하여라.

정석연구 (1) 붉은 공을 꺼내는 사건은 서로 독립이므로 곱셈정리를 이용한다.

정석 사건 A, B가 서로 독립 $\Longrightarrow$ $\mathbf{P(A\cap B)=P(A)P(B)}$

(2) 아래 그림과 같이 주머니 A에서 꺼낸 공이 붉은 공인지 흰 공인지에 따라 주머니 B에 있는 붉은 공과 흰 공의 개수가 달라진다.

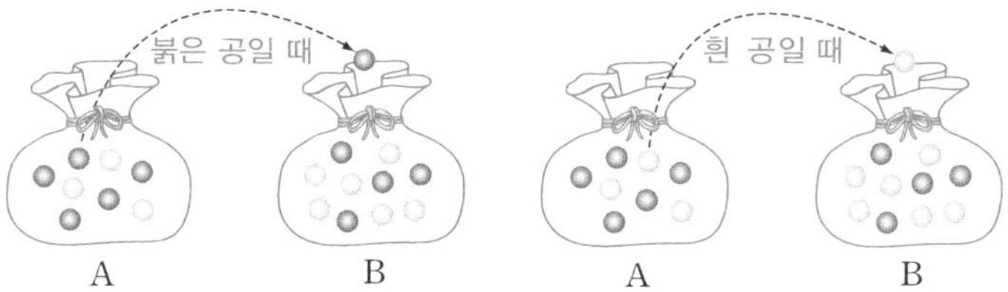

따라서 각 경우에 대하여 다음 확률의 곱셈정리를 이용한다.

정석 $\mathbf{P(A\cap B)=P(A)P(B|A)}$

모범답안 (1) 주머니 A, B에서 붉은 공이 나오는 사건을 각각 A, B라고 하면

$$P(A\cap B)=P(A)P(B)=\frac{{}_5C_1}{{}_8C_1}\times\frac{{}_4C_2}{{}_{10}C_2}=\frac{5}{8}\times\frac{6}{45}=\mathbf{\frac{1}{12}} \longleftarrow \text{답}$$

(2) 주머니 A에서 붉은 공을 꺼내어 주머니 B에 넣은 다음 B에서 꺼낸 공이 붉은 공일 확률을 P_1이라 하고, 주머니 A에서 흰 공을 꺼내어 주머니 B에 넣은 다음 B에서 꺼낸 공이 붉은 공일 확률을 P_2라고 하면

$$P_1=\frac{{}_5C_1}{{}_8C_1}\times\frac{{}_5C_1}{{}_{11}C_1}=\frac{25}{88},\qquad P_2=\frac{{}_3C_1}{{}_8C_1}\times\frac{{}_4C_1}{{}_{11}C_1}=\frac{12}{88}$$

그런데 P_1, P_2는 서로 배반사건의 확률이므로 구하는 확률은

$$P_1+P_2=\frac{25}{88}+\frac{12}{88}=\mathbf{\frac{37}{88}} \longleftarrow \text{답}$$

유제 **7**-15. 흰 공 3개, 붉은 공 3개를 섞어서 임의로 3개씩 주머니 A, B에 나누어 넣는다. 주머니 A에서 임의로 2개의 공을 꺼낼 때, 2개 모두 흰 공일 확률을 구하여라.

답 $\mathbf{\frac{1}{5}}$

기본 문제 7-12 주머니에 흰 공 2개, 붉은 공 3개가 들어 있다. 이 주머니에서 임의로 1개의 공을 꺼내는 시행을 A부터 시작하여 A, B가 교대로 계속할 때, 먼저 흰 공을 꺼내는 쪽이 이기는 것으로 한다.

(1) 꺼낸 공을 다시 넣지 않을 때, A가 이길 확률을 구하여라.

(2) 꺼낸 공을 다시 넣을 때, 3회 이내의 시행에서 A가 이길 확률을 구하여라.

정석연구 이를테면 붉은 공, 붉은 공, 흰 공을 차례로 꺼낼 확률은 붉은 공을 꺼낼 확률, 붉은 공을 꺼낼 확률, 흰 공을 꺼낼 확률의 곱이다.

이때, (1)과 같이 꺼낸 공을 다시 넣지 않는 경우는 서로 종속사건이므로 공을 하나 꺼낼 때마다 다음 공을 꺼낼 확률이 변한다는 것에 주의한다.

그리고 (2)와 같이 꺼낸 공을 다시 넣는 경우는 서로 독립사건이므로 붉은 공이나 흰 공을 꺼낼 확률이 항상 일정하다는 것에 주의한다.

정석 곱사건의 확률 ⟹ 확률의 곱을 이용한다.

모범답안 A가 이기는 경우는 오른쪽과 같이 제1회 또는 제3회 때이다.

A가 이기는 경우
제1회 때 ⟶ ○
제3회 때 ⟶ ●●○

(1) 제1회에 A가 흰 공을 꺼낼 확률은

$$\frac{2}{5}$$

제1회에 A가 붉은 공, 제2회에 B가 붉은 공, 제3회에 A가 흰 공을 꺼낼 확률은 $\frac{3}{5}\times\frac{2}{4}\times\frac{2}{3}=\frac{1}{5}$

따라서 A가 이길 확률은 $\frac{2}{5}+\frac{1}{5}=\boldsymbol{\frac{3}{5}}$ ⟵ 답

(2) 제1회에 A가 흰 공을 꺼낼 확률은 $\frac{2}{5}$

제1회에 A가 붉은 공, 제2회에 B가 붉은 공, 제3회에 A가 흰 공을 꺼낼 확률은 $\frac{3}{5}\times\frac{3}{5}\times\frac{2}{5}=\frac{18}{125}$

따라서 3회 이내의 시행에서 A가 이길 확률은

$$\frac{2}{5}+\frac{18}{125}=\boldsymbol{\frac{68}{125}} \longleftarrow \text{답}$$

유제 **7**-16. 한 개의 주사위를 던지는 시행을 A부터 시작하여 A, B가 교대로 계속한다. 먼저 짝수의 눈이 나오면 이기는 것으로 할 때, 5회 이내의 시행에서 A가 이길 확률을 구하여라. 답 $\boldsymbol{\frac{21}{32}}$

§3. 독립시행의 확률

1 독립시행의 확률

이를테면 한 개의 주사위를 4회 던져서 4회 중 1회만 3의 눈이 나올 확률을 알아보자.

주사위를 던져서 3의 눈이 나오면 ○로, 3 이외의 눈이 나오면 ×로 나타내기로 하면 4회 중 1회만 3의 눈이 나오는 경우는

○×××, ×○××, ××○×, ×××○ ⇦ $_4C_1$가지

의 네 가지이다. 또, 이들이 일어날 확률은

$$○××× \longrightarrow \frac{1}{6}\times\frac{5}{6}\times\frac{5}{6}\times\frac{5}{6}=\left(\frac{1}{6}\right)^1\left(\frac{5}{6}\right)^3$$

$$×○×× \longrightarrow \frac{5}{6}\times\frac{1}{6}\times\frac{5}{6}\times\frac{5}{6}=\left(\frac{1}{6}\right)^1\left(\frac{5}{6}\right)^3$$

$$××○× \longrightarrow \frac{5}{6}\times\frac{5}{6}\times\frac{1}{6}\times\frac{5}{6}=\left(\frac{1}{6}\right)^1\left(\frac{5}{6}\right)^3$$

$$×××○ \longrightarrow \frac{5}{6}\times\frac{5}{6}\times\frac{5}{6}\times\frac{1}{6}=\left(\frac{1}{6}\right)^1\left(\frac{5}{6}\right)^3$$

과 같이 어느 경우나 $\left(\frac{1}{6}\right)^1\left(\frac{5}{6}\right)^3$임을 알 수 있다.

그런데 이들은 모두 서로 배반사건이므로 4회 중 1회만 3의 눈이 나올 확률을 P_1이라고 하면

$$P_1=\left(\frac{1}{6}\right)^1\left(\frac{5}{6}\right)^3+\left(\frac{1}{6}\right)^1\left(\frac{5}{6}\right)^3+\left(\frac{1}{6}\right)^1\left(\frac{5}{6}\right)^3+\left(\frac{1}{6}\right)^1\left(\frac{5}{6}\right)^3=4\times\left(\frac{1}{6}\right)^1\left(\frac{5}{6}\right)^3$$

이다.

여기에서 1회만 3의 눈이 나오는 경우의 수는 위와 같이 일일이 써 보지 않고서도 4회 중 1회를 택하는 조합의 수인 $_4C_1(=4)$임을 알 수 있다.

따라서 P_1을 다음과 같이 바꾸어 쓸 수 있다.

$$P_1={}_4C_1\left(\frac{1}{6}\right)^1\left(\frac{5}{6}\right)^3$$

일반적으로 한 개의 주사위를 n회 던져서 r회만 3의 눈이 나올 확률을 P_r라고 하면

$$\mathbf{P}_r={}_n\mathbf{C}_r\left(\frac{\mathbf{1}}{\mathbf{6}}\right)^r\left(\frac{\mathbf{5}}{\mathbf{6}}\right)^{n-r}$$

이다.

기본정석 **독립시행의 확률**

같은 조건에서 어떤 시행을 반복할 때, 각 시행마다 일어나는 사건이 서로 독립일 경우, 이러한 시행을 독립시행이라고 한다.

어떤 시행에서 사건 A가 일어날 확률을 p라 하고, 일어나지 않을 확률을 $q(=1-p)$라고 할 때, 이 시행을 독립적으로 n회 반복하는 시행에서 사건 A가 r회 일어날 확률 P_r는 다음과 같다.

$$P_r={}_nC_r\,p^r q^{n-r} \quad (\text{단, } p+q=1,\ r=0, 1, 2, \cdots, n)$$

보기 1 한 개의 주사위를 다섯 번 던질 때, 1의 눈이 네 번만 나올 확률을 구하여라.

연구 한 개의 주사위를 한 번 던질 때,
1의 눈이 나올 확률은 $\dfrac{1}{6}$, 1의 눈이 나오지 않을 확률은 $\dfrac{5}{6}$이므로

$$P_4={}_5C_4\left(\frac{1}{6}\right)^4\left(\frac{5}{6}\right)^{5-4}=5\times\left(\frac{1}{6}\right)^4\times\frac{5}{6}=\boldsymbol{\frac{25}{7776}}$$

보기 2 한 개의 동전을 네 번 던질 때,
(1) 앞면이 두 번만 나올 확률을 구하여라.
(2) 앞면이 세 번 이상 나올 확률을 구하여라.
(3) 앞면이 적어도 두 번 나올 확률을 구하여라.

연구 한 번 던져서 앞면이 나올 확률은 $\dfrac{1}{2}$, 나오지 않을 확률은 $\dfrac{1}{2}$이다.

(1) $P_2={}_4C_2\left(\dfrac{1}{2}\right)^2\left(\dfrac{1}{2}\right)^{4-2}=6\times\left(\dfrac{1}{2}\right)^2\left(\dfrac{1}{2}\right)^2=\boldsymbol{\dfrac{3}{8}}$

(2) $P_3+P_4={}_4C_3\left(\dfrac{1}{2}\right)^3\left(\dfrac{1}{2}\right)^{4-3}+{}_4C_4\left(\dfrac{1}{2}\right)^4\left(\dfrac{1}{2}\right)^{4-4}=\dfrac{1}{4}+\dfrac{1}{16}=\boldsymbol{\dfrac{5}{16}}$

(3) $1-(P_0+P_1)=1-\left\{{}_4C_0\left(\dfrac{1}{2}\right)^0\left(\dfrac{1}{2}\right)^{4-0}+{}_4C_1\left(\dfrac{1}{2}\right)^1\left(\dfrac{1}{2}\right)^{4-1}\right\}=\boldsymbol{\dfrac{11}{16}}$

보기 3 타율이 0.2인 야구 선수가 4타석 중에서 2개의 안타를 칠 확률을 구하여라.

연구 ${}_4C_2(0.2)^2(1-0.2)^{4-2}=6\times0.04\times0.64=\mathbf{0.1536}$

보기 4 불량품이 10% 들어 있는 제품의 더미에서 임의로 4개의 제품을 뽑을 때, 이 중 2개의 제품이 불량품일 확률을 구하여라.

연구 ${}_4C_2\left(\dfrac{1}{10}\right)^2\left(\dfrac{9}{10}\right)^{4-2}=6\times\left(\dfrac{1}{10}\right)^2\left(\dfrac{9}{10}\right)^2=\boldsymbol{\dfrac{243}{5000}}$

기본 문제 7-13 동전 한 개와 주사위 한 개를 동시에 다섯 번 던질 때, 동전의 앞면과 주사위의 6의 약수의 눈이 동시에 적어도 두 번 나올 확률을 구하여라.

정석연구 먼저 동전 한 개와 주사위 한 개를 동시에 한 번 던질 때, 동전의 앞면과 주사위의 6의 약수의 눈이 나올 확률 p를 구한 다음

정석 $\boldsymbol{n}$회 중 $\boldsymbol{r}$회 일어날 확률 $\Longrightarrow$ $_n\mathrm{C}_r\,\boldsymbol{p}^r(1-\boldsymbol{p})^{n-r}$

을 이용한다.

이때, 적어도 두 번 나오는 사건은 한 번도 나오지 않거나 한 번만 나오는 사건의 여사건이므로 여사건의 확률을 이용하는 것이 간편하다.

정석 「적어도 …」 하면 $\Longrightarrow$ 여사건을 생각하여라.

$$\mathbf{P(E)=1-P(E^C)}$$

모범답안 동전 한 개와 주사위 한 개를 동시에 한 번 던지는 시행에서 동전의 앞면이 나오는 사건을 A, 주사위의 6의 약수의 눈이 나오는 사건을 B라고 하면 사건 A와 B는 서로 독립이므로

$$\mathrm{P(A\cap B)=P(A)P(B)}=\frac{1}{2}\times\frac{4}{6}=\frac{1}{3}$$

다섯 번 던질 때, 동전의 앞면과 주사위의 6의 약수의 눈이 동시에 적어도 두 번 나오는 사건을 E라고 하면 여사건 $\mathrm{E^C}$은 한 번도 나오지 않거나 한 번만 나오는 사건이므로

$$\mathrm{P(E^C)}={}_5\mathrm{C}_0\left(\frac{1}{3}\right)^0\left(\frac{2}{3}\right)^5+{}_5\mathrm{C}_1\left(\frac{1}{3}\right)^1\left(\frac{2}{3}\right)^4=\frac{32}{243}+\frac{80}{243}=\frac{112}{243}$$

$$\therefore\ \mathrm{P(E)=1-P(E^C)}=1-\frac{112}{243}=\mathbf{\frac{131}{243}}\longleftarrow \text{답}$$

유제 **7**-17. 명중률이 50 %인 사수가 6발을 쏘아서 2발이 과녁에 명중할 확률을 구하여라. 답 $\mathbf{\frac{15}{64}}$

유제 **7**-18. 두 개의 주사위 A, B를 동시에 네 번 던질 때, 주사위 A의 짝수의 눈과 주사위 B의 5 이상의 눈이 동시에 나오는 사건이 두 번 일어날 확률을 구하여라. 답 $\mathbf{\frac{25}{216}}$

유제 **7**-19. 어떤 의약품의 치유율이 75 %라고 한다. 이 의약품으로 5명의 환자를 치유할 때, 적어도 한 명이 치유될 확률을 구하여라. 답 $\mathbf{\frac{1023}{1024}}$

기본 문제 **7**-14 수직선 위의 원점($x=0$)에 점 Q가 있다. 한 개의 주사위를 던져서 짝수의 눈이 나오면 점 Q를 양의 방향으로 1만큼, 홀수의 눈이 나오면 점 Q를 음의 방향으로 1만큼 옮긴다.

한 개의 주사위를 10회 던질 때, 다음 물음에 답하여라.

(1) 점 Q가 원점($x=0$)에 있을 확률을 구하여라.

(2) 점 Q와 원점 사이의 거리가 3 이하일 확률을 구하여라.

정석연구 한 개의 주사위를 던질 때 짝수의 눈이 나올 확률과 홀수의 눈이 나올 확률은 각각 $\frac{1}{2}$, $\frac{1}{2}$이므로, 한 개의 주사위를 던질 때 점 Q를 양의 방향으로 옮길 확률과 음의 방향으로 옮길 확률은 같다.

또한 10회 중 만일 짝수가 8회 나오면 홀수는 2회 나오기 마련이고, 이때 점 Q는 $x=6\,(=8-2)$의 위치에 있게 된다.

같은 방법으로 하여 10회 중 짝수가 나오는 횟수, 홀수가 나오는 횟수와 이때 점 Q의 위치를 조사하면 다음과 같다.

짝수의 횟수	0	1	2	3	4	5	6	7	8	9	10
홀수의 횟수	10	9	8	7	6	5	4	3	2	1	0
Q의 위치	−10	−8	−6	−4	−2	0	2	4	6	8	10

각 경우에 대한 확률은 다음 **정석**을 이용하여 구한다.

정석 $\boldsymbol{n}$회 중 $\boldsymbol{r}$회 일어날 확률 $\Longrightarrow$ ${}_n\mathrm{C}_r\, \boldsymbol{p}^r \boldsymbol{q}^{n-r}$

모범답안 (1) 10회 중 짝수가 5회 나올 확률이므로

$$\mathrm{P}_5={}_{10}\mathrm{C}_5\left(\frac{1}{2}\right)^5\left(\frac{1}{2}\right)^5=\mathbf{\frac{63}{256}} \longleftarrow \text{답}$$

(2) 10회 중 짝수가 4회 또는 5회 또는 6회 나올 확률이므로

$$\mathrm{P}_4+\mathrm{P}_5+\mathrm{P}_6={}_{10}\mathrm{C}_4\left(\frac{1}{2}\right)^4\left(\frac{1}{2}\right)^6+{}_{10}\mathrm{C}_5\left(\frac{1}{2}\right)^5\left(\frac{1}{2}\right)^5+{}_{10}\mathrm{C}_6\left(\frac{1}{2}\right)^6\left(\frac{1}{2}\right)^4$$

$$=\frac{210+252+210}{2^{10}}=\mathbf{\frac{21}{32}} \longleftarrow \text{답}$$

유제 **7**-20. 수직선 위의 원점($x=0$)에 점 P가 있다. 한 개의 주사위를 던져서 1 또는 2의 눈이 나오면 점 P를 양의 방향으로 1만큼, 그 이외의 눈이 나오면 점 P를 음의 방향으로 1만큼 옮긴다.

한 개의 주사위를 4회 던질 때, 점 P가 원점($x=0$)에 있을 확률을 구하여라.

답 $\mathbf{\frac{8}{27}}$

기본 문제 7-15 명중률이 75%인 사수가 있다. 한 개의 주사위를 던져서 1 또는 2의 눈이 나오면 두 발 쏘고, 그 이외의 눈이 나오면 세 발 쏘기로 한다. 한 개의 주사위를 한 번 던져서 이에 따라 화살을 쏠 때, 오직 한 발만 과녁에 명중할 확률을 구하여라.

정석연구 주사위를 던져서 나오는 눈의 수에 따라 화살을 쏘는 횟수가 결정되고, 그중에서 오직 한 발만 과녁에 명중할 확률을 구하는 문제이다.

따라서 다음 두 경우로 나누어 생각한다.

(i) 1 또는 2의 눈이 나온 후에 두 발 쏘아서 한 발 명중!

(ii) 3, 4, 5, 6의 눈이 나온 후에 세 발 쏘아서 한 발 명중!

그리고 각각의 확률은

정석 n회 중 r회 일어날 확률 $\Longrightarrow$ ${}_n\mathrm{C}_r\, p^r q^{n-r}$

을 이용하여 구하면 된다.

모범답안 한 개의 주사위를 한 번 던져서 1 또는 2의 눈이 나온 후에, 두 발 쏘아서 한 발 명중하는 사건을 A라고 하면

$$\mathrm{P(A)}=\frac{2}{6}\times{}_2\mathrm{C}_1\left(\frac{3}{4}\right)^1\left(\frac{1}{4}\right)^1=\frac{1}{8}$$ ⇦ $75\%=\frac{3}{4}$

한 개의 주사위를 한 번 던져서 3, 4, 5, 6의 눈이 나온 후에, 세 발 쏘아서 한 발 명중하는 사건을 B라고 하면

$$\mathrm{P(B)}=\frac{4}{6}\times{}_3\mathrm{C}_1\left(\frac{3}{4}\right)^1\left(\frac{1}{4}\right)^2=\frac{3}{32}$$

그런데 A와 B는 서로 배반사건이므로 구하는 확률은

$$\mathrm{P(A\cup B)}=\mathrm{P(A)}+\mathrm{P(B)}=\frac{1}{8}+\frac{3}{32}=\mathbf{\frac{7}{32}}$$ ← 답

유제 **7**-21. 흰 공 2개, 검은 공 2개가 들어 있는 상자에서 임의로 1개의 공을 꺼내어 이 공이 흰 공이면 동전을 3회 던지고, 검은 공이면 동전을 4회 던진다. 이때, 동전의 앞면이 3회 나올 확률을 구하여라. 답 $\mathbf{\frac{3}{16}}$

유제 **7**-22. 한 개의 주사위를 던져서 2 이하의 눈이 나오면 A가 1점을 얻고, 3 이상의 눈이 나오면 B가 1점을 얻기로 한다.

(1) 이 놀이를 반복하여 3점을 먼저 얻는 쪽을 승자로 할 때, A가 3점, B가 1점으로 A가 승자가 될 확률을 구하여라.

(2) 이 놀이를 반복하여 4점을 먼저 얻는 쪽을 승자로 할 때, 6회 이내에 승자가 결정될 확률을 구하여라. 답 (1) $\mathbf{\frac{2}{27}}$ (2) $\mathbf{\frac{569}{729}}$

연습문제 7

7-1 두 사건 A, B에 대하여 다음을 구하여라.

(1) $P(A\cap B)=0.2$, $P(B^c|A)=2P(B|A)$일 때, $P(A\cap B^c)$

(2) $P(A)=0.5$, $P(B)=0.4$, $P(A|B)+P(B|A)=0.9$일 때, $P(A|B)$

(3) $P(A)=0.4$, $P(A^c\cap B^c)=0.3$, $P(B|A)=0.5$일 때, $P(A|B)$

(4) $P(A^c)=0.7$, $P(B^c)=0.8$, $P(A|B)=0.4$일 때, $P(A^c|B^c)$

7-2 어느 학교에서 스키를 타 본 적이 있는 학생은 전체 학생의 35%이고, 스키를 타 본 적이 있는 남학생은 전체 학생의 20%라고 한다. 이 학교의 학생 중에서 임의로 택한 한 학생이 스키를 타 본 적이 있을 때, 이 학생이 남학생일 확률은?

① $\frac{2}{5}$ ② $\frac{4}{9}$ ③ $\frac{1}{2}$ ④ $\frac{4}{7}$ ⑤ $\frac{2}{3}$

7-3 80명의 회원으로 구성된 어느 동아리가 있다. 이 동아리의 각 회원은 A, B 두 소모임 중 하나에 속해 있고, A에 속한 회원 수는 50이다. 이 동아리의 여성 회원의 70%가 A에 속해 있고, B에 속한 회원의 40%가 여성이다. 이 동아리의 회원 중에서 임의로 택한 한 회원이 A에 속해 있을 때, 이 회원이 여성일 확률을 구하여라.

7-4 집합 $X=\{1, 2, 3, 4\}$에서 집합 $Y=\{1, 2, 3\}$으로의 함수 f가 있다. 함수 f 중에서 임의로 택한 한 함수가 「$i<j$이면 $f(i)\le f(j)$」를 만족시킬 때, 이 함수의 치역이 집합 Y일 확률은?

① $\frac{1}{15}$ ② $\frac{1}{5}$ ③ $\frac{1}{3}$ ④ $\frac{7}{15}$ ⑤ $\frac{3}{5}$

7-5 어느 고등학교의 학생 중에서 남학생은 45%이고, 혈액형이 O형인 학생은 40%, 혈액형이 O형인 남학생은 15%라고 한다. 이 학교의 학생 중에서 임의로 택한 한 학생이 여학생일 때, 이 학생의 혈액형이 O형이 아닐 확률을 구하여라.

7-6 6개의 주머니에 1부터 6까지의 번호가 하나씩 붙어 있다. 각 주머니마다 20개의 동전이 들어 있고, 그중 100원짜리 동전의 개수는 주머니의 번호와 같다. 먼저 한 개의 주사위를 던져서 나오는 눈의 수와 같은 번호의 주머니를 뽑고, 뽑은 주머니에서 임의로 한 개의 동전을 꺼낸다.

(1) 꺼낸 동전이 100원짜리 동전일 확률을 구하여라.

(2) 꺼낸 동전이 100원짜리 동전일 때, 이 동전이 짝수 번호의 주머니에서 나왔을 확률을 구하여라.

7-7 5회에 1회의 비율로 모자를 잃어버리고 돌아오는 버릇이 있는 K군이 세 친구 A, B, C의 집을 차례로 방문하고 돌아왔을 때, 모자를 잃어버렸다는 것을 알았다. B의 집에서 모자를 잃어버렸을 확률을 구하여라.

7-8 어떤 의사가 암에 걸린 사람을 암에 걸렸다고 진단할 확률은 98%이고, 암에 걸리지 않은 사람을 암에 걸리지 않았다고 진단할 확률은 92%라고 한다. 이 의사가 실제로 암에 걸린 사람 400명과 실제로 암에 걸리지 않은 사람 600명을 진찰하여 암에 걸렸는지 아닌지를 진단하였다.

이들 1000명 중에서 임의로 한 사람을 택했을 때, 다음 물음에 답하여라.

(1) 이 사람이 암에 걸렸다고 진단 받은 사람일 확률을 구하여라.

(2) 암에 걸렸다고 진단 받은 사람이 실제로 암에 걸린 사람일 확률을 구하여라.

7-9 어느 공항에는 A, B 두 대의 검색대가 있고, 비행기 탑승 전에는 반드시 공항 검색대를 하나만 통과해야 한다. 남학생 7명, 여학생 7명이 모두 검색대 A, B를 통과했는데, 남학생 중에서 검색대 A를 통과한 학생은 4명이다. 또, 여학생 중에서 한 학생을 임의로 택할 때 이 학생이 검색대 A를 통과한 학생일 확률과, 검색대 B를 통과한 학생 중에서 한 학생을 임의로 택할 때 이 학생이 남학생일 확률이 같다. 이때, 검색대 A를 통과한 여학생 수를 구하여라. 단, 각 검색대를 적어도 한 명의 여학생은 통과하였다.

7-10 examination의 각 문자를 한 개씩 쓴 11장의 카드에서 임의로 1장씩 4장을 뽑아 차례로 나열할 때, mine이 될 확률을 구하여라.

7-11 10개의 제품 중 불량품이 3개 있다고 한다. 불량품을 모두 발견할 때까지 임의로 1개씩 차례로 검사하는데, 다섯 번째로 뽑은 제품이 마지막 불량품일 확률을 구하여라.

7-12 A, B, C 세 개의 주머니가 있다. A에는 흰 공 4개, B에는 흰 공 2개, 붉은 공 2개, C에는 흰 공 1개, 붉은 공 3개가 들어 있다. 추첨에 의하여 한 개의 주머니를 택하고, 이 주머니에서 임의로 한 개씩 2개의 공을 꺼낼 때, 첫 번째 꺼낸 공이 붉은 공이고, 두 번째 꺼낸 공이 흰 공일 확률을 구하여라.

7-13 비가 온 날의 다음 날에 비가 올 확률은 $\frac{1}{2}$이고, 비가 오지 않은 날의 다음 날에 비가 올 확률은 $\frac{1}{3}$이라고 한다. 월요일에 비가 왔을 때, 같은 주 목요일에 비가 올 확률은?

① $\frac{23}{72}$ ② $\frac{13}{36}$ ③ $\frac{29}{72}$ ④ $\frac{4}{9}$ ⑤ $\frac{35}{72}$

7-14 세 사건 A, B, C에 대하여 사건 A와 B는 서로 배반이고, 사건 A와 C는 서로 독립이다.

$P(A\cup B)=0.9$, $P(A\cap C)=0.2$, $P(C)=0.4$일 때, $P(B)$는?

① 0.3 ② 0.4 ③ 0.45 ④ 0.5 ⑤ 0.55

7-15 두 사건 A, B가 서로 독립일 때, 다음 물음에 답하여라.

(1) $P(A^c)=\frac{2}{5}$, $P(A\cap B)=\frac{1}{3}$일 때, $P(B|A^c)$을 구하여라.

(2) $P(A)=\frac{3}{4}$, $P(A\cap B^c)+P(A^c\cap B)=\frac{1}{2}$일 때, $P(A\cap B)$를 구하여라.

(3) $P(A^c\cup B^c)=\frac{3}{4}$, $P(B|A)=\frac{1}{3}$일 때, $P(A\cup B)$를 구하여라.

(4) $P(A\cup B)=\frac{4}{9}$, $P(A\cap B)=\frac{1}{18}$, $P(A)>P(B)$일 때, $P(A)$를 구하여라.

7-16 어떤 야구 선수가 투수 A와 대결할 때 안타를 칠 확률은 0.2이고, 투수 B와 대결할 때 안타를 칠 확률은 0.25이다. 한 경기에서 이 선수가 투수 A와 2회 대결한 후 투수 B와 1회 대결할 때, 안타를 2개 칠 확률은?

① 0.1 ② 0.11 ③ 0.2 ④ 0.21 ⑤ 0.3

7-17 어느 도시에서 하루에 발생하는 화재의 건수와 그 확률은 오른쪽 표와 같다고 알려져 있다.

발생 건수	0	1	2	3 이상
확률	0.4	0.3	0.2	0.1

이틀 동안에 적어도 3건의 화재가 발생할 확률은? 단, 화재가 첫째 날에 발생하는 사건과 둘째 날에 발생하는 사건은 서로 독립이다.

① 0.2 ② 0.25 ③ 0.3 ④ 0.35 ⑤ 0.4

7-18 명중률이 75 %인 사수가 있다. 적어도 1발 명중할 확률이 0.999보다 크려면 몇 발 이상 쏘아야 하는가?

① 4발 ② 5발 ③ 6발 ④ 7발 ⑤ 8발

7-19 오른쪽 그림과 같은 도로망에서 점 P는 주사위를 한 번 던질 때마다 3 이하의 눈이 나오면 오른쪽으로 1칸, 4 또는 5의 눈이 나오면 왼쪽으로 1칸, 6의 눈이 나오면 위쪽으로 1칸 이동한다. 한 개의 주사위를 5번 던질 때, A 지점에 있는 점 P가 B지점으로 이동할 확률을 구하여라.

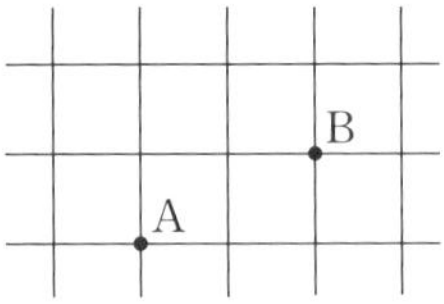

7-20 A팀, B팀을 포함한 7개 팀이 토너먼트 방식으로 축구 시합을 하려고 하는데, 이미 A팀은 1회전에서 부전승으로 결정되어 있다. 오른쪽과 같은 형태의 대진표를 만들어 시합을 할 때, A팀과 B팀이 시합을 할 확률을 구하여라. 단, 각 팀이 시합에서 이길 확률은 같다.

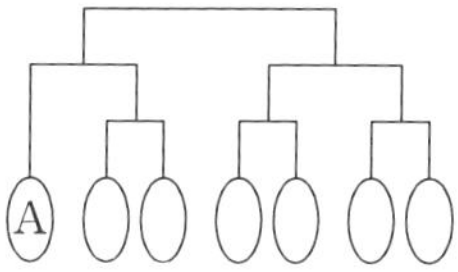

7-21 어느 고등학교의 1학년 학생 360명을 대상으로 독감 예방 접종 여부를 조사한 결과 오른쪽과 같은 표를 얻었다. 360명 중에서 임의로 한 명을 택할 때, 이 학생이 남학생인 사건과 예방 접종을 한 사건이 서로 독립이라고 한다.

	접종	미접종	합계
남학생	a	b	240
여학생	c	d	120
합계	216	144	360

(1) 상수 a, b, c, d의 값을 구하여라.

(2) 임의로 택한 한 학생이 여학생일 때, 이 학생이 예방 접종을 한 학생일 확률을 구하여라.

7-22 오른쪽 그림과 같이 입구 P로부터 아래로 나누어진 통로가 있다. 이 통로의 입구 P에 한 개의 공을 넣을 때, 이 공이 A로 나올 확률을 구하여라. 단, 갈림길에서 공은 같은 확률로 통로를 선택한다.

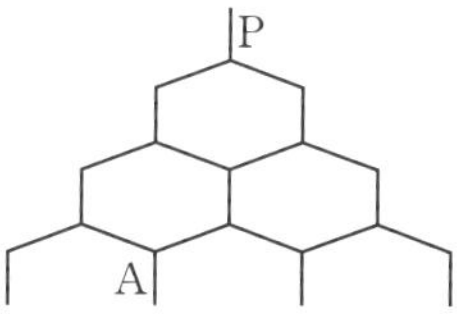

7-23 어느 가게에서 ★ 모양이 그려진 야구공 한 개를 포함하여 모두 20개의 야구공을 한 상자에 넣어 상자 단위로 판매한다. 한 상자에서 5개의 공을 임의로 뽑을 때, ★ 모양이 그려진 야구공이 있으면 축구공 한 개를 경품으로 준다고 한다. 어떤 고객이 야구공 세 상자를 구입하여 경품 당첨 여부를 모두 확인할 때, 축구공 2개를 경품으로 받을 확률을 구하여라.

7-24 한 개의 주사위를 A는 3번 던지고 B는 2번 던질 때, 3의 배수의 눈이 나오는 횟수를 각각 a, b라고 하자. 직선 $y=ax+b$가 포물선 $y=-x^2+2x$에 접할 확률은?

① $\dfrac{4}{27}$ ② $\dfrac{46}{243}$ ③ $\dfrac{56}{243}$ ④ $\dfrac{22}{81}$ ⑤ $\dfrac{76}{243}$

7-25 비행기의 각 엔진은 서로 독립적으로 작동하고, 반수 이상의 엔진이 작동할 때 비행기가 안전하게 비행한다고 하자.

한 개의 엔진이 비행 중에 정지할 확률을 p라고 할 때, 엔진이 2기인 비행기가 4기인 비행기보다 안전한 것은 p가 어떤 범위에 있을 때인가?

Advice | 확률에 관한 종합 정리

1 배반사건과 여사건

(1) 표본공간과 사건 ⇦ p. 78

어떤 시행에서 일어날 수 있는 모든 결과의 집합을 표본공간이라 하고, 표본공간의 부분집합을 사건이라고 한다.

(2) 배반사건과 여사건 ⇦ p. 80

두 사건 A, B에 대하여 A와 B 중에서 어느 한 사건이 일어나면 다른 사건은 일어나지 않을 때, 곧 $A\cap B=\varnothing$일 때 A와 B는 서로 배반이라 하고, 배반인 두 사건을 서로 배반사건이라고 한다.

또, 사건 A에 대하여 A가 일어나지 않는 사건을 A의 여사건이라 하고, 기호로 $\mathbf{A}^C$과 같이 나타낸다.

2 확률의 정의

(1) 수학적 확률 ⇦ p. 82

어떤 시행에서 표본공간 S에 대하여 각 근원사건이 일어날 가능성이 같은 정도로 기대될 때, 사건 A가 일어날 확률 P(A)는

$$\mathbf{P(A)}=\frac{(\text{사건 }\mathbf{A}\text{의 원소의 개수})}{(\text{표본공간 }\mathbf{S}\text{의 원소의 개수})}=\frac{n(\mathbf{A})}{n(\mathbf{S})}$$

로 정의하고, 이를 표본공간 S에서 사건 A가 일어날 수학적 확률이라고 한다.

(2) 통계적 확률 ⇦ p. 84

일정한 조건에서 같은 시행을 n회 반복할 때, 사건 A가 일어난 횟수를 r_n이라고 하자. 이때, 시행 횟수 n이 커짐에 따라 상대도수 $\frac{r_n}{n}$이 일정한 값 p에 가까워지면 이 값 p를 사건 A가 일어날 통계적 확률이라고 한다.

(3) 확률의 기본 성질 ⇦ p. 83

임의의 사건을 A, 전사건을 S, 공사건을 $\varnothing$이라고 할 때,

① $0\le P(A)\le 1$ ② $P(S)=1$ ③ $P(\varnothing)=0$

3 확률의 덧셈정리

(1) 확률의 덧셈정리 ⇦ p. 94

① 두 사건 A, B에 대하여 $\mathbf{P(A\cup B)=P(A)+P(B)-P(A\cap B)}$

② 두 사건 A, B가 서로 배반사건이면 $\mathbf{P(A\cup B)=P(A)+P(B)}$

(2) 여사건의 확률 ⇦ p. 99

$\mathbf{P(A)+P(A^C)=1}$ 곧, $\mathbf{P(A^C)=1-P(A)}$, $\mathbf{P(A)=1-P(A^C)}$

4 확률의 곱셈정리

(1) 조건부확률

⇦ p. 106~107

표본공간 S의 두 사건 A, B에 대하여 확률이 0이 아닌 사건 A가 일어났다고 가정할 때 사건 B가 일어날 확률을 사건 A가 일어났을 때의 사건 B의 조건부확률이라 하고, 기호로 **P(B|A)**와 같이 나타낸다. 이때, 다음이 성립한다.

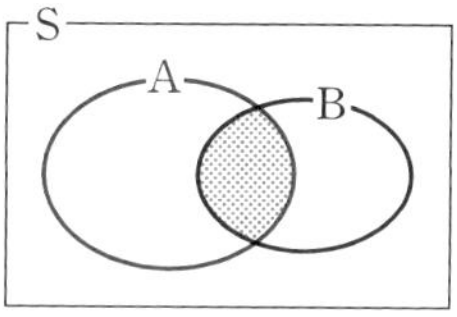

$$\mathrm{P}(\mathrm{B}|\mathrm{A})=\frac{\mathrm{P}(\mathrm{A}\cap\mathrm{B})}{\mathrm{P}(\mathrm{A})} \quad \text{단, } \mathrm{P}(\mathrm{A})>0$$

(2) 확률의 곱셈정리

⇦ p. 107

$\mathrm{P}(\mathrm{A})>0$, $\mathrm{P}(\mathrm{B})>0$일 때,

$$\mathrm{P}(\mathrm{A}\cap\mathrm{B})=\mathrm{P}(\mathrm{A})\mathrm{P}(\mathrm{B}|\mathrm{A})=\mathrm{P}(\mathrm{B})\mathrm{P}(\mathrm{A}|\mathrm{B})$$

5 사건의 독립과 종속

(1) 독립사건과 종속사건

⇦ p. 117

① 두 사건 A, B에 대하여 사건 A가 일어나든, 사건 A가 일어나지 않든 사건 B가 일어날 확률이 달라지지 않을 때, 곧

$$\mathrm{P}(\mathrm{B}|\mathrm{A})=\mathrm{P}(\mathrm{B}|\mathrm{A}^c)=\mathrm{P}(\mathrm{B}) \qquad \Leftarrow \mathrm{P}(\mathrm{A}\cap\mathrm{B})=\mathrm{P}(\mathrm{A})\mathrm{P}(\mathrm{B})$$

일 때, 사건 A와 사건 B는 서로 독립이라 하고, 독립인 두 사건을 서로 독립사건이라고 한다.

② 두 사건 A, B에 대하여 사건 A와 사건 B가 서로 독립이 아닐 때, 곧

$$\mathrm{P}(\mathrm{B}|\mathrm{A})\neq\mathrm{P}(\mathrm{B}|\mathrm{A}^c) \qquad \Leftarrow \mathrm{P}(\mathrm{A}\cap\mathrm{B})\neq\mathrm{P}(\mathrm{A})\mathrm{P}(\mathrm{B})$$

일 때, 사건 A와 사건 B는 서로 종속이라 하고, 종속인 두 사건을 서로 종속사건이라고 한다.

(2) 독립사건의 곱셈정리

⇦ p. 117~118

두 사건 A, B에 대하여 $\mathrm{P}(\mathrm{A})>0$, $\mathrm{P}(\mathrm{B})>0$일 때,

$$\text{사건 A, B가 서로 독립} \Longleftrightarrow \mathrm{P}(\mathrm{A}\cap\mathrm{B})=\mathrm{P}(\mathrm{A})\mathrm{P}(\mathrm{B})$$

(3) 독립시행의 확률

⇦ p. 125~126

같은 조건에서 어떤 시행을 반복할 때, 각 시행마다 일어나는 사건이 서로 독립일 경우, 이러한 시행을 독립시행이라고 한다.

어떤 시행에서 사건 A가 일어날 확률을 p라 하고, 일어나지 않을 확률을 $q(=1-p)$라고 할 때, 이 시행을 독립적으로 n회 반복하는 시행에서 사건 A가 r회 일어날 확률 P_r는 다음과 같다.

$$\mathrm{P}_r={}_n\mathrm{C}_r\,p^r q^{n-r} \quad (\text{단, } p+q=1,\ r=0, 1, 2, \cdots, n)$$

8. 확률분포

평균과 표준편차／확률변수와 확률분포／이산확률변수의 기댓값(평균)과 표준편차／이항분포

§ 1. 평균과 표준편차

Advice | 여기에서 다루는 내용은 이미 중학교 과정에서 공부한 바 있으나, 뒤에서 공부할 확률분포를 이해하는 데 알아 두어야 할 내용이므로 간단히 정리해 두자.

1 평균의 정의

자료 전체의 특징을 하나의 수로 나타낸 것을 이 자료의 대푯값이라고 한다. 대푯값에는 평균, 중앙값, 최빈값 등이 있으나 이 중에서 가장 많이 쓰이는 것은 평균이다.

이를테면 어떤 학생이 세 번의 수학 시험에서 받은 점수가

48점, 49점, 56점

일 때, 이 학생의 수학 점수의 평균을 m이라고 하면

$$m=\frac{48+49+56}{3}=\frac{153}{3}=\mathbf{51}\text{(점)}$$

과 같이 계산한다.

일반적으로 다음과 같이 정의한다.

기본정석 — 평균의 정의

n개의 변량 $x_1,\ x_2,\ x_3,\ \cdots,\ x_n$의 평균을 m이라고 하면

$$m=\frac{x_1+x_2+x_3+\cdots+x_n}{n}=\frac{1}{n}\sum_{i=1}^{n}x_i$$

Advice | 혼동할 염려가 없는 한 이 단원에서는 $\sum_{i=1}^{n}x_i$를 $\sum x_i$로 나타내기로 한다.

보기 1 다섯 수 a, b, c, d, e의 평균이 70이고, 세 수 a, b, c의 평균이 80일 때, 두 수 d, e의 평균 m을 구하여라.

연구 문제의 조건에서 $\dfrac{a+b+c+d+e}{5}=70$, $\dfrac{a+b+c}{3}=80$

$$\therefore\ a+b+c+d+e=350,\ a+b+c=240 \quad \therefore\ d+e=110$$

$$\therefore\ m=\frac{d+e}{2}=\frac{110}{2}=\mathbf{55}$$

2 도수분포에서의 평균의 정의

오른쪽 표는 어느 반 학생들의 수학 점수(x_i)와 인원수(f_i)를 나타낸 것이다. 이때, 이 반 학생들의 수학 점수의 평균은 수학 점수의 합을 학생 수로 나눈 값이다.

따라서 평균을 m이라고 하면

$$m=\frac{55\times2+65\times12+75\times13+85\times7+95\times1}{2+12+13+7+1}=\frac{2555}{35}=\mathbf{73}(\text{점})$$

x_i	f_i
55	2
65	12
75	13
85	7
95	1

일반적으로 다음과 같이 정의한다.

기본정석 — **도수분포에서의 평균의 정의**

변량 $x_1, x_2, x_3, \cdots, x_n$에 대응하는 도수가 각각 $f_1, f_2, f_3, \cdots, f_n$일 때, 이 변량의 평균을 m이라고 하면

$$m=\frac{x_1f_1+x_2f_2+x_3f_3+\cdots+x_nf_n}{f_1+f_2+f_3+\cdots+f_n}$$

$$=\frac{\sum x_if_i}{\sum f_i}=\frac{1}{\mathrm{N}}\sum x_if_i\ (\mathrm{N}=\sum f_i)$$

x_i	f_i	x_if_i
x_1	f_1	x_1f_1
x_2	f_2	x_2f_2
x_3	f_3	x_3f_3
$\vdots$	$\vdots$	$\vdots$
x_n	f_n	x_nf_n

Advice | 자료 전체를 몇 개의 계급으로 나누고 각 계급에 속하는 도수를 나타낸 표를 도수분포표라고 한다. 도수분포표에서 평균 등을 구할 때에는 아래의 표와 같이 계급값(계급의 중앙값)으로 나타내어 계산한다.

보기 2 오른쪽 표에서 변량의 평균을 구하여라.

x_i	30	40	50	60	70
f_i	2	4	10	3	1

연구 구하는 평균을 m이라 하면

$$m=\frac{30\times2+40\times4+50\times10+60\times3+70\times1}{2+4+10+3+1}=\frac{970}{20}=\mathbf{48.5}$$

3 표준편차의 정의와 계산

변량들이 흩어져 있는 정도를 하나의 수로 나타낸 값을 산포도라고 한다. 산포도에는 표준편차, 평균편차, 사분편차, 범위 등이 있으나 이 중에서 가장 많이 쓰이는 것은 표준편차이다.

이를테면 어떤 학생이 세 번의 시험에서 받은 점수가

48점, 49점, 56점

일 때, 점수의 표준편차 σ는 다음과 같이 구한다.

첫째 — 점수의 평균 m을 구한다. 곧,

$$m=\frac{48+49+56}{3}=\frac{153}{3}=51\text{(점)}$$

둘째 — 오른쪽 표에서와 같이 점수(x_i)에서 평균을 뺀 값인 편차(x_i-m)를 구한다.

셋째 — 편차의 제곱의 평균을 구한다. 이 값을 분산이라 하고, σ^2으로 나타낸다.

$$\sigma^2=\frac{9+4+25}{3}=\frac{38}{3}$$

x_i	48	49	56
x_i-m	-3	-2	5
$(x_i-m)^2$	9	4	25

넷째 — 분산의 음이 아닌 제곱근을 구한다. 이 값이 표준편차 σ이다. 곧,

$$\sigma=\sqrt{\frac{38}{3}}=\frac{\sqrt{114}}{3}\text{(점)}$$

일반적으로 다음과 같이 정의한다.

기본정석 — 표준편차의 정의와 계산

n개의 변량 x_1, x_2, x_3, $\cdots$, x_n의 평균을 m, 분산을 σ^2이라고 하면

(1) $\sigma^2=\dfrac{(x_1-m)^2+(x_2-m)^2+(x_3-m)^2+\cdots+(x_n-m)^2}{n}$

$=\dfrac{1}{n}\sum(x_i-m)^2$ ⇦ 분산의 정의

(2) $\sigma^2=\dfrac{1}{n}\sum x_i^2-m^2$ ⇦ 분산의 변형식

(3) (표준편차)$=\sqrt{(\text{분산})}$, 표준편차 : σ, 분산 : σ^2

Advice 1° 분산만으로도 변량의 분포 상태를 알 수 있으나 굳이 분산의 음이 아닌 제곱근(표준편차)을 구하는 것은 변량의 단위와 산포도의 단위를 같게 하기 위한 것이다.

Advice 2° (2)는 (1)로부터 다음과 같이 유도할 수 있다.

$$\sigma^2=\frac{1}{n}\sum(x_i-m)^2=\frac{1}{n}\sum(x_i{}^2-2mx_i+m^2)$$
$$=\frac{1}{n}\left(\sum x_i{}^2-2m\sum x_i+\sum m^2\right)$$
$$=\frac{1}{n}\sum x_i{}^2-2m\times\frac{1}{n}\sum x_i+\frac{1}{n}\times m^2n \qquad \Leftarrow \frac{1}{n}\sum x_i=m$$
$$=\frac{1}{n}\sum x_i{}^2-2m\times m+m^2=\frac{1}{n}\sum x_i{}^2-m^2$$

Advice 3° 위의 변형식을 이용하여 앞면의 예에서 분산을 구하면 다음과 같다.

$$\sigma^2=\frac{1}{3}(48^2+49^2+56^2)-51^2=\frac{7841}{3}-51^2=\frac{38}{3}$$

보기 3 다섯 개의 변량 1, 3, 5, 7, 9의 표준편차를 구하여라.

연구 평균을 m이라고 하면

$$m=\frac{1+3+5+7+9}{5}=5$$

이므로 분산 σ^2과 표준편차 σ는 다음 두 가지 방법으로 구할 수 있다.

첫째 — 다음 분산의 정의를 이용한다.

정 의 $\boldsymbol{\sigma^2=\frac{1}{n}\sum(x_i-m)^2}$

$$\sigma^2=\frac{(1-5)^2+(3-5)^2+(5-5)^2+(7-5)^2+(9-5)^2}{5}=\frac{40}{5}=8$$
$$\therefore\ \sigma=\sqrt{8}=\mathbf{2\sqrt{2}}$$

둘째 — 다음 분산의 변형식을 이용한다.

정 석 $\boldsymbol{\sigma^2=\frac{1}{n}\sum x_i{}^2-m^2}$

$$\sigma^2=\frac{1^2+3^2+5^2+7^2+9^2}{5}-5^2=\frac{165}{5}-5^2=8$$
$$\therefore\ \sigma=\sqrt{8}=\mathbf{2\sqrt{2}}$$

4 도수분포에서의 표준편차의 정의와 계산

변량 $x_1,\ x_2,\ x_3,\ \cdots,\ x_n$에 대응하는 도수가 각각 $f_1,\ f_2,\ f_3,\ \cdots,\ f_n$일 때, 이 변량의 평균을 m이라고 하면 편차의 제곱은 다음과 같다.

$$(x_1-m)^2f_1,\quad (x_2-m)^2f_2,\quad (x_3-m)^2f_3,\quad \cdots,\quad (x_n-m)^2f_n$$

이들의 평균이 분산이므로 도수분포에서의 분산과 표준편차는 다음과 같이 정의한다.

기본정석 **도수분포에서의 표준편차의 정의와 계산**

변량 $x_1, x_2, \cdots, x_n$에 대응하는 도수가 각각 $f_1, f_2, \cdots, f_n$일 때, 이 변량의 평균을 m, 표준편차를 σ, $\sum f_i=\mathrm{N}$이라고 하면

(1) $$\sigma^2=\frac{(x_1-m)^2f_1+(x_2-m)^2f_2+\cdots+(x_n-m)^2f_n}{\mathrm{N}}$$
$$=\frac{1}{\mathrm{N}}\sum(x_i-m)^2f_i=\frac{1}{\mathrm{N}}\sum x_i^2f_i-m^2$$ ⇦ 분산의 변형식

(2) (표준편차)$=\sqrt{(\text{분산})}$, $\sigma=\sqrt{\sigma^2}$

Advice | (1)에서 분산의 변형식은 다음과 같이 유도할 수 있다.

$$\sigma^2=\frac{1}{\mathrm{N}}\sum(x_i-m)^2f_i=\frac{1}{\mathrm{N}}\sum(x_i^2-2mx_i+m^2)f_i$$
$$=\frac{1}{\mathrm{N}}\left(\sum x_i^2f_i-2m\sum x_if_i+m^2\sum f_i\right)$$
$$=\frac{1}{\mathrm{N}}\sum x_i^2f_i-2m\times\frac{1}{\mathrm{N}}\sum x_if_i+m^2\times\frac{1}{\mathrm{N}}\sum f_i$$ ⇦ $\frac{1}{\mathrm{N}}\sum x_if_i=m$, $\sum f_i=\mathrm{N}$
$$=\frac{1}{\mathrm{N}}\sum x_i^2f_i-2m\times m+m^2=\frac{1}{\mathrm{N}}\sum x_i^2f_i-m^2$$

보기 4 오른쪽 표에서 변량의 표준편차를 구하여라.

x_i	10	20	30	40
f_i	3	8	7	2

연구 평균을 m이라고 하면

$$m=\frac{10\times3+20\times8+30\times7+40\times2}{3+8+7+2}=\frac{480}{20}=24$$

이므로 다음 두 가지 방법으로 표준편차를 구할 수 있다.

첫째 — 다음 분산의 정의를 이용한다.

정의 $$\sigma^2=\frac{1}{\mathrm{N}}\sum(x_i-m)^2f_i$$

$$\sigma^2=\frac{(10-24)^2\times3+(20-24)^2\times8+(30-24)^2\times7+(40-24)^2\times2}{3+8+7+2}$$
$$=\frac{1480}{20}=74 \qquad \therefore\ \sigma=\sqrt{74}$$

둘째 — 다음 분산의 변형식을 이용한다.

정석 $$\sigma^2=\frac{1}{\mathrm{N}}\sum x_i^2f_i-m^2$$

$$\sigma^2=\frac{10^2\times3+20^2\times8+30^2\times7+40^2\times2}{3+8+7+2}-24^2=\frac{13000}{20}-24^2=74$$
$$\therefore\ \sigma=\sqrt{74}$$

기본 문제 8-1 변량 $x_1, x_2, \cdots, x_n$의 도수가 각각 $f_1, f_2, \cdots, f_n$이다. 이 도수분포의 평균을 m이라고 할 때, 다음 물음에 답하여라.

(1) $\sum(x_i-\mathrm{A})f_i=0$을 만족시키는 A의 값을 구하여라.

(2) 다음 변량의 평균을 구하여라.

$$a(x_1-b),\quad a(x_2-b),\quad \cdots,\quad a(x_n-b)$$

단, a, b는 상수이고, $a(x_i-b)$의 도수는 x_i의 도수와 같다.

정석연구 변량 $x_1, x_2, x_3, \cdots, x_n$의 도수가 각각 $f_1, f_2, f_3, \cdots, f_n$일 때, 평균 m을 다음과 같이 정의한다.

정의 $$\boldsymbol{m=\frac{x_1f_1+x_2f_2+x_3f_3+\cdots+x_nf_n}{f_1+f_2+f_3+\cdots+f_n}=\frac{\sum x_if_i}{\sum f_i}}$$

(1) 기호 $\sum$의 성질을 이용한다.

정석 $$\boldsymbol{\sum_{k=1}^{n}(a_k\pm b_k)=\sum_{k=1}^{n}a_k\pm\sum_{k=1}^{n}b_k,\quad \sum_{k=1}^{n}ca_k=c\sum_{k=1}^{n}a_k}$$

(2) 변량 $a(x_i-b)$의 도수는 f_i이다.

모범답안 (1) $\sum(x_i-\mathrm{A})f_i=0$에서 $\sum(x_if_i-\mathrm{A}f_i)=0$

$$\therefore \sum x_if_i-\mathrm{A}\sum f_i=0 \qquad \therefore \mathrm{A}\sum f_i=\sum x_if_i$$

$$\therefore \mathrm{A}=\frac{\sum x_if_i}{\sum f_i}=\boldsymbol{m} \longleftarrow \text{답}$$

(2) 구하는 평균을 m'이라고 하면

$$m'=\frac{\sum a(x_i-b)f_i}{\sum f_i}=\frac{a\sum(x_if_i-bf_i)}{\sum f_i}=\frac{a(\sum x_if_i-b\sum f_i)}{\sum f_i}$$

$$=a\left(\frac{\sum x_if_i}{\sum f_i}-b\times\frac{\sum f_i}{\sum f_i}\right)=\boldsymbol{a(m-b)} \longleftarrow \text{답}$$

Advice | 변량 ax_i+b의 도수가 변량 x_i의 도수와 같을 때,

정석 변량 $\boldsymbol{x_i}$의 평균이 $\boldsymbol{m}$이면

$\Longrightarrow$ 변량 $\boldsymbol{ax_i+b}$의 평균은 $\boldsymbol{am+b}$이다

가 성립한다. 자주 이용되므로 공식처럼 기억해 두길 바란다.

유제 8-1. 변량 $x_1, x_2, x_3, \cdots, x_n$의 평균이 10일 때, 다음 변량의 평균을 구하여라.

(1) $5x_1+7,\quad 5x_2+7,\quad 5x_3+7,\quad \cdots,\quad 5x_n+7$

(2) $20(x_1+5),\quad 20(x_2+5),\quad 20(x_3+5),\quad \cdots,\quad 20(x_n+5)$

답 (1) **57** (2) **300**

기본 문제 **8**-2 다음 물음에 답하여라.

(1) 변량 x_1, x_2, x_3, $\cdots$, x_{10}의 합이 10, 제곱의 합이 170일 때, 이 변량의 평균 m과 표준편차 σ를 구하여라.

(2) 변량 x_1, x_2, x_3, $\cdots$, x_n의 평균이 13, 표준편차가 5일 때, 변량 $2x_1^2$, $2x_2^2$, $2x_3^2$, $\cdots$, $2x_n^2$의 평균을 구하여라.

정석연구 변량 x_1, x_2, x_3, $\cdots$, x_n의 평균을 m, 표준편차를 σ라고 하면

$$\textbf{정석}\quad \sigma^2=\frac{1}{n}\sum(x_i-m)^2=\frac{1}{n}\sum x_i^2-m^2$$

이다.

(1) 평균의 정의로부터

$$\textbf{정의}\quad m=\frac{1}{n}\sum x_i$$

이므로 이를 써서 먼저 m을 구한다.

(2) 변량 $2x_1^2$, $2x_2^2$, $2x_3^2$, $\cdots$, $2x_n^2$의 평균을 m'이라고 하면

$$m'=\frac{1}{n}\sum 2x_i^2=2\times\frac{1}{n}\sum x_i^2$$

이다.

모범답안 (1) $\displaystyle\sum_{i=1}^{10}x_i=10$이므로 $\displaystyle m=\frac{1}{10}\sum_{i=1}^{10}x_i=\frac{1}{10}\times 10=\mathbf{1}$ ← 답

$\displaystyle\therefore\ \sigma^2=\frac{1}{10}\sum_{i=1}^{10}x_i^2-m^2=\frac{1}{10}\times 170-1^2=16$ $\quad\therefore\ \boldsymbol{\sigma=4}$ ← 답

(2) 변량 x_1, x_2, x_3, $\cdots$, x_n의 평균을 m, 표준편차를 σ라고 하면

$$\sigma^2=\frac{1}{n}\sum_{i=1}^{n}x_i^2-m^2$$

여기에 문제의 조건 $m=13$, $\sigma=5$를 대입하면

$$5^2=\frac{1}{n}\sum_{i=1}^{n}x_i^2-13^2 \qquad \therefore\ \frac{1}{n}\sum_{i=1}^{n}x_i^2=194$$

따라서 $2x_1^2$, $2x_2^2$, $2x_3^2$, $\cdots$, $2x_n^2$의 평균을 m'이라고 하면

$$m'=\frac{1}{n}\sum_{i=1}^{n}2x_i^2=2\times\frac{1}{n}\sum_{i=1}^{n}x_i^2=2\times 194=\mathbf{388} \leftarrow \text{답}$$

유제 **8**-2. 변량 x_1, x_2, x_3, $\cdots$, x_{20}의 평균이 5, 제곱의 합이 520일 때, 이 변량의 표준편차를 구하여라. 답 **1**

유제 **8**-3. 세 수 x_1, x_2, x_3의 평균이 8이고 분산이 6일 때, 세 수 x_1^2, x_2^2, x_3^2의 평균을 구하여라. 답 **70**

§2. 확률변수와 확률분포

1 확률변수와 확률분포

이를테면 한쪽 면에 1이 새겨지고 다른 쪽 면에 2가 새겨진 동전이 있다고 하자.

이와 같은 두 개의 동전 A, B를 동시에 던질 때, 표본공간 S는

$$S=\{(1, 1), (1, 2), (2, 1), (2, 2)\}$$

이다. 이때, 나오는 수의 합을 X라고 하면 S의 근원사건에 대응하는 X의 값은 2, 3, 3, 4이다. 곧, X는

$$2, \quad 3, \quad 4$$

중에서 하나의 값을 가지는 변수이고, X가 이들 값을 가질 확률은 각각

$$\frac{1}{4}, \quad \frac{2}{4}, \quad \frac{1}{4}$$

이다.

A \ B	1	2
1	2	3
2	3	4

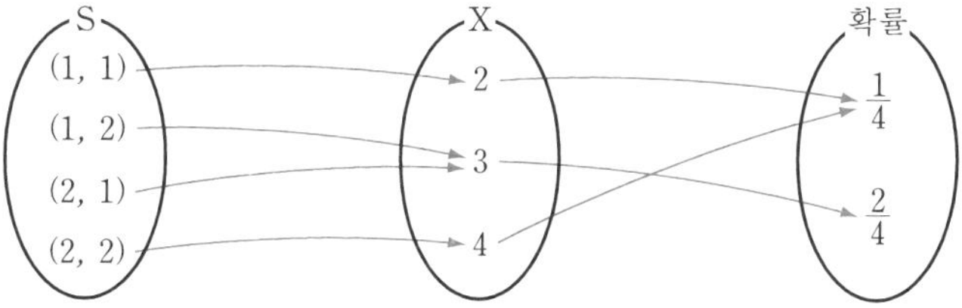

또한 이 대응 관계를 표로 나타내면 아래 왼쪽과 같고, 그래프로 나타내면 아래 오른쪽과 같다.

X	2	3	4	합
확률	$\frac{1}{4}$	$\frac{2}{4}$	$\frac{1}{4}$	1

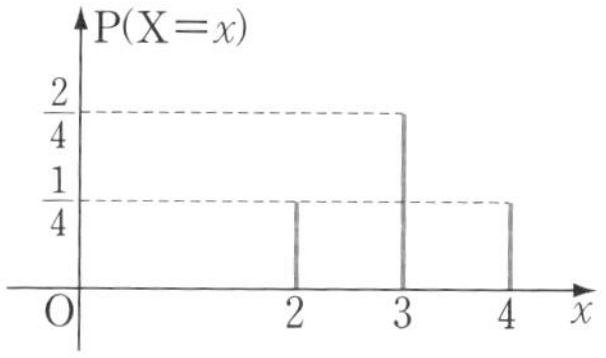

이와 같이 어떤 시행에서 표본공간의 각 근원사건에 하나의 실수를 대응시키는 것을 **확률변수**라고 한다. 확률변수는 보통 알파벳 대문자 X, Y, Z 등으로 나타내고, 확률변수가 가지는 값은 숫자 또는 소문자 x, y, z 등으로 나타낸다.

특히 위의 예와 같이 확률변수 X가 가지는 값이 유한개이거나 자연수처럼 셀 수 있을 때, 이 확률변수 X를 **이산확률변수**라고 한다.

이때, 확률변수 X가 어떤 값 x를 가질 확률을 기호로 $\mathbf{P(X=x)}$와 같이 나타낸다.

이를테면 앞면의 예에서 확률변수 X에 대하여

$$P(X=2)=\frac{1}{4},\quad P(X=3)=\frac{2}{4},\quad P(X=4)=\frac{1}{4}$$

이다.

또한 확률변수 X가 가지는 값과 X가 이들 값을 가질 확률 사이의 대응 관계를 이산확률변수 X의 확률분포라고 한다.

확률분포는 앞면에서와 같이 표나 그래프로 나타낼 수도 있고,

$$P(X=x)=\begin{cases}\frac{1}{4} & (x=2,\ 4)\\ \frac{2}{4} & (x=3)\end{cases} \qquad \Leftarrow P(X=k)=\begin{cases}\frac{k-1}{4} & (k<3)\\ \frac{5-k}{4} & (k\geq 3)\end{cases}$$

(단, $k=2,\ 3,\ 4$)

와 같이 식으로 나타낼 수도 있다.

이와 같이 대응 관계를 나타내는 함수를 이산확률변수 X의 확률질량함수라고 한다.

일반적으로 다음과 같이 정의한다.

기본정석 **확률변수, 확률분포, 확률질량함수**

(1) 확률변수 : 변수 X가 가지는 값이

$x_1,\ x_2,\ x_3,\ \cdots,\ x_n$

이고, X가 이들 값을 가질 확률

$p_1,\ p_2,\ p_3,\ \cdots,\ p_n$

이 정해질 때, 이 변수 X를 확률변수라고 한다.

X	x_1	x_2	$\cdots$	x_n	합
$P(X=x_i)$	p_1	p_2	$\cdots$	p_n	1

(2) 확률분포 : 확률변수 X가 가지는 값 $x_1,\ x_2,\ x_3,\ \cdots,\ x_n$과 X가 이들 값을 가질 확률 $p_1,\ p_2,\ p_3,\ \cdots,\ p_n$의 대응 관계를 이산확률변수 X의 확률분포라고 한다.

(3) 확률질량함수 : 위의 대응 관계를 나타내는 함수

$$\mathbf{P(X=x_i)=p_i} \text{ (단, } \mathbf{i=1,\ 2,\ 3,\ \cdots,\ n}\text{)}$$

를 이산확률변수 X의 확률질량함수라고 한다.

이산확률변수 X의 확률분포는 표, 그래프, 확률질량함수 등으로 나타낼 수 있다.

보기 1 한 개의 주사위를 던질 때, 나오는 눈의 수를 확률변수 X라고 하자.

(1) X의 확률분포를 표로 나타내어라.

(2) X의 확률질량함수를 구하여라.

연구 (1) 확률변수 X가 가지는 값은

1, 2, 3, 4, 5, 6

이고, X가 이들 값을 가질 확률이 각각 $\frac{1}{6}$이므로 X의 확률분포를 표로 나타내면 위와 같다.

X	1	2	3	4	5	6	합
$P(X=x)$	$\frac{1}{6}$	$\frac{1}{6}$	$\frac{1}{6}$	$\frac{1}{6}$	$\frac{1}{6}$	$\frac{1}{6}$	1

(2) $\mathbf{P(X=k)=\frac{1}{6}\ (k=1,\ 2,\ 3,\ 4,\ 5,\ 6)}$

보기 2 한 개의 동전을 두 번 던질 때, 동전의 앞면이 나오는 횟수를 확률변수 X라고 하자.

(1) X의 확률분포를 표로 나타내어라.

(2) X의 확률질량함수를 구하여라.

연구 (1) 한 개의 동전을 두 번 던지는 시행에서 동전의 앞면을 H, 뒷면을 T로 나타낼 때, 이 시행의 표본공간 S는

$S=\{(H,\ H),\ (H,\ T),\ (T,\ H),\ (T,\ T)\}$

	H	T
H	2	1
T	1	0

또, 이 시행에서 동전의 앞면이 나오는 횟수 X가 가지는 값은

0, 1, 2

이고, X가 이들 값을 가질 확률은 각각

$\frac{1}{4},\ \frac{2}{4},\ \frac{1}{4}$

이므로 X의 확률분포를 표로 나타내면 오른쪽과 같다.

X	0	1	2	합
$P(X=x)$	$\frac{1}{4}$	$\frac{2}{4}$	$\frac{1}{4}$	1

(2) X가 0, 1, 2를 가질 확률은 독립시행의 확률에 의하여 각각

$$P(X=0)={}_2C_0\left(\frac{1}{2}\right)^0\left(\frac{1}{2}\right)^{2-0}=\frac{1}{4},\quad P(X=1)={}_2C_1\left(\frac{1}{2}\right)^1\left(\frac{1}{2}\right)^{2-1}=\frac{2}{4},$$

$$P(X=2)={}_2C_2\left(\frac{1}{2}\right)^2\left(\frac{1}{2}\right)^{2-2}=\frac{1}{4}$$

또, 한 개의 동전을 두 번 던질 때, 앞면이 k회 나올 확률은

$$P(X=k)={}_2C_k\left(\frac{1}{2}\right)^k\left(\frac{1}{2}\right)^{2-k}={}_2C_k\left(\frac{1}{2}\right)^2=\frac{1}{4}{}_2C_k\ (k=0,\ 1,\ 2)$$

이므로 구하는 확률질량함수는

$$\mathbf{P(X=k)=\frac{1}{4}{}_2C_k\ (k=0,\ 1,\ 2)}$$

2 확률질량함수의 성질

확률질량함수 $P(X=x_i)=p_i$ (단, $i=1, 2, 3, \cdots, n$)에서

(i) p_i는 확률이므로 $0 \le p_i \le 1$

(ii) $p_1+p_2+p_3+\cdots+p_n$은 일어날 수 있는 모든 경우의 확률의 합이므로

$$p_1+p_2+p_3+\cdots+p_n=1 \quad \text{곧,} \quad \sum p_i=1$$

이다.

이와 같은 확률질량함수의 성질을 다음과 같이 정리할 수 있다.

기본정석 — 확률질량함수의 성질

확률질량함수 $P(X=x_i)=p_i$ (단, $i=1, 2, 3, \cdots, n$)에서

(1) $0 \le p_i \le 1$

(2) $\sum_{i=1}^{n} p_i=1$

(3) $P(x_i \le X \le x_j)=\sum_{k=i}^{j} p_k$ (단, $i, j=1, 2, 3, \cdots, n, i \le j$)

보기 3 확률변수 X의 확률분포가 다음과 같다.

X	0	1	2	3	4	합
$P(X=x)$	0.1	0.25	0.3	0.25	0.1	1

이때, 다음을 구하여라.

(1) $P(X=2)$ (2) $P(X=2$ 또는 $X=4)$ (3) $P(X<2)$

(4) $P(2 \le X \le 4)$ (5) $P(X \ge 1)$

연구 (1) $P(X=2)=\mathbf{0.3}$

(2) $P(X=2$ 또는 $X=4)=P(X=2)+P(X=4)=0.3+0.1=\mathbf{0.4}$

(3) $P(X<2)=P(X=0)+P(X=1)=0.1+0.25=\mathbf{0.35}$

(4) $P(2 \le X \le 4)=P(X=2)+P(X=3)+P(X=4)=0.3+0.25+0.1=\mathbf{0.65}$

(5) $P(X \ge 1)=1-P(X=0)=1-0.1=\mathbf{0.9}$

보기 4 확률변수 X의 확률분포가 오른쪽과 같을 때, a의 값과 $P(X^2=1)$을 구하여라.

X	-1	1	2
$P(X=x)$	$\frac{1}{6}$	a	$\frac{1}{3}$

연구 확률 $P(X=x)$의 합이 1이므로

$$P(X=-1)+P(X=1)+P(X=2)=\frac{1}{6}+a+\frac{1}{3}=1 \quad \therefore \; \boldsymbol{a=\frac{1}{2}}$$

$$\therefore \; P(X^2=1)=P(X=1 \text{ 또는 } X=-1)=P(X=1)+P(X=-1)$$

$$=a+\frac{1}{6}=\frac{1}{2}+\frac{1}{6}=\boldsymbol{\frac{2}{3}}$$

기본 문제 8-3 주머니에 흰 공 3개, 붉은 공 2개가 들어 있다. 이 주머니에서 임의로 2개의 공을 동시에 꺼낼 때, 나오는 붉은 공의 개수를 확률변수 X라고 하자.

(1) X의 확률분포를 구하여라. (2) $P(X\ge1)$을 구하여라.

[정석연구] 확률변수 X의 확률분포를 구할 때에는

(i) X가 가지는 값이 어떤 것인가를 빠짐없이 조사하고,

(ii) X가 가지는 각 값에 대응하는 확률을 구한 다음,

(iii) 이 대응 관계를 표, 그래프, 확률질량함수 중 어느 하나로 나타낸다.

이 문제에서 2개의 공을 꺼낼 때, 꺼낸 공의 색은

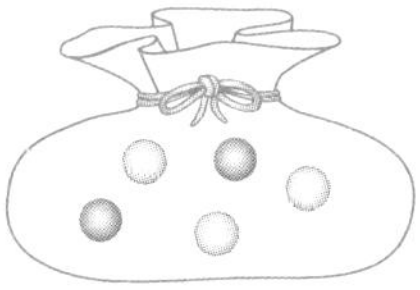

이므로 붉은 공의 개수 X가 가지는 값은

0, 1, 2

이고, X가 이들 값을 가질 확률은 각각

$$0 \longrightarrow \frac{{}_2C_0\times{}_3C_2}{{}_5C_2},\quad 1 \longrightarrow \frac{{}_2C_1\times{}_3C_1}{{}_5C_2},\quad 2 \longrightarrow \frac{{}_2C_2\times{}_3C_0}{{}_5C_2}$$

이므로 이들의 대응 관계를 표로 나타내면 확률분포를 구할 수 있다.

[모범답안] (1) X가 가지는 값은 0, 1, 2이고,

$$P(X=0)=\frac{{}_2C_0\times{}_3C_2}{{}_5C_2}=\frac{3}{10},$$

$$P(X=1)=\frac{{}_2C_1\times{}_3C_1}{{}_5C_2}=\frac{6}{10},$$

$$P(X=2)=\frac{{}_2C_2\times{}_3C_0}{{}_5C_2}=\frac{1}{10}$$

X	0	1	2	합
$P(X=x)$	$\frac{3}{10}$	$\frac{6}{10}$	$\frac{1}{10}$	1

따라서 X의 확률분포를 표로 나타내면 위와 같다.

(2) $P(X\ge1)=P(X=1)+P(X=2)=\frac{6}{10}+\frac{1}{10}=\mathbf{\frac{7}{10}}$ ← [답]

Advice | 5개의 공 중 2개의 공을 꺼내는 경우의 수는 ${}_5C_2$이고, 꺼낸 공 중 붉은 공이 k개인 경우의 수는 ${}_2C_k\times{}_3C_{2-k}$이므로 X의 확률질량함수는

$$P(X=k)=\frac{{}_2C_k\times{}_3C_{2-k}}{{}_5C_2}\quad (k=0,\ 1,\ 2)$$

[유제] **8**-4. 10개의 제품 중 2개의 불량품이 있다. 이 중에서 임의로 2개의 제품을 동시에 뽑을 때, 나오는 불량품의 개수를 확률변수 X라고 하자.

(1) X의 확률분포를 구하여라. (2) $P(X\le1)$을 구하여라.

[답] (1) 생략 (2) $\mathbf{\frac{44}{45}}$

§ 3. 이산확률변수의 기댓값(평균)과 표준편차

1 이산확률변수의 기댓값(평균)

등급	제비 수	상금(원)
1등	1	1000
2등	2	500
3등	3	200
등외	4	0

이를테면 오른쪽과 같은 10개의 제비가 있다. 이 중에서 임의로 1개의 제비를 뽑을 때, 상금을 X원이라 하면 X가 가지는 값은

$$1000,\quad 500,\quad 200,\quad 0$$

이고, X가 이들 값을 가질 확률은 각각

$$\frac{1}{10},\quad \frac{2}{10},\quad \frac{3}{10},\quad \frac{4}{10}$$

이다. 따라서 X의 확률분포는 오른쪽과 같다.

X	1000	500	200	0	합
$P(X=x)$	$\frac{1}{10}$	$\frac{2}{10}$	$\frac{3}{10}$	$\frac{4}{10}$	1

그런데 이 10개의 제비의 상금의 총액은

$$1000\times1+500\times2+200\times3+0\times4$$

이므로 제비 1개에 대한 상금의 평균 금액은

$$\frac{1000\times1+500\times2+200\times3+0\times4}{10}=\mathbf{260}(\text{원})$$

이고, 제비 1개를 뽑은 사람은 이 정도의 금액을 기대할 수 있다.

한편 위의 식을 변형하면

$$1000\times\frac{1}{10}+500\times\frac{2}{10}+200\times\frac{3}{10}+0\times\frac{4}{10}=\mathbf{260}(\text{원})$$

이고, 이것은 위의 확률분포에서 X가 가지는 각 값에, 이에 대응하는 확률을 각각 곱하여 더한 것임을 알 수 있다.

이런 뜻에서 이산확률변수 X의 기댓값(평균)을 다음과 같이 정의한다.

기본정석 **이산확률변수의 기댓값(평균)**

이산확률변수 X의 확률질량함수

$P(X=x_i)=p_i\ (i=1,\ 2,\ \cdots,\ n)$

에 대하여

X	x_1	x_2	$\cdots$	x_n	합
$P(X=x_i)$	p_1	p_2	$\cdots$	p_n	1

$$\sum_{i=1}^{n} x_i p_i = x_1p_1+x_2p_2+x_3p_3+\cdots+x_np_n$$

을 X의 기댓값(또는 평균)이라 하고, $\mathbf{E(X)}$(또는 $\boldsymbol{m}$)와 같이 나타낸다.

Advice | E(X)에서 E는 Expectation(기댓값)의 첫 글자이다.

보기 1 확률변수 X의 확률분포가 오른쪽과 같을 때, X의 평균을 구하여라.

X	1	2	3	4	합
P(X=x)	$\frac{3}{8}$	$\frac{3}{8}$	$\frac{1}{8}$	$\frac{1}{8}$	1

연구 평균의 정의에 의하여

$$\mathrm{E(X)}=\sum_{i=1}^{n} x_i p_i=1\times\frac{3}{8}+2\times\frac{3}{8}+3\times\frac{1}{8}+4\times\frac{1}{8}=\mathbf{2}$$

보기 2 두 개의 동전을 동시에 던지는 시행에서 앞면이 나오는 동전의 개수를 확률변수 X라고 할 때, X의 평균을 구하여라.

연구 X가 가지는 값은 0, 1, 2이고, X가 이들 값을 가질 확률은 각각 $\frac{1}{4}$, $\frac{2}{4}$, $\frac{1}{4}$ 이므로 X의 확률분포는 오른쪽과 같다.

X	0	1	2	합
P(X=x)	$\frac{1}{4}$	$\frac{2}{4}$	$\frac{1}{4}$	1

$$\therefore\ \mathrm{E(X)}=\sum_{i=1}^{n} x_i p_i=0\times\frac{1}{4}+1\times\frac{2}{4}+2\times\frac{1}{4}=\mathbf{1}$$

2 이산확률변수의 분산과 표준편차

도수분포에서 변량이 평균을 중심으로 흩어져 있는 정도를 나타내는 분산과 표준편차에 대하여 공부한 바 있다. ⇦ p. 139~140

마찬가지로 확률분포에서도 이산확률변수 X의 기댓값 E(X)를 m이라고 할 때, 편차의 제곱 $(\mathrm{X}-m)^2$은

$$(x_1-m)^2,\quad (x_2-m)^2,\quad (x_3-m)^2,\quad \cdots,\quad (x_n-m)^2$$

의 값을 가지는 확률변수로 X가 m으로부터 떨어진 정도를 나타내므로 X의 분산과 표준편차에 대하여 다음과 같이 생각할 수 있다.

기본정석 — **이산확률변수의 분산과 표준편차**

이산확률변수 X의 평균이 m일 때, $(\mathrm{X}-m)^2$의 평균 $\mathrm{E}\big((\mathrm{X}-m)^2\big)$을 X의 분산이라 하고, 기호로 $\mathbf{V(X)}$ 또는 $\boldsymbol{\sigma}^2\mathbf{(X)}$와 같이 나타낸다.

또, 분산의 음이 아닌 제곱근을 표준편차라 하고, 기호로 $\boldsymbol{\sigma}\mathbf{(X)}$와 같이 나타낸다.

따라서 이산확률변수 X의 확률질량함수 $\mathrm{P(X}=x_i)=p_i$ (단, $i=1$, 2, 3, $\cdots$, n)에 대하여

분　산 : $\mathbf{V(X)}=\sum_{i=1}^{n}(\boldsymbol{x_i}-\boldsymbol{m})^2\boldsymbol{p_i}=\sum_{i=1}^{n}\boldsymbol{x_i}^2\boldsymbol{p_i}-\boldsymbol{m}^2$

표준편차 : $\boldsymbol{\sigma}\mathbf{(X)}=\sqrt{\mathbf{V(X)}}=\sqrt{\sum_{i=1}^{n}(\boldsymbol{x_i}-\boldsymbol{m})^2\boldsymbol{p_i}}$

Advice 1° V(X)에서 V는 Variance(분산)의 첫 글자이고, σ(X)에서 σ는 standard deviation의 첫 글자 s에 해당하는 그리스 문자이다.

2° 도수분포에서의 분산 및 표준편차와 확률분포에서의 분산 및 표준편차의 관계에 대하여 살펴보자.

X	x_1	x_2	x_3	$\cdots$	x_n	합
f_i	f_1	f_2	f_3	$\cdots$	f_n	N

어떤 변량 X의 도수분포가 오른쪽과 같을 때, X의 평균 m과 분산 σ^2을

$$m=\frac{1}{\mathrm{N}}\sum_{i=1}^{n}x_i f_i, \quad \sigma^2=\frac{1}{\mathrm{N}}\sum_{i=1}^{n}(x_i-m)^2 f_i$$ ⇦ p. 137, 140

라고 정의하였다.

그런데

X	x_1	x_2	x_3	$\cdots$	x_n	합
P(X=x_i)	$\frac{f_1}{\mathrm{N}}$	$\frac{f_2}{\mathrm{N}}$	$\frac{f_3}{\mathrm{N}}$	$\cdots$	$\frac{f_n}{\mathrm{N}}$	1

$x_1,\ x_2,\ x_3,\ \cdots,\ x_n$

의 상대도수는 각각

$\frac{f_1}{\mathrm{N}},\ \frac{f_2}{\mathrm{N}},\ \frac{f_3}{\mathrm{N}},\ \cdots,\ \frac{f_n}{\mathrm{N}}$

이므로 X는 x_i에 확률 $\frac{f_i}{\mathrm{N}}$가 대응하는 확률분포를 가지는 확률변수라고 생각할 수 있다.

여기에서 $\frac{f_i}{\mathrm{N}}=p_i$로 놓으면 위의 도수분포에서 평균 m과 분산 σ^2은

$$m=\frac{1}{\mathrm{N}}\sum_{i=1}^{n}x_i f_i=\sum_{i=1}^{n}\left(x_i\times\frac{f_i}{\mathrm{N}}\right)=\sum_{i=1}^{n}\boldsymbol{x_i p_i}$$

$$\sigma^2=\frac{1}{\mathrm{N}}\sum_{i=1}^{n}(x_i-m)^2 f_i=\sum_{i=1}^{n}\left\{(x_i-m)^2\times\frac{f_i}{\mathrm{N}}\right\}=\sum_{i=1}^{n}\boldsymbol{(x_i-m)^2 p_i}$$

이다.

3° 도수분포에서와 마찬가지로 확률분포에서도 분산 V(X)를 다음과 같이 변형할 수 있다.

$$\begin{aligned}\mathrm{V}(\mathrm{X})&=\sum_{i=1}^{n}(x_i-m)^2 p_i=\sum_{i=1}^{n}(x_i{}^2 p_i-2m x_i p_i+m^2 p_i)\\&=\sum_{i=1}^{n}x_i{}^2 p_i-2m\sum_{i=1}^{n}x_i p_i+m^2\sum_{i=1}^{n}p_i\end{aligned}$$

여기에서 $\sum_{i=1}^{n}x_i p_i=m,\ \sum_{i=1}^{n}p_i=1$이므로

정석 $\mathrm{V}(\mathrm{X})=\sum_{i=1}^{n}\boldsymbol{x_i{}^2 p_i-m^2}, \quad \boldsymbol{\sigma}(\mathrm{X})=\sqrt{\sum_{i=1}^{n}\boldsymbol{x_i{}^2 p_i-m^2}}$

**Note* 도수분포에서 σ^2, σ를 다음과 같이 변형하였다. ⇦ p. 140

서로 비교하면서 기억해 두자.

$$\sigma^2=\frac{1}{\mathrm{N}}\sum_{i=1}^{n}x_i{}^2 f_i-m^2, \qquad \sigma=\sqrt{\frac{1}{\mathrm{N}}\sum_{i=1}^{n}x_i{}^2 f_i-m^2}$$

보기 3 한 개의 주사위를 던지는 시행에서 나오는 눈의 수를 확률변수 X라고 할 때, X의 기댓값(평균), 분산 및 표준편차를 구하여라.

연구 나오는 눈의 수는

1, 2, 3, 4, 5, 6

이므로 X는 이 값을 가지고, 이에 대응하는 확률은 각각 $\frac{1}{6}$이므로 X의 확률분포는 위와 같다.

X	1	2	3	4	5	6	합
$P(X=x)$	$\frac{1}{6}$	$\frac{1}{6}$	$\frac{1}{6}$	$\frac{1}{6}$	$\frac{1}{6}$	$\frac{1}{6}$	1

$$\therefore\ m=\sum_{i=1}^{n} x_i p_i$$
$$=1\times\frac{1}{6}+2\times\frac{1}{6}+3\times\frac{1}{6}+4\times\frac{1}{6}+5\times\frac{1}{6}+6\times\frac{1}{6}=\mathbf{\frac{7}{2}}$$
$$V(X)=\sum_{i=1}^{n} x_i^2 p_i-m^2$$
$$=1^2\times\frac{1}{6}+2^2\times\frac{1}{6}+3^2\times\frac{1}{6}+\cdots+6^2\times\frac{1}{6}-\left(\frac{7}{2}\right)^2=\mathbf{\frac{35}{12}}$$
$$\sigma(X)=\sqrt{\frac{35}{12}}=\frac{\sqrt{35}}{2\sqrt{3}}=\mathbf{\frac{\sqrt{105}}{6}}$$

보기 4 어떤 정책에 대하여 성인 1000명을 대상으로 여론 조사를 한 결과 찬성한 사람은 60%이고, 나머지는 모두 반대하였다.

찬성자에 1, 반대자에 0의 값을 줄 때, 기댓값(평균)과 분산을 구하여라.

연구 다음 두 가지 방법을 생각할 수 있다.

(i) 1000명 중 찬성자는

$$1000\times\frac{60}{100}=600(\text{명})$$

이므로 찬성자에 1, 반대자에 0의 값을 주어서 도수분포표를 만들면 오른쪽과 같다.

x_i	1	0	합
f_i	600	400	1000

$$\therefore\ m=\frac{1}{N}\sum_{i=1}^{n} x_i f_i=\frac{1}{1000}(1\times600+0\times400)=\mathbf{0.6}$$
$$\sigma^2=\frac{1}{N}\sum_{i=1}^{n} x_i^2 f_i-m^2=\frac{1}{1000}(1^2\times600+0^2\times400)-0.6^2=\mathbf{0.24}$$

(ii) 찬반을 나타내는 변수를 확률변수 X라고 하면 X의 확률분포는 오른쪽과 같다.

X	1	0	합
$P(X=x)$	$\frac{600}{1000}$	$\frac{400}{1000}$	1

$$\therefore\ m=\sum_{i=1}^{n} x_i p_i$$
$$=1\times\frac{600}{1000}+0\times\frac{400}{1000}=\mathbf{0.6}$$
$$V(X)=\sum_{i=1}^{n} x_i^2 p_i-m^2=1^2\times\frac{600}{1000}+0^2\times\frac{400}{1000}-0.6^2=\mathbf{0.24}$$

3 이산확률변수 $aX+b$의 기댓값(평균), 분산 및 표준편차

이산확률변수 X의 기댓값 E(X), 분산 V(X) 및 표준편차 $\sigma(X)$와 이산확률변수 $aX+b$ (단, a, b는 상수)의 기댓값(평균), 분산 및 표준편차 사이에는 다음 성질이 있다.

기본정석 — **$aX+b$의 기댓값, 분산 및 표준편차**

(1) $V(X)=E(X^2)-\{E(X)\}^2$ (2) $E(aX+b)=aE(X)+b$

(3) $V(aX+b)=a^2V(X)$ (4) $\sigma(aX+b)=|a|\sigma(X)$

Advice | 위의 성질은 다음과 같이 증명할 수 있다.

(1) $V(X)=\sum_{i=1}^{n} x_i^2 p_i - m^2$에서

$\sum_{i=1}^{n} x_i^2 p_i$는 X^2의 평균이고,

m은 X의 평균이므로

$V(X)=E(X^2)-\{E(X)\}^2$

X	x_1	x_2	x_3	$\cdots$	x_n	합
X^2	x_1^2	x_2^2	x_3^2	$\cdots$	x_n^2	
$P(X=x_i)$	p_1	p_2	p_3	$\cdots$	p_n	1

(2) $E(aX+b)=\sum_{i=1}^{n}(ax_i+b)p_i=a\sum_{i=1}^{n}x_ip_i+b\sum_{i=1}^{n}p_i=aE(X)+b$

(3) $E(aX+b)=aE(X)+b=am+b$이므로

$$V(aX+b)=E\left(\{(aX+b)-(am+b)\}^2\right)=E\left(\{a(X-m)\}^2\right)$$
$$=E\left(a^2(X-m)^2\right)=a^2E\left((X-m)^2\right)=a^2V(X)$$

(4) $V(aX+b)=a^2V(X)$에서 $\sqrt{V(aX+b)}=|a|\sqrt{V(X)}$

$\therefore\ \sigma(aX+b)=|a|\sigma(X)$

보기 5 확률변수 X의 기댓값(평균)이 6이고 분산이 4일 때, 확률변수 X^2의 기댓값(평균)을 구하여라.

연구 $V(X)=E(X^2)-\{E(X)\}^2$에 주어진 조건을 대입하면

$4=E(X^2)-6^2 \quad \therefore\ E(X^2)=\mathbf{40}$

보기 6 $E(X)=5$일 때, $E(2X-1)$, $E(-X+1)$을 구하여라.

연구 $E(2X-1)=2E(X)-1=\mathbf{9}$, $E(-X+1)=-E(X)+1=\mathbf{-4}$

보기 7 $V(X)=4$일 때, $V(3X-1)$을 구하여라.

연구 $V(3X-1)=3^2V(X)=9\times4=\mathbf{36}$

보기 8 $\sigma(X)=10$일 때, $\sigma(2X-3)$, $\sigma(-2X-3)$을 구하여라.

연구 $\sigma(2X-3)=|2|\sigma(X)=\mathbf{20}$, $\sigma(-2X-3)=|-2|\sigma(X)=\mathbf{20}$

기본 문제 8-4 한 개의 동전을 두 번 던지는 시행에서 앞면이 나올 때마다 100원, 뒷면이 나올 때마다 20원의 상금을 받는다.

이 시행에서 받는 상금을 X원이라고 할 때, 확률변수 X의 기댓값(평균)과 분산을 구하여라.

정석연구 앞면을 H, 뒷면을 T로 나타내면 동전을 두 번 던질 때, 표본공간 S는 다음과 같다.

$$S=\{(H, H), (H, T), (T, H), (T, T)\}$$

여기에서

(H, H)일 때는 100+100, (H, T)일 때는 100+20,
(T, H)일 때는 20+100, (T, T)일 때는 20+20

이므로 X가 가지는 값은 200, 120, 40이다.

먼저 X의 확률분포를 구한 다음

정석 $\mathrm{E(X)}=\sum_{i=1}^{n} x_i p_i, \quad \mathrm{V(X)}=\sum_{i=1}^{n} x_i^2 p_i - m^2$ ⇦ $m=\mathrm{E(X)}$

을 이용한다.

모범답안 X가 가지는 값은

40, 120, 200

이고, 이에 대응하는 확률은 각각

$\frac{1}{4}, \quad \frac{2}{4}, \quad \frac{1}{4}$

이므로 X의 확률분포는 오른쪽과 같다.

X	40	120	200	합
P(X=x)	$\frac{1}{4}$	$\frac{2}{4}$	$\frac{1}{4}$	1

$\therefore \mathrm{E(X)}=40\times\frac{1}{4}+120\times\frac{2}{4}+200\times\frac{1}{4}=\mathbf{120}$(원) ← 답

$\mathrm{V(X)}=40^2\times\frac{1}{4}+120^2\times\frac{2}{4}+200^2\times\frac{1}{4}-120^2=\mathbf{3200}$ ← 답

*Note 기댓값(평균)이 금액일 때에는 기대 금액이라고도 한다.

유제 8-5. 10원짜리 동전 한 개와 100원짜리 동전 한 개를 동시에 던져서 앞면이 나오는 동전의 금액의 합을 X원이라고 할 때, 확률변수 X의 기댓값(평균)과 분산을 구하여라. 답 E(X)=**55**(원), V(X)=**2525**

유제 8-6. 100원짜리 동전 3개를 동시에 던져서 앞면이 나오는 동전을 받기로 할 때, 이 사람이 받는 금액을 X원이라고 하자.

이때, 확률변수 X의 기댓값(평균)과 표준편차를 구하여라.

답 E(X)=**150**(원), σ(X)=$\mathbf{50\sqrt{3}}$(원)

기본 문제 **8**-5 서로 다른 두 개의 주사위를 동시에 던질 때, 나오는 눈의 수의 합을 확률변수 X라고 하자.

(1) X의 확률분포를 구하여라. (2) X의 평균과 분산을 구하여라.

정석연구 두 개의 주사위 A, B를 동시에 던질 때, 나오는 눈의 수의 합 X가 가지는 값은 오른쪽 표의 초록색 수인

2, 3, 4, 5, $\cdots$, 11, 12

이다.

따라서 X가 이들 값을 가질 확률을 각각 구하여 X의 확률분포를 표로 나타낸 다음, 아래 정석을 이용한다.

A \ B	1	2	3	4	5	6
1	2	3	4	5	6	7
2	3	4	5	6	7	8
3	4	5	6	7	8	9
4	5	6	7	8	9	10
5	6	7	8	9	10	11
6	7	8	9	10	11	12

정석 $\mathbf{E(X)=\sum_{i=1}^{n} x_i p_i}$,

$\mathbf{V(X)=\sum_{i=1}^{n} x_i^2 p_i - m^2}$ ⇦ $\mathbf{m=E(X)}$

모범답안 (1) X의 확률분포를 표로 나타내면 아래와 같다.

X	2	3	4	5	6	7	8	9	10	11	12	합
P(X=x)	$\frac{1}{36}$	$\frac{2}{36}$	$\frac{3}{36}$	$\frac{4}{36}$	$\frac{5}{36}$	$\frac{6}{36}$	$\frac{5}{36}$	$\frac{4}{36}$	$\frac{3}{36}$	$\frac{2}{36}$	$\frac{1}{36}$	1

(2) $E(X)=2\times\frac{1}{36}+3\times\frac{2}{36}+4\times\frac{3}{36}+\cdots+11\times\frac{2}{36}+12\times\frac{1}{36}=\mathbf{7}$ ← 답

$V(X)=2^2\times\frac{1}{36}+3^2\times\frac{2}{36}+4^2\times\frac{3}{36}+\cdots+11^2\times\frac{2}{36}+12^2\times\frac{1}{36}-7^2$

$=\mathbf{\frac{35}{6}}$ ← 답

유제 **8**-7. 6개의 면에 1, 2, 2, 3, 3, 3의 숫자가 각각 적힌 서로 다른 정육면체 두 개를 동시에 던지는 시행에서 나오는 수의 합을 확률변수 X라고 할 때, X의 평균과 표준편차를 구하여라. 답 $E(X)=\mathbf{\frac{14}{3}}$, $\sigma(X)=\mathbf{\frac{\sqrt{10}}{3}}$

유제 **8**-8. 1이 적힌 카드가 2장, 2가 적힌 카드가 2장, 4가 적힌 카드가 1장 있다. 이 5장의 카드 중에서 임의로 2장의 카드를 동시에 뽑아 카드에 적힌 수의 합을 확률변수 X라고 할 때, X의 평균과 분산을 구하여라.

답 $E(X)=\mathbf{4}$, $V(X)=\mathbf{\frac{9}{5}}$

기본 문제 8-6 남자 7명, 여자 3명으로 구성된 어느 자원봉사 팀에서 임의로 5명을 선발할 때, 선발되는 남자의 수를 확률변수 X라고 하자. 이때, 다음 물음에 답하여라.

(1) X의 확률분포를 구하여라. (2) X의 평균과 분산을 구하여라.

정석연구 여자가 3명뿐이므로, 5명을 선발할 때 이 중에서 적어도 2명은 남자이어야 한다.

따라서 X가 가지는 값은

2, 3, 4, 5

이다.

{남, 남, 남, 남, 남, 남, 남 / 여, 여, 여}

X가 이들 값을 가질 확률을 구한 다음, 아래 **정석**을 이용한다.

정석 $\mathrm{E(X)}=\sum_{i=1}^{n} x_i p_i,\quad \mathrm{V(X)}=\sum_{i=1}^{n} x_i^2 p_i - m^2$ ⇦ $m=\mathrm{E(X)}$

모범답안 (1) X가 가지는 값은 2, 3, 4, 5이고,

$$\mathrm{P(X=2)}=\frac{{}_7\mathrm{C}_2\times{}_3\mathrm{C}_3}{{}_{10}\mathrm{C}_5}=\frac{1}{12},\quad \mathrm{P(X=3)}=\frac{{}_7\mathrm{C}_3\times{}_3\mathrm{C}_2}{{}_{10}\mathrm{C}_5}=\frac{5}{12},$$

$$\mathrm{P(X=4)}=\frac{{}_7\mathrm{C}_4\times{}_3\mathrm{C}_1}{{}_{10}\mathrm{C}_5}=\frac{5}{12},\quad \mathrm{P(X=5)}=\frac{{}_7\mathrm{C}_5\times{}_3\mathrm{C}_0}{{}_{10}\mathrm{C}_5}=\frac{1}{12}$$

따라서 X의 확률분포를 표로 나타내면 오른쪽과 같다.

X	2	3	4	5
$\mathrm{P}(\mathrm{X}=x)$	$\frac{1}{12}$	$\frac{5}{12}$	$\frac{5}{12}$	$\frac{1}{12}$

(2) $\mathrm{E(X)}=2\times\frac{1}{12}+3\times\frac{5}{12}+4\times\frac{5}{12}+5\times\frac{1}{12}$

$=\frac{7}{2}$ ← 답

$$\mathrm{V(X)}=2^2\times\frac{1}{12}+3^2\times\frac{5}{12}+4^2\times\frac{5}{12}+5^2\times\frac{1}{12}-\left(\frac{7}{2}\right)^2=\frac{7}{12}$$ ← 답

Advice 확률변수 X의 확률질량함수는 다음과 같다.

$$\mathrm{P(X}=k)=\frac{{}_7\mathrm{C}_k\times{}_3\mathrm{C}_{5-k}}{{}_{10}\mathrm{C}_5}\quad(k=2,\ 3,\ 4,\ 5)$$

유제 **8**-9. 흰 공 1개, 붉은 공 2개, 파란 공 3개가 들어 있는 주머니에서 임의로 2개의 공을 동시에 꺼낼 때, 나오는 붉은 공의 개수를 확률변수 X라고 하자. 이때, X의 평균과 분산을 구하여라. 답 $\mathrm{E(X)}=\frac{2}{3},\ \mathrm{V(X)}=\frac{16}{45}$

유제 **8**-10. 7개의 제품 중 3개의 불량품이 들어 있는 상자에서 임의로 2개의 제품을 동시에 꺼낼 때, 나오는 불량품의 개수를 확률변수 X라고 하자. 이때, X의 평균과 분산을 구하여라. 답 $\mathrm{E(X)}=\frac{6}{7},\ \mathrm{V(X)}=\frac{20}{49}$

기본 문제 8-7 상자에 1이 적힌 공이 1개, 2가 적힌 공이 2개, $\cdots$, 10이 적힌 공이 10개가 들어 있다. 이 상자에서 임의로 한 개의 공을 꺼낼 때, 이 공에 적힌 수를 확률변수 X라고 하자.

(1) X의 확률질량함수를 구하여라.

(2) X의 평균과 분산을 구하여라.

정석연구 (1) $P(X=k)$는 상자에서 꺼낸 공에 적힌 수가 k일 확률이다.

그런데 전체 공의 개수는 $1+2+3+\cdots+10=55$이고, k가 적힌 공의 개수는 k이므로 X의 확률질량함수는

$$P(X=k)=\frac{k}{55}\ (k=1,\ 2,\ 3,\ \cdots,\ 10)$$

(2) 평균과 분산은 오른쪽의 확률분포로부터 구할 수 있지만, 만일 공이 100개라든가 n개일 때에는 이와 같은 방법은 적합하지 않다.

X	1	2	3	$\cdots$	10
$P(X=k)$	$\frac{1}{55}$	$\frac{2}{55}$	$\frac{3}{55}$	$\cdots$	$\frac{10}{55}$

이런 경우에는 기호 $\sum$의 성질을 이용하여

정석 $\mathbf{E(X)=\sum_{k=1}^{n} k\,P(X=k),\quad V(X)=\sum_{k=1}^{n} k^2\,P(X=k)-m^2}$

⇦ $m=E(X)$

을 계산할 수 있어야 한다.

모범답안 (1) 공의 개수는 $1+2+3+\cdots+10=55$이므로

$$\mathbf{P(X=k)=\frac{k}{55}\ (k=1,\ 2,\ 3,\ \cdots,\ 10)} \longleftarrow \text{답}$$

(2) $E(X)=\sum_{k=1}^{10} k\,P(X=k)=\sum_{k=1}^{10}\left(k\times\frac{k}{55}\right)=\frac{1}{55}\times\frac{10\times11\times21}{6}=\mathbf{7} \longleftarrow$ 답

$$V(X)=\sum_{k=1}^{10} k^2\,P(X=k)-\{E(X)\}^2=\sum_{k=1}^{10} k^2\,P(X=k)-7^2$$

$$=\sum_{k=1}^{10}\left(k^2\times\frac{k}{55}\right)-49=\frac{1}{55}\left(\frac{10\times11}{2}\right)^2-49=\mathbf{6} \longleftarrow \text{답}$$

유제 **8**-11. 확률변수 X의 확률질량함수가

$$P(X=k)=\frac{1}{6}(k+1)\ \ (\text{단, } k=0,\ 1,\ 2)$$

이라고 한다. X의 평균과 분산을 구하여라. 답 $E(X)=\frac{4}{3}$, $V(X)=\frac{5}{9}$

유제 **8**-12. 1부터 10까지의 자연수가 하나씩 적힌 10장의 카드가 있다. 이 중에서 임의로 2장의 카드를 동시에 뽑을 때, 카드에 적힌 수 중 큰 수의 평균을 구하여라. 답 $\frac{22}{3}$

기본 문제 8-8 확률변수 X의 확률분포가 오른쪽과 같다. X의 평균이 1, 분산이 5일 때, 상수 a, b의 값을 구하여라. 단, $k>0$이다.

X	-1	1	k	합
$P(X=x)$	a	b	$\frac{1}{3}$	1

정석연구 $\sum P(X=x)=1$임을 이용한다.

또, X의 확률분포에서 평균 E(X)와 분산 V(X)는

$$\text{정석}\ \boldsymbol{E(X)=\sum_{i=1}^{n} x_i p_i,\quad V(X)=\sum_{i=1}^{n} x_i{}^2 p_i - m^2} \quad \Leftarrow m=E(X)$$

을 이용하여 구한다.

모범답안 $\sum P(X=x)=a+b+\frac{1}{3}=1$에서 $a+b=\frac{2}{3}$ ……①

$E(X)=(-1)\times a+1\times b+k\times\frac{1}{3}=1$에서 $-a+b+\frac{k}{3}=1$ ……②

$V(X)=(-1)^2\times a+1^2\times b+k^2\times\frac{1}{3}-1^2=5$에서 $a+b+\frac{1}{3}k^2=6$ ……③

①을 ③에 대입하면 $k^2=16$ $\therefore k=4$ ($\because k>0$)

②에 대입하면 $a-b=\frac{1}{3}$ ……④

①, ④를 연립하여 풀면 $\boldsymbol{a=\frac{1}{2},\ b=\frac{1}{6}}$ ← 답

유제 **8**-13. 확률변수 X의 확률분포가 오른쪽과 같을 때,

(1) X의 평균과 분산을 구하여라.

(2) aX+1의 평균과 분산을 구하여라.

X	-1	0	1	합
$P(X=x)$	a	$\frac{a}{2}$	a^2	1

답 (1) $E(X)=-\frac{1}{4}$, $V(X)=\frac{11}{16}$ (2) $E(aX+1)=\frac{7}{8}$, $V(aX+1)=\frac{11}{64}$

유제 **8**-14. 확률변수 X의 확률분포가 오른쪽과 같을 때, X의 분산이 최대가 되도록 p의 값을 정하여라. 또, 이때 q의 값을 구하여라.

X	0	2	3	합
$P(X=x)$	q	$\frac{1}{4}$	p	1

답 $\boldsymbol{p=\frac{1}{3},\ q=\frac{5}{12}}$

유제 **8**-15. 확률변수 X의 확률분포가 오른쪽과 같다. $\frac{4}{7}$, a, b가 이 순서로 등비수열을 이루고 X의 평균이 24일 때, k의 값을 구하여라. 답 $\boldsymbol{k=14}$

X	k	$2k$	$4k$	합
$P(X=x)$	$\frac{4}{7}$	a	b	1

기본 문제 8-9 확률변수 X의 확률분포가 오른쪽과 같을 때, 다음 물음에 답하여라.

X	1	2	3	4
P(X=x)	0.1	0.2	0.4	0.3

(1) E(X), E(X^2), V(X)를 구하여라.

(2) 확률변수 Y=−2X+1의 평균과 분산을 구하여라.

정석연구 (1) 일반적으로 X의 확률분포가 주어질 때, E(X)와 V(X)는

정석 $E(X)=\sum_{i=1}^{n} x_i p_i,\quad V(X)=\sum_{i=1}^{n} x_i^2 p_i - m^2$ ⇦ $m=E(X)$

을 이용하여 구한다. 그리고 오른쪽과 같이 X^2의 확률분포를 만들면 E(X^2)을 구할 수 있다. 또,

X^2	1^2	2^2	3^2	4^2
P($X^2=x^2$)	0.1	0.2	0.4	0.3

정석 $V(X)=E(X^2)-\{E(X)\}^2$

을 이용하여 V(X)를 구할 수도 있다.

(2) 오른쪽과 같이 Y의 확률분포를 만들어 구할 수 있다.

Y	−1	−3	−5	−7
P(Y=y)	0.1	0.2	0.4	0.3

또는 (1)에서 E(X)와 V(X)를 구했으므로

정석 $E(aX+b)=aE(X)+b,\quad V(aX+b)=a^2V(X)$

를 이용하여 E(Y), V(Y)를 구할 수도 있다.

모범답안 (1) $E(X)=1\times0.1+2\times0.2+3\times0.4+4\times0.3=\mathbf{2.9}$ ← 답

$E(X^2)=1^2\times0.1+2^2\times0.2+3^2\times0.4+4^2\times0.3=\mathbf{9.3}$ ← 답

$V(X)=E(X^2)-\{E(X)\}^2=9.3-2.9^2=\mathbf{0.89}$ ← 답

(2) $E(Y)=E(-2X+1)=-2E(X)+1=-2\times2.9+1=\mathbf{-4.8}$ ← 답

$V(Y)=V(-2X+1)=(-2)^2V(X)=4\times0.89=\mathbf{3.56}$ ← 답

유제 **8**-16. 확률변수 X의 확률분포가 아래와 같을 때, 다음 물음에 답하여라.

(1) E(X), E(X^2), V(X)를 구하여라.

(2) $E(2(X-1)^2)$을 구하여라.

(3) 확률변수 Y=2X+1의 평균과 분산을 구하여라.

X	−2	−1	0	1	2
P(X=x)	0.2	0.1	0.4	0.2	0.1

답 (1) **−0.1, 1.5, 1.49** (2) **5.4** (3) **0.8, 5.96**

유제 **8**-17. 한 개의 주사위를 던져서 나오는 눈의 수를 확률변수 X라고 할 때, $E(aX^2-1)=90$이 되는 상수 a의 값을 구하여라. 답 $\boldsymbol{a=6}$

기본 문제 8-10 어느 시험의 원점수 X의 평균을 m, 표준편차를 σ라고 할 때, 표준점수 T는 다음과 같이 나타내어진다고 한다.

$$T=a\left(\frac{X-m}{\sigma}\right)+b \quad (단,\ a>0)$$

표준점수 T가 평균이 50점, 표준편차가 15점인 확률분포를 이룬다고 할 때, 다음 물음에 답하여라.

(1) 상수 a, b의 값을 구하여라.

(2) 평균이 65점, 표준편차가 5점인 어느 시험에서 75점을 받은 학생의 표준점수를 구하여라.

정석연구 이산확률변수 $aX+b$의 평균과 표준편차는 다음을 이용하여 구한다.

정석 $\mathbf{E(aX+b)=aE(X)+b}$,
$\mathbf{V(aX+b)=a^2V(X),\ \sigma(X)=\sqrt{V(X)}}$

모범답안 $T=\frac{a}{\sigma}X-\frac{am}{\sigma}+b$이고, $E(X)=m$, $V(X)=\sigma^2$이므로

(1) $E(T)=\frac{a}{\sigma}E(X)-\frac{am}{\sigma}+b=\frac{am}{\sigma}-\frac{am}{\sigma}+b=b=50$

$V(T)=\frac{a^2}{\sigma^2}V(X)=\frac{a^2}{\sigma^2}\times\sigma^2=a^2$이므로 $\sigma(T)=\sqrt{V(T)}=|a|=15$

$a>0$이므로 $a=15$ 답 $\boldsymbol{a=15,\ b=50}$

(2) $T=15\left(\frac{X-m}{\sigma}\right)+50$에서 $T=15\left(\frac{75-65}{5}\right)+50=\mathbf{80}$(점) ← 답

Advice | 확률변수 X의 평균을 m, 분산을 σ^2이라고 할 때, 확률변수

$$Z=\frac{X-m}{\sigma}$$

의 평균과 분산은

$$E(Z)=E\left(\frac{1}{\sigma}X-\frac{m}{\sigma}\right)=\frac{1}{\sigma}E(X)-\frac{m}{\sigma}=\frac{m}{\sigma}-\frac{m}{\sigma}=0$$

$$V(Z)=V\left(\frac{1}{\sigma}X-\frac{m}{\sigma}\right)=\frac{1}{\sigma^2}V(X)=\frac{1}{\sigma^2}\times\sigma^2=1 \quad \therefore\ \sigma(Z)=1$$

곧, 평균이 m, 표준편차가 σ인 모든 확률변수 X에 대하여 $Z=\frac{X-m}{\sigma}$으로 놓으면 확률변수 Z는 평균이 0, 표준편차가 1이 된다. ⇦ p. 180

유제 **8**-18. 확률변수 X의 평균은 10, 표준편차는 0.1이라고 한다. 이때, 확률변수 $Y=aX+b$(단, $a>0$)의 평균이 0, 표준편차가 1이 되도록 상수 a, b의 값을 정하여라. 답 $\boldsymbol{a=10,\ b=-100}$

§4. 이항분포

1 이항분포의 정의

이를테면 한 개의 주사위를 3회 던질 때 1의 눈이 나오는 횟수를 확률변수 X라고 하면 X가 가지는 값은

$$0,\quad 1,\quad 2,\quad 3$$

이고, X가 이들 값을 가질 확률은 독립시행의 확률에 의하여 각각

$${}_3C_0\left(\frac{1}{6}\right)^0\left(\frac{5}{6}\right)^3,\quad {}_3C_1\left(\frac{1}{6}\right)^1\left(\frac{5}{6}\right)^2,\quad {}_3C_2\left(\frac{1}{6}\right)^2\left(\frac{5}{6}\right)^1,\quad {}_3C_3\left(\frac{1}{6}\right)^3\left(\frac{5}{6}\right)^0$$

이므로 X의 확률분포를 표로 나타내면 다음과 같다.

X	0	1	2	3	합
$P(X=x)$	${}_3C_0\left(\frac{1}{6}\right)^0\left(\frac{5}{6}\right)^3$	${}_3C_1\left(\frac{1}{6}\right)^1\left(\frac{5}{6}\right)^2$	${}_3C_2\left(\frac{1}{6}\right)^2\left(\frac{5}{6}\right)^1$	${}_3C_3\left(\frac{1}{6}\right)^3\left(\frac{5}{6}\right)^0$	1

이때, 각 확률은 $\left(\frac{1}{6}+\frac{5}{6}\right)^3$을 이항정리에 의하여 전개한 식

$$\left(\frac{1}{6}+\frac{5}{6}\right)^3={}_3C_0\left(\frac{1}{6}\right)^0\left(\frac{5}{6}\right)^3+{}_3C_1\left(\frac{1}{6}\right)^1\left(\frac{5}{6}\right)^2+{}_3C_2\left(\frac{1}{6}\right)^2\left(\frac{5}{6}\right)^1+{}_3C_3\left(\frac{1}{6}\right)^3\left(\frac{5}{6}\right)^0$$

에서 우변의 각 항과 같고, 확률의 합은 1임을 알 수 있다.

이와 같은 확률분포를 이항분포라 하고, 기호로 $\mathbf{B}\left(3,\ \frac{1}{6}\right)$과 같이 나타낸다. 이때,

확률변수 X는 이항분포 $\mathbf{B}\left(3,\ \frac{1}{6}\right)$을 따른다

고 한다.

여기에서 3은 독립시행의 횟수로 확률변수 X가 가지는 값이 0, 1, 2, 3임을 뜻하고, $\frac{1}{6}$은 1회의 시행에서 1의 눈이 나올 확률을 뜻한다.

마찬가지로 한 개의 주사위를 4회 던질 때 짝수의 눈이 나오는 횟수를 확률변수 X라고 하면

확률변수 X는 이항분포 $B\left(4,\ \frac{1}{2}\right)$을 따른다

고 한다.

그리고 이와 같은 이항분포는 '한 개의 동전을 4회 던질 때 앞면이 나오는 횟수를 확률변수 X라고 한다'를 뜻하기도 한다.

기본정석 **이항분포의 정의**

어떤 시행에서 사건 E가 일어날 확률을 p라고 하자. 이 시행을 독립적으로 n회 반복할 때, 사건 E가 일어나는 횟수를 확률변수 X라고 하면 X의 확률분포는

X	0	1	$\cdots$	r	$\cdots$	n	합
P(X=r)	${}_nC_0 p^0 q^n$	${}_nC_1 p^1 q^{n-1}$	$\cdots$	${}_nC_r p^r q^{n-r}$	$\cdots$	${}_nC_n p^n q^0$	1

이다. 단, $p+q=1$이다.

이때, X의 확률질량함수는

$$\mathrm{P}(X=r)={}_nC_r p^r q^{n-r} \text{ (단, } p+q=1,\ r=0, 1, 2, \cdots, n)$$

이다.

이와 같은 확률분포를 이항분포라 하고, 기호로 **B(n, p)**와 같이 나타낸다. 이때,

확률변수 X는 이항분포 B(n, p)를 따른다

고 한다.

Advice 1° B는 Binomial distribution(이항분포)의 첫 글자이다.

2° 위의 확률분포에서 P(X=r)의 각 확률은 $(p+q)^n$을 이항정리에 의하여 전개한 식

$$(p+q)^n={}_nC_0 p^0 q^n+{}_nC_1 p^1 q^{n-1}+\cdots+{}_nC_r p^r q^{n-r}+\cdots+{}_nC_n p^n q^0$$

에서 우변의 각 항과 같다.

이때, $p+q=1$이므로 $\sum_{r=0}^{n} {}_nC_r p^r q^{n-r}=1$임을 알 수 있다.

보기 1 확률변수 X가 이항분포 $\mathrm{B}\left(2, \frac{1}{3}\right)$을 따를 때, X의 확률질량함수를 구하여라. 또, X의 확률분포를 표로 나타내어라.

연구 X의 확률질량함수는 다음과 같다.

$$\mathbf{P(X=x)={}_2C_x\left(\frac{1}{3}\right)^x\left(\frac{2}{3}\right)^{2-x}\ (x=0,\ 1,\ 2)}$$

$$\mathrm{P}(X=0)={}_2C_0\left(\frac{1}{3}\right)^0\left(\frac{2}{3}\right)^2=\frac{4}{9},$$

$$\mathrm{P}(X=1)={}_2C_1\left(\frac{1}{3}\right)^1\left(\frac{2}{3}\right)^1=\frac{4}{9},$$

$$\mathrm{P}(X=2)={}_2C_2\left(\frac{1}{3}\right)^2\left(\frac{2}{3}\right)^0=\frac{1}{9}$$

X	0	1	2	합
P(X=x)	$\frac{4}{9}$	$\frac{4}{9}$	$\frac{1}{9}$	1

이므로 X의 확률분포를 표로 나타내면 위와 같다.

2 이항분포의 평균, 분산 및 표준편차

확률변수 X가 이항분포 $B(n,\ p)$를 따를 때, X의 평균, 분산 및 표준편차를 구해 보자.

이를테면 확률변수 X가 이항분포 $B(3,\ p)$를 따를 때, X가 가지는 값은

$$0,\quad 1,\quad 2,\quad 3$$

이고, X가 이들 값을 가질 확률은 X의 확률질량함수

$$\mathbf{P(X=x)={}_3C_x\,p^x q^{3-x}\quad (p+q=1,\ x=0,\ 1,\ 2,\ 3)}$$

에 의하여 각각

$$_3C_0\,p^0q^3,\quad {}_3C_1\,p^1q^2,\quad {}_3C_2\,p^2q^1,\quad {}_3C_3\,p^3q^0$$

이므로 X의 확률분포를 표로 나타내면 다음과 같다.

X	0	1	2	3	합
$P(X=x)$	q^3	$3pq^2$	$3p^2q$	p^3	1

이때,

정석 $\mathbf{E(X)=\sum_{i=1}^{n} x_i p_i,\ \ V(X)=\sum_{i=1}^{n} x_i{}^2 p_i - m^2,\ \ \sigma(X)=\sqrt{V(X)}}$

를 이용하여 X의 평균, 분산 및 표준편차를 구하면 된다. 곧,

$$E(X)=0\times q^3+1\times 3pq^2+2\times 3p^2q+3\times p^3$$
$$=3p(q^2+2pq+p^2)=3p(p+q)^2=3p \qquad \Leftarrow p+q=1$$
$$V(X)=(0^2\times q^3+1^2\times 3pq^2+2^2\times 3p^2q+3^2\times p^3)-(3p)^2$$
$$=3p(p+q)(3p+q)-9p^2=3pq \qquad \Leftarrow p+q=1$$
$$\sigma(X)=\sqrt{V(X)}=\sqrt{3pq}$$

일반적으로 다음과 같이 정리할 수 있다.

기본정석 **이항분포의 평균, 분산 및 표준편차**

확률변수 X가 이항분포 $B(n,\ p)$를 따를 때, X의 평균, 분산 및 표준편차는 다음과 같다.

(1) 평균 : $\mathbf{E(X)=np}$

(2) 분산 : $\mathbf{V(X)=npq}$ (단, $\mathbf{p+q=1}$)

(3) 표준편차 : $\mathbf{\sigma(X)=\sqrt{V(X)}=\sqrt{npq}}$ (단, $\mathbf{p+q=1}$)

Advice | 이 공식은 여러 가지 방법으로 증명할 수 있으나, 어느 것이든 간단하지 않다. 여기에서는 이항정리와 미분을 이용하여 $E(X)=np$가 성립함을 증명해 보자. 이해하기 힘들면 결과만 기억해 두어도 된다.

(증명) $(q+pt)^n=\sum_{r=0}^{n} {}_n\mathrm{C}_r\,p^r t^r q^{n-r}$ (단, $p+q=1$) ⇦ 이항정리

을 t의 함수로 보고, 양변을 t에 관하여 미분하면 ⇦ 수학 Ⅱ, 미적분

$$n(q+pt)^{n-1}p=\sum_{r=1}^{n} r\,{}_n\mathrm{C}_r\,p^r t^{r-1} q^{n-r}$$

t에 관한 항등식이므로 양변에 $t=1$을 대입하면

$$np=\sum_{r=1}^{n} r\,{}_n\mathrm{C}_r\,p^r q^{n-r}$$ ⇦ $p+q=1$

그런데 $\mathrm{E(X)}=\sum_{r=0}^{n} r\,\mathrm{P}(\mathrm{X}=r)=\sum_{r=0}^{n} r\,{}_n\mathrm{C}_r\,p^r q^{n-r}=\sum_{r=1}^{n} r\,{}_n\mathrm{C}_r\,p^r q^{n-r}$

이므로 $\mathrm{E(X)}=np$

보기 2 확률변수 X가 이항분포 $\mathrm{B}\left(100,\ \frac{1}{6}\right)$을 따를 때, X의 평균과 분산을 구하여라.

연구 이항분포의 평균과 분산은 다음 **정석**을 이용하여 구한다.

> **정 석** 확률변수 **X**가 이항분포 $\mathbf{B}(n,\ p)$를 따를 때,
> $$\mathbf{E(X)}=\boldsymbol{np},\quad \mathbf{V(X)}=\boldsymbol{npq}\ (\boldsymbol{q}=\mathbf{1}-\boldsymbol{p})$$

$$\therefore\ \mathrm{E(X)}=np=100\times\frac{1}{6}=\mathbf{\frac{50}{3}},\quad \mathrm{V(X)}=npq=100\times\frac{1}{6}\times\frac{5}{6}=\mathbf{\frac{125}{9}}$$

**Note* 이항분포에서의 평균과 분산도 확률분포를 구한 다음

$$\mathbf{E(X)}=\sum \boldsymbol{x_i p_i},\quad \mathbf{V(X)}=\sum \boldsymbol{x_i^2 p_i}-\boldsymbol{m}^2$$

을 이용하여 구할 수도 있지만, 위의 **정석**을 이용하는 것이 간편하다.

보기 3 500원짜리 동전 5개를 동시에 던져서 앞면이 나오는 동전을 가지기로 할 때, 기대 금액을 구하여라.

연구 앞면이 나오는 동전의 개수를 확률변수 X라고 하면 X는 이항분포 $\mathrm{B}\left(5,\ \frac{1}{2}\right)$을 따르므로

$$\mathrm{E(X)}=np=5\times\frac{1}{2}=\frac{5}{2}\qquad \therefore\ 500\times\frac{5}{2}=\mathbf{1250}\text{(원)}$$

3 큰 수의 법칙

한 개의 주사위를 n회 던지는 시행에서 1의 눈이 나오는 횟수를 X라고 할 때 상대도수 $\frac{\mathrm{X}}{n}$와 한 개의 주사위를 1회 던질 때 1의 눈이 나올 수학적 확률 $\frac{1}{6}$ 사이의 관계를 알아보자.

확률변수 X는 이항분포 $\mathrm{B}\left(n,\ \frac{1}{6}\right)$을 따르므로 1의 눈이 x회 나올 확률은

$$P(X=x)={}_nC_x\left(\frac{1}{6}\right)^x\left(\frac{5}{6}\right)^{n-x}\quad(x=0,\ 1,\ 2,\ \cdots,\ n)$$

이다. 이를 이용하여 $n=10,\ 30,\ 50$일 때, $\frac{X}{n}$와 $\frac{1}{6}$의 차가 0.1보다 작을 확률, 곧 $P\left(\left|\frac{X}{n}-\frac{1}{6}\right|<0.1\right)$을 구하면 다음과 같다.

(i) $n=10$일 때

$$P\left(\left|\frac{X}{10}-\frac{1}{6}\right|<0.1\right)=P\left(\frac{2}{3}<X<\frac{8}{3}\right)$$
$$=P(X=1)+P(X=2)=0.614$$

(ii) $n=30$일 때

$$P\left(\left|\frac{X}{30}-\frac{1}{6}\right|<0.1\right)=P(2<X<8)$$
$$=P(X=3)+P(X=4)+\cdots+P(X=7)$$
$$=0.784$$

(iii) $n=50$일 때

$$P\left(\left|\frac{X}{50}-\frac{1}{6}\right|<0.1\right)=P\left(\frac{10}{3}<X<\frac{40}{3}\right)$$
$$=P(X=4)+P(X=5)+\cdots+P(X=13)$$
$$=0.946$$

이항분포 $B\left(n,\ \frac{1}{6}\right)$

$P(X=x)={}_nC_x\left(\frac{1}{6}\right)^x\left(\frac{5}{6}\right)^{n-x}$

x \ n	10	30	50
0	0.162	0.004	0.000
1	0.323	0.025	0.001
2	0.291	0.073	0.005
3	0.155	0.137	0.017
4	0.054	0.185	0.040
5	0.013	0.192	0.075
6	0.002	0.160	0.112
7	0.000	0.110	0.140
8	⋮	0.063	0.151
9	⋮	0.031	0.141
10	⋮	0.013	0.116
11		0.005	0.084
12		0.001	0.055
13		0.000	0.032
14		⋮	0.017
15		⋮	0.008
16		⋮	0.004
17		⋮	0.001
18		⋮	0.001
19		⋮	0.000
⋮		⋮	⋮

위의 결과에서 $P\left(\left|\frac{X}{n}-\frac{1}{6}\right|<0.1\right)$은 시행 횟수 n이 커질수록 1에 가까워짐을 알 수 있다. 곧, 상대도수와 수학적 확률의 차가 0.1보다 작게 되는 것은 시행 횟수 n을 크게 함에 따라 그 가능성이 커진다. 이것은 0.1을 0.01, 0.001, $\cdots$로 바꾸어도 마찬가지로 성립한다.

일반적으로 어떤 시행에서 사건 A가 일어날 수학적 확률이 p일 때, n회의 독립시행에서 사건 A가 일어나는 횟수를 X라고 하면 상대도수 $\frac{X}{n}$는 n의 값이 커질수록 수학적 확률 p에 가까워짐이 알려져 있다. 이것을 큰 수의 법칙이라고 한다.

기본정석 **큰 수의 법칙**

어떤 시행에서 사건 A가 일어날 수학적 확률이 p일 때, n회의 독립시행에서 사건 A가 일어나는 횟수를 X라고 하면, 임의의 양수 h에 대하여 n의 값이 커질수록 확률 $P\left(\left|\frac{X}{n}-p\right|<h\right)$는 1에 가까워진다.

기본 문제 8-11 어떤 질병에 대한 치유율이 90%인 의약품으로 10명의 환자가 치료를 받고 있다. 치유되는 환자의 수를 확률변수 X라고 할 때, 다음 물음에 답하여라.

(1) $P(X\ge 9)$를 구하여라. (2) X의 평균과 분산을 구하여라.

(3) X^2의 평균을 구하여라.

정석연구 확률변수 X는 이항분포 B(10, 0.9)를 따른다.

(2) 확률변수 X가 이항분포 $B(n, p)$를 따를 때, 평균과 분산은

$$\textbf{정석}\ \ \mathbf{E(X)}=\boldsymbol{np},\quad \mathbf{V(X)}=\boldsymbol{npq}\ (\boldsymbol{q}=1-\boldsymbol{p})$$

를 이용하여 구한다.

(3) 위의 **정석**을 이용하여 E(X), V(X)를 구하고 나면

$$\textbf{정석}\ \ \mathbf{V(X)=E(X^2)-\{E(X)\}^2 \Longrightarrow E(X^2)=V(X)+\{E(X)\}^2}$$

을 이용하여 $E(X^2)$을 구할 수 있다.

모범답안 확률변수 X는 이항분포 B(10, 0.9)를 따른다.

(1) $P(X\ge 9)=P(X=9)+P(X=10)$

$={}_{10}C_9\times 0.9^9\times 0.1^1+{}_{10}C_{10}\times 0.9^{10}\times 0.1^0=\mathbf{1.9\times 0.9^9}$ ← 답

(2) $E(X)=np=10\times 0.9=\mathbf{9}$ ← 답

$V(X)=npq=10\times 0.9\times 0.1=\mathbf{0.9}$ ← 답

(3) $V(X)=E(X^2)-\{E(X)\}^2$에 (2)에서 구한 값을 대입하면

$0.9=E(X^2)-9^2 \quad \therefore\ E(X^2)=\mathbf{81.9}$ ← 답

유제 **8**-19. 어떤 기계에서 생산하는 제품의 불량률은 20%이다. 이 기계로 100개의 제품을 생산할 때, 나오는 불량품의 수를 확률변수 X라고 하자.

(1) X의 평균과 표준편차를 구하여라.

(2) X^2의 평균을 구하여라. 답 (1) $\mathbf{E(X)=20},\ \boldsymbol{\sigma}\mathbf{(X)=4}$ (2) **416**

유제 **8**-20. 어떤 씨앗의 발아율은 90%이다. 이 씨앗 400개를 뿌릴 때, 발아하는 씨앗의 개수 X의 표준편차를 구하여라. 답 **6**

유제 **8**-21. 주머니에 흰 공 4개, 붉은 공 6개가 들어 있다. 이 주머니에서 임의로 1개의 공을 꺼내어 색을 확인한 후 다시 넣는다. 이와 같은 시행을 3회 반복할 때, 이 중에서 흰 공이 나오는 횟수를 확률변수 X라고 하자. X의 평균과 표준편차를 구하여라. 답 $E(X)=\mathbf{\frac{6}{5}},\ \sigma(X)=\mathbf{\frac{3\sqrt{2}}{5}}$

기본 문제 8-12 다음 물음에 답하여라.

(1) 한 개의 주사위를 9회 던져서 1 또는 2의 눈이 나오는 횟수 X에 대하여 3X+2원의 상금을 받기로 할 때, 상금의 기댓값을 구하여라.

(2) 한 개의 주사위를 3회 던져서 1의 눈이 나오는 횟수 X에 대하여 4^X원의 상금을 받기로 할 때, 상금의 기댓값을 구하여라.

정석연구 (1) 상금 3X+2원의 기댓값을 구하는 것이므로 E(3X+2)를 구한다.

(2) 상금 4^X원의 기댓값을 구하는 것이므로 $E(4^X)$을 구하면 되겠지만, (1)과는 달리 공식을 바로 적용하는 것이 곤란하다. 이런 경우에는 기댓값의 정의로 되돌아가서 생각해 보는 것이 좋다.

곧, X가 가지는 값은 X=0, 1, 2, 3이고,

X	0	1	2	3
P(X=x)	${}_3C_0\left(\frac{1}{6}\right)^0\left(\frac{5}{6}\right)^3$	${}_3C_1\left(\frac{1}{6}\right)^1\left(\frac{5}{6}\right)^2$	${}_3C_2\left(\frac{1}{6}\right)^2\left(\frac{5}{6}\right)^1$	${}_3C_3\left(\frac{1}{6}\right)^3\left(\frac{5}{6}\right)^0$
상금 (4^X)	4^0	4^1	4^2	4^3

이므로 구하는 상금의 기댓값은

$$4^0{}_3C_0\left(\frac{1}{6}\right)^0\left(\frac{5}{6}\right)^3+4^1{}_3C_1\left(\frac{1}{6}\right)^1\left(\frac{5}{6}\right)^2+4^2{}_3C_2\left(\frac{1}{6}\right)^2\left(\frac{5}{6}\right)^1+4^3{}_3C_3\left(\frac{1}{6}\right)^3\left(\frac{5}{6}\right)^0$$

과 같이 나타낼 수 있다.

모범답안 (1) X는 이항분포 $B\left(9, \frac{1}{3}\right)$을 따르므로 $E(X)=9\times\frac{1}{3}=3$

$$\therefore\ E(3X+2)=3E(X)+2=3\times3+2=\mathbf{11}\text{(원)}$$ ← 답

(2) X는 이항분포 $B\left(3, \frac{1}{6}\right)$을 따르므로 X의 확률질량함수는

$$P(X=x)={}_3C_x\left(\frac{1}{6}\right)^x\left(\frac{5}{6}\right)^{3-x}\quad(x=0,\ 1,\ 2,\ 3)$$

$$\therefore\ E(4^X)=\sum_{x=0}^{3}4^xP(X=x)=\sum_{x=0}^{3}4^x{}_3C_x\left(\frac{1}{6}\right)^x\left(\frac{5}{6}\right)^{3-x}$$

$$=\sum_{x=0}^{3}{}_3C_x\left(\frac{4}{6}\right)^x\left(\frac{5}{6}\right)^{3-x}=\left(\frac{4}{6}+\frac{5}{6}\right)^3=\mathbf{\frac{27}{8}}\text{(원)}$$ ← 답

유제 **8**-22. 한 개의 동전을 10회 던져서 앞면이 X회 나오는 경우 상금 2X+1원을 받는다고 할 때, 상금의 기댓값을 구하여라. 답 **11**원

유제 **8**-23. 10개의 동전을 동시에 던져서 앞면이 X개 나오는 경우 상금 3^X원을 받는다고 할 때, 상금의 기댓값을 구하여라. 답 **1024**원

기본 문제 8-13 다음 물음에 답하여라.

(1) 확률변수 X는 이항분포 $B(12,\ p)$(단, $0<p<1$)를 따르고, $P(X=1)=12P(X=0)$일 때, $P(X=2)$를 구하여라.

(2) 매회마다 사건 E가 일어날 확률이 p인 독립시행을 n회 반복할 때, 사건 E가 일어나는 횟수를 확률변수 X라고 하자. X의 평균이 0.95이고 표준편차가 0.95일 때, p와 n의 값을 구하여라.

정석연구 이항분포의 정의를 확실히 알아 두자.

정의 확률변수 **X**가 이항분포 $\mathbf{B}(\boldsymbol{n},\ \boldsymbol{p})$를 따를 때,
X의 확률질량함수는

$$\mathbf{P}(\mathbf{X}=\boldsymbol{r})={}_{\boldsymbol{n}}\mathbf{C}_{\boldsymbol{r}}\,\boldsymbol{p}^{\boldsymbol{r}}(1-\boldsymbol{p})^{\boldsymbol{n}-\boldsymbol{r}}\ (\boldsymbol{r}=0,\ 1,\ 2,\ \cdots,\ \boldsymbol{n})$$

모범답안 (1) X의 확률질량함수는

$$P(X=r)={}_{12}C_r\,p^r(1-p)^{12-r}\ (r=0,\ 1,\ 2,\ \cdots,\ 12)$$

$P(X=1)=12P(X=0)$이므로 ${}_{12}C_1\,p^1(1-p)^{11}=12\times{}_{12}C_0\,p^0(1-p)^{12}$

$0<p<1$이므로 $p=1-p$ $\quad\therefore\ p=\dfrac{1}{2}$

$$\therefore\ P(X=2)={}_{12}C_2\left(\frac{1}{2}\right)^2\left(\frac{1}{2}\right)^{10}=66\times\frac{1}{2^{12}}=\mathbf{\frac{33}{2048}}\ \longleftarrow\ \text{답}$$

(2) X는 이항분포 $B(n,\ p)$를 따르므로 문제의 조건에서

$E(X)=np=0.95$ ……① $\qquad V(X)=np(1-p)=0.95^2$ ……②

①을 ②에 대입하면 $0.95(1-p)=0.95^2$ $\quad\therefore\ p=0.05$

이 값을 ①에 대입하면 $n=19$ 　답 $\boldsymbol{p}=\mathbf{0.05},\ \boldsymbol{n}=\mathbf{19}$

유제 **8**-24. 확률변수 X가 이항분포 $B\left(10,\ \dfrac{1}{5}\right)$을 따른다. $P(X=0)=P_0$이라고 할 때, 다음 확률을 P_0을 써서 나타내어라.

(1) $P(X=1)$ (2) $P(X=2)$ (3) $P(X\ge3)$

답 (1) $\mathbf{\frac{5}{2}P_0}$ (2) $\mathbf{\frac{45}{16}P_0}$ (3) $\mathbf{1-\frac{101}{16}P_0}$

유제 **8**-25. 확률변수 X가 이항분포 $B(n,\ p)$를 따른다. $2X-5$의 평균이 175, 표준편차가 12일 때, n의 값을 구하여라. 답 $\boldsymbol{n}=\mathbf{150}$

유제 **8**-26. 한 개의 주사위를 20회 던질 때 1의 눈이 나오는 횟수를 확률변수 X라 하고, 한 개의 동전을 n회 던질 때 앞면이 나오는 횟수를 확률변수 Y라고 하자. 이때, Y의 분산이 X의 분산보다 커지는 n의 최솟값을 구하여라. 답 **12**

연습문제 8

8-1 자연수 1, 2, 3, $\cdots$, n의 평균과 분산을 구하여라.

8-2 실수 a_1, a_2, a_3, $\cdots$, a_{100}에 대하여 함수

$$f(x)=(x-a_1)^2+(x-a_2)^2+(x-a_3)^2+\cdots+(x-a_{100})^2$$

의 최솟값이 12일 때, a_1, a_2, a_3, $\cdots$, a_{100}의 표준편차를 구하여라.

8-3 한 개의 동전을 계속 던져서 앞면이 두 번 나오면 던지기를 중단하기로 하였다. 던지는 횟수가 적어도 4회 이상일 확률은?

① $\frac{1}{8}$ ② $\frac{1}{4}$ ③ $\frac{3}{8}$ ④ $\frac{1}{2}$ ⑤ $\frac{5}{8}$

8-4 5 이하의 자연수를 값으로 가지는 확률변수 X가

$$mP(X=m+1)=P(X=m) \text{ (단, } m=1, 2, 3, 4)$$

을 만족시킬 때, $P(X\le 2)$를 구하여라.

8-5 오른쪽 표와 같은 상금이 걸려 있는 제비가 있다. 기대 금액이 만 원일 때, 등외의 개수는?

① 9 ② 10 ③ 11
④ 12 ⑤ 13

등급	상금 (원)	제비 수
1등	100000	1
2등	10000	5
등외	0	?

8-6 주머니에 흰 공 4개, 검은 공 3개가 들어 있다. 이 주머니에서 임의로 2개의 공을 동시에 꺼내어 이들의 색이 같으면 14000원을 받고, 다르면 7000원을 주기로 하는 놀이가 있다. 이때, 금액의 기댓값은?

① 1700원 ② 1800원 ③ 1900원 ④ 2000원 ⑤ 2100원

8-7 어떤 상품의 가격은 매달 0.5의 확률로 10% 상승하거나 0.5의 확률로 10% 하락한다. 이 상품의 현재 가격은 5만 원이다. 두 달 후 이 상품의 가격이 5만 원 이하이면 5만 원에서 두 달 후 상품 가격을 뺀 금액을 받고, 5만 원 이상이면 받지 않기로 하였다. 두 달 후 받을 수 있는 금액의 기댓값은? 단, 첫 번째 달의 가격 변동과 두 번째 달의 가격 변동은 서로 독립이다.

① 2525원 ② 2575원 ③ 2625원 ④ 2675원 ⑤ 2725원

8-8 흰 공 2개, 붉은 공 n개가 들어 있는 주머니에서 임의로 2개의 공을 동시에 꺼낼 때, 나오는 흰 공의 개수를 확률변수 X라고 하자. X의 평균이 1일 때, n의 값을 구하여라.

8-9 열쇠고리에 끼워진 5개의 열쇠 중 현관문에 맞는 열쇠가 1개 있다. 현관문이 열릴 때까지 5개의 열쇠 중에서 임의로 1개를 골라 현관문을 여는 시도를 계속할 때, 시도한 횟수의 평균을 구하여라.

단, 한 번 시도한 열쇠는 다시 시도하지 않는다.

8-10 검은 공 3개, 흰 공 2개가 들어 있는 주머니에서 임의로 한 개의 공을 꺼내는 시행을 반복한다고 하자. 흰 공이 2개 모두 나올 때까지의 시행 횟수를 확률변수 X라고 할 때, X의 평균과 분산은?

단, 꺼낸 공은 다시 넣지 않는다.

① 4, 1 ② 5, 1 ③ 6, 1 ④ 4, 2 ⑤ 4, 3

8-11 주머니에 흰 공 3개, 검은 공 2개가 들어 있다. 이 주머니에서 임의로 2개의 공을 동시에 꺼내어 흰 공은 검은 공으로, 검은 공은 흰 공으로 바꾸어 다시 주머니에 넣은 후 주머니에 있는 흰 공의 개수의 평균을 구하여라.

8-12 한 개의 동전을 세 번 던져서 나오는 결과에 대하여 다음 규칙에 따라 얻은 점수를 확률변수 X라고 할 때, X의 분산을 구하여라.

「같은 면이 연속하여 나오지 않으면 0점, 같은 면이 연속하여 두 번만 나오면 1점, 같은 면이 연속하여 세 번 나오면 3점으로 한다.」

8-13 한 개의 주사위를 연속하여 두 번 던져서 첫 번째 나오는 눈의 수가 홀수이면 이 눈의 수를 X라 하고, 첫 번째 나오는 눈의 수가 짝수이면 두 번째 나오는 눈의 수를 X라고 하자. 이때, 확률변수 X의 기댓값을 구하여라.

8-14 A, B 두 사람이 어떤 경기를 세 번 하는데 두 번을 먼저 이기는 사람이 상금을 가지기로 하였다. 매 경기에서 두 사람이 이길 확률은 같고, 비기는 경우는 없다. A가 첫 번째 경기를 이긴 후 부득이한 사정으로 경기가 중단되었다고 할 때, A, B 두 사람에 대한 상금의 합리적인 분배 비율은?

① 2 : 1 ② 3 : 1 ③ 4 : 1 ④ 5 : 2 ⑤ 5 : 3

8-15 10개 이하의 구슬을 담을 수 있는 그릇에 담긴 구슬의 개수를 확률변수 X라고 하자. 확률 $P(X=x)$(단, $x=0, 1, 2, \cdots, 10$)가 x^2에 정비례한다고 할 때, 확률 $P(X=5)$와 X의 평균을 구하여라.

8-16 좌표평면 위의 점 (x, y)에서 세 점 $(x+1, y)$, $(x, y+1)$, $(x+1, y+1)$ 중 한 점으로 이동하는 것을 점프라고 하자.

점프를 반복하여 점 $(0, 0)$에서 점 $(3, 4)$까지 이동하는 모든 경우 중에서 임의로 한 경우를 택할 때 나오는 점프의 횟수를 확률변수 X라고 하자. 이때, X의 평균을 구하여라.

8-17 확률변수 X의 확률분포에서 $Y=\frac{1}{10}X-15$라고 할 때, $E(Y)=-0.5$, $E(Y^2)=0.7$이다. 이때, $E(X)$, $V(X)$를 구하여라.

8-18 한 개의 주사위를 세 번 던져서 나오는 눈의 수를 차례로 백의 자리, 십의 자리, 일의 자리의 숫자로 하여 만든 세 자리 수를 확률변수 X라고 할 때, X의 기댓값을 구하여라.

8-19 어느 비행기 노선의 일등석 예약 취소율은 20%라고 한다. 일등석의 좌석이 12개인 비행기에 14명이 예약했을 때, 좌석이 부족하게 될 확률은?
단, $0.8^{13}=0.055$로 계산한다.

① 0.198 ② 0.208 ③ 0.218 ④ 0.228 ⑤ 0.238

8-20 어느 창고에 부품 S가 3개, 부품 T가 2개 있는 상태에서 부품 2개를 추가로 들여왔다. 추가된 부품은 S 또는 T이고, 추가된 부품 중 S의 개수는 이항분포 $B\left(2, \frac{1}{2}\right)$을 따른다. 총 7개의 부품 중에서 임의로 1개를 택한 것이 T일 때, 추가된 부품이 모두 S이었을 확률을 구하여라.

8-21 어떤 애완견 한 쌍이 앞으로 10년 후까지 생존할 확률은 수컷이 0.6, 암컷이 0.7이라고 한다. 이와 같은 애완견 10쌍 중에서 10년 후까지 적어도 한 쪽이 살아 있는 쌍의 수를 확률변수 X라고 할 때, X의 분산을 구하여라.
단, 애완견 한 쌍이 각각 생존하는 사건은 서로 독립이다.

8-22 이차함수 $f(x)=3x-x^2$과 한 개의 주사위를 던져서 나오는 눈의 수 m에 대하여 $f(m)$의 값이 0보다 큰 사건을 A라고 하자. 한 개의 주사위를 n회 던지는 독립시행에서 사건 A가 일어나는 횟수를 확률변수 X라고 할 때, $E(3X^2)$이 10보다 크도록 하는 n의 최솟값을 구하여라.

8-23 한 개의 동전을 3회 던질 때, 앞면이 나오는 횟수를 X라고 하자.
(1) 확률변수 X의 평균과 X^2의 평균을 구하여라.
(2) $(X-a)^2$의 기댓값의 최솟값을 구하여라. 단, a는 실수이다.

8-24 한 개의 주사위를 9회 던질 때, 1 또는 6의 눈이 나오는 횟수를 확률변수 X라고 하자. 이때, 확률변수 $Y=aX+b$에 대하여 $E(Y)=0$, $V(Y)=1$을 만족시키는 상수 a, b의 값을 구하여라. 단, $a>0$이다.

8-25 A, B 두 사람이 각각 한 개의 주사위를 동시에 던지는 시행을 한다.
이 시행에서 나오는 두 주사위의 눈의 수의 차가 3보다 작으면 A가 1점을 얻고, 그렇지 않으면 B가 1점을 얻는다. 이와 같은 시행을 15회 반복할 때, A가 얻는 점수의 합의 기댓값과 B가 얻는 점수의 합의 기댓값의 차는?

① 1점 ② 3점 ③ 5점 ④ 7점 ⑤ 9점

⑨. 연속확률변수와 정규분포

연속확률변수／정규분포
／이항분포와 정규분포

§ 1. 연속확률변수

1 연속확률변수와 확률밀도함수

지금까지는 주사위의 눈의 수나 공의 개수와 같이 확률변수 X가 가지는 값이 자연수처럼 셀 수 있는 이산확률변수와 그 확률분포에 대하여 공부하였다. 이제 이 단원에서는 시간, 길이, 온도와 같이 어떤 범위에 속하는 모든 실숫값을 가지는 확률변수와 그 확률분포에 대하여 공부해 보자.

이를테면 오른쪽 그림과 같이 일정한 간격으로 눈금이 매겨진 원판 위에 원의 중심 O를 중심으로 하여 자유롭게 도는 바늘이 있다고 하자.

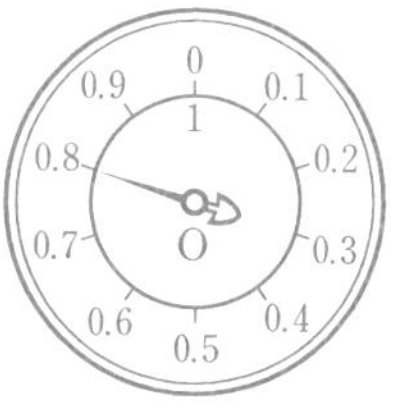

이 바늘을 힘껏 돌릴 때, 바늘이 저절로 멈추면서 가리키는 눈금을 X라고 하면 X는 0부터 1까지의 임의의 실숫값을 가질 수 있다.

이때, 바늘 끝이 0 이상 1 이하에 속하는 각 값을 가리킬 가능성은 같은 정도로 기대되므로 X가 0 이상 1 이하의 값을 가질 확률은 1이고, 0.2 이상 0.5 이하의 값을 가질 확률은 $0.5-0.2=0.3$이다.

이제 함수 $f(x)$를

$$f(x)=1, \quad 0 \leq x \leq 1$$

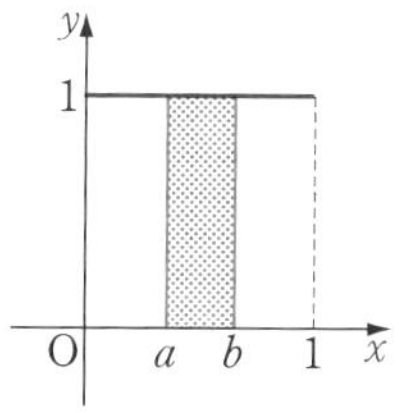

로 정의하면 $y=f(x)$의 그래프와 x축 사이의 넓이는 1이고, 0 이상 1 이하의 실수 a, b에 대하여 확률 $P(a \leq X \leq b)$는 $y=f(x)$의 그래프와 x축 및 두 직선 $x=a$, $x=b$로 둘러싸인 부분의 넓이와 같다.

이와 같은 성질을 만족시키는 함수 $f(x)$에 대하여 일반적으로 다음과 같이 정의한다.

기본정석 **연속확률변수와 확률밀도함수**

(1) 연속확률변수

확률변수 X가 어떤 범위에 속하는 모든 실숫값을 가질 때, X를 연속확률변수라고 한다.

(2) 확률밀도함수

$\alpha \le X \le \beta$에서 모든 실숫값을 가지는 연속확률변수 X에 대하여 이 범위에서 정의된 함수 $f(x)$가 다음 세 가지 성질을 만족시킬 때, 함수 $f(x)$를 연속확률변수 X의 확률밀도함수라고 한다.

(i) $f(x) \ge 0$ (단, $\alpha \le x \le \beta$)

(ii) 함수 $y=f(x)$의 그래프와 x축 및 두 직선 $x=\alpha$, $x=\beta$로 둘러싸인 부분의 넓이는 1이다.

이를 정적분으로 나타내면 다음과 같다.

$$\int_{\alpha}^{\beta} f(x)dx=1$$

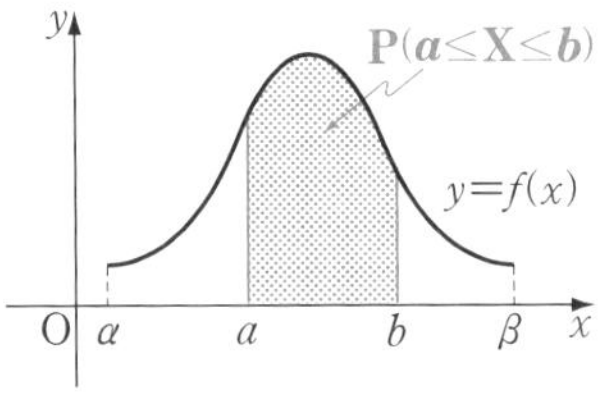

(iii) 연속확률변수 X가 a 이상 b 이하의 값을 가질 확률 $P(a \le X \le b)$(단, $\alpha \le a \le b \le \beta$)는 함수 $y=f(x)$의 그래프와 x축 및 두 직선 $x=a$, $x=b$로 둘러싸인 부분의 넓이와 같다.

이를 정적분으로 나타내면 다음과 같다.

$$P(a \le X \le b)=\int_{a}^{b} f(x)dx \text{ (단, } \alpha \le a \le b \le \beta)$$

Advice 1° 연속확률변수 X의 확률 $P(a \le X \le b)$는 도형의 성질을 이용하거나 정적분으로 나타내어 구할 수 있다.

또, 연속확률변수 X의 평균, 분산 및 표준편차는 정적분을 이용하여 정의할 수 있다. ⇦ p. 174

정적분은 수학Ⅱ와 미적분에서 배우는 내용이지만, 확률밀도함수를 좀 더 폭넓게 공부하고자 하는 학생을 위하여 p. 172~178 및 일부 연습문제에서 부분적으로 정적분을 이용했음을 일러둔다.

아직 정적분을 배우지 않은 학생은 정적분을 배운 다음에 되돌아와서 이 부분을 공부하길 바란다.

2° 연속확률변수가 특정한 값을 가질 확률은 0이므로 ⇦ $\int_k^k f(x)dx=0$

$$\mathrm{P}(a\le \mathrm{X}\le b)=\mathrm{P}(a\le \mathrm{X}< b)+\mathrm{P}(\mathrm{X}=b)=\mathrm{P}(a\le \mathrm{X}< b)+0$$
$$=\mathrm{P}(a\le \mathrm{X}< b)$$

마찬가지로 생각하면 다음이 성립한다.

$$\mathbf{P}(a\le \mathrm{X}\le b)=\mathbf{P}(a\le \mathrm{X}< b)=\mathbf{P}(a< \mathrm{X}\le b)=\mathbf{P}(a< \mathrm{X}< b)$$

보기 1 연속확률변수 X의 확률밀도함수 $f(x)=\dfrac{1}{4}$ (단, $0\le x\le 4$)에 대하여 $\mathrm{P}(1\le \mathrm{X}\le k)=\dfrac{1}{2}$일 때, 상수 k의 값을 구하여라.

연구 오른쪽 그림에서 점 찍은 부분의 넓이가 $\dfrac{1}{2}$이므로

$$(k-1)\times\frac{1}{4}=\frac{1}{2} \qquad \therefore\ \boldsymbol{k=3}$$

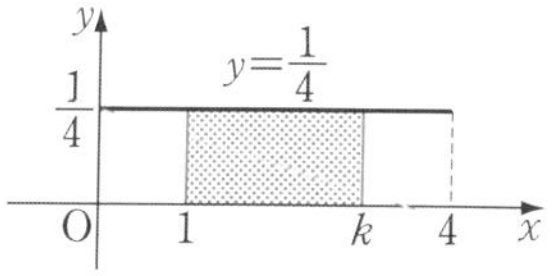

보기 2 연속확률변수 X의 확률밀도함수가 $f(x)=ax$ (단, $0\le x\le 2$)일 때,

(1) 상수 a의 값을 구하여라. (2) $\mathrm{P}\left(\dfrac{1}{2}\le \mathrm{X}\le \dfrac{3}{2}\right)$을 구하여라.

연구 (1) 연속확률변수 X의 확률밀도함수 $f(x)$ (단, $\alpha\le x\le \beta$)에 대하여

정석 $\boldsymbol{\alpha\le x\le \beta}$에서
함수 $\boldsymbol{y=f(x)}$의 그래프와 $\boldsymbol{x}$축 사이의 넓이는 **1**이다.

$f(x)=ax\ (0\le x\le 2)$가 확률밀도함수이므로 $f(x)\ge 0$에서 $a\ge 0$이다.

이때, x축 및 두 직선 $y=f(x)$, $x=2$로 둘러싸인 삼각형의 넓이는 1이므로

$$\frac{1}{2}\times 2\times 2a=1 \qquad \therefore\ \boldsymbol{a=\frac{1}{2}}$$

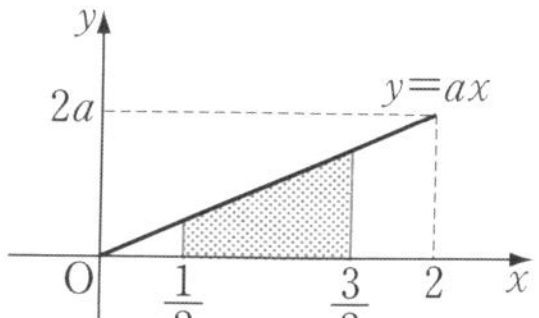

(2) 오른쪽 그림에서 점 찍은 부분의 넓이와 같다.

$f(x)=\dfrac{1}{2}x$에서 $f\left(\dfrac{1}{2}\right)=\dfrac{1}{4}$, $f\left(\dfrac{3}{2}\right)=\dfrac{3}{4}$이므로

$$\mathrm{P}\left(\frac{1}{2}\le \mathrm{X}\le \frac{3}{2}\right)=\frac{1}{2}\times\left(\frac{1}{4}+\frac{3}{4}\right)\times\left(\frac{3}{2}-\frac{1}{2}\right)=\boldsymbol{\frac{1}{2}}$$

* *Note* 정적분을 이용하여 다음과 같이 구할 수도 있다.

(1) $\displaystyle\int_0^2 f(x)dx=\int_0^2 ax\,dx=\left[\frac{1}{2}ax^2\right]_0^2=2a=1 \qquad \therefore\ \boldsymbol{a=\frac{1}{2}}$

(2) $\displaystyle\int_{\frac{1}{2}}^{\frac{3}{2}} f(x)dx=\int_{\frac{1}{2}}^{\frac{3}{2}}\frac{1}{2}x\,dx=\left[\frac{1}{4}x^2\right]_{\frac{1}{2}}^{\frac{3}{2}}=\frac{1}{4}\left\{\left(\frac{3}{2}\right)^2-\left(\frac{1}{2}\right)^2\right\}=\boldsymbol{\frac{1}{2}}$

2 연속확률변수의 평균, 분산 및 표준편차

이산확률변수 X의 확률질량함수 $P(X=x_i)=p_i$ (단, $i=1, 2, 3, \cdots, n$)에 대하여 X의 평균 E(X)와 분산 V(X)를 다음과 같이 정의하였다.

$$\mathbf{E(X)}=\sum_{i=1}^{n} x_i p_i, \quad \mathbf{V(X)}=\sum_{i=1}^{n}(x_i-m)^2 p_i \qquad \Leftarrow m=E(X)$$

이와 마찬가지로 연속확률변수 X에 대해서도 X의 확률밀도함수가 $f(x)$ (단, $\alpha \le x \le \beta$)일 때, X의 평균, 분산 및 표준편차를 다음과 같이 정의한다.

기본정석 — 연속확률변수의 평균, 분산 및 표준편차

연속확률변수 X의 확률밀도함수가 $f(x)$(단, $\alpha \le x \le \beta$)일 때, X의 평균, 분산 및 표준편차를 다음과 같이 정의한다.

$$E(X)=\int_{\alpha}^{\beta} x f(x)\,dx$$

$$V(X)=\int_{\alpha}^{\beta}(x-m)^2 f(x)\,dx=\int_{\alpha}^{\beta} x^2 f(x)\,dx-m^2 \qquad \Leftarrow m=E(X)$$

$$\sigma(X)=\sqrt{V(X)}$$

Advice | 이산확률변수에서와 마찬가지로 연속확률변수에 대해서도 다음 성질이 성립한다.

정석 $V(X)=E(X^2)-\{E(X)\}^2,\quad E(aX+b)=aE(X)+b,$
$V(aX+b)=a^2V(X),\quad \sigma(aX+b)=|a|\sigma(X)$

보기 3 연속확률변수 X의 확률밀도함수가 $f(x)=3x^2$(단, $0 \le x \le 1$)일 때,

(1) E(X), V(X)를 구하여라.

(2) $E(4X-3)$, $V(4X-3)$, $E(2X^2+3)$을 구하여라.

연구 연속확률변수 X의 확률밀도함수가 $f(x)$(단, $\alpha \le x \le \beta$)일 때,

정석 $E(X)=\int_{\alpha}^{\beta} x f(x)\,dx,\quad V(X)=\int_{\alpha}^{\beta} x^2 f(x)\,dx-m^2 \Leftarrow m=E(X)$

(1) $E(X)=\int_0^1 xf(x)\,dx=\int_0^1 (x\times 3x^2)\,dx=\left[\frac{3}{4}x^4\right]_0^1=\mathbf{\frac{3}{4}}$

$V(X)=\int_0^1 x^2f(x)\,dx-m^2=\int_0^1(x^2\times 3x^2)\,dx-\left(\frac{3}{4}\right)^2=\left[\frac{3}{5}x^5\right]_0^1-\frac{9}{16}=\mathbf{\frac{3}{80}}$

(2) $E(4X-3)=4E(X)-3=\mathbf{0},\quad V(4X-3)=4^2V(X)=\mathbf{\frac{3}{5}}$

$V(X)=E(X^2)-\{E(X)\}^2$에서 $E(X^2)=V(X)+\{E(X)\}^2=\frac{3}{80}+\left(\frac{3}{4}\right)^2=\frac{3}{5}$

$\therefore E(2X^2+3)=2E(X^2)+3=2\times\frac{3}{5}+3=\mathbf{\frac{21}{5}}$

Advice | 도수분포, 이산확률분포, 연속확률분포의 비교표

도수분포, 이산확률분포 및 연속확률분포를 비교 정리하면 다음과 같다.

	도 수 분 포	이 산 확 률 분 포	연 속 확 률 분 포
분포와 그래프	$\begin{array}{\|c\|c\|c\|c\|c\|} \hline x_i & x_1 & x_2 & \cdots & x_n \\ \hline f_i & f_1 & f_2 & \cdots & f_n \\ \hline \end{array}$ 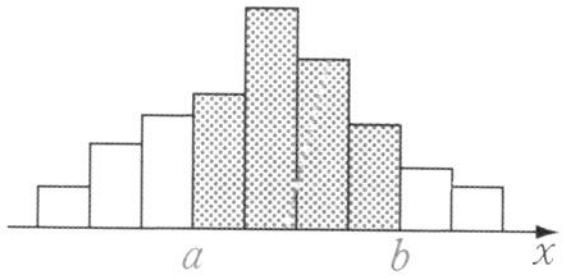	$\begin{array}{\|c\|c\|c\|c\|c\|c\|} \hline x_i & x_1 & x_2 & \cdots & x_n & 합 \\ \hline p_i & p_1 & p_2 & \cdots & p_n & 1 \\ \hline \end{array}$ 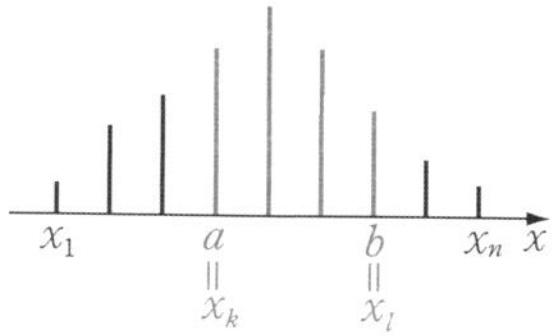	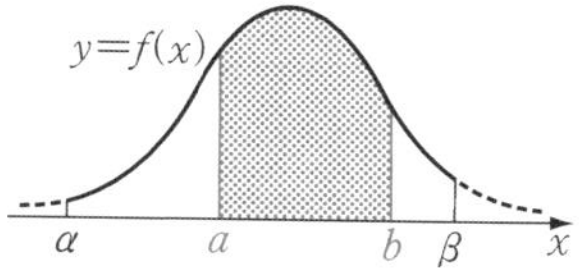
전체 넓이 (전체 도수)	$\sum f_i$ (전체 도수)	$\sum_{i=1}^{n} p_i=1$ (전체 높이의 합)	$\int_\alpha^\beta f(x)dx=1$ (전체 넓이)
$\mathrm{P}(a\le \mathrm{X}\le b)$	$\dfrac{\text{(점 찍은 부분의 넓이)}}{\text{(전체 넓이)}}$	$\sum_{i=k}^{l} p_i$ (단, $x_k=a$, $x_l=b$)	$\int_a^b f(x)dx$
평 균	$m=\dfrac{\sum x_i f_i}{\sum f_i}$	$m=\mathrm{E(X)}=\sum_{i=1}^{n} x_i p_i$	$m=\mathrm{E(X)}=\int_\alpha^\beta xf(x)dx$
분 산	$\sigma^2=\dfrac{\sum (x_i-m)^2 f_i}{\sum f_i}$ $=\dfrac{\sum x_i^2 f_i}{\sum f_i}-m^2$	$\mathrm{V(X)}=\sum_{i=1}^{n}(x_i-m)^2 p_i$ $=\sum_{i=1}^{n} x_i^2 p_i-m^2$	$\mathrm{V(X)}=\int_\alpha^\beta (x-m)^2 f(x)dx$ $=\int_\alpha^\beta x^2 f(x)dx-m^2$

기본 문제 9-1 연속확률변수 X의 확률밀도함수 $f(x)$가

$$f(x)=\begin{cases} kx & (0\le x\le 1) \\ -k(x-2) & (1\le x\le 2)\end{cases}$$ 일 때, 다음을 구하여라.

(1) 상수 k의 값 (2) $\mathrm{P}(0.5\le \mathrm{X}\le 1.5)$ (3) $\mathrm{E(X)}$, $\mathrm{V(X)}$

정석연구 (1) $f(x)$가 확률밀도함수이므로 오른쪽 그림에서 점 찍은 부분의 넓이는 1이다.

넓이를 구할 때에는 도형의 성질이나 정적분을 이용한다.

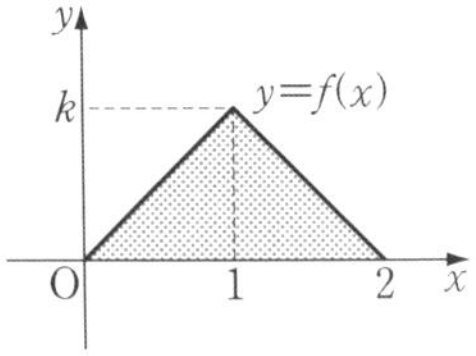

정석 $\boldsymbol{f(x)(\alpha\le x\le\beta)}$가 확률밀도함수이면

$\Longrightarrow$ $\boldsymbol{\alpha\le x\le\beta}$에서

함수 $\boldsymbol{y=f(x)}$의 그래프와 $\boldsymbol{x}$축 사이의 넓이는 **1**이다.

(2) $0.5\le x\le 1.5$에서 $y=f(x)$의 그래프와 x축 사이의 넓이를 구하면 된다. 넓이를 구할 때에는 도형의 성질이나 정적분을 이용한다.

(3) 평균과 분산은 다음 **정석**을 이용하여 구하면 된다.

정석 $\boldsymbol{\mathrm{E(X)}=\int_\alpha^\beta xf(x)dx,\quad \mathrm{V(X)}=\int_\alpha^\beta x^2f(x)dx-m^2}$ ⇦ $m=\mathrm{E(X)}$

모범답안 (1) 위의 그림에서 점 찍은 부분의 넓이는 1이므로 $\dfrac{1}{2}\times 2\times k=1$ $\therefore$ $\boldsymbol{k=1}$ ← 답

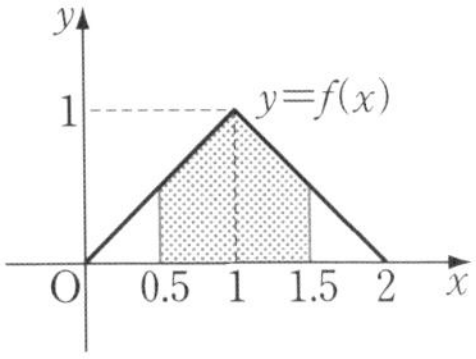

(2) $\mathrm{P}(0.5\le \mathrm{X}\le 1.5)$는 오른쪽 그림에서 점 찍은 부분의 넓이와 같고, $y=f(x)$의 그래프는 직선 $x=1$에 대하여 대칭이므로

$$\mathrm{P}(0.5\le \mathrm{X}\le 1.5)=2\times\frac{1}{2}\times(0.5+1)\times(1-0.5)=\boldsymbol{0.75} \leftarrow \text{답}$$

(3) $$\mathrm{E(X)}=\int_0^2 xf(x)dx=\int_0^1 x^2dx+\int_1^2(-x^2+2x)dx=\frac{1}{3}+\frac{2}{3}=\boldsymbol{1} \leftarrow \text{답}$$

$$\mathrm{V(X)}=\int_0^2 x^2f(x)dx-\{\mathrm{E(X)}\}^2$$
$$=\int_0^1 x^3dx+\int_1^2(-x^3+2x^2)dx-1^2=\frac{1}{4}+\frac{11}{12}-1=\boldsymbol{\frac{1}{6}} \leftarrow \text{답}$$

유제 **9**-1. 연속확률변수 X의 확률밀도함수 $f(x)$가

$f(x)=k(x-1)$(단, $0\le x\le 1$)일 때, 다음을 구하여라.

(1) 상수 k의 값 (2) $\mathrm{P(X}\ge 0.7)$

(3) $\mathrm{P(X}\le a)=0.64$인 a의 값 (4) $\mathrm{E(X)}$, $\mathrm{V(X)}$

답 (1) $\boldsymbol{k=-2}$ (2) **0.09** (3) $\boldsymbol{a=0.4}$ (4) $\boldsymbol{\frac{1}{3}}$, $\boldsymbol{\frac{1}{18}}$

§2. 정규분포

1 정규분포

강수량, 신생아의 몸무게 등 자연 현상이나 사회 현상에서 나타나는 여러 가지 통계 자료를 정리하여 히스토그램을 그리는 경우, 자료의 개수를 점점 늘릴수록, 계급의 크기를 점점 작게 할수록 아래 그림과 같이 좌우 대칭인 종 모양의 곡선에 가까워지는 경우가 많다.

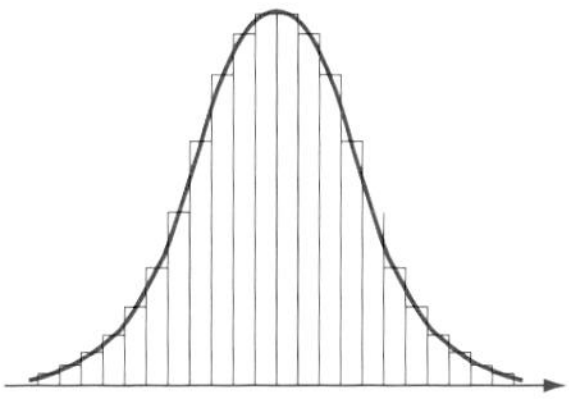

특히 연속확률변수 X의 확률밀도함수 $f(x)$가

$$f(x)=\frac{1}{\sqrt{2\pi}\,\sigma}e^{-\frac{(x-m)^2}{2\sigma^2}}\quad(-\infty<x<\infty)$$

일 때, X의 확률분포를 **정규분포**라 하고, 곡선 $y=f(x)$를 **정규분포곡선**이라고 한다.

이때, e는 $e=2.718281\cdots$인 무리수이고, m과 σ는 연속확률변수 X의 평균과 표준편차임이 알려져 있다.

이와 같이 평균이 m, 표준편차가 σ인 정규분포를 기호로 $\mathbf{N}(m,\ \sigma^2)$과 같이 나타내고,

연속확률변수 X는 정규분포 $\mathbf{N}(m,\ \sigma^2)$을 따른다

고 한다.

연속확률변수 X가 정규분포 $\mathrm{N}(m,\ \sigma^2)$을 따를 때, X의 확률밀도함수의 그래프는 다음 그림과 같이 직선 $x=m$에 대하여 대칭인 종 모양의 곡선이고, 점근선은 x축이다.

또한 그래프는 다음 그림과 같이 σ의 값이 변함에 따라 그 모양이 바뀌고, m의 값이 변함에 따라 그 대칭축의 위치가 바뀐다.

(i) m의 값이 일정할 때

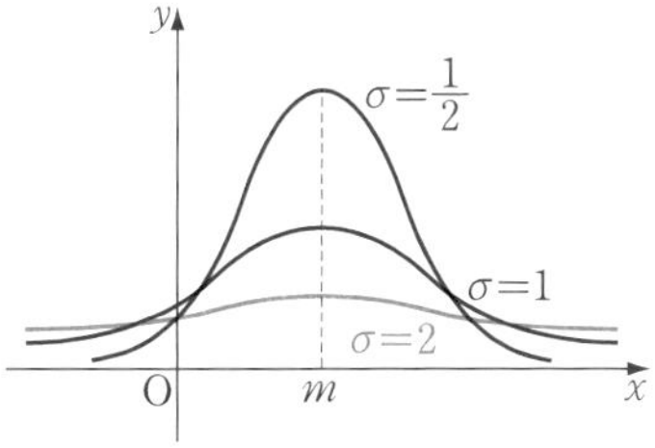

(ii) σ의 값이 일정할 때

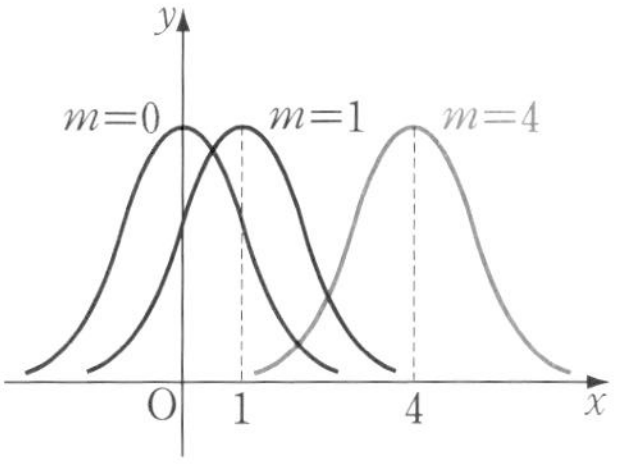

기본정석 **정규분포곡선의 성질**

정규분포 $N(m, \sigma^2)$을 따르는 연속확률변수 X의 확률밀도함수

$$f(x)=\frac{1}{\sqrt{2\pi}\,\sigma}e^{-\frac{(x-m)^2}{2\sigma^2}}\quad(-\infty<x<\infty)$$

의 그래프에는 다음 성질이 있음이 알려져 있다.

(1) 모든 실수 x에 대하여 $f(x)>0$이다.

(2) 곡선과 x축 사이의 넓이는 1이다. 곧,

$$\int_{-\infty}^{\infty}f(x)\,dx=1$$

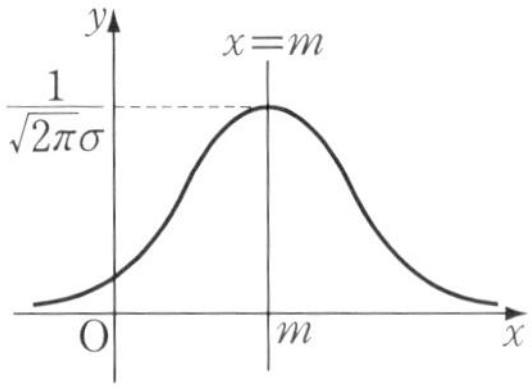

(3) X가 $a\le X\le b$일 확률은

$$P(a\le X\le b)=\int_a^b f(x)\,dx$$

(4) 직선 $x=m$에 대하여 대칭인 종 모양의 곡선이고, 점근선은 x축이다.

(5) $x=m$일 때 $f(x)$는 최댓값을 가진다.

(6) m의 값이 일정할 때, σ의 값이 커질수록 곡선의 중앙 부분이 낮아지면서 양옆으로 퍼지고, σ의 값이 작아질수록 곡선의 중앙 부분이 높아지면서 좁아진다.

(7) σ의 값이 일정할 때, m의 값이 달라지면 대칭축의 위치는 바뀌지만 곡선의 모양은 바뀌지 않는다.

Advice 1° $N(m, \sigma^2)$에서 N은 Normal distribution(정규분포)의 첫 글자이다.

2° 위에서 '알려져 있다'는 말은 수학적 설명은 가능하지만 이를 밝히려면 고등학교 교육과정의 수준을 넘거나 설명이 어려울 때 쓰는 말이다.

앞으로 이와 같은 표현이 있을 때에는 결과만 기억해 두어도 된다.

3° 확률 $P(a\le X\le b)$는 오른쪽 그림과 같은 정규분포곡선에서 점 찍은 부분의 넓이와 같다.

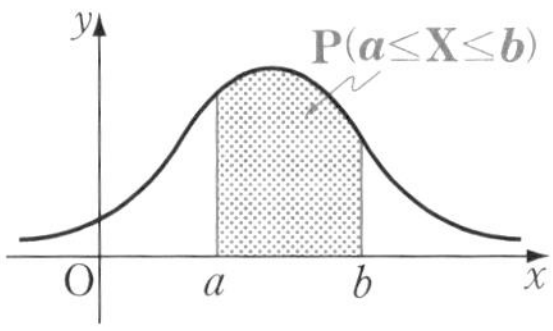

4° 오른쪽 4개의 정규분포곡선 중에서 평균이 가장 큰 것은 D이고, 가장 작은 것은 A이다.

또, 표준편차가 가장 큰 것은 A, B이고, 가장 작은 것은 D이다.

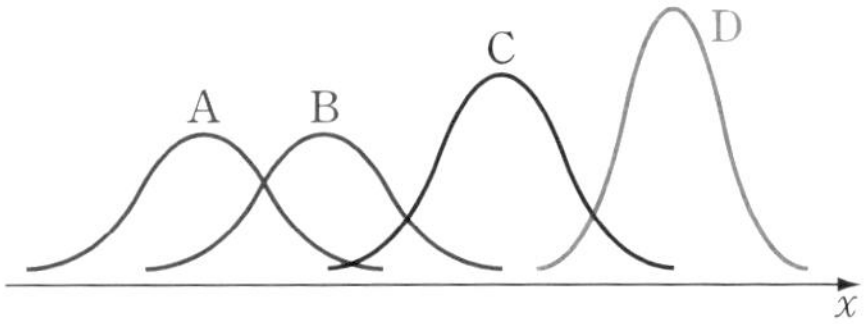

2 표준정규분포

정규분포 $N(m, \sigma^2)$에서 특히

$$m=0, \quad \sigma=1$$

인 정규분포 $N(0, 1^2)$을 **표준정규분포**라고 한다.

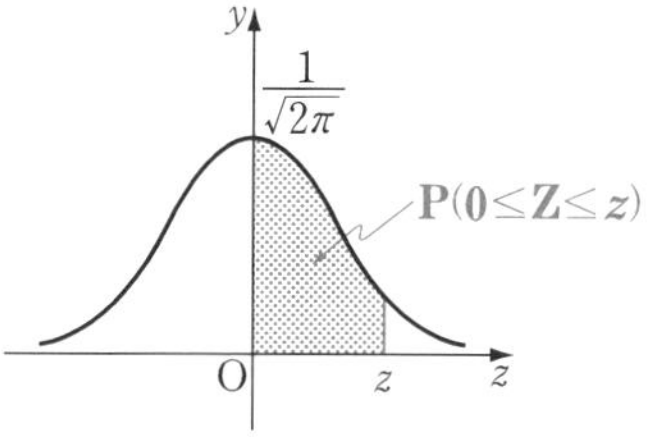

이때, 앞면의 확률밀도함수는

$$f(z)=\frac{1}{\sqrt{2\pi}}e^{-\frac{z^2}{2}} \quad (-\infty<z<\infty)$$

이다.

또, 임의의 양수 z에 대하여 연속확률변수 Z가 0 이상 z 이하의 값을 가질 확률 $P(0\le Z\le z)$는 위의 그래프에서 점 찍은 부분의 넓이와 같다.

여기에서 z의 값이 0.00부터 3.19까지일 때의 확률을 계산하여 표로 나타낸 것이 이 책 부록(p. 309)의 **표준정규분포표**이고, 아래 표는 그 일부이다.

z	0.00	0.01	0.02	0.03	0.04	0.05	0.06	0.07	0.08	0.09
⋮	⋮	⋮	⋮	⋮	⋮	⋮	⋮	⋮	⋮	⋮
0.5	.1915	.1950	.1985	.2019	.2054	.2088	.2123	.2157	.2190	.2224
0.6	.2257	.2291	.2324	.2357	.2389	.2422	.2454	.2486	.2517	.2549
0.7	.2580	.2611	.2642	.2673	.2704	.2734	.2764	.2794	.2823	.2852
0.8	.2881	.2910	.2939	.2967	.2995	.3023	.3051	.3078	.3106	.3133
0.9	.3159	.3186	.3212	.3238	.3264	.3289	.3315	.3340	.3365	.3389
⋮	⋮	⋮	⋮	⋮	⋮	⋮	⋮	⋮	⋮	⋮

표를 보는 방법은 수학 I 의 상용로그표를 보는 방법과 유사하다.

이를테면 위의 표에서

$$P(0\le Z\le 0.53)=0.2019, \quad P(0\le Z\le 0.85)=0.3023$$

이다.

역으로 생각하면 확률 $P(0\le Z\le a)=0.2764$를 만족시키는 양수 a의 값은 $a=0.76$이다.

z	0.00	···	0.06	···	0.09
0.0	.0000				.0359
⋮					
0.7			.2764		
⋮					
3.1	.4990				.4993

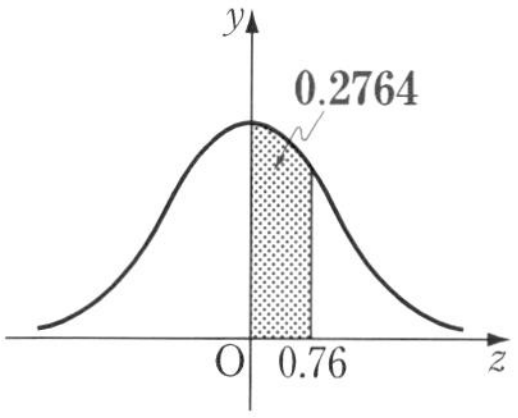

**Note* 표준정규분포 $N(0, 1^2)$을 $N(0, 1)$로 나타내기도 한다.

표준정규분포 N(0, 1)을 따르는 확률변수 Z의 확률밀도함수 $y=f(z)$의 그래프는 y축에 대하여 대칭이므로 다음 성질을 가진다.

(i) $\mathrm{P}(\mathrm{Z}\ge 0)=\mathrm{P}(\mathrm{Z}\le 0)=0.5$

(ii) $\mathrm{P}(-a\le \mathrm{Z}\le 0)=\mathrm{P}(0\le \mathrm{Z}\le a)$ (단, $a>0$)

(iii) $\mathrm{P}(-a\le \mathrm{Z}\le a)=2\mathrm{P}(0\le \mathrm{Z}\le a)$ (단, $a>0$)

보기 1 확률변수 Z가 표준정규분포를 따를 때, 오른쪽 표준정규분포표를 이용하여 다음을 구하여라.

(1) $\mathrm{P}(0\le \mathrm{Z}\le 0.5)$ (2) $\mathrm{P}(-1\le \mathrm{Z}\le 0)$

(3) $\mathrm{P}(\mathrm{Z}\le 1.5)$

z	$\mathrm{P}(0\le \mathrm{Z}\le z)$
0.5	0.1915
1.0	0.3413
1.5	0.4332

연구 다음 그림에서 점 찍은 부분의 넓이와 같다.

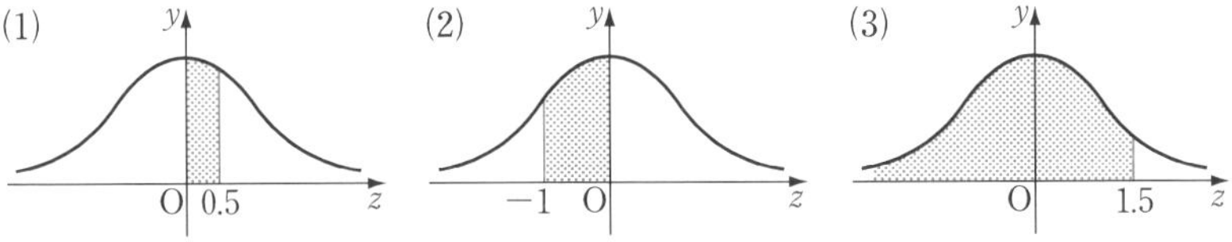

(1) $\mathrm{P}(0\le \mathrm{Z}\le 0.5)=\mathbf{0.1915}$

(2) $\mathrm{P}(-1\le \mathrm{Z}\le 0)=\mathrm{P}(0\le \mathrm{Z}\le 1)=\mathbf{0.3413}$ ⇦ y축에 대하여 대칭

(3) $\mathrm{P}(\mathrm{Z}\le 1.5)=\mathrm{P}(\mathrm{Z}\le 0)+\mathrm{P}(0\le \mathrm{Z}\le 1.5)=0.5+0.4332=\mathbf{0.9332}$

3 확률변수의 표준화

이산확률변수 X의 평균이 m, 표준편차가 σ일 때,

$$\mathrm{E}\left(\frac{\mathrm{X}-m}{\sigma}\right)=0, \quad \mathrm{V}\left(\frac{\mathrm{X}-m}{\sigma}\right)=1$$

이므로 확률변수 $\dfrac{\mathrm{X}-m}{\sigma}$의 평균은 0, 표준편차는 1이다. 이에 대해서는 이산확률변수의 평균과 표준편차에서 이미 공부하였다. ⇦ p. 159 Advice

이와 같은 성질은 X가 연속확률변수일 때에도 성립함이 알려져 있다.

따라서 연속확률변수 X가 정규분포 $\mathrm{N}(m, \sigma^2)$을 따를 때, 확률변수

$$\mathrm{Z}=\frac{\mathrm{X}-m}{\sigma}$$

은 표준정규분포 N(0, 1)을 따른다.

이와 같이 정규분포 $\mathrm{N}(m, \sigma^2)$을 따르는 확률변수 X를 표준정규분포 N(0, 1)을 따르는 확률변수 Z로 바꾸는 것을 확률변수 X를 표준화한다고 한다. 정규분포 $\mathrm{N}(m, \sigma^2)$을 따르는 확률변수 X를 표준화함으로써 표준정규분포표를 이용하여 확률 $\mathrm{P}(a\le \mathrm{X}\le b)$ 등을 구할 수 있다.

기본정석 **연속확률변수의 표준화**

확률변수 X가 정규분포 $N(m, \sigma^2)$을 따를 때, 확률변수

$$Z=\frac{X-m}{\sigma}$$

은 표준정규분포 N(0, 1)을 따른다.

보기 2 확률변수 X가 정규분포 $N(70, 3^2)$을 따를 때, 오른쪽 표준정규분포표를 이용하여 다음을 구하여라.

z	$P(0\le Z\le z)$
1.0	0.3413
2.0	0.4772

(1) $P(70\le X\le 76)$ (2) $P(67\le X\le 73)$

(3) $P(67\le X\le a)=0.8185$를 만족시키는 양수 a의 값

연구 확률변수 X를 표준정규분포를 따르는 확률변수 Z로 바꾼다.

정석 $Z=\dfrac{X-m}{\sigma} \Longrightarrow Z=\dfrac{X-70}{3}$ ⇦ $m=70$, $\sigma=3$

(1) $X=70$일 때 $Z=\dfrac{70-70}{3}=0$, $X=76$일 때 $Z=\dfrac{76-70}{3}=2$

$\therefore P(70\le X\le 76)=P(0\le Z\le 2)=\mathbf{0.4772}$

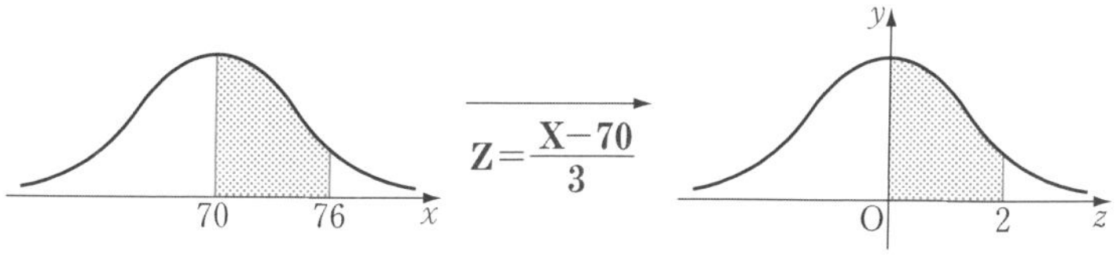

(2) $X=67$일 때 $Z=\dfrac{67-70}{3}=-1$, $X=73$일 때 $Z=\dfrac{73-70}{3}=1$

$\therefore P(67\le X\le 73)=P(-1\le Z\le 1)$
$=2P(0\le Z\le 1)$
$=2\times 0.3413=\mathbf{0.6826}$

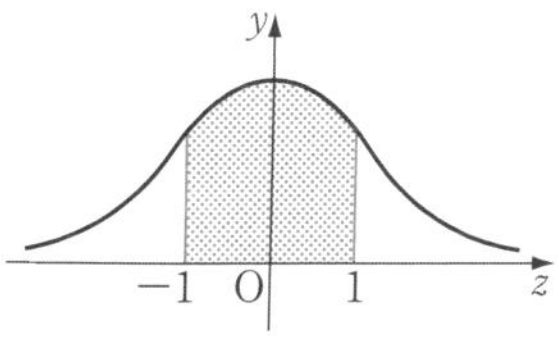

(3) $P(67\le X\le a)=P\left(-1\le Z\le \dfrac{a-70}{3}\right)$
$=0.8185$

$\therefore P(-1\le Z\le 0)+P\left(0\le Z\le \dfrac{a-70}{3}\right)=0.8185$

$P(-1\le Z\le 0)=P(0\le Z\le 1)=0.3413$이므로 $P\left(0\le Z\le \dfrac{a-70}{3}\right)=0.4772$

$P(0\le Z\le 2)=0.4772$이므로 $\dfrac{a-70}{3}=2$ $\therefore$ $\boldsymbol{a=76}$

기본 문제 9-2 어느 해 한국, 미국, 일본의 신입 사원의 월급은 평균이 각각 200만 원, 2500달러, 21만 엔이고, 표준편차가 각각 10만 원, 300달러, 2만 5천 엔인 정규분포를 따른다고 한다. 위의 3개국에서 임의로 한 명씩 뽑은 신입 사원 A, B, C의 월급이 각각 215만 원, 2800달러, 23만 엔일 때, 각각 자국 내에서 상대적으로 월급을 많이 받는 사람부터 순서대로 나열하여라.

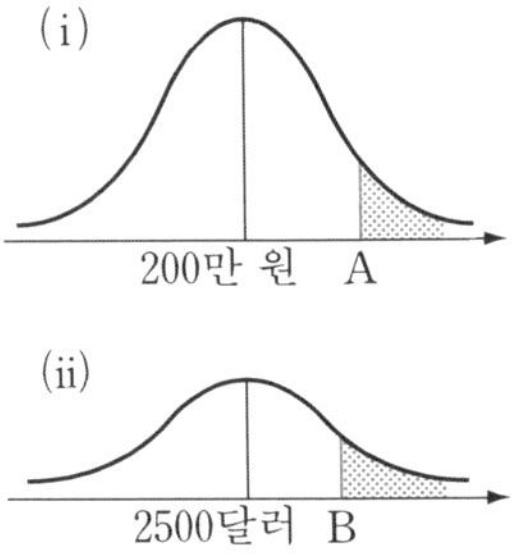

정석연구 이를테면 A와 B가 정규분포곡선 위에서 그림 (i), (ii)와 같이 위치한다고 하자.

이때, 그림 (i)에서 점 찍은 부분의 넓이는 A보다 월급을 많이 받는 사람의 비율이고, 그림 (ii)에서 점 찍은 부분의 넓이는 B보다 월급을 많이 받는 사람의 비율이다. 따라서 두 부분을 비교하여 넓이가 작은 쪽이 상대적으로 월급을 많이 받는다고 할 수 있다.

여기에서 두 부분의 넓이를 비교할 때에는 표준화한 값을 이용한다.

정석 서로 다른 분포를 따르는 확률변수가 가지는 값들의 비교

$\Longrightarrow \dfrac{\mathbf{X}-m}{\sigma}$ 으로 표준화하여 비교하여라.

모범답안 A, B, C의 월급을 각각 표준화하면

$$z_1=\frac{2150000-2000000}{100000}=\frac{3}{2}$$

$$z_2=\frac{2800-2500}{300}=1$$

$$z_3=\frac{230000-210000}{25000}=\frac{4}{5}$$

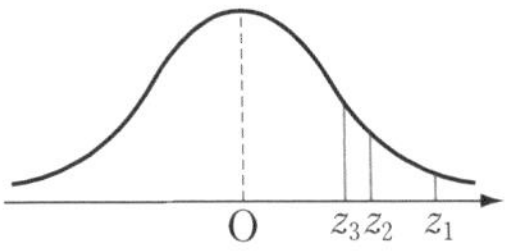

곧, $z_1>z_2>z_3$이므로 A, B, C의 순으로 월급을 상대적으로 많이 받는다고 할 수 있다. 답 **A, B, C**

유제 **9**-2. 어느 고등학교의 2학년 학생을 대상으로 모의고사를 치른 결과 국어, 수학, 영어 점수의 분포는 오른쪽 표와 같았다. 국어 78점, 수학 75점, 영어 74점을 받은 학생은 어느 과목을 상대적으로 가장 잘한다고 할 수 있는가?

단, 각 성적은 정규분포를 이룬다고 한다. 답 영어

	국어	수학	영어
평균	65	55	60
분산	8^2	10^2	6^2

기본 문제 9-3 확률변수 X가 정규분포 N(60, 2^2)을 따를 때, 오른쪽 표준정규분포표를 이용하여 다음 확률을 구하여라.

(1) $P(X \geq 58)$ (2) $P(57 \leq X \leq 64)$

(3) $P(X \leq 59)$

z	$P(0 \leq Z \leq z)$
0.5	0.1915
1.0	0.3413
1.5	0.4332
2.0	0.4772

정석연구 정규분포 N(m, σ^2)을 표준정규분포 N(0, 1)로 바꾸면 표준정규분포표를 이용하여 확률을 구할 수 있다.

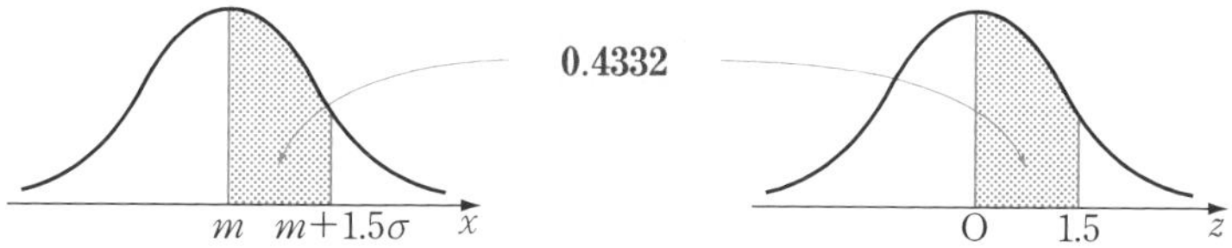

모범답안 $m=60$, $\sigma=2$이므로 $Z=\dfrac{X-m}{\sigma}=\dfrac{X-60}{2}$으로 표준화하면

(1) $X=58$일 때 $Z=\dfrac{58-60}{2}=-1$

$\therefore P(X \geq 58)=P(Z \geq -1)$
$=0.5+P(0 \leq Z \leq 1)$
$=0.5+0.3413=\mathbf{0.8413}$ ← 답

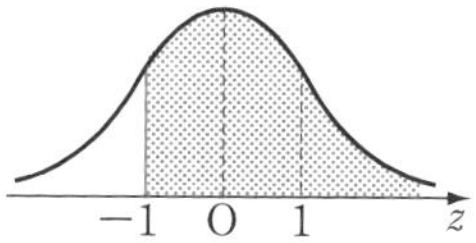

(2) $X=57$일 때 $Z=\dfrac{57-60}{2}=-1.5$

$X=64$일 때 $Z=\dfrac{64-60}{2}=2$

$\therefore P(57 \leq X \leq 64)=P(-1.5 \leq Z \leq 2)$
$=P(0 \leq Z \leq 1.5)+P(0 \leq Z \leq 2)$
$=0.4332+0.4772=\mathbf{0.9104}$ ← 답

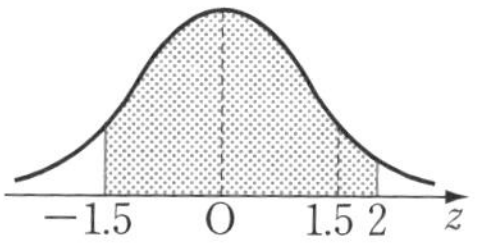

(3) $X=59$일 때 $Z=\dfrac{59-60}{2}=-0.5$

$\therefore P(X \leq 59)=P(Z \leq -0.5)=P(Z \geq 0.5)$
$=0.5-P(0 \leq Z \leq 0.5)$
$=0.5-0.1915=\mathbf{0.3085}$ ← 답

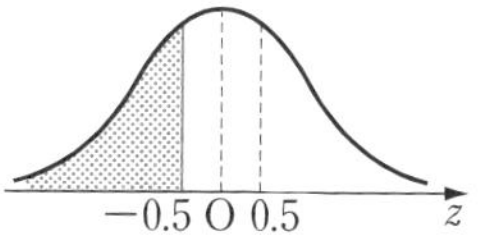

유제 **9**-3. 확률변수 X가 정규분포 N(160, 10^2)을 따를 때, 위의 기본 문제의 표준정규분포표를 이용하여 다음 확률을 구하여라.

(1) $P(160 \leq X \leq 170)$ (2) $P(155 \leq X \leq 175)$ (3) $P(165 \leq X \leq 180)$

답 (1) **0.3413** (2) **0.6247** (3) **0.2857**

기본 문제 9-4 어느 고등학교 2학년 학생 500 명의 키의 분포는 거의 정규분포를 이루고 있다고 한다.

평균이 164 cm, 표준편차가 4 cm일 때, 오른쪽 표준정규분포표를 이용하여 다음 물음에 답하여라.

z	$\mathrm{P}(0\le Z\le z)$
0.5	0.1915
1.5	0.4332

(1) 키가 158 cm 이상 164 cm 이하인 학생은 대략 몇 명인가?

(2) 키가 158 cm 이하 또는 166 cm 이상인 학생은 대략 몇 명인가?

정석연구 키를 확률변수 X라고 하면 X는 정규분포 $\mathrm{N}(164,\ 4^2)$을 따른다.

정석 $\mathrm{N}(m,\ \sigma^2)$을 $\Longrightarrow$ $\mathrm{N}(0,\ 1)$로 표준화!

를 이용하여

(1)에서는 $\mathrm{P}(158\le X\le 164)$, (2)에서는 $\mathrm{P}(X\le 158$ 또는 $X\ge 166)$

부터 구해 보아라.

모범답안 키를 확률변수 X라고 하면 X는 정규분포 $\mathrm{N}(164,\ 4^2)$을 따르므로

$Z=\dfrac{X-m}{\sigma}=\dfrac{X-164}{4}$로 표준화하면 Z는 $\mathrm{N}(0,\ 1)$을 따른다.

(1) $\mathrm{P}(158\le X\le 164)=\mathrm{P}(-1.5\le Z\le 0)$

$=\mathrm{P}(0\le Z\le 1.5)=0.4332$

따라서 구하는 학생은

$500\times 0.4332\fallingdotseq$ **216**(명) ← 답

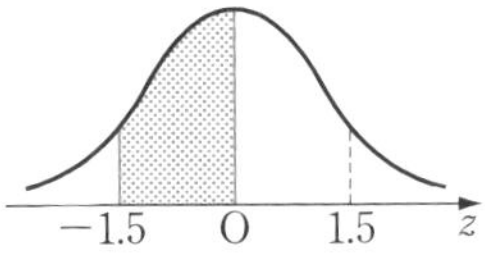

(2) $\mathrm{P}(X\le 158)=\mathrm{P}(Z\le -1.5)=\mathrm{P}(Z\ge 1.5)$

$=0.5-\mathrm{P}(0\le Z\le 1.5)$

$=0.5-0.4332=0.0668$

$\mathrm{P}(X\ge 166)=\mathrm{P}(Z\ge 0.5)$

$=0.5-\mathrm{P}(0\le Z\le 0.5)$

$=0.5-0.1915=0.3085$

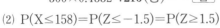

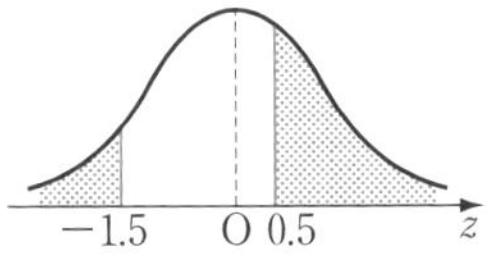

이때, $500\times 0.0668=33.4$, $500\times 0.3085=154.25$이므로

구하는 학생은 대략 $33+154=$ **187**(명) ← 답

유제 **9**-4. 어느 고등학교에서 조사한 학생들의 몸무게의 분포는 평균 63 kg, 표준편차 6 kg인 정규분포에 가깝다고 한다. 이 고등학교의 학생 중 몸무게가 60 kg 이상 75 kg 이하인 학생은 전체 학생의 몇 % 정도인가?

필요하면 이 책 부록의 표준정규분포표를 이용하여라. 답 **66.87 %**

기본 문제 9-5 어느 고등학교 전체 학생들의 키는 평균이 174 cm, 표준편차가 6 cm인 정규분포를 따른다고 한다. 또, 키가 183 cm 이상인 학생 중에서 60 %, 183 cm 미만인 학생 중에서 10 %가 농구 동아리에 가입하려고 한다. 이 학교의 학생 중에서 임의로 뽑은 한 학생이 농구 동아리에 가입하려는 학생이었을 때, 이 학생의 키가 183 cm 이상일 확률을 구하여라. 단, 확률변수 Z가 표준정규분포 N(0, 1)을 따를 때, $P(0\le Z\le 1.5)=0.43$으로 계산한다.

정석연구 학생의 키를 확률변수 X라고 하면 X의 평균이 174, 표준편차가 6이므로 X는 정규분포 $N(174,\ 6^2)$을 따른다.

따라서 확률변수 X가 183 이상일 확률 $P(X\ge 183)$을 구할 수 있다.

또, 학생의 키가 183 cm 이상인 사건을 A라 하고, 농구 동아리에 가입하려는 학생인 사건을 E라고 하면 구하는 확률은 사건 E가 일어났을 때의 사건 A가 일어날 조건부확률 $P(A|E)$와 같다.

정석 $P(A|E)=\dfrac{P(A\cap E)}{P(E)}$를 이용!

모범답안 학생의 키를 확률변수 X라고 하면 X는 정규분포 $N(174,\ 6^2)$을 따른다. $Z=\dfrac{X-m}{\sigma}=\dfrac{X-174}{6}$로 표준화하면

$$P(X\ge 183)=P(Z\ge 1.5)=0.5-P(0\le Z\le 1.5)=0.5-0.43=0.07$$

따라서 학생의 키가 183 cm 이상인 사건을 A라 하고, 농구 동아리에 가입하려는 학생인 사건을 E라고 하면

$$P(E)=P(A\cap E)+P(A^c\cap E)=0.07\times 0.6+0.93\times 0.1=0.135$$

$$\therefore\ P(A|E)=\frac{P(A\cap E)}{P(E)}=\frac{0.07\times 0.6}{0.135}=\frac{14}{45}$$ ← 답

유제 9-5. 어느 고등학교 전체 학생들의 집에서 학교까지의 거리는 평균이 2000 m, 표준편차가 250 m인 정규분포를 따른다고 한다. 또, 집에서 학교까지의 거리가 2500 m 이상인 학생 중에서 80 %, 2500 m 미만인 학생 중에서 30 %는 대중교통을 이용하여 통학한다고 한다. 이 학교의 학생 중에서 임의로 뽑은 한 학생이 대중교통을 이용하여 통학하는 학생이었을 때, 이 학생의 집에서 학교까지의 거리가 2500 m 미만일 확률을 구하여라.

단, 확률변수 Z가 표준정규분포 N(0, 1)을 따를 때, $P(0\le Z\le 2)=0.48$로 계산한다.

답 $\dfrac{147}{155}$

기본 문제 9-6 확률변수 X가 정규분포 $N(m, \sigma^2)$을 따를 때, 다음을 구하여라. 필요하면 이 책 부록의 표준정규분포표를 이용하여라.

(1) $P(m-\sigma \le X \le m+\sigma)$

(2) $P(m-k\sigma \le X \le m+k\sigma)=0.97$을 만족시키는 상수 k의 값

정석연구 확률변수 X가 정규분포 $N(m, \sigma^2)$을 따르므로 X를

$$Z=\frac{X-m}{\sigma}$$

으로 표준화하여 구한다.

정석 확률변수가 정규분포 $N(m, \sigma^2)$을 따를 때에는

$N(m, \sigma^2)$을 $\Longrightarrow$ $N(0, 1)$로 표준화!

모범답안 확률변수 X를 $Z=\dfrac{X-m}{\sigma}$으로 표준화한다.

(1) $X=m-\sigma$일 때 $Z=-1$, $X=m+\sigma$일 때 $Z=1$이므로

$P(m-\sigma \le X \le m+\sigma)=P(-1 \le Z \le 1)=2P(0 \le Z \le 1)$

$=2\times0.3413=\mathbf{0.6826}$ ← 답

(2) $X=m-k\sigma$일 때 $Z=-k$, $X=m+k\sigma$일 때 $Z=k$이므로

$P(m-k\sigma \le X \le m+k\sigma)=P(-k \le Z \le k)=2P(0 \le Z \le k)=0.97$

$\therefore P(0 \le Z \le k)=0.485$ $\therefore$ $\boldsymbol{k=2.17}$ ← 답

Advice | (1)과 같은 방법으로 하면

$P(m-2\sigma \le X \le m+2\sigma)=P(-2 \le Z \le 2)=0.9544$

$P(m-3\sigma \le X \le m+3\sigma)=P(-3 \le Z \le 3)=0.9974$

따라서 확률변수 X가 정규분포 $N(m, \sigma^2)$을 따를 때, X가 아래 그림의 점 찍은 부분에 속할 확률은 다음과 같다.

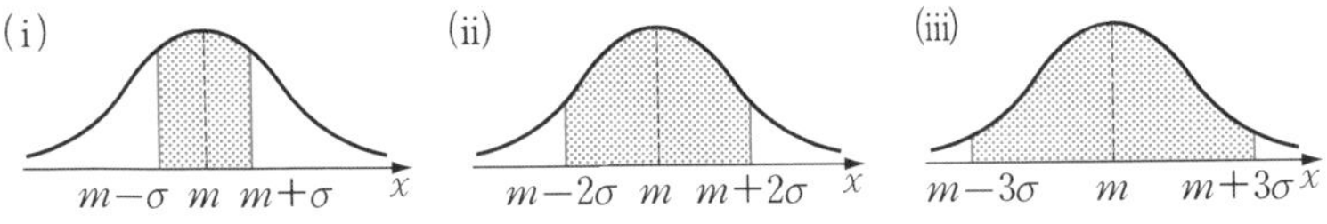

확률 : 0.6826 확률 : 0.9544 확률 : 0.9974

유제 **9**-6. 확률변수 X가 정규분포 $N(5, 1.2^2)$을 따를 때, X가 $5-1.2k \le X \le 5+1.2k$에 속할 확률이 0.4972가 되는 상수 k의 값을 오른쪽 표준정규분포표를 이용하여 구하여라.

z	0.07	0.08
0.5	0.2157	0.2190
0.6	0.2486	0.2517
0.7	0.2794	0.2823

답 $\boldsymbol{k=0.67}$

기본 문제 9-7 어느 대학의 입학시험에서 지원자 2000명의 성적 분포는 평균이 450점, 표준편차가 75점인 정규분포를 이룬다고 한다.

오른쪽 표준정규분포표를 이용하여 다음 물음에 답하여라.

(1) 600점 이상 받은 수험생은 몇 명인가?

(2) 이 대학의 입학 정원이 320명일 때, 합격하기 위해서는 적어도 몇 점을 받아야 하는가?

z	$P(0\le Z\le z)$
1.0	0.34
1.5	0.43
2.0	0.48

정석연구 (2) 상위 320명은 지원자 2000명에 대하여

$$\frac{320}{2000}=0.16$$

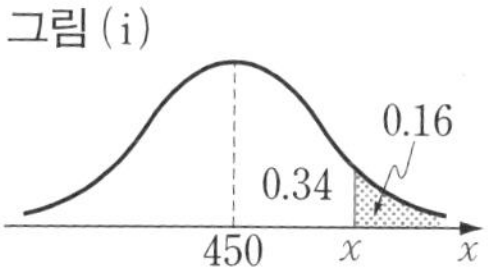

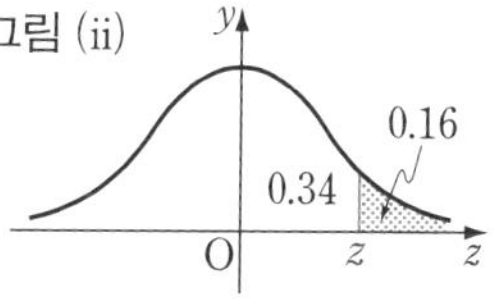

에 해당하므로 그림 (i)에서 x의 값을 구하는 것과 같다.

따라서 그림 (ii)의 표준정규분포곡선에서 $P(Z\ge z)=0.16$을 만족시키는 z의 값을 구한 다음, 아래 **정석**을 이용하여 x의 값을 구하면 된다.

정석 $Z=\dfrac{X-m}{\sigma} \implies Z=\dfrac{X-450}{75}$

모범답안 점수를 확률변수 X라고 하면 X는 정규분포 $N(450,\ 75^2)$을 따르므로 $Z=\dfrac{X-m}{\sigma}=\dfrac{X-450}{75}$으로 표준화하면 Z는 $N(0,\ 1)$을 따른다.

(1) $P(X\ge 600)=P(Z\ge 2)=0.5-P(0\le Z\le 2)=0.5-0.48=0.02$

따라서 구하는 수험생은 $2000\times 0.02=$**40(명)** ← 답

(2) 합격하기 위한 최저 점수를 x라고 하면

$$P(X\ge x)=P\left(Z\ge \frac{x-450}{75}\right)=\frac{320}{2000}=0.16$$

$$\therefore\ 0.5-P\left(0\le Z\le \frac{x-450}{75}\right)=0.16 \quad \therefore\ P\left(0\le Z\le \frac{x-450}{75}\right)=0.34$$

주어진 표준정규분포표에서 $P(0\le Z\le 1)=0.34$이므로

$$\frac{x-450}{75}=1 \quad \therefore\ x=\mathbf{525}\text{(점)}$$ ← 답

유제 **9**-7. 어느 학년의 수학 성적은 평균이 72점, 표준편차가 9점인 정규분포를 이룬다고 한다. 수험생 중 상위 10%는 평점 '수'가 주어진다고 할 때, 수험생이 평점 '수'를 받기 위해서는 적어도 몇 점을 받아야 하는지 이 책 부록의 표준정규분포표를 이용하여 구하여라. 단, 점수는 자연수로 한다.

답 84점

§3. 이항분포와 정규분포

한 개의 주사위를 n회 던질 때, 1의 눈이 x회 나올 확률 $\mathrm{P}(\mathrm{X}=x)$는 이를테면

$$n=10\text{일 때}\quad \mathrm{P}(\mathrm{X}=x)={}_{10}\mathrm{C}_x\left(\frac{1}{6}\right)^x\left(\frac{5}{6}\right)^{10-x}$$

$$n=30\text{일 때}\quad \mathrm{P}(\mathrm{X}=x)={}_{30}\mathrm{C}_x\left(\frac{1}{6}\right)^x\left(\frac{5}{6}\right)^{30-x}$$

$$n=50\text{일 때}\quad \mathrm{P}(\mathrm{X}=x)={}_{50}\mathrm{C}_x\left(\frac{1}{6}\right)^x\left(\frac{5}{6}\right)^{50-x}$$

인 것은 이미 공부하였다.

여기에서 각각의 경우 $\mathrm{P}(\mathrm{X}=0)$, $\mathrm{P}(\mathrm{X}=1)$, $\cdots$을 계산하여 x와 $\mathrm{P}(\mathrm{X}=x)$의 관계를 그래프로 나타내면 아래와 같다. ⇦ p. 164 표 참조

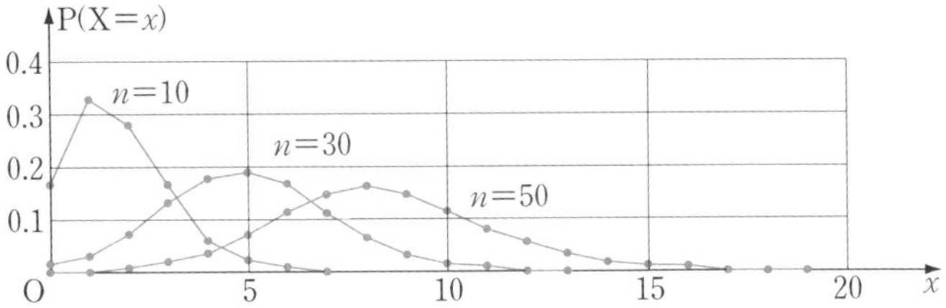

이항분포의 그래프는 n이 커질 때, 정규분포곡선에 가까워진다는 사실이 알려져 있다.

기본정석 **이항분포와 정규분포의 관계**

> 확률변수 $\mathbf{X}$가 이항분포 $\mathbf{B}(\boldsymbol{n},\ \boldsymbol{p})$를 따를 때, $\boldsymbol{n}$이 충분히 크면 $\mathbf{X}$는 근사적으로 정규분포 $\mathbf{N}(\boldsymbol{np},\ \boldsymbol{npq})$를 따른다. 단, $\boldsymbol{q}=\mathbf{1}-\boldsymbol{p}$이다.

Advice | $np\geq5$이고 $nq\geq5$일 때, n이 충분히 크다고 한다.

보기 1 확률변수 X가 이항분포 B(100, 0.2)를 따를 때, 이 책 부록의 표준정규분포표를 이용하여 $\mathrm{P}(\mathrm{X}\geq26)$을 구하여라.

연구 $\mathrm{E}(\mathrm{X})=100\times0.2=20,\quad \mathrm{V}(\mathrm{X})=100\times0.2\times0.8=4^2$

이고, 100은 충분히 크므로 X는 근사적으로 정규분포 $\mathrm{N}(20,\ 4^2)$을 따른다.

$\mathrm{Z}=\dfrac{\mathrm{X}-m}{\sigma}=\dfrac{\mathrm{X}-20}{4}$으로 표준화하면 Z는 N(0, 1)을 따르므로

$$\mathrm{P}(\mathrm{X}\geq26)=\mathrm{P}(\mathrm{Z}\geq1.5)=0.5-\mathrm{P}(0\leq\mathrm{Z}\leq1.5)=0.5-0.4332=\mathbf{0.0668}$$

기본 문제 9-8 한 개의 주사위를 720회 던질 때, 1의 눈이 나오는 횟수를 확률변수 X라고 하자.

오른쪽 표준정규분포표를 이용하여 다음 물음에 답하여라.

(1) X의 평균과 분산을 구하여라.

(2) $P(120 \le X \le 130)$을 구하여라.

(3) $P(X \ge 110)$을 구하여라.

z	$P(0 \le Z \le z)$
0.5	0.1915
1.0	0.3413
1.5	0.4332

정석연구 X는 이항분포 $B\left(720, \frac{1}{6}\right)$을 따르므로

정석 **X가 $B(n, p)$를 따를 때 $E(X)=np$, $V(X)=npq$** ⇦ $q=1-p$

에 의하여 X의 평균과 분산을 구한다.

또한 n이 충분히 큰 경우이므로 X는 근사적으로 정규분포를 따른다는 사실을 이용하여 확률을 구할 수 있다.

정석 **n이 충분히 클 때, 이항분포 $B(n, p)$를**
⟹ 정규분포 $N(np, npq)$로 근사! ⇦ $q=1-p$

모범답안 (1) X는 이항분포 $B\left(720, \frac{1}{6}\right)$을 따르므로

$$E(X)=720\times\frac{1}{6}=\mathbf{120}, \quad V(X)=720\times\frac{1}{6}\times\frac{5}{6}=\mathbf{100}$$ ← 답

(2) X는 근사적으로 정규분포 $N(120, 10^2)$을 따른다.

$Z=\frac{X-m}{\sigma}=\frac{X-120}{10}$으로 표준화하면 Z는 $N(0, 1)$을 따르므로

$$P(120 \le X \le 130)=P(0 \le Z \le 1)=\mathbf{0.3413}$$ ← 답

(3) $P(X \ge 110)=P(Z \ge -1)=P(-1 \le Z \le 0)+P(Z \ge 0)=P(0 \le Z \le 1)+0.5$
$=0.3413+0.5=\mathbf{0.8413}$ ← 답

Advice | 이와 같이 n이 충분히 클 때는 다음 순서로 표준화하여 구한다.

$$B(n, p) \Longrightarrow N(np, npq) \Longrightarrow N(0, 1)$$

유제 **9**-8. 한 개의 동전을 100회 던질 때, 다음 물음에 답하여라.
필요하면 이 책 부록의 표준정규분포표를 이용하여라.

(1) 앞면이 나오는 횟수가 45회 이상 55회 이하일 확률을 구하여라.

(2) 앞면이 나오는 횟수가 65회 이하일 확률을 구하여라.

답 (1) **0.6826** (2) **0.9987**

기본 문제 9-9 어느 공장에서 생산되는 제품의 무게는 평균이 30 g, 표준편차가 5 g인 정규분포를 따른다고 한다. 이 공장에서는 무게가 40 g 이상인 제품을 불량품으로 판정한다.

이 제품 중에서 2500개를 임의로 추출할 때, 불량품의 개수가 57 이상일 확률을 오른쪽 표준정규분포표를 이용하여 구하여라.

z	$P(0\le Z\le z)$
0.5	0.19
1.0	0.34
1.5	0.43
2.0	0.48

정석연구 2500개의 제품 중 불량품의 개수를 확률변수 Y라고 할 때, $Y\ge 57$일 확률을 구하는 문제이다.

불량률을 p라고 할 때, Y는 이항분포 $B(2500, p)$를 따르므로

정석 n이 충분히 클 때, 이항분포 $B(n, p)$는
근사적으로 정규분포 $N(np, npq)$를 따른다 ⇦ $q=1-p$

는 사실을 이용한다.

모범답안 제품의 무게를 확률변수 X라고 하면 X는 정규분포 $N(30, 5^2)$을 따른다.

$$\therefore P(X\ge 40)=P(Z\ge 2) \quad ⇦ Z=\frac{X-30}{5}$$
$$=0.5-P(0\le Z\le 2)=0.5-0.48=0.02$$

따라서 2500개의 제품 중 불량품의 개수를 확률변수 Y라고 하면 Y는 이항분포 $B(2500, 0.02)$를 따른다. 이때, Y의 평균 $E(Y)$와 분산 $V(Y)$는

$$E(Y)=2500\times 0.02=50, \quad V(Y)=2500\times 0.02\times 0.98=7^2$$

2500은 충분히 크므로 Y는 근사적으로 정규분포 $N(50, 7^2)$을 따른다.

$$\therefore P(Y\ge 57)=P(Z\ge 1) \quad ⇦ Z=\frac{Y-50}{7}$$
$$=0.5-P(0\le Z\le 1)=0.5-0.34=\mathbf{0.16} \longleftarrow \text{답}$$

유제 9-9. 한 환자에게 어떤 약을 투약했을 때, 치유될 확률은 0.6이다.

150명의 환자에게 이 약을 투약했을 때, 99명 이상이 치유될 확률을 오른쪽 표준정규분포표를 이용하여 구하여라. 답 **0.0668**

z	$P(0\le Z\le z)$
1.0	0.3413
1.5	0.4332
2.0	0.4772

유제 9-10. 어떤 사람이 화살을 쏘았을 때, 과녁에 명중할 확률이 90%라고 한다. 이 사람이 100개의 화살을 쏘았을 때, 84개 이하가 명중할 확률을 위의 **유제**의 표준정규분포표를 이용하여 구하여라. 답 **0.0228**

연습문제 9

9-1 $0 \le x \le 1$에서 정의된 확률밀도함수 $f(x)$와 $g(x)$에 대하여 다음 중 확률밀도함수인 것은?

① $f(x)-g(x)$ ② $f(x)+g(x)$ ③ $2f(x)-g(x)$

④ $\frac{1}{2}\{f(x)-g(x)\}$ ⑤ $\frac{1}{3}\{2f(x)+g(x)\}$

9-2 오른쪽 그림은 연속확률변수 X의 확률밀도함수 $f(x)$(단, $0 \le x \le 4$)의 그래프이다.

이때, 다음을 구하여라.

(1) 상수 a의 값 (2) $P(1 \le X \le 3)$

(3) X의 평균 (4) $2X-1$의 평균

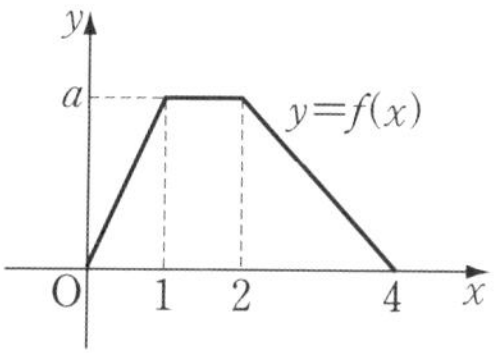

9-3 버스 정류장에 도착하여 버스를 탈 때까지 기다리는 시간을 X분이라고 할 때, X의 확률밀도함수는 $f(x)=a(10-x)$(단, $0 \le x \le 10$)라고 한다.

(1) 기다리는 시간이 3분 이내일 확률을 구하여라.

(2) $E(X)$, $V(X)$를 구하여라.

9-4 $0 \le x \le 1$에서 정의된 연속확률변수 X의 확률밀도함수 $f(x)$가 다음을 만족시킬 때, X의 분산을 구하여라.

$$\int_0^1 xf(x)dx=2, \quad \int_0^1 x^2 f(x)dx=10$$

9-5 $0 \le x \le b$에서 정의된 연속확률변수 X의 확률밀도함수 $f(x)$가 $f(x)=ax$이다. X의 분산이 2일 때, 다음 물음에 답하여라.

(1) $E(2X+1)$을 구하여라. (2) $P(0 \le X \le 3)$을 구하여라.

9-6 어떤 공장에서 제작되는 기계의 수명이 최장 10년이라고 할 때, 기계의 수명의 확률밀도함수는 $f(x)=a(x-10)^2$(단, $0 \le x \le 10$)이라고 한다.

(1) 상수 a의 값을 구하여라.

(2) 이 공장에서 제작된 기계를 구입 후 1년 동안 문제없이 사용했을 때, 이 기계의 수명이 5년 이상일 확률을 구하여라.

(3) 이 공장에서 제작되는 기계의 수명의 평균을 구하여라.

9-7 연속확률변수 X의 확률밀도함수 $f(x)$가 $f(x)=4x^3$(단, $0 \le x \le 1$)일 때, $(X-a)^2$의 기댓값이 최소가 되는 실수 a의 값을 구하여라.

9-8 3학년의 학생 수가 각각 500인 A, B, C 세 고등학교 3학년 학생의 수학 성적 분포가 각각 정규분포를 이루고, 그 정규분포곡선은 오른쪽과 같다고 한다. 다음 중 옳은 것만을 있는 대로 고른 것은?

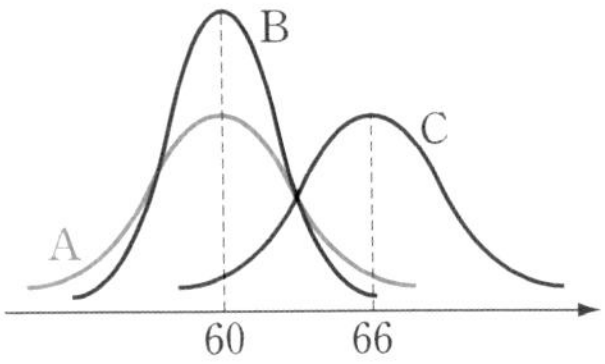

ㄱ. 상위 점수대 학생들이 B 고등학교보다 A 고등학교에 더 많다.
ㄴ. B 고등학교 학생들은 평균적으로 A 고등학교 학생들보다 성적이 더 우수하다.
ㄷ. C 고등학교 학생들보다 B 고등학교 학생들의 성적이 더 고른 편이다.

① ㄱ ② ㄴ ③ ㄷ ④ ㄱ, ㄷ ⑤ ㄴ, ㄷ

9-9 확률변수 X가 정규분포 $N(13, 4^2)$을 따를 때, $\sum_{n=1}^{9} P(X-2n \le 3)$의 값은?

① 3.5 ② 4 ③ 4.5 ④ 5 ⑤ 5.5

9-10 확률변수 X는 정규분포 $N(1, 2^2)$을 따르고, 확률변수 Y는 정규분포 $N(0, 3^2)$을 따른다고 한다. $P(1 \le X \le 5) = P(0 \le Y \le a)$일 때, 상수 a의 값을 구하여라.

9-11 어느 제약 회사에서 생산하고 있는 진통제의 복용 후 진통 효과가 나타날 때까지 걸리는 시간은 평균이 30분, 표준편차가 8분인 정규분포를 따른다고 한다. 40분～44분에서 진통 효과가 나타날 확률을 오른쪽 표준정규분포표를 이용하여 구하면?

z	$P(0 \le Z \le z)$
1.00	0.34
1.25	0.39
1.50	0.43
1.75	0.46

① 0.03 ② 0.04 ③ 0.05 ④ 0.07 ⑤ 0.08

9-12 어떤 동물의 특정 자극에 대한 반응 시간은 평균이 m초, 표준편차가 1초인 정규분포를 따른다고 한다. 반응 시간이 2.93초 미만일 확률이 0.1003일 때, m의 값을 오른쪽 표준정규분포표를 이용하여 구하면?

z	$P(0 \le Z \le z)$
0.91	0.3186
1.28	0.3997
1.65	0.4505
2.02	0.4783

① 3.47 ② 3.84 ③ 4.21
④ 4.58 ⑤ 4.95

9-13 어느 학교에서는 연못에 잉어를 기르고 있다. 수컷의 길이는 정규분포 $N(m,\ 3^2)$을 따르고, 암컷의 길이는 정규분포 $N(m+15,\ \sigma^2)$을 따른다고 한다. 수컷의 길이가 $m+6$ 이상일 확률과 암컷의 길이가 $m+6$ 이하일 확률이 같을 때, σ의 값을 구하여라. 단, 길이의 단위는 cm이다.

9-14 확률변수 X는 평균이 m, 표준편차가 5인 정규분포를 따르고, X의 확률밀도함수 $f(x)$는 다음 두 조건을 만족시킨다.

(가) $f(7)>f(19)$　　　(나) $f(6)<f(16)$

m이 자연수일 때, 확률 $P(6\le X\le 19)$를 오른쪽 표준정규분포표를 이용하여 구하면?

z	$P(0\le Z\le z)$
1.0	0.3413
1.2	0.3849
1.4	0.4192
1.6	0.4452

① 0.7262　② 0.7698　③ 0.8041　④ 0.8384　⑤ 0.8644

9-15 오른쪽 표준정규분포표를 이용하여

$$\sum_{k=54}^{69} {}_{150}C_k\left(\frac{2}{5}\right)^k\left(\frac{3}{5}\right)^{150-k}$$

의 값과 가장 가까운 값을 구하면?

z	$P(0\le Z\le z)$
0.5	0.1915
1.0	0.3413
1.5	0.4332
2.0	0.4772

① 0.3830　② 0.5328　③ 0.6826
④ 0.7745　⑤ 0.8185

9-16 어느 지역에서 유권자의 75%가 지방 자치단체의 예산 삭감 정책에 찬성한다고 한다. 이 지역에서 유권자 192명을 임의로 선정하여 여론 조사를 할 때, 150명 이상이 예산 삭감 정책에 찬성할 확률을 오른쪽 표준정규분포표를 이용하여 구하여라.

z	$P(0\le Z\le z)$
1.0	0.3413
1.5	0.4332
2.0	0.4772
2.5	0.4938

9-17 어느 해운 회사의 통계 자료에 의하면 여객선의 예약자는 10명 중 8명의 비율로 승선한다고 한다. 정원이 340명인 여객선의 예약자가 400명일 때, 승선한 인원이 예약자만으로 정원을 초과하지 않을 확률을 오른쪽 표준정규분포표를 이용하여 구하여라.

z	$P(0\le Z\le z)$
1.5	0.4332
2.0	0.4772
2.5	0.4938
3.0	0.4987

10. 통계적 추정 I (모평균의 추정)

모집단과 표본／모집단과 표본평균의 분포／모평균의 추정과 신뢰도

§ 1. 모집단과 표본

1 전수조사와 표본조사

우리나라에서는 전체 인구의 동향을 파악하기 위하여 5년에 한 번씩 우리나라에 거주하고 있는 모든 사람을 대상으로 인구 주택 총조사를 실시하고 있다. 이와 같이 조사의 대상이 되는 집단 전체를 빠짐없이 조사하는 것을 **전수조사**라고 한다.

전수조사를 하면 자료의 특성을 정확히 파악할 수는 있지만, 비용이 많이 들거나 시간이 오래 걸려 조사 결과가 쓸모없는 경우가 있다. 또, 자동차의 충돌 안전성 검사, 전구의 수명 검사, 과일의 당도 검사와 같이 조사에 사용된 것을 다시 사용할 수 없거나 현실적으로 전수조사가 불가능한 경우도 있다.

이런 경우에는 집단 전체에서 일부만을 뽑아 조사하고 그 결과로부터 자료 전체의 성질을 추측하는데, 이와 같은 조사를 **표본조사**라고 한다.

일반적으로 통계 조사에서는 시간, 비용, 현실성 등의 이유로 표본조사를 하고 그 결과를 이용하여 집단 전체의 성질을 추측하는 경우가 많다.

2 모집단과 표본

통계 조사에서 조사의 대상이 되는 집단 전체를 **모집단**이라고 한다. 곧, 전수조사는 모집단 전체를 조사하는 것이다.

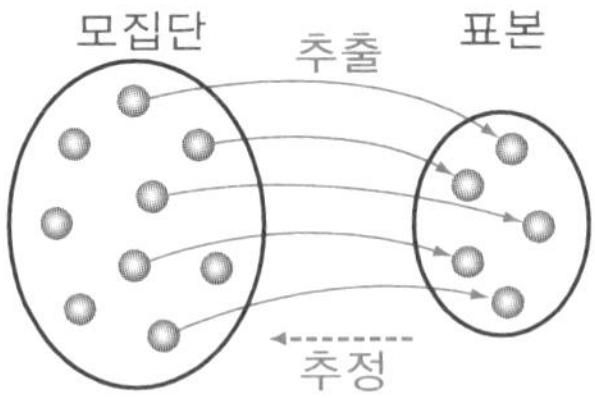

한편 표본조사를 위하여 모집단에서 뽑은 일부분을 **표본**이라고 한다. 또, 표본을 이루는 대상의 개수를 **표본의 크기**라 하고, 모집단에서 표본을 뽑는 것을 표본을 **추출**한다고 한다.

보기 1 다음 중에서 전수조사인 것은?

① TV 프로그램의 시청률 조사 ② 병무청에서 실시하는 징병 검사
③ 국회 의원 선거에서 투표한 유권자에 대한 출구 조사
④ 특정 지역의 대기 중 미세 먼지 농도 조사

연구 조사 대상 전체를 조사하는 것이 전수조사이고, 조사 대상 중에서 일부를 뽑아 조사하는 것이 표본조사이다.

① 특정 시간대에 TV를 시청하는 모든 가구를 대상으로 조사하는 것은 현실적으로 불가능하므로 일부 가구를 뽑아 조사하는 표본조사이다.
② 병역 의무 대상자는 모두 빠짐없이 병무청에서 실시하는 징병 검사를 받아야 하므로 전수조사이다.
③ 국회 의원 선거의 출구 조사는 투표를 마치고 나오는 유권자의 일부를 대상으로 하는 표본조사이다.
④ 특정 지역의 대기 전체를 조사하는 것은 현실적으로 불가능하므로 표본조사이다.

답 ②

3 임의추출

표본조사의 목적은 모집단에서 추출한 표본을 통하여 모집단의 특성을 추측하는 데 있다. 따라서 모집단의 특성을 잘 나타낼 수 있도록 모집단의 어느 한쪽만 반영되지 않게 표본을 추출해야 한다. 이를 위하여 모집단의 각 대상이 뽑힐 확률이 동일하게 되도록 표본을 추출하는 것을 **임의추출**이라 하고, 임의추출에 의하여 추출된 표본을 **임의표본**(random sample)이라고 한다.

표본을 임의추출할 때에는 동전, 제비, 주사위, 난수 주사위, 난수표, 컴퓨터의 난수 프로그램 등을 사용한다. 여기서 난수 주사위는 정이십면체의 각 면에 0부터 9까지의 숫자를 각각 두 번씩 써넣은 주사위이다. 또, 난수표는 0부터 9까지의 숫자를 임의의 순서로 나열한 수표로서 상하, 좌우, 대각선 중 어느 방향을 택해도 각 수가 나올 확률이 같도록 작성한 것이다.

Advice | 복원추출과 비복원추출

모집단에서 표본을 추출할 때, 한 번 뽑은 대상을 되돌려 놓은 후 다음 대상을 뽑는 것을 **복원추출**이라 하고, 뽑은 대상을 되돌려 놓지 않고 다음 대상을 뽑는 것을 **비복원추출**이라고 한다. ⇦ p. 112

복원추출은 임의추출이며, 모집단의 크기가 표본의 크기에 비하여 매우 클 때에는 비복원추출도 임의추출로 볼 수 있다.

§ 2. 모집단과 표본평균의 분포

1 모평균, 모분산 및 표본평균, 표본분산

이를테면 주머니에 0, 2, 4, 6의 숫자가 하나씩 적힌 네 개의 공이 들어 있다고 하자. 크기가 4인 이 모집단에서 한 개의 공을 임의추출할 때, 공에 적힌 숫자를 확률변수 X라고 하면 X의 확률분포는 오른쪽과 같다. 이와 같은 분포를 모집단의 분포라고 한다.

X	0	2	4	6	합
P(X=x)	$\frac{1}{4}$	$\frac{1}{4}$	$\frac{1}{4}$	$\frac{1}{4}$	1

이 모집단의 분포에서 X의 평균, 분산, 표준편차를 각각 모평균, 모분산, 모표준편차라 하고, 이것을 기호로 각각 $\boldsymbol{m}$, $\boldsymbol{\sigma^2}$, $\boldsymbol{\sigma}$와 같이 나타낸다. 이때,

$$m=0\times\frac{1}{4}+2\times\frac{1}{4}+4\times\frac{1}{4}+6\times\frac{1}{4}=\mathbf{3},$$

$$\sigma^2=0^2\times\frac{1}{4}+2^2\times\frac{1}{4}+4^2\times\frac{1}{4}+6^2\times\frac{1}{4}-3^2=\mathbf{5},\quad \sigma=\sqrt{\sigma^2}=\sqrt{\mathbf{5}}$$

***Note** 위의 확률분포에 대하여 앞 단원에서는 '모'자를 붙이지 않았으나 여기서 새삼스럽게 붙인 것은 다음에 공부할 표본평균 등과 구별하기 위함이다.

한편 어떤 모집단에서 크기가 $n(n\geq2)$인 표본 $X_1, X_2, \cdots, X_n$을 임의추출했을 때, 이들의 평균, 분산, 표준편차를 각각 표본평균, 표본분산, 표본표준편차라고 한다. 또, 이것을 기호로 각각 $\overline{\mathbf{X}}$, $\mathbf{S}^2$, $\mathbf{S}$와 같이 나타내고, 다음과 같이 정의한다.

$$\overline{X}=\frac{1}{n}(X_1+X_2+\cdots+X_n)=\frac{1}{n}\sum_{i=1}^{n}X_i$$

$$S^2=\frac{1}{n-1}\left\{\left(X_1-\overline{X}\right)^2+\left(X_2-\overline{X}\right)^2+\cdots+\left(X_n-\overline{X}\right)^2\right\}=\frac{1}{n-1}\sum_{i=1}^{n}\left(X_i-\overline{X}\right)^2$$

$$S=\sqrt{S^2}$$

이때,

$$\sum_{i=1}^{n}\left(X_i-\overline{X}\right)^2=\sum_{i=1}^{n}\left(X_i^2-2X_i\overline{X}+\overline{X}^2\right)$$

$$=\sum_{i=1}^{n}X_i^2-2\overline{X}\sum_{i=1}^{n}X_i+\sum_{i=1}^{n}\overline{X}^2$$

$$=\sum_{i=1}^{n}X_i^2-2\overline{X}\times n\overline{X}+n\overline{X}^2=\sum_{i=1}^{n}X_i^2-n\overline{X}^2$$

⇦ $\frac{1}{n}\sum_{i=1}^{n}X_i=\overline{X}$ 에서 $\sum_{i=1}^{n}X_i=n\overline{X}$

$$\therefore\ S^2=\frac{1}{n-1}\sum_{i=1}^{n}\left(X_i-\overline{X}\right)^2=\frac{1}{n-1}\left(\sum_{i=1}^{n}X_i^2-n\overline{X}^2\right)$$

기본정석 **표본평균, 표본분산 및 표본표준편차**

모집단에서 크기가 $n(n\geq2)$인 표본 $X_1, X_2, X_3, \cdots, X_n$을 임의추출했을 때, 표본평균 $\overline{X}$, 표본분산 S^2, 표본표준편차 S를 다음과 같이 정의한다.

$$\overline{X}=\frac{1}{n}(X_1+X_2+X_3+\cdots+X_n)=\frac{1}{n}\sum_{i=1}^{n}X_i$$

$$S^2=\frac{1}{n-1}\sum_{i=1}^{n}\left(X_i-\overline{X}\right)^2=\frac{1}{n-1}\left(\sum_{i=1}^{n}X_i^{\ 2}-n\overline{X}^2\right)$$

$$S=\sqrt{S^2}$$

Advice | 모분산을 정의할 때와 마찬가지로 표본분산 S^2을 정의할 때에도 n으로 나누는 것이 자연스러워 보이지만, $n-1$로 나누는 것으로 정의한 것은 표본분산과 모분산의 차이를 줄이기 위함이다.

보기 1 1, 2, 3, 4, 5의 숫자가 하나씩 적힌 5장의 카드에서 크기가 3인 표본 2, 3, 4를 추출했을 때, 표본평균, 표본분산, 표본표준편차를 구하여라.

연구 $\overline{X}=\frac{1}{3}\times(2+3+4)=\mathbf{3}$,

$S^2=\frac{1}{3-1}\times\left\{(2-3)^2+(3-3)^2+(4-3)^2\right\}=\mathbf{1}$, $\quad S=\sqrt{S^2}=\mathbf{1}$

2 표본평균의 분포

지금까지 표본의 평균, 분산 및 표준편차에 대하여 공부하였다. 이제 표본평균의 평균, 분산 및 표준편차에 대하여 공부해 보자.

앞면의 예로 되돌아가서 0, 2, 4, 6의 숫자가 하나씩 적힌 네 개의 공이 들어 있는 주머니를 생각해 보자.

이 모집단에서 두 개의 공을 복원추출할 때, 첫 번째 공에 적힌 숫자를 X_1, 두 번째 공에 적힌 숫자를 X_2라고 하면 표본평균 $\overline{X}$는

$$\overline{X}=\frac{X_1+X_2}{2}$$

이다.

이를테면 첫 번째 공에 적힌 숫자가 2이고, 두 번째 공에 적힌 숫자가 6이라고 하면 $X_1=2$, $X_2=6$이므로 표본평균 $\overline{X}$는

$$\overline{X}=\frac{2+6}{2}=4$$

(가능한 모든 $\overline{X}$)

X_2 \ X_1	0	2	4	6
0	0	1	2	3
2	1	2	3	4
4	2	3	4	5
6	3	4	5	6

그런데 이 네 개의 공에서 순서를 생각하여 크기가 2인 표본을 복원추출하는 모든 방법의 수는

$$4\times4=16(={}_4\Pi_2)$$

이고, 이 16개의 표본의 평균을 각각 구하여 표로 만들면 앞면과 같다.

따라서 표본평균 $\overline{X}$가 가지는 값은 0, 1, 2, 3, 4, 5, 6이고, 이에 대응하는 확률을 조사하면 $\overline{X}$는 오른쪽 표와 같은 확률분포를 이룬다.

$\overline{X}$	0	1	2	3	4	5	6
$P(\overline{X}=x)$	$\frac{1}{16}$	$\frac{2}{16}$	$\frac{3}{16}$	$\frac{4}{16}$	$\frac{3}{16}$	$\frac{2}{16}$	$\frac{1}{16}$

따라서 표본평균 $\overline{X}$의 평균, 분산 및 표준편차는 다음과 같다.

$$E(\overline{X})=0\times\frac{1}{16}+1\times\frac{2}{16}+2\times\frac{3}{16}+\cdots+6\times\frac{1}{16}=\mathbf{3}$$

$$V(\overline{X})=0^2\times\frac{1}{16}+1^2\times\frac{2}{16}+2^2\times\frac{3}{16}+\cdots+6^2\times\frac{1}{16}-3^2=\mathbf{\frac{5}{2}}$$

$$\sigma(\overline{X})=\sqrt{V(\overline{X})}=\sqrt{\frac{5}{2}}=\mathbf{\frac{\sqrt{5}}{\sqrt{2}}}$$

곧, $\overline{X}$의 평균과 분산은 각각 $E(\overline{X})=3$, $V(\overline{X})=\frac{5}{2}$이다. 한편 p. 196에서 알 수 있는 바와 같이 모집단의 분포에서 X의 평균과 분산은 각각 $m=3$, $\sigma^2=5$이다. 이를 비교하면 $\overline{X}$의 평균은 모평균과 같고, $\overline{X}$의 분산은 모분산의 $\frac{1}{2}$과 같음을 알 수 있다. 여기에서 분모 2는 표본의 크기이다.

일반적으로 모평균이 m, 모분산이 σ^2인 모집단에서 크기가 n인 표본을 복원추출할 때, 표본평균 $\overline{X}$에 대하여

$$\mathbf{E(\overline{X})=m,\quad V(\overline{X})=\frac{\sigma^2}{n},\quad \sigma(\overline{X})=\frac{\sigma}{\sqrt{n}}}$$

임이 알려져 있다.

이때, 모평균 m은 상수이지만 표본평균 $\overline{X}$는 추출된 표본에 따라 여러 가지 값을 가질 수 있으므로 $\overline{X}$는 확률변수이다.

한편 모집단의 분포가 정규분포를 이루면 표본평균의 분포 역시 정규분포를 이룬다는 사실이 알려져 있다.

그런데 모집단의 분포가 정규분포 $N(m, \sigma^2)$을 따르면

$$\mathbf{E(\overline{X})=m,\quad V(\overline{X})=\frac{\sigma^2}{n}}$$

이므로 표본평균 $\overline{X}$는 정규분포 $N\left(m, \frac{\sigma^2}{n}\right)$을 따른다.

기본정석 **표본평균의 분포**

(1) 표본평균의 평균, 분산 및 표준편차

모평균이 m, 모분산이 σ^2인 모집단에서 크기가 n인 표본을 복원추출할 때, 표본평균 $\overline{X}$에 대하여 다음 사실이 알려져 있다.

$$\mathrm{E}(\overline{X})=m,\quad \mathrm{V}(\overline{X})=\frac{\sigma^2}{n},\quad \sigma(\overline{X})=\frac{\sigma}{\sqrt{n}}$$

(2) 표본평균의 분포

모평균이 m, 모분산이 σ^2인 모집단에서 크기가 n인 표본을 임의추출할 때, 다음 사실이 알려져 있다.

(i) 모집단의 분포가 정규분포를 따르면 표본평균 $\overline{X}$는 정규분포 $\mathrm{N}\left(m, \dfrac{\sigma^2}{n}\right)$을 따른다.

(ii) 모집단의 분포가 정규분포를 따르지 않는다고 하더라도 표본의 크기 n이 충분히 크면 표본평균 $\overline{X}$는 근사적으로 정규분포 $\mathrm{N}\left(m, \dfrac{\sigma^2}{n}\right)$을 따른다.

Advice | n이 충분히 크다는 것은 $n\ge30$일 때를 뜻한다.

보기 2 모평균이 5, 모표준편차가 0.4인 모집단에서 크기가 100인 표본을 복원추출하는 경우, 표본평균 $\overline{X}$의 평균, 분산 및 표준편차를 구하여라.

연구 $\mathrm{E}(\overline{X})=m=\mathbf{5},\quad \mathrm{V}(\overline{X})=\dfrac{\sigma^2}{n}=\dfrac{0.4^2}{100}=\mathbf{0.0016},\quad \sigma(\overline{X})=\sqrt{\mathrm{V}(\overline{X})}=\mathbf{0.04}$

보기 3 정규분포 $\mathrm{N}(60, 10^2)$을 따르는 모집단에서 크기가 25인 임의표본을 복원추출할 때, 표본평균 $\overline{X}$에 대하여 다음을 구하여라.

필요하면 이 책 부록의 표준정규분포표를 이용하여라.

(1) $\overline{X}$의 평균, 분산 및 표준편차 (2) $\mathrm{P}(\overline{X}\ge58)$

연구 모평균을 m, 모표준편차를 σ라고 하면 $m=60$, $\sigma=10$이다.

정석 모집단의 분포가 정규분포 $\mathbf{N}(m, \sigma^2)$을 따를 때,
표본평균 $\overline{\mathbf{X}}$는 정규분포 $\mathbf{N}\left(m, \dfrac{\sigma^2}{n}\right)$을 따른다.

(1) $\mathrm{E}(\overline{X})=m=\mathbf{60},\quad \mathrm{V}(\overline{X})=\dfrac{\sigma^2}{n}=\dfrac{10^2}{25}=\mathbf{4},\quad \sigma(\overline{X})=\sqrt{4}=\mathbf{2}$

(2) 표본평균 $\overline{X}$는 정규분포 $\mathrm{N}(60, 2^2)$을 따르므로 $Z=\dfrac{\overline{X}-60}{2}$으로 표준화하면

$$\mathrm{P}(\overline{X}\ge58)=\mathrm{P}(Z\ge-1)=\mathrm{P}(0\le Z\le1)+0.5=0.3413+0.5=\mathbf{0.8413}$$

기본 문제 **10**-1 주머니에 1, 1, 1, 2, 2, 3의 숫자가 하나씩 적힌 6개의 공이 들어 있다. 다음 물음에 답하여라.

(1) 이 주머니에서 한 개의 공을 임의추출할 때, 공에 적힌 숫자를 확률변수 X라고 하자. 이때, X의 평균과 분산을 구하여라.

(2) 이 주머니에서 크기가 2인 임의표본을 복원추출할 때, 공에 적힌 숫자의 표본평균을 $\overline{X}$라고 하자. 이때, $\overline{X}$의 평균과 분산을 구하여라.

정석연구 (1) X가 가지는 값은 1, 2, 3이고, 이에 대응하는 확률은 각각

$$\frac{3}{6},\quad \frac{2}{6},\quad \frac{1}{6}$$

X	1	2	3	합
P(X=x)	$\frac{3}{6}$	$\frac{2}{6}$	$\frac{1}{6}$	1

이므로 확률변수 X의 확률분포는 오른쪽과 같다.

정석 $\boldsymbol{m=\sum x_i p_i,\quad \sigma^2=\sum x_i^2 p_i-m^2}$ ⇦ $m=\mathrm{E}(X)$, $\sigma^2=\mathrm{V}(X)$

을 이용하여라.

(2) 위의 (1)에서 모평균 m과 모분산 σ^2이 구해지면 표본평균 $\overline{X}$의 평균과 분산은 다음 **정석**을 이용하여 구한다.

정석 $\boldsymbol{\mathrm{E}(\overline{X})=m,\quad \mathrm{V}(\overline{X})=\frac{\sigma^2}{n}}$ ⇦ n은 표본의 크기

모범답안 (1) X의 평균을 m, 분산을 σ^2이라고 하면 위의 확률분포에서

$$m=1\times\frac{3}{6}+2\times\frac{2}{6}+3\times\frac{1}{6}=\boldsymbol{\frac{5}{3}} \longleftarrow \boxed{답}$$

$$\sigma^2=1^2\times\frac{3}{6}+2^2\times\frac{2}{6}+3^2\times\frac{1}{6}-\left(\frac{5}{3}\right)^2=\boldsymbol{\frac{5}{9}} \longleftarrow \boxed{답}$$

(2) $\mathrm{E}(\overline{X})=m=\boldsymbol{\frac{5}{3}},\quad \mathrm{V}(\overline{X})=\frac{\sigma^2}{n}=\frac{5}{9}\times\frac{1}{2}=\boldsymbol{\frac{5}{18}} \longleftarrow \boxed{답}$

유제 **10**-1. 모집단의 확률변수 X의 확률분포가 오른쪽과 같다. 이 모집단에서 크기가 4인 임의표본을 복원추출할 때, 표본평균 $\overline{X}$의 평균과 분산을 구하여라.

X	1	2	3	합
P(X=x)	$\frac{1}{10}$	$\frac{1}{2}$	$\frac{2}{5}$	1

답 $\mathrm{E}(\overline{X})=\boldsymbol{\frac{23}{10}}$, $\mathrm{V}(\overline{X})=\boldsymbol{\frac{41}{400}}$

유제 **10**-2. 크기가 4인 모집단 1, 1, 2, 3에서 크기가 2인 임의표본을 복원추출할 때, 숫자의 표본평균 $\overline{X}$의 평균과 분산을 구하여라.

답 $\mathrm{E}(\overline{X})=\boldsymbol{\frac{7}{4}}$, $\mathrm{V}(\overline{X})=\boldsymbol{\frac{11}{32}}$

기본 문제 10-2 어느 연못에 살고 있는 잉어의 길이를 X cm라고 할 때, X는 정규분포 $N(40,\ 10^2)$을 따른다고 한다. 이 책 부록의 표준정규분포표를 이용하여 다음 물음에 답하여라.

(1) 이 연못에서 잉어 한 마리를 임의추출할 때, 그 길이가 35 cm 이상 50 cm 이하일 확률을 구하여라.

(2) 이 연못에서 크기가 4인 표본을 임의추출하여 이 표본의 평균 길이를 $\overline{X}$ cm라고 할 때, $\overline{X}$가 35 cm 이상 50 cm 이하일 확률을 구하여라.

정석연구 (2) 모집단의 분포가 정규분포를 따르므로 표본평균의 분포 역시 정규분포를 따른다. 다음 성질을 이용하여 먼저 $\overline{X}$의 분포를 구한다.

정석 모집단의 분포가 정규분포 $N(m,\ \sigma^2)$을 따를 때,
크기가 n인 표본의 평균 $\overline{X}$는 정규분포 $N\left(m,\ \dfrac{\sigma^2}{n}\right)$을 따른다.

모범답안 (1) X가 정규분포 $N(40,\ 10^2)$을 따르므로 $Z=\dfrac{X-40}{10}$으로 표준화하면

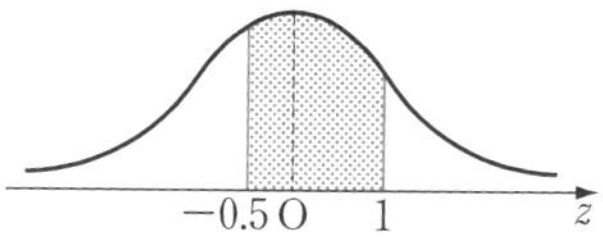

$$P(35\le X\le 50)=P(-0.5\le Z\le 1)$$
$$=P(0\le Z\le 0.5)+P(0\le Z\le 1)$$
$$=0.1915+0.3413=\mathbf{0.5328}$$ ← 답

(2) 모집단의 분포가 정규분포 $N(40,\ 10^2)$을 따르므로 $\overline{X}$는 정규분포 $N\left(40,\ \dfrac{10^2}{4}\right)$, 곧 $N(40,\ 5^2)$을 따른다. $Z=\dfrac{\overline{X}-40}{5}$으로 표준화하면

$$P\left(35\le\overline{X}\le 50\right)=P(-1\le Z\le 2)=P(0\le Z\le 1)+P(0\le Z\le 2)$$
$$=0.3413+0.4772=\mathbf{0.8185}$$ ← 답

유제 10-3. 어느 대학의 입학시험에서 응시자의 성적은 정규분포 $N(500,\ 80^2)$을 따른다고 한다. 이 대학 응시자 중에서 100명의 점수를 임의추출할 때, 점수의 표본평균이 492점 이상 512점 이하일 확률을 이 책 부록의 표준정규분포표를 이용하여 구하여라. 답 **0.7745**

유제 10-4. 어느 회사에서 생산하는 건전지의 수명은 평균이 30시간, 표준편차가 5시간인 정규분포를 따른다고 한다. 이 제품 중에서 100개의 건전지를 임의추출할 때, 건전지의 수명의 표본평균 $\overline{X}$에 대하여 다음 확률을 이 책 부록의 표준정규분포표를 이용하여 구하여라.

(1) $P\left(29\le\overline{X}\le 31\right)$ (2) $P\left(\overline{X}\ge 31.5\right)$ 답 (1) **0.9544** (2) **0.0013**

기본 문제 10-3 어느 회사에서 생산하는 아이스크림 한 개의 무게는 평균이 20 g, 표준편차가 1 g인 정규분포를 따른다고 한다. 또, 이 회사에서는 아이스크림 25개를 한 상자에 넣고 포장하여 판매하는데 상자의 무게를 뺀 무게가 490 g 이하이면 불량품으로 판정한다.

10000개의 상자 중에서 불량품은 몇 상자가 생기는지 오른쪽 표준정규분포표를 이용하여 구하여라.

z	$P(0\le Z\le z)$
1.0	0.3413
2.0	0.4772
3.0	0.4987

정석연구 아이스크림 한 개의 무게가 정규분포 $N(20,\ 1^2)$을 따른다는 것은 알고 있지만, 포장한 상자의 무게에 대한 분포는 주어져 있지 않다. 그러나 아이스크림 25개를 포장한 상자의 무게가 490 g이라는 것을 '한 상자에 들어 있는 아이스크림의 무게의 평균이 **490÷25 (g)**이다'로 생각하면 크기가 25인 표본으로부터 얻은 표본평균에 관한 문제로 해결할 수 있다.

정석 모집단의 분포가 정규분포 $\mathbf{N}(\boldsymbol{m},\ \boldsymbol{\sigma}^2)$을 따를 때,

크기가 $\boldsymbol{n}$인 표본의 평균 $\overline{\mathbf{X}}$는 정규분포 $\mathbf{N}\left(\boldsymbol{m},\ \dfrac{\boldsymbol{\sigma}^2}{\boldsymbol{n}}\right)$을 따른다

를 이용하여 한 상자가 불량품일 확률부터 구해 보아라.

모범답안 한 상자에 들어 있는 아이스크림의 무게의 평균이 $490\div25=19.6$ (g) 이하이면 불량품이다. 그런데 모집단의 분포가 정규분포 $N(20,\ 1^2)$을 따르므로 크기가 25인 표본으로부터 얻은 표본평균 $\overline{X}$는 정규분포 $N\left(20,\ \dfrac{1^2}{25}\right)$, 곧 $N\left(20,\ \left(\dfrac{1}{5}\right)^2\right)$을 따른다.

$Z=\dfrac{\overline{X}-20}{1/5}$으로 표준화하면 한 상자가 불량품일 확률은

$$P\left(\overline{X}\le19.6\right)=P(Z\le-2)=0.5-P(0\le Z\le2)=0.5-0.4772=0.0228$$

따라서 불량품인 상자는 $10000\times0.0228=$**228** (상자) ← 답

유제 **10**-5. 어떤 학교 학생의 몸무게는 평균이 60 kg, 표준편차가 6 kg인 정규분포를 따른다고 한다. 적재 중량이 549 kg 이상이면 경고음이 울리도록 설계된 엘리베이터에 이 학교의 학생 중에서 9명을 임의추출하여 타게 할 때, 경고음이 울릴 확률을 오른쪽 표준정규분포표를 이용하여 구하여라.

z	$P(0\le Z\le z)$
0.5	0.1915
1.0	0.3413
1.5	0.4332
2.0	0.4772

답 **0.3085**

기본 문제 10-4 어느 제약 회사에서 생산하는 약품 한 병의 용량은 평균이 m, 표준편차가 10인 정규분포를 따른다고 한다. 이 회사에서 생산한 약품 중에서 임의추출한 25병의 용량의 표본평균이 2000 이상일 확률이 0.9772일 때, m의 값을 구하여라.

필요하면 이 책 부록의 표준정규분포표를 이용하여라.

[정석연구] 먼저 모집단의 분포로부터 표본평균의 분포를 구한다.

정석 모집단의 분포가 정규분포 $\mathrm{N}(m,\ \sigma^2)$을 따를 때,
크기가 n인 표본의 평균 $\overline{\mathrm{X}}$는 정규분포 $\mathrm{N}\left(m,\ \dfrac{\sigma^2}{n}\right)$을 따른다.

[모범답안] 한 병의 용량을 확률변수 X라고 하면 X는 정규분포 $\mathrm{N}(m,\ 10^2)$을 따르므로 크기가 25인 표본으로부터 얻은 표본평균 $\overline{\mathrm{X}}$는 정규분포 $\mathrm{N}\left(m,\ \dfrac{10^2}{25}\right)$, 곧 $\mathrm{N}(m,\ 2^2)$을 따른다.

$\mathrm{Z}=\dfrac{\overline{\mathrm{X}}-m}{2}$으로 표준화하면 $\mathrm{P}(\overline{\mathrm{X}}\ge 2000)=\mathrm{P}\left(\mathrm{Z}\ge\dfrac{2000-m}{2}\right)$
이고, 문제의 조건에서 $\mathrm{P}(\overline{\mathrm{X}}\ge 2000)=0.9772$이므로

$$\mathrm{P}\left(\mathrm{Z}\ge\frac{2000-m}{2}\right)=0.9772 \qquad \Leftarrow m>2000$$

따라서 $m>2000$이므로 $0.5+\mathrm{P}\left(0\le\mathrm{Z}\le\dfrac{m-2000}{2}\right)=0.9772$

$$\therefore\ \mathrm{P}\left(0\le\mathrm{Z}\le\frac{m-2000}{2}\right)=0.4772$$

표준정규분포표에 의하여 $\dfrac{m-2000}{2}=2$ $\quad\therefore\ \boldsymbol{m=2004}$ ← [답]

[유제] **10**-6. 몸 길이가 평균이 50 cm, 표준편차가 4 cm인 정규분포를 따르는 생물 집단이 있다. 크기가 n인 표본으로부터 얻은 생물의 몸 길이에 대한 표본평균 $\overline{\mathrm{X}}$가 $49\le\overline{\mathrm{X}}\le 51$을 만족시킬 확률이 68.26 %이기 위한 n의 값을 이 책 부록의 표준정규분포표를 이용하여 구하여라. [답] $\boldsymbol{n=16}$

[유제] **10**-7. 어느 공장에서 생산하는 과자 A의 무게는 평균이 800 g, 표준편차가 14 g인 정규분포를 따른다고 한다. 이 공장에서는 생산 시스템의 이상 여부를 점검하기 위하여 하루에 생산된 과자 A 중에서 크기가 49인 표본을 임의추출하여 과자의 무게에 대한 표본평균 $\overline{\mathrm{X}}$를 계산한다. $\overline{\mathrm{X}}$가 상수 c보다 작으면 생산 시스템에 이상이 있는 것으로 판단하고 생산 시스템을 점검한다. 생산 시스템에 이상이 있다고 판단될 확률이 0.015라고 할 때, c의 값을 이 책 부록의 표준정규분포표를 이용하여 구하여라. [답] $\boldsymbol{c=795.66}$

§3. 모평균의 추정과 신뢰도

1 모평균의 추정과 신뢰도

표본에서 얻은 정보를 이용하여 모집단의 특성을 확률적으로 추측하는 것을 추정이라고 한다.

이를테면 어느 해에 태어난 신생아 중에서 100명을 임의추출하여 몸무게를 조사했더니 평균이 3.5 kg이었다고 하자.

이 표본조사의 결과로부터 그해에 태어난 신생아 전체의 몸무게의 평균을 추측할 때, 정확하게 3.5 kg이라고는 말할 수 없으나 3.5 kg 근처의 어느 값일 것이라고는 추정할 수 있을 것이다.

일반인들의 대화로는

'대략 3.4 kg에서 3.6 kg 사이쯤 될 것' ⇦ 신뢰구간

이라 할 수 있을 것이고, '그 말을 얼마만큼 믿을 수 있는가'라고 물으면

'95 % 정도 믿어도 좋다' ⇦ 신뢰도

고 적당히 대답할 것이다. 5 % 정도의 오차를 허용한다는 뜻일 것이다.

이때, 범위를 넓게 잡으면 잡을수록 더욱 신뢰할 수 있겠지만 추정으로서의 가치는 떨어진다. 따라서 어느 정도의 오차를 허용하더라도 적당한 범위로 평균을 추정하는 방법이 필요하다.

일반적으로 정규분포 $\mathrm{N}(m, \sigma^2)$을 따르는 모집단에서 크기가 n인 표본을 임의추출했을 때, 표본평균 $\overline{\mathrm{X}}$는 정규분포 $\mathrm{N}\left(m, \dfrac{\sigma^2}{n}\right)$을 따르므로 확률변수 $\overline{\mathrm{X}}$를 표준화한 확률변수

$$\mathrm{Z}=\frac{\overline{\mathrm{X}}-m}{\dfrac{\sigma}{\sqrt{n}}}$$

은 표준정규분포 $\mathrm{N}(0, 1)$을 따른다.

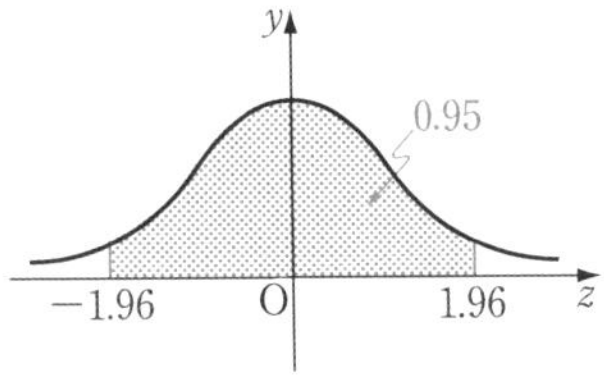

그런데 표준정규분포표에서

$$\mathrm{P}(-1.96\le \mathrm{Z}\le 1.96)=0.95$$

이므로

$$\mathrm{P}\left(-1.96\le \frac{\overline{\mathrm{X}}-m}{\dfrac{\sigma}{\sqrt{n}}}\le 1.96\right)=0.95$$

괄호 안을 변형하면

$$\mathrm{P}\left(\overline{\mathrm{X}}-1.96\frac{\sigma}{\sqrt{n}}\le m\le \overline{\mathrm{X}}+1.96\frac{\sigma}{\sqrt{n}}\right)=0.95$$

여기에서 모집단으로부터 크기가 n인 표본을 임의추출하여 실제로 얻은 표본평균의 값을 $\overline{x}$라고 할 때,

$$\overline{x}-1.96\frac{\sigma}{\sqrt{n}} \le m \le \overline{x}+1.96\frac{\sigma}{\sqrt{n}}$$

를 모평균 m에 대한 신뢰도 95 %의 신뢰구간이라고 한다.

이때, 신뢰도 95 %의 신뢰구간을

$$\left[\overline{x}-1.96\frac{\sigma}{\sqrt{n}},\ \overline{x}+1.96\frac{\sigma}{\sqrt{n}}\right]$$

와 같이 닫힌구간을 써서 나타내기도 한다. 또,

$$\left(\overline{x}+1.96\frac{\sigma}{\sqrt{n}}\right)-\left(\overline{x}-1.96\frac{\sigma}{\sqrt{n}}\right)=2\times1.96\frac{\sigma}{\sqrt{n}}$$

를 신뢰도 95 %의 신뢰구간의 길이라고 한다.

*Note 1° 구간 $[\alpha, \beta]$는 $\alpha \le x \le \beta$를 만족시키는 모든 실수 x의 집합을 의미한다. ⇦ 수학 Ⅱ

2° '신뢰구간의 길이'는 고등학교 교육과정에서 사용하지 않는 용어이지만 편의상 이 책에서는 사용하기로 한다.

신뢰도 **95 %**의 신뢰구간의 의미를 좀 더 구체적으로 알아보자.

모집단에서 크기가 n인 표본을 임의추출하는 일을 반복하면 추출되는 표본에 따라 표본평균이 달라지고, 그에 따라 신뢰구간도 달라진다.

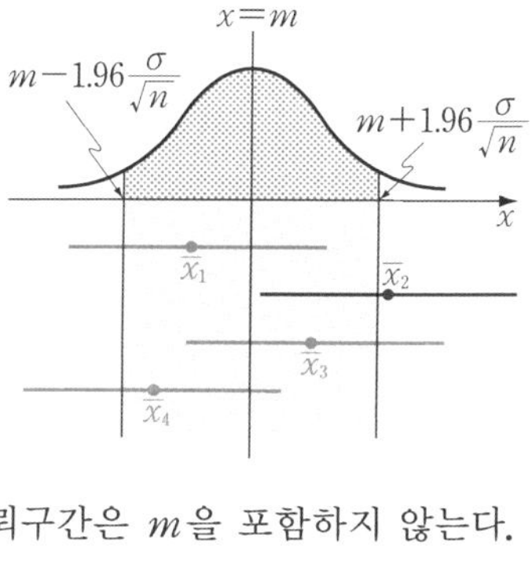

이와 같은 신뢰구간 중에는 모평균 m을 포함하는 것도 있고, 포함하지 않는 것도 있을 수 있다.

오른쪽 그림에서 표본평균 $\overline{\mathrm{X}}$의 값을 $\overline{x}_1$, $\overline{x}_3$, $\overline{x}_4$를 써서 계산한 신뢰구간은 m을 포함하고, $\overline{x}_2$를 써서 계산한 신뢰구간은 m을 포함하지 않는다.

따라서 '모평균 $\boldsymbol{m}$에 대한 신뢰도 **95 %**의 신뢰구간'이라는 것은 모집단에서 크기가 n인 표본을 여러 번 임의추출하여 모평균 m에 대한 신뢰구간을 각각 만들 때, 이 중에서 약 95 %는 모평균 m을 포함한다는 뜻이다.

한편 표준정규분포표에서 $\mathrm{P}(-2.58 \le \mathrm{Z} \le 2.58)=0.99$임을 이용하면 신뢰도 99 %의 신뢰구간을 구할 수 있다.

또, 신뢰구간을 $\overline{\mathrm{X}}$를 써서 다음과 같이 나타내기도 한다.

기본정석 **모평균의 추정**

정규분포 $N(m, \sigma^2)$을 따르는 모집단에서 크기가 n인 표본을 임의추출하여 얻은 표본평균이 $\overline{X}$일 때, 모평균 m에 대한 신뢰구간은 다음과 같다.

신뢰도 95 %의 신뢰구간 : $\overline{X}-1.96\dfrac{\sigma}{\sqrt{n}} \le m \le \overline{X}+1.96\dfrac{\sigma}{\sqrt{n}}$

신뢰도 99 %의 신뢰구간 : $\overline{X}-2.58\dfrac{\sigma}{\sqrt{n}} \le m \le \overline{X}+2.58\dfrac{\sigma}{\sqrt{n}}$

Advice 1° 실제로는 모집단의 표준편차 σ를 모르는 경우가 대부분이다. 이때에는 표본표준편차를 이용해도 위의 신뢰도는 성립한다는 것이 알려져 있다. 이때, 크기가 n인 표본 $X_1, X_2, X_3, \cdots, X_n$의 표준편차 S는 다음과 같이 계산한다. ⇦ p. 196

$$S^2=\frac{1}{n-1}\sum_{i=1}^{n}(X_i-\overline{X})^2=\frac{1}{n-1}\left(\sum_{i=1}^{n}X_i{}^2-n\overline{X}^2\right), \quad S=\sqrt{S^2}$$

2° 모집단이 정규분포를 따르지 않는다고 하더라도 표본의 크기가 충분히 클 때에는 위의 신뢰구간이 성립하는 것으로 본다.

보기 1 어느 농가에서 재배하는 고구마 중에서 1600개를 임의추출하여 무게를 조사했더니 평균이 170 g, 표본표준편차가 4 g이었다. 이 농가에서 재배하는 고구마의 무게의 분포가 정규분포를 따른다고 할 때, 이 농가에서 재배하는 고구마의 평균 무게에 대한 신뢰도 95 %, 99 %의 신뢰구간을 구하여라.

연구 $\overline{X}=170$, $\sigma=4$, $n=1600$을 대입한다.

(i) 모평균 m에 대한 신뢰도 95 %의 신뢰구간

$$170-1.96\times\frac{4}{\sqrt{1600}} \le m \le 170+1.96\times\frac{4}{\sqrt{1600}}$$

$\therefore 169.804 \le m \le 170.196$ $\qquad\therefore$ **[169.804, 170.196]**

(ii) 모평균 m에 대한 신뢰도 99 %의 신뢰구간

$$170-2.58\times\frac{4}{\sqrt{1600}} \le m \le 170+2.58\times\frac{4}{\sqrt{1600}}$$

$\therefore 169.742 \le m \le 170.258$ $\qquad\therefore$ **[169.742, 170.258]**

**Note* 1° 모표준편차 σ를 모르는 경우이므로 표본표준편차 S=4를 이용하였다.

2° '신뢰도 95 %로 추정하여라', '신뢰도 95 %의 신뢰구간을 구하여라', '신뢰도 95 %로 구간추정하여라'는 말은 모두 같은 내용이다.

이때의 답은 '모평균을 m이라고 할 때 $a \le m \le b$'로 나타내거나 간단히 '$[a, b]$'로 나타내면 된다.

기본 문제 10-5 전구를 대량 생산하고 있는 공장이 있다. 어느 날 100 개의 전구를 임의추출하여 수명을 조사한 결과 평균이 500시간, 표본표준편차가 40시간이었다. 다음 물음에 답하여라.

(1) 신뢰도 95%로 모집단의 평균 수명 m을 추정하여라.

(2) 신뢰도 99%로 모집단의 평균 수명 m을 추정하여라.

정석연구 모집단의 분포가 정규분포를 따르지 않는다고 하더라도 표본의 크기가 충분히 크므로 다음 신뢰구간이 성립한다.

정 석 신뢰도 95%의 신뢰구간 : $\overline{X}-1.96\dfrac{\sigma}{\sqrt{n}}\le m\le\overline{X}+1.96\dfrac{\sigma}{\sqrt{n}}$

신뢰도 99%의 신뢰구간 : $\overline{X}-2.58\dfrac{\sigma}{\sqrt{n}}\le m\le\overline{X}+2.58\dfrac{\sigma}{\sqrt{n}}$

여기에서 σ는 모집단의 표준편차이지만 모표준편차 대신 표본표준편차를 써도 무방하므로 $\overline{X}=500$, $\sigma=40$, $n=100$을 대입하면 된다.

모범답안 표본의 크기가 충분히 크므로 평균 수명 m에 대하여 다음 신뢰구간이 성립한다.

(1) $500-1.96\times\dfrac{40}{\sqrt{100}}\le m\le 500+1.96\times\dfrac{40}{\sqrt{100}}$

$\therefore$ **$492.16\le m\le 507.84$** ← 답

(2) $500-2.58\times\dfrac{40}{\sqrt{100}}\le m\le 500+2.58\times\dfrac{40}{\sqrt{100}}$

$\therefore$ **$489.68\le m\le 510.32$** ← 답

유제 **10**-8. 전국 대학생 중에서 10000명을 임의추출하여 한 달 교통비를 조사했더니 평균이 70000원, 표본표준편차가 10000원이었다.

(1) 신뢰도 95%로 전국 대학생의 한 달 평균 교통비 m을 추정하여라.

(2) 신뢰도 99%로 전국 대학생의 한 달 평균 교통비 m을 추정하여라.

답 (1) **$69804\le m\le 70196$** (2) **$69742\le m\le 70258$**

유제 **10**-9. 어느 공장에서는 새로운 제조법에 의하여 전구를 생산하고 있다. 과거의 경험에 의하면 전구의 수명의 표준편차는 100시간이고, 새 제조법에서도 변함이 없다고 한다. 어느 날 크기가 100인 표본을 임의추출하여 수명을 검사한 결과 평균이 1200시간이었다. 이 공장에서 생산하는 전구 전체의 평균 수명에 대한 신뢰도 99%의 신뢰구간을 구하여라.

답 **[1174.2, 1225.8]**

기본 문제 **10**-6 어느 양계장에서 생산되는 달걀의 노른자의 무게는 평균이 m, 표준편차가 σ인 정규분포를 따른다고 한다. 이 양계장에서 생산되는 달걀 중에서 64개를 임의추출하여 노른자의 무게를 측정한 결과 표본평균이 17이었다. 이 표본평균을 이용하여 구한 모평균 m에 대한 신뢰도 99 %의 신뢰구간이 $15.71 \le m \le a$일 때, σ와 a의 값을 구하여라. 단, 노른자의 무게의 단위는 g이다.

정석연구 정규분포 $N(m, \sigma^2)$을 따르는 모집단에서 임의추출한 크기가 n인 표본으로부터 얻은 표본평균을 $\overline{X}$라고 할 때, 모평균 m에 대한 신뢰구간은 다음과 같다.

정석 신뢰도 95 %의 신뢰구간

$$\overline{X}-1.96\frac{\sigma}{\sqrt{n}} \le m \le \overline{X}+1.96\frac{\sigma}{\sqrt{n}}$$

신뢰도 99 %의 신뢰구간

$$\overline{X}-2.58\frac{\sigma}{\sqrt{n}} \le m \le \overline{X}+2.58\frac{\sigma}{\sqrt{n}}$$

모범답안 표본평균 $\overline{X}$는 17이고, 표본의 크기 n은 64이므로 모평균 m에 대한 신뢰도 99 %의 신뢰구간은

$$17-2.58\times\frac{\sigma}{\sqrt{64}} \le m \le 17+2.58\times\frac{\sigma}{\sqrt{64}}$$

이 신뢰구간이 $15.71 \le m \le a$와 일치해야 하므로

$$17-2.58\times\frac{\sigma}{\sqrt{64}}=15.71 \quad \cdots\cdots①\qquad 17+2.58\times\frac{\sigma}{\sqrt{64}}=a \quad \cdots\cdots②$$

①에서 $2.58\times\frac{\sigma}{8}=1.29$ $\quad\therefore$ $\boldsymbol{\sigma=4}$ ← 답

②에 대입하면 $\boldsymbol{a=18.29}$ ← 답

유제 **10**-10. 어느 회사에서 생산하는 통조림의 무게는 평균이 m g, 표준편차가 5 g인 정규분포를 따른다고 한다. 이 회사의 통조림 n개를 임의추출하여 무게를 조사했더니 평균이 450 g이었다. 이 표본평균을 이용하여 구한 모평균 m에 대한 신뢰도 99 %의 신뢰구간이 $448.71 \le m \le 451.29$일 때, 자연수 n의 값을 구하여라. 답 $\boldsymbol{n=100}$

유제 **10**-11. 표준편차가 12인 정규분포를 따르는 어떤 모집단에서 평균을 알아보기 위하여 크기가 n인 표본을 임의추출하여 표본평균 $\overline{X}$를 구했다. 이 $\overline{X}$를 이용하여 구한 모평균 m에 대한 신뢰도 95 %의 신뢰구간이 $82.648 \le m \le 87.352$일 때, $\overline{X}$와 n의 값을 구하여라. 답 $\boldsymbol{\overline{X}=85,\ n=100}$

기본 문제 10-7 다음 물음에 답하여라.

(1) 어느 지역 주민의 1인당 하루 물 사용량은 표준편차가 5 L 인 정규분포를 따른다고 한다. 모평균 m에 대한 신뢰도 95 %의 신뢰구간의 길이가 4.9 L 이하가 되기 위한 표본의 크기의 최솟값을 구하여라.

(2) 표준편차가 1로 알려진 정규분포를 따르는 모집단의 평균에 대한 신뢰구간을 일정한 신뢰도로 구하려고 한다. 표본의 크기가 4일 때 신뢰구간의 길이가 2였다면, 표본의 크기가 얼마일 때 신뢰구간의 길이가 0.5가 되는가?

정석연구 (1) 모평균 m에 대한 신뢰구간이 $\alpha\le m\le\beta\,(\alpha<\beta)$일 때, $\beta-\alpha$를 신뢰구간의 길이라고 한다는 것은 이미 공부하였다. ⇦ p. 205

정석 신뢰도 95 %로

신뢰구간 ⟹ $\overline{\mathrm{X}}-1.96\dfrac{\sigma}{\sqrt{n}}\le m\le\overline{\mathrm{X}}+1.96\dfrac{\sigma}{\sqrt{n}}$

신뢰구간의 길이 ⟹ $2\times1.96\dfrac{\sigma}{\sqrt{n}}$

(2) 신뢰도 α %의 신뢰구간 $\overline{\mathrm{X}}-k\dfrac{\sigma}{\sqrt{n}}\le m\le\overline{\mathrm{X}}+k\dfrac{\sigma}{\sqrt{n}}$에서 k를 신뢰계수라고 한다.

신뢰구간의 길이를 신뢰계수 k로 나타내고 주어진 조건을 이용한다.

모범답안 (1) $2\times1.96\times\dfrac{5}{\sqrt{n}}=\dfrac{19.6}{\sqrt{n}}\le4.9$에서

$4.9\sqrt{n}\ge19.6\quad\therefore\ \sqrt{n}\ge4\quad\therefore\ n\ge16$ 답 **16**

(2) 표본의 크기를 n, 모표준편차를 σ, 신뢰계수를 k, 신뢰구간의 길이를 h라고 하면

$$h=2\times k\times\frac{\sigma}{\sqrt{n}}=2\times k\times\frac{1}{\sqrt{n}}$$ ⇦ $\sigma=1$

문제의 조건에서 $n=4$일 때 $h=2$이므로 $k=2\quad\therefore\ h=\dfrac{4}{\sqrt{n}}$

$h=0.5$일 때 $0.5=\dfrac{4}{\sqrt{n}}\quad\therefore\ \sqrt{n}=8\quad\therefore\ n=64$ 답 **64**

유제 **10**-12. 어느 공장에서 생산하는 전구의 수명은 모표준편차가 σ인 정규분포를 따른다고 한다. 전구 100개를 임의추출하여 95 %의 신뢰도로 모집단의 평균을 추정하였다. 신뢰구간의 길이를 더 늘이지 않고 99 %의 신뢰도를 가지도록 하려면 최소한 몇 개의 전구를 더 골라야 하는가?

답 **74**개

연습문제 10

10-1 어떤 모집단의 확률분포가 오른쪽과 같다. 이 모집단에서 복원추출한 크기가 2인 표본으로부터 얻은 표본평균을 $\overline{X}$라고 하자.

X	10	20	30	합
$P(X=x)$	$\frac{1}{2}$	a	$\frac{1}{2}-a$	1

$E(\overline{X})=18$일 때, $P(\overline{X}=20)$은?

① $\frac{17}{100}$ ② $\frac{19}{100}$ ③ $\frac{13}{50}$ ④ $\frac{17}{50}$ ⑤ $\frac{19}{50}$

10-2 정규분포 $N(3,\ 4^2)$을 따르는 모집단에서 크기가 25인 표본을 임의추출하여 구한 표본평균을 $\overline{X}$라 하고, 정규분포 $N(4,\ 3^2)$을 따르는 모집단에서 크기가 36인 표본을 임의추출하여 구한 표본평균을 $\overline{Y}$라고 할 때, 다음 물음에 답하여라.

필요하면 이 책 부록의 표준정규분포표를 이용하여라.

(1) $P(\overline{X}\geq 2)=P(\overline{Y}\leq a)$를 만족시키는 상수 a의 값을 구하여라.

(2) $P(\overline{X}\leq b)+P(\overline{Y}\leq 5)=1$일 때, $P(\overline{Y}\geq 3b)$를 구하여라.

10-3 어떤 공장에서 생산되는 제품의 무게는 정규분포 $N(11,\ 2^2)$을 따른다고 한다. A와 B 두 사람이 크기가 4인 표본을 각각 독립적으로 임의추출하였다. A와 B가 임의추출한 표본으로부터 얻은 표본평균이 모두 10 이상 14 이하가 될 확률을 오른쪽 표준정규분포표를 이용하여 구하면?

z	$P(0\leq Z\leq z)$
1.0	0.3413
2.0	0.4772
3.0	0.4987

① 0.2944 ② 0.5228 ③ 0.6587 ④ 0.7056 ⑤ 0.8123

10-4 구두를 제조하는 공장에서 기계에 의해 잘라지는 구두 밑창의 두께는 표준편차가 0.2 (mm)인 정규분포를 따른다고 한다. 구두 밑창 두께의 기준이 되는 $\mu=25$ (mm)로부터 평균 두께가 다른가를 알기 위해 4개의 표본을 택하여 두께의 평균 $\overline{X}$ (mm)가 $24.8\leq\overline{X}\leq 25.2$이면 이 기계가 정상인 것으로, 그렇지 않으면 이 기계가 비정상인 것으로 판단하려고 한다.

실제 구두 밑창의 평균 두께가 $\mu=25$ (mm)인데도 이 기계를 비정상으로 판단하게 될 확률을 오른쪽 표준정규분포표를 이용하여 구하면?

z	$P(0\leq Z\leq z)$
1.80	0.4641
2.00	0.4772
2.20	0.4861
2.40	0.4918

① 0.0082 ② 0.0139 ③ 0.0278 ④ 0.0359 ⑤ 0.0456

10-5 정규분포 $N(m, 10^2)$을 따르는 모집단에서 임의추출한 크기가 25인 표본으로부터 얻은 표본평균을 $\overline{X}$라고 할 때, 다음 물음에 답하여라.

필요하면 이 책 부록의 표준정규분포표를 이용하여라.

(1) 표본평균 $\overline{X}$와 모평균 m의 차가 4 이하일 확률을 구하여라.

(2) $P(m-k \le \overline{X} \le m+k)=0.34$를 만족시키는 상수 k의 값을 구하여라.

10-6 모평균이 m, 모표준편차가 σ인 정규분포를 따르는 모집단에서 크기가 n인 임의표본을 추출할 때, 표본평균 $\overline{X}$에 관한 확률

$$P\left(\overline{X} \ge m+1.96\frac{1}{\sqrt{n}}\right)$$

을 $f(\sigma)$라고 하자. 오른쪽 표준정규분포표를 이용하여 $f(1)+f(2)$의 값을 구하여라.

z	$P(0 \le Z \le z)$
0.49	0.1879
0.98	0.3365
1.96	0.4750
3.09	0.4990

10-7 어느 지역에 거주하는 1인 가구의 월 식료품 구입비는 모평균이 m인 정규분포를 따른다고 한다. 이 지역의 1인 가구 중에서 임의추출한 9가구의 월 식료품 구입비의 표본평균이 $\overline{x}$이고, 이 결과를 이용하여 신뢰도 99%로 추정한 m에 대한 신뢰구간이 $[\overline{x}-c, \overline{x}+c]$이었다.

이 지역의 1인 가구 중에서 임의로 한 가구를 택할 때, 이 가구의 월 식료품 구입비가 $m+c$ 이하일 확률을 구하여라.

필요하면 이 책 부록의 표준정규분포표를 이용하여라.

10-8 모표준편차가 σ인 정규분포를 따르는 모집단에서 표본을 임의추출하여 모평균을 추정하고자 할 때, 모평균의 신뢰구간과 신뢰도, 표본의 크기에 대한 다음 설명 중에서 옳지 않은 것은?

① 신뢰도가 일정할 때, 표본의 크기를 크게 하면 신뢰구간의 길이는 짧아진다.

② 신뢰도를 높이고 표본의 크기를 작게 하면 신뢰구간의 길이는 길어진다.

③ 동일한 표본을 사용할 때, 신뢰도 99%의 신뢰구간은 신뢰도 95%의 신뢰구간을 포함한다.

④ 신뢰구간의 길이를 짧게 하면 신뢰도는 낮아진다.

⑤ 신뢰도가 일정할 때, 표본의 크기를 4배 하면 신뢰구간의 길이는 $\frac{1}{2}$배가 된다.

10-9 신생아 n(단, $n \ge 100$)명을 임의추출하여 몸무게를 조사한 결과 평균이 3.35 kg, 표본표준편차가 0.4 kg이었다. 신뢰도 95%로 모평균과 표본평균의 차가 0.05 kg 이하가 되도록 추정할 때, n의 최솟값을 구하여라.

Advice | 통계에 관한 종합 정리

1 확률변수와 확률분포

(1) 이산확률변수 **X**의 확률질량함수의 성질 ⇦ p.146

확률질량함수 $P(X=x_i)=p_i$ (단, $i=1, 2, 3, \cdots, n$)에 대하여

① $0 \le P(X=x_i) \le 1$

② $\sum_{i=1}^{n} P(X=x_i)=P(X=x_1)+P(X=x_2)+P(X=x_3)+\cdots+P(X=x_n)=1$

③ $P(x_i \le X \le x_j)=\sum_{k=i}^{j} P(X=x_k)=P(X=x_i)+\cdots+P(X=x_j)$ (단, $i \le j$)

(2) 이산확률변수 **X**의 기댓값(평균), 분산 및 표준편차 ⇦ p.148, 149

확률질량함수 $P(X=x_i)=p_i$ (단, $i=1, 2, 3, \cdots, n$)에 대하여

① $\mathbf{E(X)=\sum_{i=1}^{n} x_i p_i = x_1 p_1 + x_2 p_2 + x_3 p_3 + \cdots + x_n p_n}$

② $\mathbf{V(X)=\sum_{i=1}^{n} (x_i - m)^2 p_i = \sum_{i=1}^{n} x_i^2 p_i - m^2}$ ⇦ $m=E(X)$

③ $\boldsymbol{\sigma}\mathbf{(X)=\sqrt{V(X)}}$

(3) 이산확률변수 $\boldsymbol{a}\mathbf{X}+\boldsymbol{b}$의 기댓값(평균), 분산 및 표준편차 ⇦ p.152

① $\mathbf{E(aX+b)=aE(X)+b}$ ② $\mathbf{V(aX+b)=a^2V(X)}$

③ $\boldsymbol{\sigma}\mathbf{(aX+b)=|a|}\boldsymbol{\sigma}\mathbf{(X)}$ ④ $\mathbf{V(X)=E(X^2)-\{E(X)\}^2}$

2 이항분포

(1) 이항분포의 확률질량함수 ⇦ p.161

$$P(X=r)={}_nC_r\, p^r q^{n-r} \text{ (단, } p+q=1,\ r=0, 1, 2, \cdots, n)$$

(2) 이항분포의 평균, 분산 및 표준편차 ⇦ p.162

이산확률변수 X가 이항분포 $B(n, p)$를 따를 때(단, $p+q=1$),

① $\mathbf{E(X)=np}$ ② $\mathbf{V(X)=npq}$ ③ $\boldsymbol{\sigma}\mathbf{(X)=\sqrt{V(X)}=\sqrt{npq}}$

3 정규분포

(1) 확률밀도함수의 성질 ⇦ p.172

연속확률변수 X의 확률밀도함수 $f(x)$ (단, $\alpha \le x \le \beta$)에 대하여 다음이 성립한다.

① $f(x) \ge 0$ (단, $\alpha \le x \le \beta$)

② $\int_{\alpha}^{\beta} f(x)dx=1$

③ $P(a \le X \le b)=\int_{a}^{b} f(x)dx$

(단, $\alpha \le a \le b \le \beta$)

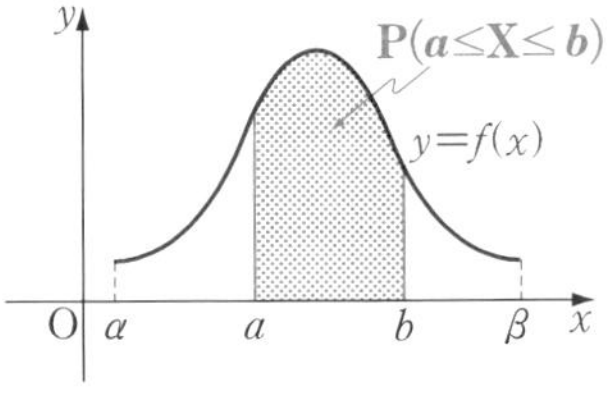

(2) 연속확률변수의 평균, 분산 및 표준편차 ⇦ p. 174

연속확률변수 X의 확률밀도함수 $f(x)$(단, $\alpha\le x\le\beta$)에 대하여

① $\mathbf{E(X)=\int_{\alpha}^{\beta} xf(x)dx}$

② $\mathbf{V(X)=\int_{\alpha}^{\beta}(x-m)^2 f(x)dx=\int_{\alpha}^{\beta}x^2 f(x)dx-m^2}$ ⇦ m=E(X)

③ $\boldsymbol{\sigma}\mathbf{(X)=\sqrt{V(X)}}$

(3) 정규분포 $\mathbf{N}(\boldsymbol{m}, \boldsymbol{\sigma}^2)$의 확률밀도함수의 그래프의 성질 ⇦ p. 178

정규분포 $\mathrm{N}(m, \sigma^2)$을 따르는 연속확률변수 X의 확률밀도함수

$$f(x)=\frac{1}{\sqrt{2\pi}\,\sigma}e^{-\frac{(x-m)^2}{2\sigma^2}}\quad(-\infty<x<\infty)$$

의 그래프(정규분포곡선)에는 다음 성질이 있음이 알려져 있다.

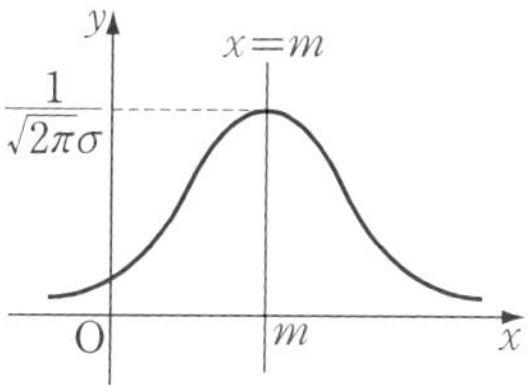

① 모든 실수 x에 대하여 $f(x)>0$이다.

② $\int_{-\infty}^{\infty}f(x)dx=1$

③ $\mathrm{P}(a\le \mathrm{X}\le b)=\int_a^b f(x)dx$

④ 직선 $x=m$에 대하여 대칭인 종 모양의 곡선이고, 점근선은 x축이다.

⑤ $x=m$일 때 $f(x)$는 최댓값을 가진다.

⑥ m의 값이 일정할 때, σ의 값이 커질수록 곡선의 중앙 부분이 낮아지면서 양옆으로 퍼지고, σ의 값이 작아질수록 곡선의 중앙 부분이 높아지면서 좁아진다.

⑦ σ의 값이 일정할 때, m의 값이 달라지면 대칭축의 위치는 x축의 방향으로 평행이동되지만 곡선의 모양은 바뀌지 않는다.

(4) 정규분포와 표준정규분포의 관계 ⇦ p. 181

확률변수 X가 정규분포 $\mathrm{N}(m, \sigma^2)$을 따를 때, 확률변수

$$\mathbf{Z=\frac{X-\boldsymbol{m}}{\boldsymbol{\sigma}}}$$

은 표준정규분포 N(0, 1)을 따른다.

(5) 이항분포와 정규분포의 관계 ⇦ p. 188

확률변수 X가 이항분포 $\mathrm{B}(n, p)$를 따를 때, n이 충분히 크면 X는 근사적으로 정규분포 $\mathrm{N}(np, npq)$를 따른다. 단, $p+q=1$이다.

4 표본평균의 분포와 모평균의 추정

(1) 표본평균, 표본분산 및 표본표준편차 ⇦ p. 197

모집단에서 크기가 $n(n\ge2)$인 표본 X_1, X_2, X_3, $\cdots$, X_n을 임의추출할

때, 표본평균 $\overline{X}$, 표본분산 S^2, 표본표준편차 S는 다음과 같다.

① $\overline{X}=\dfrac{1}{n}\sum_{i=1}^{n}X_i=\dfrac{1}{n}(X_1+X_2+X_3+\cdots+X_n)$

② $S^2=\dfrac{1}{n-1}\sum_{i=1}^{n}\left(X_i-\overline{X}\right)^2$

$=\dfrac{1}{n-1}\left\{\left(X_1-\overline{X}\right)^2+\left(X_2-\overline{X}\right)^2+\left(X_3-\overline{X}\right)^2+\cdots+\left(X_n-\overline{X}\right)^2\right\}$

$=\dfrac{1}{n-1}\left(\sum_{i=1}^{n}X_i{}^2-n\overline{X}^2\right)$

$=\dfrac{1}{n-1}\left(X_1{}^2+X_2{}^2+X_3{}^2+\cdots+X_n{}^2-n\overline{X}^2\right)$

③ $S=\sqrt{S^2}$

(2) 표본평균의 평균, 분산 및 표준편차 ⇦ p.199

모평균이 m, 모분산이 σ^2인 모집단에서 크기가 n인 표본을 복원추출할 때, 표본평균 $\overline{X}$에 대하여 다음 사실이 알려져 있다.

① $\mathbf{E}\left(\overline{X}\right)=m$ ② $\mathbf{V}\left(\overline{X}\right)=\dfrac{\sigma^2}{n}$ ③ $\sigma\left(\overline{X}\right)=\dfrac{\sigma}{\sqrt{n}}$

(3) 표본평균의 분포 ⇦ p.199

모평균이 m, 모분산이 σ^2인 모집단에서 크기가 n인 표본을 임의추출할 때, 다음 사실이 알려져 있다.

① 모집단의 분포가 정규분포를 따르면 표본평균 $\overline{X}$는 정규분포 $N\left(m,\ \dfrac{\sigma^2}{n}\right)$을 따른다.

② 모집단의 분포가 정규분포를 따르지 않는다고 하더라도 표본의 크기 n이 충분히 크면 표본평균 $\overline{X}$는 근사적으로 정규분포 $N\left(m,\ \dfrac{\sigma^2}{n}\right)$을 따른다.

(4) 모평균의 추정 ⇦ p.204~206

정규분포 $N(m,\ \sigma^2)$을 따르는 모집단에서 크기가 n인 표본을 임의추출하여 얻은 표본평균이 $\overline{X}$일 때, 모평균 m에 대한 신뢰구간은 다음과 같다.

① 신뢰도 95 %의 신뢰구간 : $\overline{X}-1.96\dfrac{\sigma}{\sqrt{n}}\le m\le\overline{X}+1.96\dfrac{\sigma}{\sqrt{n}}$

② 신뢰도 99 %의 신뢰구간 : $\overline{X}-2.58\dfrac{\sigma}{\sqrt{n}}\le m\le\overline{X}+2.58\dfrac{\sigma}{\sqrt{n}}$

**Note* 1° 모표준편차 σ를 모르는 경우에는 표본표준편차를 사용해도 된다.

2° 모집단이 정규분포를 따르지 않는다고 하더라도 표본의 크기가 충분히 클 때에는 위의 신뢰구간이 성립한다.

11. 통계적 추정Ⅱ(모비율의 추정)

모비율과 표본비율의 분포
／모비율의 추정과 신뢰도

§1. 모비율과 표본비율의 분포

Advice ▌ (고등학교 교육과정 밖의 내용) 이 단원에서는 모집단과 표본에서 어떤 특성을 가지는 대상의 비율에 대하여 공부한다. 이 내용은 고등학교 교육과정에서 제외되었지만, TV 프로그램의 시청률, 선거에서 특정 후보에 대한 지지율 등과 같이 실생활에서 많이 활용되므로 여기에서 소개한다.

통계를 더 깊이 공부하고 싶은 학생이나 앞으로 이와 관련된 분야에 진학하고자 하는 학생들은 이 단원을 공부해 보길 바란다.

1 모비율과 표본비율

이를테면 어느 고등학교의 전체 학생 800명 중에서 축구를 좋아하는 학생이 600명이라고 하면 이 학교의 학생 중 축구를 좋아하는 학생의 비율 p는

$$p=\frac{600}{800}=0.75$$

이다.

이와 같이 모집단에서 어떤 특성을 가지는 대상의 비율을 모비율이라 하고, 기호로 $\boldsymbol{p}$와 같이 나타낸다.

또, 이 학교 전체 학생을 모집단으로 하여 50명을 임의추출하여 조사한 결과, 축구를 좋아하는 학생이 36명이었다고 하면 이 표본에서 축구를 좋아하는 학생의 비율 $\hat{p}$은

$$\hat{p}=\frac{36}{50}=0.72$$

이다.

이와 같이 모집단에서 임의추출한 표본에서 어떤 특성을 가지는 대상의 비율을 표본비율이라 하고, 기호로 $\hat{\boldsymbol{p}}$과 같이 나타낸다.

일반적으로 표본비율 $\hat{p}$은 다음과 같이 정의한다.

기본정석 **표본비율**

크기가 n인 표본에서 어떤 특성을 가지는 대상이 추출된 횟수를 확률변수 X라고 할 때, 표본비율 $\hat{p}$은 다음과 같다.

$$\hat{p}=\frac{X}{n}$$

Advice | 모비율의 기호 p는 proportion(비율)의 첫 글자이다.
또, $\hat{p}$은 '피햇(p hat)'이라고 읽는다.

보기 1 어떤 지역의 고등학생 중에서 100명을 임의추출했을 때, 남녀 공학에 다니고 있는 학생이 34명이었다. 표본비율 $\hat{p}$을 구하여라.

연구 $\hat{p}=\frac{34}{100}=\mathbf{0.34}$

2 표본비율의 평균과 분산

모비율이 p이고 표본의 크기가 n일 때, 표본비율 $\hat{p}$의 평균 $E(\hat{p})$, 분산 $V(\hat{p})$ 및 표준편차 $\sigma(\hat{p})$은 다음과 같이 구할 수 있다.

표본비율 $\hat{p}=\frac{X}{n}$에서 확률변수 X는 크기가 n인 표본에서 어떤 특성을 가지는 대상이 추출된 횟수이므로 X가 가지는 값은 0, 1, 2, $\cdots$, n이다.

또, 모집단에서 이 사건이 일어날 확률은 모비율 p이므로 확률변수 X는 이항분포 $B(n, p)$를 따른다. 따라서

$$E(X)=np, \quad V(X)=npq \text{ (단, } q=1-p)$$

이므로

$$E(\hat{p})=E\left(\frac{X}{n}\right)=\frac{1}{n}E(X)=\frac{1}{n}\times np=p$$

$$V(\hat{p})=V\left(\frac{X}{n}\right)=\frac{1}{n^2}V(X)=\frac{1}{n^2}\times npq=\frac{pq}{n}$$

$$\sigma(\hat{p})=\sqrt{V(\hat{p})}=\sqrt{\frac{pq}{n}}$$

기본정석 **표본비율의 평균, 분산 및 표준편차**

모비율이 p이고 표본의 크기가 n일 때, 표본비율 $\hat{p}$의 평균, 분산 및 표준편차는 다음과 같다.

$$E(\hat{p})=p, \quad V(\hat{p})=\frac{pq}{n}, \quad \sigma(\hat{p})=\sqrt{\frac{pq}{n}} \quad \text{(단, } q=1-p)$$

보기 2 어떤 제품의 불량률은 2%라고 한다. 이 제품 중에서 100개를 임의추출할 때, 표본비율 $\hat{p}$의 평균 $E(\hat{p})$과 표준편차 $\sigma(\hat{p})$을 구하여라.

연구 $E(\hat{p})=p=\mathbf{0.02}$

$$\sigma(\hat{p})=\sqrt{\frac{pq}{n}}=\sqrt{\frac{0.02\times0.98}{100}}=\frac{14}{1000}=\mathbf{0.014}$$

3 표본비율의 분포

일반적으로 n이 충분히 클 때, 이항분포 $B(n, p)$를 따르는 확률변수 X는 근사적으로 정규분포 $N(np, npq)$를 따른다는 것이 알려져 있다.

마찬가지로 표본의 크기 n이 충분히 클 때, 표본비율 $\hat{p}$의 분포는 정규분포에 가까워진다는 것이 알려져 있다.

그런데 $E(\hat{p})=p$, $V(\hat{p})=\dfrac{pq}{n}$이므로 다음과 같이 정리할 수 있다.

기본정석 — **표본비율의 분포**

> 모비율이 $\boldsymbol{p}$이고 표본의 크기 $\boldsymbol{n}$이 충분히 클 때, 표본비율 $\hat{\boldsymbol{p}}$은 근사적으로 정규분포 $\mathbf{N}\left(\boldsymbol{p}, \dfrac{\boldsymbol{pq}}{\boldsymbol{n}}\right)$를 따른다. 단, $\boldsymbol{q}=\mathbf{1}-\boldsymbol{p}$이다.

Advice 1° $np\ge5$이고 $nq\ge5$일 때, n이 충분히 크다고 한다.

2° 이를테면 모비율이 0.1인 모집단에서 크기가 100인 표본을 임의추출했을 때, $p=0.1$, $q=0.9$, $n=100$이므로 표본비율 $\hat{p}$은 근사적으로 정규분포 $N\left(0.1, \dfrac{0.1\times0.9}{100}\right)$, 곧 $N(0.1, 0.03^2)$을 따른다.

3° $Z=\dfrac{\hat{p}-p}{\sqrt{\dfrac{pq}{n}}}$로 표준화하면 확률변수 Z는 근사적으로 표준정규분포 $N(0, 1)$을 따른다.

보기 3 모비율이 0.2인 모집단에서 크기가 400인 표본을 임의추출했을 때, 표본비율 $\hat{p}$에 대하여 확률 $P(\hat{p}\le0.22)$를 구하여라.
단, $P(0\le Z\le1)=0.3413$으로 계산한다.

연구 400은 충분히 크므로 표본비율 $\hat{p}$은 근사적으로 정규분포 $N\left(0.2, \dfrac{0.2\times0.8}{400}\right)$, 곧 $N(0.2, 0.02^2)$을 따른다.

$Z=\dfrac{\hat{p}-0.2}{0.02}$로 표준화하면

$$P(\hat{p}\le0.22)=P(Z\le1)=0.5+P(0\le Z\le1)=0.5+0.3413=\mathbf{0.8413}$$

기본 문제 11-1 어느 지역의 주민 중에서 혈액형이 A형인 주민의 비율은 36 %라고 한다. 이 지역의 주민 100명을 임의추출할 때, 다음 물음에 답하여라.

(1) 100명 중에서 혈액형이 A형인 주민의 비율을 $\hat{p}$이라고 할 때, $\hat{p}$의 평균과 표준편차를 구하여라.

(2) 100명 중에서 혈액형이 A형인 주민이 42명 이상 48명 이하일 확률을 오른쪽 표준정규분포표를 이용하여 구하여라.

z	$\mathrm{P}(0\le Z\le z)$
1.25	0.3944
1.5	0.4332
2.0	0.4772
2.5	0.4938

정석연구 (1) 모비율이 p이고 표본의 크기가 n일 때, 표본비율 $\hat{p}$의 평균과 분산은

정석 $\mathrm{E}(\hat{p})=p,\quad \mathrm{V}(\hat{p})=\dfrac{pq}{n}$ (단, $q=1-p$)

임을 이용하여 구한다.

(2) 표본 100명 중에서 혈액형이 A형인 주민의 비율이 $\dfrac{42}{100}$ 이상 $\dfrac{48}{100}$ 이하일 확률을 구하는 문제이다. 따라서

정석 모비율이 p이고 표본의 크기 n이 충분히 클 때, 표본비율 $\hat{p}$은 근사적으로 정규분포 $\mathrm{N}\left(p, \dfrac{pq}{n}\right)$를 따른다

를 이용하여 먼저 표본비율 $\hat{p}$의 분포를 구한다.

모범답안 모비율을 p, 표본의 크기를 n이라고 하면 $p=0.36$, $n=100$

(1) 표본비율 $\hat{p}$의 평균과 표준편차는

$\mathrm{E}(\hat{p})=p=0.36$,

$\mathrm{V}(\hat{p})=\dfrac{pq}{n}=\dfrac{0.36\times0.64}{100}=\dfrac{0.6^2\times0.8^2}{10^2}=0.048^2 \quad \therefore\ \sigma(\hat{p})=0.048$

(2) n이 충분히 크므로 $\hat{p}$은 근사적으로 정규분포 $\mathrm{N}(0.36, 0.048^2)$을 따른다.

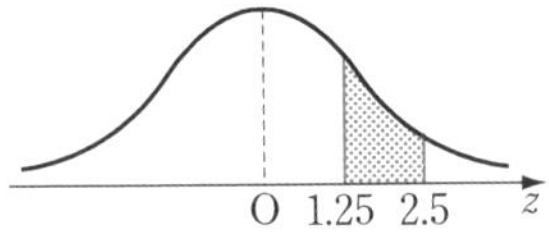

$Z=\dfrac{\hat{p}-0.36}{0.048}$ 으로 표준화하면

$$\begin{aligned}\mathrm{P}(0.42\le\hat{p}\le0.48)&=\mathrm{P}(1.25\le Z\le2.5)\\&=\mathrm{P}(0\le Z\le2.5)-\mathrm{P}(0\le Z\le1.25)\\&=0.4938-0.3944=0.0994\end{aligned}$$

답 (1) $\mathrm{E}(\hat{p})=\mathbf{0.36}$, $\sigma(\hat{p})=\mathbf{0.048}$ (2) **0.0994**

Advice | 100명 중에서 혈액형이 A형인 주민이 42명 이상 48명 이하일 확률은 이항분포와 정규분포의 관계를 이용하여 다음과 같은 방법으로 구할 수도 있다.

임의추출한 100명 중에서 혈액형이 A형인 주민의 수를 확률변수 X라고 하면 X는 이항분포 B(100, 0.36)을 따른다. 여기에서 ⇦ $n=100,\ p=0.36$

정석 확률변수 **X**가 이항분포 **B**$(\boldsymbol{n},\ \boldsymbol{p})$를 따를 때,

$$\mathbf{E(X)}=\boldsymbol{np},\quad \mathbf{V(X)}=\boldsymbol{npq}\ (\text{단, } \boldsymbol{q}=\mathbf{1}-\boldsymbol{p})$$

임을 이용하면

$$\mathrm{E(X)}=np=100\times0.36=36,$$
$$\mathrm{V(X)}=npq=100\times0.36\times0.64=4.8^2$$

이다.

이때, 표본의 크기 $n=100$은 충분히 크므로 X는 근사적으로 정규분포 $\mathrm{N}(36,\ 4.8^2)$을 따른다.

따라서 $\mathrm{Z}=\dfrac{\mathrm{X}-36}{4.8}$으로 표준화하면

$$\mathrm{P}(42\le\mathrm{X}\le48)=\mathrm{P}(1.25\le\mathrm{Z}\le2.5)=\mathrm{P}(0\le\mathrm{Z}\le2.5)-\mathrm{P}(0\le\mathrm{Z}\le1.25)$$
$$=0.4938-0.3944=\mathbf{0.0994}$$

정석 확률변수 **X**가 이항분포 **B**$(\boldsymbol{n},\ \boldsymbol{p})$를 따를 때, $\boldsymbol{n}$이 충분히 크면 **X**는 근사적으로 정규분포 **N**$(\boldsymbol{np},\ \boldsymbol{npq})$를 따른다. ⇦ p. 188

유제 **11**-1. 어떤 씨앗을 심었을 때, 발아율이 80%라고 한다. 이 씨앗 중에서 400개를 임의추출하여 심었을 때의 발아율을 $\hat{p}$이라고 하자. 이때, 다음 물음에 답하여라.

(1) $\hat{p}$의 평균과 표준편차를 구하여라.

(2) $\hat{p}$이 82% 이상일 확률을 오른쪽 표준정규분포표를 이용하여 구하여라.

z	$\mathrm{P}(0\le\mathrm{Z}\le z)$
0.5	0.1915
1.0	0.3413
1.5	0.4332

답 (1) $\mathrm{E}(\hat{p})=\mathbf{0.8},\ \sigma(\hat{p})=\mathbf{0.02}$ (2) **0.1587**

유제 **11**-2. 어떤 도시 인구의 60%가 새로운 공원을 건설하는 데 찬성한다고 한다. 이 도시에서 150명을 임의로 뽑을 때, 새로운 공원을 건설하는 데 찬성하는 사람이 84명 이상 99명 이하일 확률을 **유제 11**-1의 표준정규분포표를 이용하여 구하여라. 답 **0.7745**

유제 **11**-3. 상자 안에 있는 10개의 제비 중 2개가 당첨 제비라고 한다. 이 상자에서 25개의 제비를 복원추출할 때, 당첨 제비가 2개 이하로 뽑힐 확률을 **유제 11**-1의 표준정규분포표를 이용하여 구하여라. 답 **0.0668**

§2. 모비율의 추정과 신뢰도

1 모비율에 대한 구간추정

이를테면 전국 고등학교 학생 중에서 900명을 임의추출하여 조사했더니 10%의 학생이 요리하기를 좋아한다고 답했을 때, 전국 고등학교 학생 중에서 요리하기를 좋아하는 학생의 비율을 추정하는 방법을 생각해 보자.

모비율이 p이고 표본의 크기 n이 충분히 클 때, 표본비율 $\hat{p}$은 근사적으로 정규분포 $\mathrm{N}\left(p, \dfrac{pq}{n}\right)$를 따르므로 확률변수 $Z=\dfrac{\hat{p}-p}{\sqrt{\dfrac{pq}{n}}}$는 근사적으로 표준정규분포 $\mathrm{N}(0, 1)$을 따른다.

또, n이 충분히 크면 $\sqrt{\dfrac{pq}{n}}$의 p와 q에 각각 $\hat{p}$, $\hat{q}$을 대입한 확률변수

$$Z=\frac{\hat{p}-p}{\sqrt{\dfrac{\hat{p}\hat{q}}{n}}} \quad (\text{단, } \hat{q}=1-\hat{p})$$

도 근사적으로 표준정규분포 $\mathrm{N}(0, 1)$을 따른다는 사실이 알려져 있다.

그런데 표준정규분포표에서

$$\mathrm{P}(-1.96 \le Z \le 1.96)=0.95$$

이므로

$$\mathrm{P}\left(-1.96 \le \frac{\hat{p}-p}{\sqrt{\dfrac{\hat{p}\hat{q}}{n}}} \le 1.96\right)=0.95$$

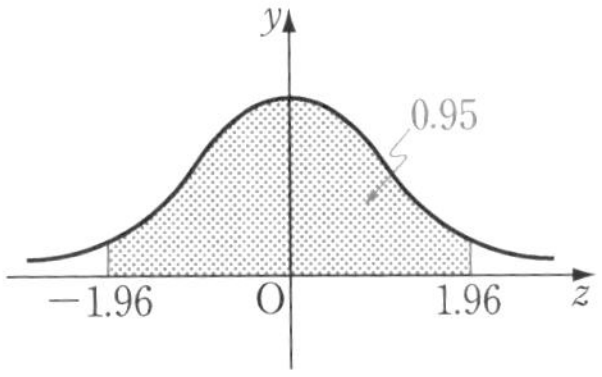

이다.

괄호 안을 변형하면

$$\mathrm{P}\left(-1.96\sqrt{\frac{\hat{p}\hat{q}}{n}} \le \hat{p}-p \le 1.96\sqrt{\frac{\hat{p}\hat{q}}{n}}\right)=0.95$$

$$\therefore \mathrm{P}\left(\hat{p}-1.96\sqrt{\frac{\hat{p}\hat{q}}{n}} \le p \le \hat{p}+1.96\sqrt{\frac{\hat{p}\hat{q}}{n}}\right)=0.95$$

여기에서 모집단으로부터 크기가 n인 표본을 임의추출하여 실제로 얻은 표본비율을 $\hat{p}$이라고 할 때,

$$\hat{p}-1.96\sqrt{\frac{\hat{p}\hat{q}}{n}} \le p \le \hat{p}+1.96\sqrt{\frac{\hat{p}\hat{q}}{n}}$$

을 모비율 p에 대한 신뢰도 95%의 신뢰구간이라고 한다. 이때, 신뢰구간은

$$\left[\hat{p}-1.96\sqrt{\frac{\hat{p}\hat{q}}{n}},\ \hat{p}+1.96\sqrt{\frac{\hat{p}\hat{q}}{n}}\right]$$

과 같이 닫힌구간을 써서 나타내기도 한다. 또,

$$\left(\hat{p}+1.96\sqrt{\frac{\hat{p}\hat{q}}{n}}\right)-\left(\hat{p}-1.96\sqrt{\frac{\hat{p}\hat{q}}{n}}\right)=\mathbf{2\times1.96\sqrt{\frac{\hat{p}\hat{q}}{n}}}$$

을 신뢰도 95 %의 신뢰구간의 길이라고 한다.

한편 표준정규분포표에서 $\mathrm{P}(-2.58\le Z\le 2.58)=0.99$ 임을 이용하면 신뢰도 99 %의 신뢰구간을 구할 수 있다.

기본정석 — **모비율의 추정**

모집단에서 크기가 n인 표본을 임의추출하여 얻은 표본비율을 $\hat{p}$ 이라고 하면 n이 충분히 클 때, 모비율 p에 대한 신뢰구간은 다음과 같다. 단, $\hat{q}=1-\hat{p}$ 이다.

신뢰도 95 %의 신뢰구간 : $\hat{p}-1.96\sqrt{\frac{\hat{p}\hat{q}}{n}}\le p\le\hat{p}+1.96\sqrt{\frac{\hat{p}\hat{q}}{n}}$

신뢰도 99 %의 신뢰구간 : $\hat{p}-2.58\sqrt{\frac{\hat{p}\hat{q}}{n}}\le p\le\hat{p}+2.58\sqrt{\frac{\hat{p}\hat{q}}{n}}$

Advice | $n\hat{p}\ge5$ 이고 $n\hat{q}\ge5$ 일 때, n이 충분히 크다고 한다.

보기 1 전국 고등학교 학생을 모집단으로 하여 표본 900명을 임의추출하여 조사한 결과 10 %의 학생이 요리하기를 좋아한다고 답하였다.

(1) 전국 고등학교 학생 중에서 요리하기를 좋아하는 학생의 비율 p에 대한 신뢰도 95 %의 신뢰구간을 구하여라.

(2) 전국 고등학교 학생 중에서 요리하기를 좋아하는 학생의 비율 p에 대한 신뢰도 99 %의 신뢰구간을 구하여라.

연구 신뢰도 95 %, 99 %의 신뢰구간은

정석 신뢰도 95 %의 신뢰구간 : $\hat{p}-1.96\sqrt{\frac{\hat{p}\hat{q}}{n}}\le p\le\hat{p}+1.96\sqrt{\frac{\hat{p}\hat{q}}{n}}$

신뢰도 99 %의 신뢰구간 : $\hat{p}-2.58\sqrt{\frac{\hat{p}\hat{q}}{n}}\le p\le\hat{p}+2.58\sqrt{\frac{\hat{p}\hat{q}}{n}}$

임을 이용한다.

$\hat{p}=0.1$, $\hat{q}=1-\hat{p}=0.9$, $n=900$ 이므로

$$\sqrt{\frac{\hat{p}\hat{q}}{n}}=\sqrt{\frac{0.1\times0.9}{900}}=0.01$$

(1) $0.1-1.96\times0.01\le p\le0.1+1.96\times0.01$ $\quad\therefore$ $\mathbf{0.0804\le p\le0.1196}$

(2) $0.1-2.58\times0.01\le p\le0.1+2.58\times0.01$ $\quad\therefore$ $\mathbf{0.0742\le p\le0.1258}$

기본 문제 11-2 어떤 선거구의 유권자 중에서 100명을 임의추출하여 조사했더니 입후보자 A에 대한 지지자가 40명이었다.

이 선거구 유권자의 A에 대한 지지율 p에 대하여 신뢰도 95%의 신뢰구간을 구하여라. 단, $\sqrt{6}=2.5$로 계산한다.

정석연구 표본비율을 $\hat{p}$이라고 하면

$$\hat{p}=\frac{40}{100}=0.4$$

이므로 표본비율 $\hat{p}=0.4$를 알고 모비율을 추정하는 문제이다.

표본의 크기가 충분히 크므로 다음 신뢰구간이 성립한다.

정석 신뢰도 95%의 신뢰구간

$$\hat{p}-1.96\sqrt{\frac{\hat{p}(1-\hat{p})}{n}}\le p\le \hat{p}+1.96\sqrt{\frac{\hat{p}(1-\hat{p})}{n}}$$

이 식에 주어진 조건을 대입하면 모비율 p의 범위를 구할 수 있다. 또, 신뢰도 99%의 신뢰구간을 구할 때에는 1.96 대신 2.58을 쓰면 된다.

모범답안 표본비율을 $\hat{p}$이라고 하면 $\hat{p}=0.4$이므로 모비율 p에 대하여

$$0.4-1.96\sqrt{\frac{0.4\times0.6}{100}}\le p\le 0.4+1.96\sqrt{\frac{0.4\times0.6}{100}}$$

그런데

$$\sqrt{\frac{0.4\times0.6}{100}}=\sqrt{\frac{4\times6}{10000}}=\frac{2\sqrt{6}}{100}=\frac{2\times2.5}{100}=0.05$$

$$\therefore\ 0.4-1.96\times0.05\le p\le 0.4+1.96\times0.05$$

$$\therefore\ \mathbf{0.302\le p\le 0.498} \longleftarrow \text{답}$$

Advice | '신뢰도 95%로 추정하여라', '신뢰도 95%의 신뢰구간을 구하여라', '신뢰도 95%로 구간추정하여라'는 말은 모두 같은 내용이다.

이때의 답은 '모비율을 p라고 할 때 $a\le p\le b$'로 나타내거나 간단히 '$[a,\ b]$'로 나타내면 된다.

유제 **11**-4. 어떤 공장에서 생산되는 제품 중에서 100개를 임의추출하여 검사했더니 불량품이 10개였다. 이 제품 전체의 불량품의 비율에 대한 신뢰도 95%의 신뢰구간을 구하여라. 답 **[0.0412, 0.1588]**

유제 **11**-5. 한 개의 단추를 400번 던졌더니 앞면이 80번 나왔다고 한다.

이 단추를 한 번 던질 때, 앞면이 나올 확률에 대한 신뢰도 99%의 신뢰구간을 구하여라. 답 **[0.1484, 0.2516]**

기본 문제 11-3 어느 고등학교에서 교복 디자인 변경에 찬성하는 학생의 비율 p를 알아보기 위하여 n(단, $n\geq 100$)명을 임의추출하여 교복 디자인 변경에 찬성하는 학생의 표본비율 $\hat{p}$을 구했다.

이 $\hat{p}$을 이용하여 구한 모비율 p에 대한 신뢰도 95 %의 신뢰구간이 $0.7216\leq p\leq 0.8784$일 때, 다음 물음에 답하여라.

(1) 표본비율 $\hat{p}$을 구하여라. (2) 표본의 크기 n의 값을 구하여라.

정석연구 모집단에서 임의추출한 크기가 n인 표본으로부터 얻은 표본비율을 $\hat{p}$이라고 하면 n이 충분히 클 때, 모비율 p에 대한 신뢰구간은

정석 신뢰도 95 %의 신뢰구간

$$\hat{p}-1.96\sqrt{\frac{\hat{p}(1-\hat{p})}{n}}\leq p\leq \hat{p}+1.96\sqrt{\frac{\hat{p}(1-\hat{p})}{n}}$$

이다.

이 신뢰구간과 $0.7216\leq p\leq 0.8784$의 양 끝 값을 비교한다.

모범답안 표본의 크기 n이 충분히 크므로 신뢰도 95 %의 신뢰구간은

$$\hat{p}-1.96\sqrt{\frac{\hat{p}(1-\hat{p})}{n}}\leq p\leq \hat{p}+1.96\sqrt{\frac{\hat{p}(1-\hat{p})}{n}}$$

이고, 이 신뢰구간이 $0.7216\leq p\leq 0.8784$와 일치해야 하므로

$$\hat{p}-1.96\sqrt{\frac{\hat{p}(1-\hat{p})}{n}}=0.7216, \quad \hat{p}+1.96\sqrt{\frac{\hat{p}(1-\hat{p})}{n}}=0.8784$$

(1) 변변 더하면 $2\hat{p}=1.6$ $\therefore$ $\boldsymbol{\hat{p}=0.8}$ ← 답

(2) 이 값을 위의 첫째 식에 대입하면 (둘째 식이어도 된다)

$$0.8-1.96\sqrt{\frac{0.8\times 0.2}{n}}=0.7216 \quad \therefore \sqrt{n}=10 \quad \therefore \boldsymbol{n=100} \leftarrow \text{답}$$

유제 **11**-6. 어느 지방 자치 단체의 새로운 주택 정책에 대한 주민의 찬성 비율 p를 알아보기 위하여 n(단, $n\geq 100$)명을 임의추출하여 찬성 비율 $\hat{p}$을 구했다. 이 $\hat{p}$을 이용하여 구한 모비율 p에 대한 신뢰도 95 %의 신뢰구간이 $0.7608\leq p\leq 0.8392$일 때, $\hat{p}$과 n의 값을 구하여라.

답 $\boldsymbol{\hat{p}=0.8,\ n=400}$

유제 **11**-7. 어느 고등학교 기숙사에서 한식을 좋아하는 학생의 비율 p를 알아보기 위하여 n(단, $n\geq 50$)명을 임의추출하여 조사한 결과 36 %가 한식을 좋아한다고 답하였다. 이 조사 결과를 이용하여 구한 모비율 p에 대한 신뢰도 99 %의 신뢰구간이 $0.2052\leq p\leq a$일 때, n과 a의 값을 구하여라.

답 $\boldsymbol{n=64,\ a=0.5148}$

기본 문제 **11**-4 어느 제약 회사에서 새로 개발한 독감 예방 백신에서 크기가 n인 표본을 임의추출하여 면역률에 대한 신뢰도 95 %의 신뢰구간을 구하려고 한다. 이 신뢰구간의 길이의 최댓값을 0.1 이하로 하려고 할 때, n의 최솟값을 구하여라.

정석연구 p. 221에서 공부한 바와 같이 신뢰도 95 %, 99 %의 신뢰구간의 길이는 각각 다음과 같다.

정석 신뢰도 95 %, 99 %의 신뢰구간의 길이

신뢰도 **95 %**로 $2\times1.96\sqrt{\dfrac{\hat{p}\hat{q}}{n}}$, 신뢰도 **99 %**로 $2\times2.58\sqrt{\dfrac{\hat{p}\hat{q}}{n}}$

모범답안 모집단에서 임의추출한 크기가 n인 표본으로부터 얻은 표본비율을 $\hat{p}$이라고 할 때, 신뢰도 95 %로 추정한 신뢰구간의 길이는

$$2\times1.96\sqrt{\frac{\hat{p}\hat{q}}{n}}\ (\text{단, } \hat{q}=1-\hat{p})$$

이다. 이때,

$$\hat{p}\hat{q}=\hat{p}(1-\hat{p})=-\hat{p}^2+\hat{p}=-\left(\hat{p}-\frac{1}{2}\right)^2+\frac{1}{4}\le\frac{1}{4}$$

이므로 신뢰구간의 길이의 최댓값은 $\hat{p}=\dfrac{1}{2}$일 때 $2\times1.96\sqrt{\dfrac{1}{4n}}$이다.

이 값이 0.1 이하이려면

$$2\times1.96\sqrt{\frac{1}{4n}}\le0.1 \qquad \therefore \sqrt{n}\ge19.6 \qquad \therefore n\ge384.16$$

따라서 표본의 크기 n의 최솟값은 **385** ← 답

Advice | 신뢰구간의 최대 길이는 다음과 같다.

정석 크기가 n인 표본을 임의추출할 때, 신뢰구간의 길이의 최댓값은

신뢰도 **95 %**로 $2\times1.96\sqrt{\dfrac{1}{4n}}$, 신뢰도 **99 %**로 $2\times2.58\sqrt{\dfrac{1}{4n}}$

유제 **11**-8. 어느 종묘 회사에서 새로 개발한 볍씨에서 크기가 n인 표본을 임의추출하여 발아율을 조사했더니 90 %이었다고 한다. 이 볍씨의 발아율에 대한 신뢰도 95 %의 신뢰구간의 길이가 0.2 이하일 때, n의 최솟값을 구하여라.

답 35

유제 **11**-9. 어떤 TV 다큐멘터리의 시청률을 신뢰도 99 %로 추정하려고 한다. 신뢰구간의 길이의 최댓값이 0.3 이하가 되도록 하는 표본의 크기 n의 최솟값을 구하여라.

답 74

Advice 1° 최대 허용 표본오차

어떤 지역의 유권자 중에서 임의추출한 n명을 대상으로 여론 조사를 한 결과 후보 A에 대한 지지율이 $\hat{p}$이었다고 하면 이 지역 유권자의 후보 A에 대한 지지율 p의 신뢰구간은 95 %의 신뢰도로서

$$\hat{p}-1.96\sqrt{\frac{\hat{p}\hat{q}}{n}}\le p\le \hat{p}+1.96\sqrt{\frac{\hat{p}\hat{q}}{n}}$$

이라고 추정할 수 있다. 이 식의 각 변에서 $\hat{p}$을 빼면

$$-1.96\sqrt{\frac{\hat{p}\hat{q}}{n}}\le p-\hat{p}\le 1.96\sqrt{\frac{\hat{p}\hat{q}}{n}} \qquad \therefore\ |p-\hat{p}|\le 1.96\sqrt{\frac{\hat{p}\hat{q}}{n}}$$

그런데

$$\hat{p}\hat{q}=\hat{p}(1-\hat{p})=-\hat{p}^2+\hat{p}=-\left(\hat{p}-\frac{1}{2}\right)^2+\frac{1}{4}\le\frac{1}{4}$$

이므로 n이 일정할 때 다음이 성립한다.

$$|p-\hat{p}|\le 1.96\sqrt{\frac{\hat{p}\hat{q}}{n}}\le 1.96\sqrt{\frac{1}{4n}}$$

곧, n이 일정하면 $1.96\sqrt{\dfrac{\hat{p}\hat{q}}{n}}$의 최댓값은 $\hat{p}=\hat{q}=\dfrac{1}{2}$일 때 $1.96\sqrt{\dfrac{1}{4n}}$이다. 이때, $1.96\sqrt{\dfrac{1}{4n}}$을 최대 허용 표본오차라고 한다.

같은 방법으로 하면 99 %의 신뢰도로서 최대 허용 표본오차는 $2.58\sqrt{\dfrac{1}{4n}}$임을 알 수 있다.

기본정석 — **최대 허용 표본오차**

모집단에서 크기가 n인 표본을 임의추출할 때, n이 충분히 크면 최대 허용 표본오차는

신뢰도 95 %로 $1.96\sqrt{\dfrac{1}{4n}}$, 신뢰도 99 %로 $2.58\sqrt{\dfrac{1}{4n}}$

보기 1 우리나라 유권자 중에서 1600명을 임의추출하여 여론 조사를 한 결과 1000명이 어떤 정책을 지지했다고 한다. 이 조사 결과를 바탕으로

「우리나라 유권자 중에서 x %가 이 정책을 지지한다.
단, 신뢰도는 95 %이고, 최대 허용 표본오차는 y %이다.」

라고 할 때, x, y의 값을 구하여라.

연구 $x=\dfrac{1000}{1600}\times100=\mathbf{62.5}$

$y=1.96\sqrt{\dfrac{1}{4n}}\times100=1.96\sqrt{\dfrac{1}{4\times1600}}\times100=\mathbf{2.45}$

Advice 2° 표본오차와 여론 조사

표본오차는 모집단이 아닌 표본을 조사함에 따라 발생하는 오차로서 여론 조사 등에서 흔히 활용된다. 이를테면 어느 여론 조사 기관에서

「전국 만 **19**세 이상 남녀 **1000**명을 대상으로 조사한 결과 **45 %**가 A후보를 지지하였다. 이 조사는 신뢰수준(신뢰도) **95 %**에 오차 범위(표본오차) ±**3.1 %**이다. 」

라고 발표했을 때, 이는 표본비율이 45 %, 표본오차가 3.1 %이므로 모집단의 (45±3.1) %, 곧 41.9 %~48.1 %가 A 후보를 지지한다고 해석할 수 있다.

이때, 표본오차 ±3.1 %는 $n=1000$일 때의 최대 허용 표본오차 $1.96\sqrt{\dfrac{1}{4n}}$을 활용하여 다음과 같이 계산한 것이다.

$$1.96\sqrt{\frac{1}{4n}}=1.96\sqrt{\frac{1}{4\times1000}}=0.03099\cdots\fallingdotseq0.031=3.1\,\%$$

따라서 A 후보를 지지한 모집단의 비율 p에 대한 신뢰도 95 %의 신뢰구간은 다음과 같이 나타낼 수 있다.

$$(45-3.1)\,\%\le p\le(45+3.1)\,\% \qquad \text{곧, } 41.9\,\%\le p\le 48.1\,\%$$

여기에서 조사 대상이 많아질수록, 곧 n의 값이 커질수록 표본오차와 신뢰구간의 길이는 줄어들게 된다.

보기 2 위에서 $n=1600$, $n=2500$일 때, A 후보를 지지한 모집단의 비율 p에 대한 신뢰도 95 %의 신뢰구간을 구하여라.

단, 표본비율 $\hat{p}$은 모두 45 %로 계산한다.

연구 (i) $n=1600$일 때 $1.96\sqrt{\dfrac{1}{4n}}=1.96\sqrt{\dfrac{1}{4\times1600}}=0.0245=2.45\,\%$

따라서 모비율의 신뢰구간은 $(45-2.45)\,\%\le p\le(45+2.45)\,\%$

$\therefore$ **42.55 %≤p≤47.45 %**

(ii) $n=2500$일 때 $1.96\sqrt{\dfrac{1}{4n}}=1.96\sqrt{\dfrac{1}{4\times2500}}=0.0196=1.96\,\%$

따라서 모비율의 신뢰구간은 $(45-1.96)\,\%\le p\le(45+1.96)\,\%$

$\therefore$ **43.04 %≤p≤46.96 %**

보기 3 어떤 정책에 대한 지역 주민의 지지율을 신뢰도 95 %로 추정하려고 한다. 신뢰구간의 오차 범위(표본오차)를 2 %보다 작게 하려고 할 때, 표본의 크기 n의 최솟값을 구하여라.

연구 $1.96\sqrt{\dfrac{1}{4n}}<0.02$에서 $\sqrt{n}>1.96\times\dfrac{1}{2}\times\dfrac{1}{0.02}$ $\quad\therefore n>2401$

따라서 표본의 크기 n의 최솟값은 **2402**

연습문제 11

11-1 어느 고등학교의 전체 학생 중 34%가 A중학교를 졸업했다고 한다. 이 고등학교에서 임의추출한 n명 중 A중학교를 졸업한 학생의 표본비율을 $\hat{p}$이라고 할 때, $\hat{p}$의 표준편차가 0.03보다 작기 위한 n의 최솟값은?

① 225 ② 250 ③ 275 ④ 300 ⑤ 325

11-2 부모 중 한 명의 혈액형이 AB형, 다른 한 명의 혈액형이 O형인 경우 자식의 혈액형이 A형이 될 확률은 50%라고 한다. 부모의 혈액형이 AB형과 O형인 사람 중에서 임의로 100명을 뽑을 때, 혈액형이 A형인 사람이 60명 이상일 확률을 이 책 부록의 표준정규분포표를 이용하여 구하여라.

11-3 어떤 백신은 투여된 사람들 중 80%가 면역을 가지는 것으로 알려져 있다. 이 백신을 투여한 사람 중에서 임의로 100명을 뽑은 다음, 면역을 가진 사람이 74명 이하이면 이 백신의 효과가 떨어졌다고 판정하려고 한다. 이 백신이 효과가 떨어졌다는 판정이 나올 확률을 이 책 부록의 표준정규분포표를 이용하여 구하여라.

11-4 어떤 TV 드라마의 시청률을 조사하기 위하여 이 드라마가 방영되고 있는 시간에 표본조사를 하였다. 그 결과 이 시간에 TV를 시청하고 있던 400명 중에서 20%가 이 드라마를 시청했다고 한다. 이 드라마의 시청률 p에 대한 신뢰도 95%의 신뢰구간을 구하여라.

11-5 어느 항공사에서 고객 서비스 만족도를 알아보기 위하여 작년에 이 항공사를 이용했던 고객 중에서 n(단, $n \geq 100$)명을 임의추출하여 조사한 결과 64%가 서비스에 만족한다고 답하였다. 이 항공사의 서비스에 만족하는 고객의 비율에 대한 신뢰도 95%의 신뢰구간 $[a, b]$에서 $b-a=0.12544$일 때, n의 값은?

① 144 ② 169 ③ 196 ④ 225 ⑤ 256

11-6 정부가 내놓은 새로운 환경 정책에 대하여 전국 만 19세 이상 남녀 중에서 1600명을 임의추출하여 여론 조사를 하였더니 1200명이 이 정책을 지지했다고 한다. 이 조사 결과를 바탕으로

「전국 만 19세 이상 남녀 a%가 정부의 환경 정책을 지지한다.
단, 신뢰도는 99%이고, 최대 허용 표본오차는 b%이다. 」

라고 할 때, a, b의 값을 구하여라. 단, b의 값은 소수 둘째 자리에서 반올림한다.

연습문제
풀이 및 정답

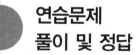

연습문제 풀이 및 정답

1-1. 대각선의 교점을 I라고 하자.

$\triangle$AEI와 합동인 삼각형 8개,

$\triangle$ABI와 합동인 삼각형 4개,

$\triangle$ABC와 합동인 삼각형 4개

따라서 구하는 삼각형의 개수는

$8+4+4=\mathbf{16}$

1-2.

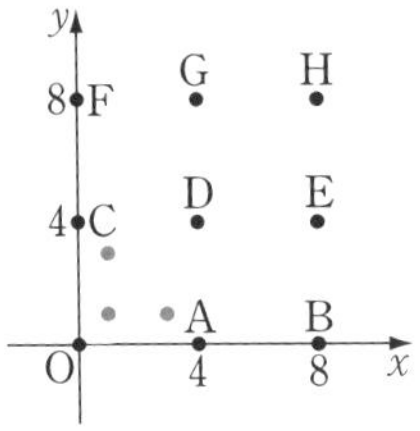

위의 그림에서 점 O, A, C가 꼭짓점인 사각형의 나머지 꼭짓점은 D, E, G, H가 가능하므로 4개

점 O, B, C가 꼭짓점인 사각형의 나머지 꼭짓점은 D, E, G, H가 가능하므로 4개

점 O, A, F가 꼭짓점인 사각형의 나머지 꼭짓점은 D, E, G, H가 가능하므로 4개

점 O, B, F가 꼭짓점인 사각형의 나머지 꼭짓점은 E, G, H가 가능하므로 3개

따라서 구하는 사각형의 개수는

$4+4+4+3=\mathbf{15}$

1-3. 실근을 가질 조건은

$D=p^2-4q\geq 0$ 곧, $p^2\geq 4q$

(i) $q=0$일 때, p는 임의의 실수이므로 $p=1, 2, 3, 4$의 4가지

(ii) $q=1$일 때, $p^2\geq 4$로부터 $p=2, 3, 4$의 3가지

(iii) $q=2$일 때, $p^2\geq 8$로부터 $p=3, 4$의 2가지

따라서 순서쌍 (p, q)의 개수는

$4+3+2=9$ 답 ③

1-4. (1) 문제의 조건으로부터

$a+b+c=24$ ……①

$a\geq b\geq c$ ……②

$b+c>a$ ……③

②에서 $c\leq a$, $b\leq a$이고, ③에 의하여 $a+b+c>2a$이므로

$2a<a+b+c\leq 3a$ ⇦ ①

$\therefore 2a<24\leq 3a$ $\therefore 8\leq a<12$

a는 자연수이므로

$a=8, 9, 10, 11$

따라서 ①, ②, ③을 만족시키는 (a, b, c)는

(i) $a=8$일 때, (8, 8, 8)의 1개

(ii) $a=9$일 때,
(9, 9, 6), (9, 8, 7)의 2개

(iii) $a=10$일 때,
(10, 10, 4), (10, 9, 5), (10, 8, 6), (10, 7, 7)의 4개

(iv) $a=11$일 때,
(11, 11, 2), (11, 10, 3), (11, 9, 4), (11, 8, 5), (11, 7, 6)의 5개

따라서 구하는 삼각형의 개수는

$1+2+4+5=\mathbf{12}$

(2) 이등변삼각형이 되는 (a, b, c)는
(8, 8, 8), (9, 9, 6), (10, 10, 4), (10, 7, 7), (11, 11, 2)
이므로 구하는 개수는 **5**

1-5. 10000원짜리 5장으로 지불할 수 있는 방법은

0장, 1장, 2장, 3장, 4장, 5장

의 $6(=5+1)$가지이다.

마찬가지로 1000원짜리 7장, 100원짜리 3개로 지불할 수 있는 방법은 각각 $(7+1)$가지, $(3+1)$가지이므로 구하는 경우의 수는 0원을 지불하는 경우를 제외하여

$$(5+1)(7+1)(3+1)-1=191$$

답 ③

1-6. 노란색 카드 중에서 한 장을 뽑는 경우는 3가지

파란색 카드 중에서 뽑힌 노란색 카드의 숫자가 아닌 한 장을 뽑는 경우는

4가지

빨간색 카드 중에서 뽑힌 노란색과 파란색 카드의 숫자가 아닌 한 장을 뽑는 경우는 5가지

따라서 구하는 경우의 수는 곱의 법칙에 의하여 $3\times4\times5=$**60**

1-7. (i) 정육면체의 모서리 2개를 변으로 하는 경우 : △ABC와 합동인 직각삼각형이 한 면에 4개씩 있으므로

$$6\times4=24(\text{개})$$

(ii) 정육면체의 모서리를 1개만 변으로 하는 경우 : 선분 AB를 변으로 하는 직각삼각형은 △ABG, △ABH의 2개이고, 이와 같이 각 모서리를 변으로 하는 직각삼각형이 2개씩 있으므로

$$12\times2=24(\text{개})$$

따라서 구하는 직각삼각형의 개수는

$$24+24=48$$

답 ③

***Note** 정육면체의 모서리 3개를 변으로 하는 직각삼각형과 정육면체의 모서리를 1개도 변으로 하지 않는 직각삼각형은 없다.

1-8. (1)

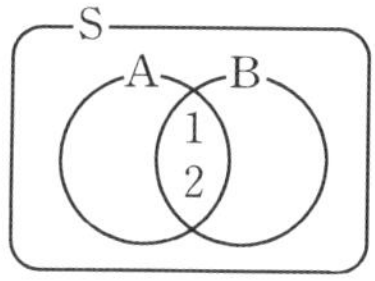

3은 세 집합 $A-B$, $B-A$, $(A\cup B)^C$ 중에서 하나의 원소이면 된다.

4, 5, 6도 마찬가지이므로 곱의 법칙에 의하여 $3\times3\times3\times3=$**81**

(2)

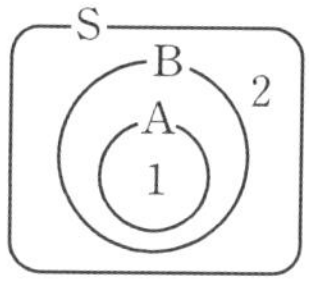

3, 4, 5, 6은 각각 세 집합 A, $B-A$, B^C 중에서 하나의 원소이면 된다.

따라서 곱의 법칙에 의하여

$$3\times3\times3\times3=\mathbf{81}$$

1-9. 이를테면 아래 그림의 굵은 초록 선을 따라 A에서 B까지 가는 방법은 가로 방향의 길 x, y, z, w 중 구간 a에서는 y, 구간 b에서는 w, 구간 c에서는 z, ···를 택한 경우이다.

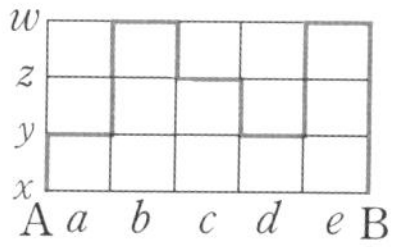

이와 같이 구간 $a\sim e$의 각각에 대하여 가로 방향의 길을 택하는 방법이 x, y, z, w의 4가지씩 있으므로 구하는 방법의 수는 $4\times4\times4\times4\times4=$**1024**

***Note** 아래 그림에서 A에서 B까지 가는 방법의 수를 구하는 것과 같고, 위의 그림과 같이 가는 방법은 아래 그림에서 화살표 방향으로 가는 방법과 같다.

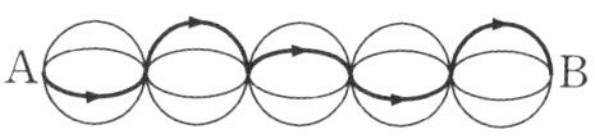

1-10.

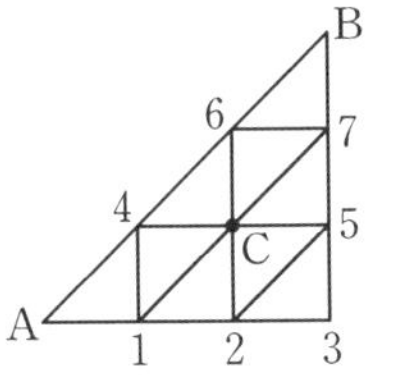

위와 같이 번호를 붙인 그림에서 생각한다.

(1) A에서 C로 가는 방법은

A12C, A1C, A14C, A4C의 4가지

C에서 B로 가는 방법은

C57B, C7B, C67B, C6B의 4가지

따라서 구하는 방법의 수는

$4\times4=$**16**

(2) A12에서 357B, 57B의 2가지

A146이나 A46에서(일단 6에 와서) 7B, B로 가는 방법은

$2\times2=4$(가지)

따라서 구하는 방법의 수는

$2+4=$**6**

1-11. A의 원소 1에 대응하는 원소는 1, 2, 3, 4 중 어느 것이어도 된다.

곧, $f(1)=1$, $f(1)=2$,

$f(1)=3$, $f(1)=4$

는 모두 $f(a)\geq a$를 만족시키므로 4가지이고, 이 각각에 대하여

$f(2)=2$, $f(2)=3$, $f(2)=4$

는 모두 $f(a)\geq a$를 만족시키므로 3가지이다.

A의 원소 3, 4에 대해서도 같은 방법으로 생각하면 각각 2가지, 1가지이다.

따라서 구하는 함수 f의 개수는

$4\times3\times2\times1=24$ 답 ②

1-12. 네 명을 A, B, C, D라 하고, 각자의 교과서를 a, b, c, d라고 하자.

A가 b를 선택할 때, 가능한 경우는 다음과 같다.

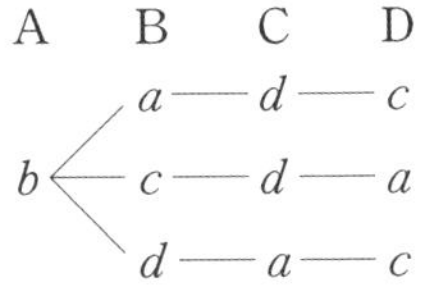

A가 c 또는 d를 선택할 때에도 3가지씩 있으므로 구하는 경우의 수는

$3\times3=9$ 답 ②

1-13. 세 가지 색을 p, q, r라고 하자.

A, B, C, D, E의 순서로 p, q, r를 칠할 때, A에 p, B에 q를 칠하는 방법을 수형도로 나타내면 다음과 같다.

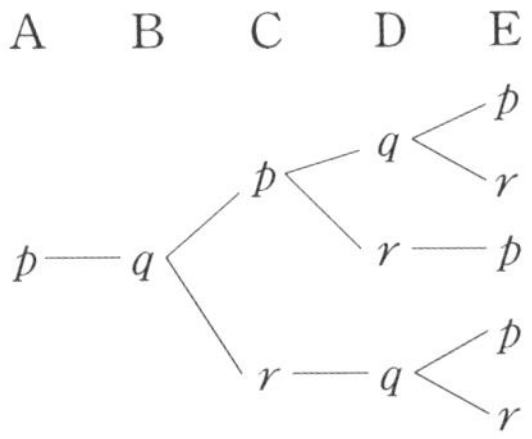

그런데 A, B에 칠하는 방법은

$(p,\ q)$, $(p,\ r)$, $(q,\ p)$,

$(q,\ r)$, $(r,\ p)$, $(r,\ q)$

의 6가지이고, 각각의 경우에 대하여 색을 칠하는 방법은 위의 경우와 같이 5가지씩 있다.

따라서 구하는 방법의 수는

$6\times5=$**30**

1-14. 세 가지 농작물을 a, b, c라고 하자. 우선 A, B, C의 세 밭에 농작물을 심는 방법은 (abc) 꼴과 (aba) 꼴의 두 가지로 나눌 수 있다.

(i) abc 꼴인 경우

A, B, C에 농작물을 심는 방법의 수는 $3\times2\times1=6$

이때, D, E에 농작물을 심는 방법의 수는 $2\times2=4$이므로

$6\times4=24$

(ii) aba 꼴인 경우

A, B, C에 농작물을 심는 방법의 수는 $3\times2=6$

이때, D에 c를 심는 경우에는 E에 2가지가 가능하고, D에 b를 심는 경우에는 E에 반드시 c를 심어야 한다.

$\therefore\ 6\times(2+1)=18$

따라서 구하는 방법의 수는

$24+18=\mathbf{42}$

***Note** 조건 ㈎, ㈏를 만족시키는 방법의 수는 $3\times2\times2\times2\times2=48$

이 중에서 조건 ㈐를 만족시키지 않는 경우는 두 가지 농작물만 심는 $(ababa)$ 꼴인 경우이고, 이때 농작물을 심는 방법의 수는 $3\times2=6$

따라서 구하는 방법의 수는

$48-6=\mathbf{42}$

2-1. 어른 2명을 A, B라고 하면 A, B가 각각 앞줄에 1명, 뒷줄에 1명 앉아야 한다.

A가 앞줄, B가 뒷줄에 앉는 방법의 수는 $2\times3=6$

또, B가 앞줄, A가 뒷줄에 앉는 방법의 수는 $2\times3=6$

따라서 어른 2명이 앉는 방법의 수는

$6+6=12$

이 각각에 대하여 어린이가 앉는 방법의 수는 나머지 3개의 의자에 나열하는 방법의 수와 같으므로 $3!=6$

$\therefore\ 12\times6=72$ 답 ③

2-2.

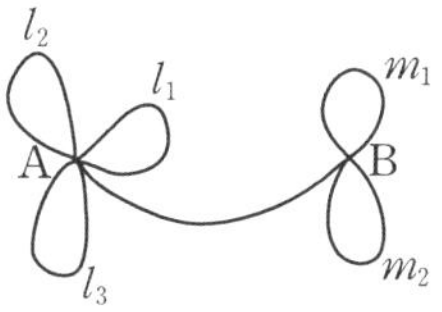

위의 그림에서 점 A에서 출발할 경우, 우선 고리 l_1, l_2, l_3을 그려야 한다.

이 고리의 순서를 택하는 방법은 $3!$가지이고, 각 고리에 대하여 오른쪽 돌기, 왼쪽 돌기가 있다.

다음에 B로 와서 고리 m_1, m_2의 순서를 택하는 방법은 $2!$가지이고, 마찬가지로 각 고리에 대하여 오른쪽 돌기, 왼쪽 돌기가 있다.

또, 점 B에서 출발할 경우도 있으므로 구하는 방법의 수는

$(3!\times2^3)\times(2!\times2^2)\times2=768$ 답 ⑤

2-3. 먼저 서울에서 선발한 사원 3명을 각 조에 한 명씩 넣고, 나머지 지역의 사원을 차례로 나열하면 되므로

$3!\times3!\times3!=216$ 답 ③

2-4. 일대일대응 f의 개수는 ${}_4P_4=4!$이다. 이 중에서 $f(3)=3$인 것의 개수는 아래 그림에서와 같이 A의 원소 1, 2, 4에 B의 원소 4, 5, 6이 대응하는 경우로서 ${}_3P_3=3!$이다.

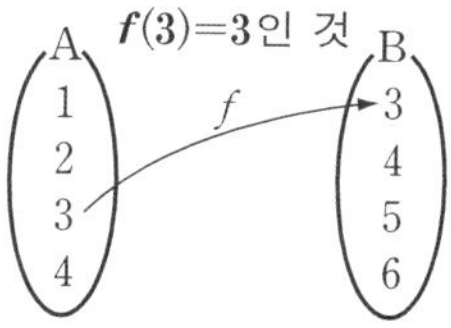

같은 방법으로 생각하면 $f(4)=4$인 것의 개수도 $3!$이다. 또, $f(3)=3$이고 $f(4)=4$인 것이 $2!$개이므로 $f(x)=x$인 x가 존재하는 것은 $(3!+3!-2!)$개이다.

따라서 $f(3)\neq3$, $f(4)\neq4$인 것의 개수는 $4!-(3!+3!-2!)=14$ 답 ②

***Note** 다음과 같이 $f(3)=4$, $f(3)=5$, $f(3)=6$인 경우로 나누어 생각할 수도 있다.

$f(3)=4$인 경우 : $3!=6$

$f(3)=5$인 경우 : $2\times2!=4$

$f(3)=6$인 경우 : $2\times2!=4$

$\therefore\ 6+4+4=14$

2-5.

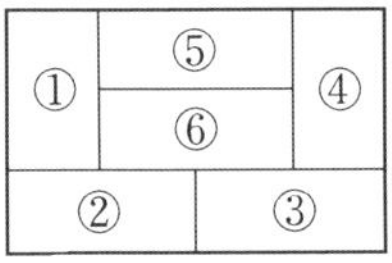

위의 그림에서 이웃한 2개 지역은
(①, ②), (①, ⑤), (①, ⑥), (②, ③), (②, ⑥), (③, ④), (③, ⑥), (④, ⑤), (④, ⑥), (⑤, ⑥)
의 10가지이다.

또, 이웃한 2개 지역을 담당하는 조사원 1명을 정하는 경우의 수는 5이고, 나머지 4개 지역을 담당하는 조사원 4명을 정하는 경우의 수는 4!이다.

따라서 구하는 경우의 수는

$$10\times5\times4!=\mathbf{1200}$$

2-6. 세 자리 자연수의 개수에서 6의 약수가 아닌 수 0, 4, 5, 7, 8, 9만으로 만들어지는 세 자리 자연수의 개수를 빼면 된다. 곧,

$$9\times{}_{10}\Pi_2-5\times{}_6\Pi_2=720$$ 답 ④

2-7. 1, 2, 3을 사용하여 만든 네 자리 자연수의 개수 ${}_3\Pi_4$에서 1 또는 2를 사용하지 않은 자연수의 개수를 빼면 된다.

1을 사용하지 않은 자연수의 개수는 2와 3만으로 만든 자연수의 개수와 같으므로 ${}_2\Pi_4$이다.

또, 2를 사용하지 않은 자연수의 개수도 마찬가지로 ${}_2\Pi_4$이다.

그런데 이 중에는 3만을 사용하여 만든 네 자리 수 3333이 중복되어 있으므로

$${}_3\Pi_4-({}_2\Pi_4+{}_2\Pi_4-1)=50$$ 답 ①

**Note* 네 개의 숫자

(1, 1, 1, 2), (1, 2, 2, 2),
(1, 1, 2, 2), (1, 1, 2, 3),
(1, 2, 2, 3), (1, 2, 3, 3)

을 나열하는 것과 같으므로 같은 것이 있는 순열을 이용하여 다음과 같이 계산해도 된다.

$$\frac{4!}{3!}\times2+\frac{4!}{2!2!}+\frac{4!}{2!}\times3=50$$

2-8. n개까지 사용한다고 하면

$${}_2\Pi_1+{}_2\Pi_2+{}_2\Pi_3+\cdots+{}_2\Pi_n\ge50$$
$$\therefore\ 2^1+2^2+2^3+\cdots+2^n\ge50$$
$$\therefore\ \frac{2(2^n-1)}{2-1}\ge50 \qquad \therefore\ 2^n\ge26$$

따라서 n의 최솟값은 5이므로 **5개**

**Note* 첫째항이 a, 공비가 $r\,(r\ne1)$인 등비수열의 첫째항부터 제 n항까지의 합은 다음과 같이 계산한다.

$$a+ar+ar^2+\cdots+ar^{n-1}$$
$$=\frac{a(r^n-1)}{r-1}=\frac{a(1-r^n)}{1-r}$$ ⇦ 수학 I

2-9. 5개의 공을 상자 A, B, C에 넣는 방법의 수는 ${}_3\Pi_5=243$

합이 13 이상이 되는 경우는 한 상자에 (1, 2, 3, 4, 5), (2, 3, 4, 5), (1, 3, 4, 5)가 적힌 공이 들어가는 경우이다.

(i) (1, 2, 3, 4, 5)인 경우
A, B, C의 어느 한 상자에 넣는 방법은 3가지이고, 이때 나머지 두 상자는 빈 상자이므로 3가지

(ii) (2, 3, 4, 5)인 경우
A, B, C의 어느 한 상자에 넣는 방법은 3가지이고, 이 각각에 대하여 나머지 두 상자 중 한 상자에 1이 적힌 공을 넣는 방법은 2가지이므로
3×2(가지)

(iii) (1, 3, 4, 5)인 경우
(ii)와 마찬가지로 3×2(가지)

따라서 구하는 방법의 수는
$$243-(3+3\times2+3\times2)=\mathbf{228}$$

2-10. (i) 십만 자리의 숫자가 4인 경우
1, 2, 2, 5, 5의 순열의 수와 같으므로

$$\frac{5!}{2!2!}=30(\text{개})$$

(ii) 십만 자리의 숫자가 5인 경우

1, 2, 2, 4, 5의 순열의 수와 같으므로

$$\frac{5!}{2!}=60(\text{개})$$

따라서 구하는 개수는 $30+60=\mathbf{90}$

2-11. (1) 7개의 숫자를 일렬로 나열하는 경우의 수에서 왼쪽 끝에 0이 오는 경우의 수를 빼면 되므로

$$\frac{7!}{3!2!}-\frac{6!}{3!2!}=\mathbf{360}(\text{개})$$

(2) ××××××0, ××××××2 꼴의 수이므로

$$\frac{6!}{3!2!}+\left(\frac{6!}{3!}-\frac{5!}{3!}\right)=\mathbf{160}(\text{개})$$

(3) ○×○×○×○에서 ○에 홀수 1, 1, 1, 3을, ×에 0, 2, 2를 나열하는 경우의 수와 같으므로

$$\frac{4!}{3!}\times\frac{3!}{2!}=\mathbf{12}(\text{개})$$

2-12. d와 f는 홀수 번째 자리 3개 중에서 2개를 택하여 나열하면 되므로 그 경우의 수는 ${}_3P_2$

나머지 네 문자의 순열에서 i와 e를 같은 문자 A라고 하여 r, n, A, A의 순열을 생각하고, 이 순열에서 앞의 A에 i를, 뒤의 A에 e를 넣으면 되므로 그 경우의 수는 $\frac{4!}{2!}$

따라서 구하는 개수는

$${}_3P_2\times\frac{4!}{2!}=72$$

답 ⑤

***Note** r, i, e, n의 순열을 생각할 때, 4개의 자리에서 i, e를 넣을 자리를 2개 고른 다음 왼쪽에 i를, 오른쪽에 e를 넣는 경우의 수는

${}_4C_2$ ⇦ 조합의 수(p. 40) 이용

남은 두 자리에 r, n을 나열하는 경우의 수는 $2!$

$$\therefore\ {}_4C_2\times 2!=12$$

2-13. 세 보관함에 5가지 물건을 빈 곳이 없도록 넣어야 하므로 한 보관함에 3가지 물건을 넣는 경우와 두 보관함에 각각 2가지씩 물건을 넣는 경우로 나누어 생각할 수 있다.

(i) 한 보관함에 3가지 물건을 넣는 경우

A, B, C 중 3가지 물건을 넣을 보관함을 택하는 경우의 수는 3

A에 3가지 물건을 넣는다고 하면 5가지 물건을 세 보관함에 넣는 경우의 수는 A, A, A, B, C의 순열의 수와 같으므로 $\frac{5!}{3!}$

$$\therefore\ 3\times\frac{5!}{3!}=60$$

(ii) 두 보관함에 각각 2가지씩 물건을 넣는 경우

A, B, C 중 2가지 물건을 넣을 보관함 2개를 택하는 경우의 수는 1가지 물건을 넣을 보관함 1개를 택하는 경우의 수와 같으므로 3

A, B에 2가지씩 물건을 넣는다고 하면 5가지 물건을 세 보관함에 넣는 경우의 수는 A, A, B, B, C의 순열의 수와 같으므로 $\frac{5!}{2!2!}$

$$\therefore\ 3\times\frac{5!}{2!2!}=90$$

따라서 구하는 방법의 수는

$60+90=\mathbf{150}$

2-14. 왼쪽부터 세 개의 통을 각각 A, B, C라고 하면 A에 2개, B에 3개, C에 3개의 공이 들어 있다.

위에서부터 꺼내야 하므로 통을 정하면 꺼내는 공은 자동으로 정해진다.

따라서 A를 2번, B를 3번, C를 3번

택하여 나열하는 경우의 수이므로

A, A, B, B, B, C, C, C

의 순열의 수와 같다.

$$\therefore \frac{8!}{2!3!3!}=\mathbf{560}$$

2-15. A는 반드시 설치하고, B는 2곳 이상 설치하므로 현수막 5개를 택하는 방법은 A, B, B, ○, ○에서 ○, ○에 B, C를 택하여 넣는 방법과 같다.

따라서 가능한 A, B, C의 경우는

(A, B, B, C, C), (A, B, B, B, C), (A, B, B, B, B)

이 각각의 순열의 수를 생각하면

$$\frac{5!}{2!2!}+\frac{5!}{3!}+\frac{5!}{4!}=30+20+5=\mathbf{55}$$

2-16.

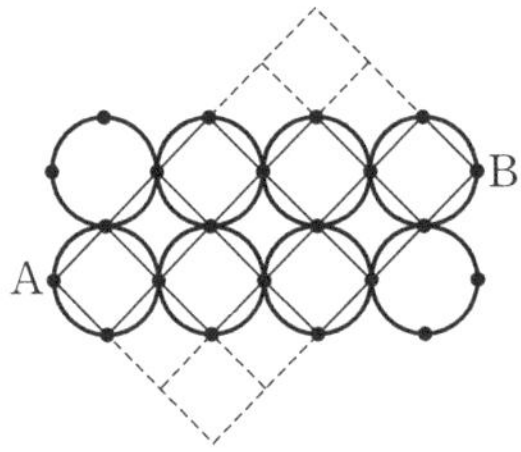

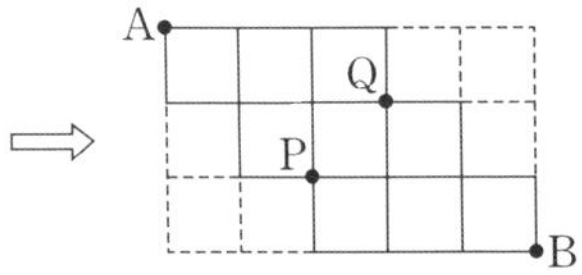

위의 그림의 A지점에서 출발하여 실선을 따라 B지점까지 최단 거리로 가는 방법의 수와 같다.

(i) A ⟶ P ⟶ B의 경우

$$\left(\frac{4!}{2!2!}-1\right)\times\frac{4!}{3!}=5\times4=20\text{(가지)}$$

(ii) A ⟶ Q ⟶ B의 경우

$$\frac{4!}{3!}\times\left(\frac{4!}{2!2!}-1\right)=4\times5=20\text{(가지)}$$

따라서 구하는 방법의 수는

$$20+20=\mathbf{40}$$

2-17. 아래 그림과 같이 오른쪽으로 가는 한 구간을 a, 위로 가는 한 구간을 b, 뒤로 가는 한 구간을 c라고 하자.

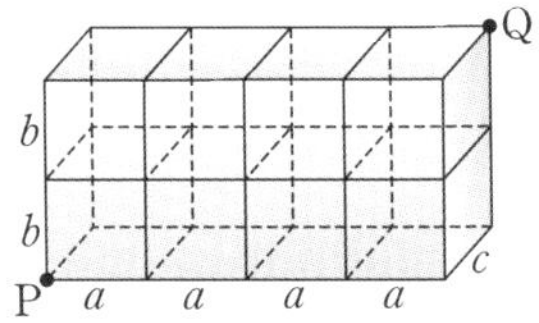

이때, P에서 Q까지 최단 거리로 가는 방법의 수는

a, a, a, a, b, b, c

의 순열의 수와 같으므로

$$\frac{7!}{4!2!}=\mathbf{105}$$

2-18. 상, 하, 좌, 우로 움직인 횟수를 각각 a, b, c, d라고 하면

$a+b+c+d=5$ ……①

$a-b=2$ ……②

$d-c=-1$ ……③

②−③하면 $a+c=b+d+3$

이것을 ①에 대입하여 풀면

$b+d=1$

$\therefore (b, d)=(0, 1)$ 또는 $(1, 0)$

②, ③에 대입하면

(a, b, c, d)

$=(2, 0, 2, 1)$ 또는 $(3, 1, 1, 0)$

$$\therefore \frac{5!}{2!2!}+\frac{5!}{3!}=\mathbf{50}$$

2-19. (1) 남자를 △, 여자를 ○로 나타내면

△○△○△○△○△○ ⟶ $5!\times5!$

○△○△○△○△○△ ⟶ $5!\times5!$

$\therefore 5!\times5!+5!\times5!=\mathbf{28800}$

(2) 남자 5명이 원탁에 앉는 방법의 수는 $(5-1)!$이고, 이 각각에 대하여 여자 5명이 남자와 남자 사이에 앉는 방법의 수는 $5!$이므로

$(5-1)!\times5!=\mathbf{2880}$

2-20. (1) 어린이 6명을 원탁에 앉히는 경우의 수는 $(6-1)!$ 이고, 이 각각에 대하여 어린이와 어린이 사이의 여섯 곳 중 세 곳에 어른이 앉는 경우의 수는 ${}_6P_3$ 이다.

$\therefore\ (6-1)!\times{}_6P_3=\mathbf{14400}$

(2) 어른 3명을 먼저 원탁에 앉히고, 어른과 어른 사이의 세 곳에 어린이 수를 달리하여 각각 1명, 2명, 3명씩 앉히면 된다.

어른 3명을 원탁에 앉히는 경우의 수는 $(3-1)!=2$

이 각각에 대하여 어른과 어른 사이의 세 곳에 앉힐 어린이 수를 각각 1, 2, 3으로 정하여 앉히는 경우의 수는

$(3\times{}_6P_1)\times(2\times{}_5P_2)\times(1\times{}_3P_3)$
$=4320$ ⇦ 아래 ***Note***

따라서 구하는 경우의 수는

$2\times4320=\mathbf{8640}$

****Note*** 어른과 어른 사이의 세 곳 중 한 곳을 택하여 어린이 6명 중 1명을 앉히고, 남은 두 곳 중 한 곳을 택하여 어린이 5명 중 2명을 앉히며, 남은 한 곳에 어린이 3명을 앉힌다고 생각하면 된다.

2-21. (i) 원탁 A에 앉는 방법의 수

두 쌍을 두 묶음으로 생각하면 이 두 묶음을 원탁에 앉히는 방법의 수는 $(2-1)!$ 이고, 이 각각에 대하여 각 묶음의 부부가 서로 바꾸어 앉는 방법의 수는 각 쌍마다 $2!$ 이다.

$\therefore\ (2-1)!\times2!\times2!=4$

(ii) 원탁 B에 앉는 방법의 수

같은 방법으로 생각하면

$(3-1)!\times2!\times2!\times2!=16$

따라서 구하는 방법의 수는

$4\times16=\mathbf{64}$

2-22. 밑면에 칠하는 방법의 수는 6이고, 이 각각에 대하여 나머지 5가지 색을 옆면에 칠하는 방법의 수는 $(5-1)!$ 이므로 구하는 방법의 수는

$6\times(5-1)!=\mathbf{144}$

2-23. (1) 특정한 숫자 이를테면 1을 한 면에 고정시키면 1을 쓴 면의 맞은편 면에 숫자를 넣는 방법은 2, 3, 4, 5, 6의 5가지, 각 경우에 나머지 네 면에 네 숫자를 넣는 방법은 $(4-1)!$ 가지이다.

$\therefore\ 5\times(4-1)!=\mathbf{30}$(가지)

(2) 한 면에 1을 고정하면 그 맞은편 면에 6이 와야 한다.

이때, 둘레의 네 면에 숫자를 넣는 방법은

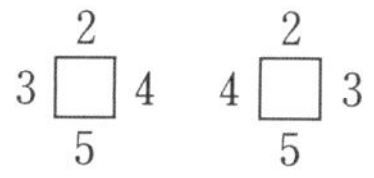

의 2가지뿐이다. $\therefore$ **2**가지

2-24. (1) 6가지 색 중에서 2가지 색을 택하여 밑면과 윗면에 칠하는 방법의 수는 ${}_6P_2$ 이고, 이 각각에 대하여 나머지 4가지 색을 옆면에 칠하는 방법의 수는 $(4-1)!$ 이므로

${}_6P_2\times(4-1)!=\mathbf{180}$

(2) 위의 각각에 대하여 옆면을 고정하는 방법의 수는 2이다.

$\therefore\ {}_6P_2\times(4-1)!\times2=\mathbf{360}$

3-1. ${}_nP_r=272$ ⋯① ${}_nC_r=136$ ⋯②

②에서 $\dfrac{{}_nP_r}{r!}=136$

$\therefore\ {}_nP_r=136r!$ ⋯⋯③

①, ③에서 $r!=2$ $\therefore\ r=2$

①에 대입하면 ${}_nP_2=272$

$\therefore\ n(n-1)=272$

$\therefore\ (n+16)(n-17)=0$

$n\ge r=2$이므로 $n=17$

$\therefore\ n+r=19$ 답 ④

3-2. 26명이 모두 악수를 한 경우의 수에서 여자끼리 악수한 경우의 수와 배우자와 악수한 경우의 수를 빼면 된다.

$\therefore\ {}_{26}C_2-({}_{13}C_2+13)=234$ 답 ②

3-3. (i) 오늘 방문할 4곳을 택하는 경우의 수는 A, B를 미리 택하고 나머지 4곳 중 2곳을 택하는 조합의 수와 같으므로 ${}_4C_2=6$

(ii) 이 각각에 대하여 방문할 4곳

A, B, □, ○

에서 A, B를 같은 것(A, A, □, ○)으로 보고, 오늘 방문할 곳의 순서를 정한 다음 A를 B보다 앞자리에 배치하면 되므로 경우의 수는

$$\frac{4!}{2!}=12$$

(i), (ii)에서 $6\times12=$**72**

3-4. P, Q, R, S, T 중 두 곳을 골라 가까운 곳에는 A, 먼 곳에는 B를 배치한 다음, 나머지 세 지사에 남은 세 사람을 발령한다.

그런데 A, B를 발령할 두 곳을 고를 때, 거리가 같은 두 지사 P, Q를 뽑는 경우는 제외해야 하므로

$({}_5C_2-1)\times3!=$**54**

3-5. 한 번에 2자루를 꺼내는 것이 0회일 때 : 1가지(${}_{10}C_0$가지)

한 번에 2자루를 꺼내는 것이 1회일 때 : 이때에는 9번 꺼내게 되고, 이 중에서 2자루를 꺼내는 것 한 번을 택하는 방법은 ${}_9C_1$가지이다.

같은 방법으로 생각하면 2자루씩 꺼내는 것이

2회일 때 ${}_8C_2$가지,

3회일 때 ${}_7C_3$가지,

4회일 때 ${}_6C_4$가지,

5회일 때 ${}_5C_5$가지

따라서 구하는 방법의 수는

${}_{10}C_0+{}_9C_1+{}_8C_2+{}_7C_3+{}_6C_4+{}_5C_5$

$=1+9+28+35+15+1=$**89**

Note 한 번에 1자루를 꺼내는 횟수를 x, 2자루를 꺼내는 횟수를 y라고 하면

$x+2y=10$ (x, y는 음이 아닌 정수)

$\therefore\ (x,\ y)=(0,\ 5),\ (2,\ 4),\ (4,\ 3),\ (6,\ 2),\ (8,\ 1),\ (10,\ 0)$

따라서 구하는 방법의 수는

${}_5C_0+{}_6C_2+{}_7C_4+{}_8C_6+{}_9C_8+{}_{10}C_{10}$

$=1+15+35+28+9+1=$**89**

3-6. (i) 0, 1, 2, 3, 4, 5, 6, 7, 8, 9에서 두 종류의 숫자를 선택하는 방법의 수는 ${}_{10}C_2=45$

(ii) 두 수 □와 ○가 선택되었을 때,

□○○○, □□○○, □□□○

로 이루어진 전화번호의 수는 각각

$$\frac{4!}{3!}=4,\ \frac{4!}{2!2!}=6,\ \frac{4!}{3!}=4$$

(i), (ii)에서 $45\times(4+6+4)=630$

답 ④

Note ${}_{10}C_2\times({}_2\Pi_4-2)=45\times14=630$

3-7. (i) 첫째 자리 문자가 b이면 둘째 자리 문자와 마지막 자리 문자는 a이다.

ba□a□a□a□a□a□a□a

따라서 위의 7개의 □ 중에서 b를 놓을 자리 3곳을 정하면 되므로

${}_7C_3=35$(개)

(ii) 첫째 자리 문자가 a이면

a□a□a□a□a□a□a□a□

따라서 위의 8개의 □ 중에서 b를

놓을 자리 4곳을 정하면 되므로

$_8C_4=70$(개)

(i), (ii)에서 $35+70=$**105**

*Note b가 연속해서 나오지 않게 나열하는 경우에서 b가 첫째 자리와 마지막 자리에 모두 놓이는 경우를 제외한다. 곧,

$_9C_4-{}_7C_2=126-21=$**105**

3-8.

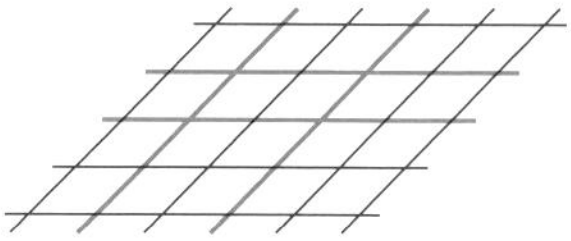

가로 방향의 두 평행선과 세로 방향의 두 평행선에 의하여 하나의 평행사변형이 결정되므로 평행사변형의 개수는

$_6C_2\times{}_5C_2=150$

이 중 마름모의 개수는

$5\times4+4\times3+3\times2+2\times1=40$

따라서 마름모가 아닌 평행사변형의 개수는 $150-40=$**110**

3-9. ㄱ. (참) a_3은 뽑은 4개의 수 중에서 두 번째로 작은 수가 3인 경우의 수이므로 3보다 작은 수가 1개이고, 3보다 큰 수가 2개인 경우의 수이다.

그런데 1부터 100까지의 자연수 중에서 3보다 작은 수는 1, 2의 2개이고, 3보다 큰 수는 97개이므로

$a_3={}_2C_1\times{}_{97}C_2$

ㄴ. (거짓) $a_{10}={}_9C_1\times{}_{90}C_2$,

$a_{90}={}_{89}C_1\times{}_{10}C_2$

이므로 $a_{10}\neq a_{90}$

ㄷ. (참) $\sum_{k=2}^{98}a_k=a_2+a_3+a_4+\cdots+a_{98}$

은 1부터 100까지의 자연수 중에서 4개의 수를 뽑을 때, 4개의 수 중에서 두 번째로 작은 수가 2인 경우의 수, 두 번째로 작은 수가 3인 경우의 수, $\cdots$, 두 번째로 작은 수가 98인 경우의 수의 합이므로 1부터 100까지의 자연수 중에서 4개의 수를 뽑는 경우의 수 $_{100}C_4$와 같다. 답 ③

*Note n개의 수 a_1, a_2, a_3, $\cdots$, a_n의 합을 기호 $\sum$(시그마)를 사용하여 다음과 같이 나타낸다.

$$a_1+a_2+a_3+\cdots+a_n=\sum_{k=1}^{n}a_k$$

⇦ 수학 I

3-10. 네 개의 섬을 각각 A, B, C, D라고 하자.

(i) 한 섬에서 세 개의 다리를 놓는 경우

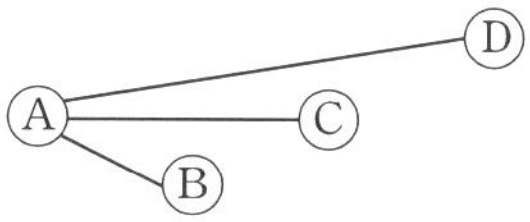

$_4C_1=4$(가지)

(ii) 두 섬은 다리의 한쪽 끝에 있고, 나머지 두 섬은 두 다리로 연결된 경우

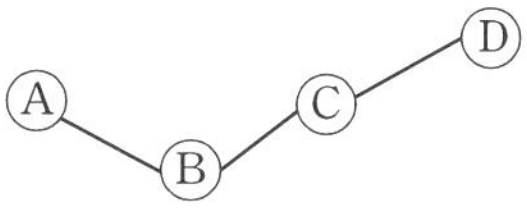

다리의 한쪽 끝에 있는 두 섬을 뽑는 경우는 $_4C_2$가지이고, 이 각각에 대하여 가운데 두 섬의 위치를 바꿀 수 있으므로

$_4C_2\times2=12$(가지)

(i), (ii)에서 $4+12=16$ 답 ②

*Note 네 개의 섬 사이에 놓을 수 있는 다리의 총수는 $_4C_2=6$이다.

이 중에서 3개를 택할 때 네 개의 섬이 연결되지 않는 경우는 세 개의 섬을 연결하는 다리 3개를 택하는 경우이고, 이 경우의 수는 네 개의 섬에서 세 개의 섬을 택하는 경우의 수와 같다.

따라서 $_6C_3-{}_4C_3=16$

3-11.

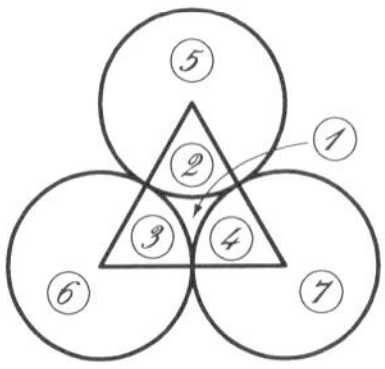

①에 칠하는 경우의 수는 7

②, ③, ④에 칠할 3가지 색을 택하는 경우의 수는 ${}_6C_3$이고, 택한 3가지 색을 칠하는 경우의 수는 $(3-1)!$이므로 ②, ③, ④에 칠하는 경우의 수는

$${}_6C_3\times(3-1)!=40$$

남은 3가지 색을 ⑤, ⑥, ⑦에 칠하는 경우의 수는 $3!=6$

따라서 구하는 경우의 수는

$$7\times40\times6=\mathbf{1680}$$

3-12. 한 개의 가로줄에서 상자 3개 또는 4개를 초록색 상자로 바꾸는 경우, 나머지 두 개의 가로줄 중에서 적어도 하나의 가로줄에는 초록색 상자가 들어갈 수 없으므로 옆에서 본 모양이 (나)와 같이 될 수 없다.

따라서 세 개의 가로줄에서 초록색 상자로 바꾸는 상자의 개수는 각각 2, 1, 1 이어야 한다. 이때, 세 개의 가로줄 중에서 상자 2개를 초록색 상자로 바꿀 한 개의 가로줄을 택하는 경우의 수는 ${}_3C_1$이고, 이 각각에 대하여 택한 가로줄에서 초록색 상자로 바꿀 2개의 상자를 택하는 경우의 수는 ${}_4C_2$이다.

또, 이 각각에 대하여 나머지 두 개의 가로줄에서 이미 택한 두 개의 세로줄을 제외한 나머지 두 개의 세로줄의 상자만 세로줄이 겹치지 않도록 하나씩 초록색 상자로 바꾸는 경우의 수는 2이다.

⇦ 다음 *Note* 1°

$$\therefore\ {}_3C_1\times{}_4C_2\times2=\mathbf{36}$$

* ***Note*** 1° 이를테면 아래 그림에서 첫째 가로줄의 첫째 세로줄과 셋째 세로줄을 초록색 상자로 바꾸면 둘째, 셋째 가로줄에서는 (A, D) 또는 (B, C)를 초록색 상자로 바꾸면 된다.

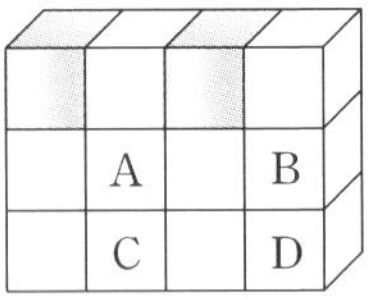

* ***Note*** 2° 네 개의 세로줄에서 각각 상자 한 개를 초록색 상자로 바꾸는 방법의 수는

$$3\times3\times3\times3=81$$

이 중에서 네 개의 초록색 상자가 한 개의 가로줄에 있는 경우의 수는

$${}_3C_1=3$$

또, 네 개의 초록색 상자가 두 개의 가로줄에 있는 경우의 수는

$${}_3C_2\times(2\times2\times2\times2-2)=42$$

따라서 구하는 방법의 수는

$$81-3-42=\mathbf{36}$$

3-13. (i) 부부 한 쌍을 4명의 팀에 넣는 경우의 수

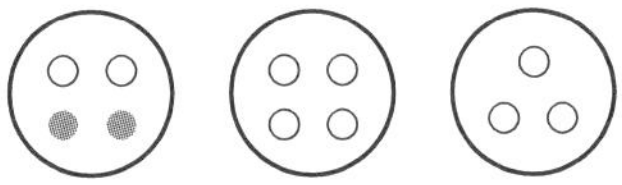

위의 그림과 같이 나머지 여행객 9명을 2명, 4명, 3명의 세 팀으로 나누는 방법의 수와 같으므로

$${}_9C_2\times{}_7C_4\times{}_3C_3=36\times35\times1=1260$$

(ii) 부부 한 쌍을 3명의 팀에 넣는 경우의 수

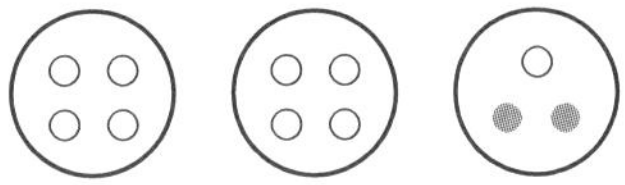

위의 그림과 같이 나머지 여행객 9

명을 4명, 4명, 1명의 세 팀으로 나누는 방법의 수와 같으므로

$$_9C_4\times{}_5C_4\times{}_1C_1\times\frac{1}{2!}=126\times5\times1\times\frac{1}{2}=315$$

(i), (ii)에서 $1260+315=\mathbf{1575}$

3-14. (i) 8개의 팀에서 4개의 팀을 택하여 하나의 묶음을 만들고, 남은 4개의 팀으로 다른 하나의 묶음을 만든다.

그런데 이 경우 같은 것이 2!가지씩 있으므로 방법의 수는

$$_8C_4\times{}_4C_4\times\frac{1}{2!}=35$$

(ii) 각 묶음의 4개의 팀을 2개의 팀씩 두 묶음으로 나누는 방법의 수는

$$_4C_2\times{}_2C_2\times\frac{1}{2!}=3$$

(i), (ii)에서 $35\times3\times3=\mathbf{315}$

3-15. 2310을 소인수분해하면

$$2310=2\times3\times5\times7\times11$$

(1) 1보다 큰 두 자연수의 곱으로 나타내려면 2, 3, 5, 7, 11이 모두 소수이므로
(1개의 소수)×(4개의 소수의 곱) 또는
(2개의 소수의 곱)×(3개의 소수의 곱)
의 꼴이어야 한다.

$$\therefore\ {}_5C_1\times{}_4C_4+{}_5C_2\times{}_3C_3=\mathbf{15}$$

(2) 1보다 큰 세 자연수의 곱으로 나타내려면 2, 3, 5, 7, 11이 모두 소수이므로
(1개의 소수)×(1개의 소수)×(3개의 소수의 곱) 또는
(1개의 소수)×(2개의 소수의 곱)×(2개의 소수의 곱)
의 꼴이어야 한다.

$$\therefore\ {}_5C_1\times{}_4C_1\times{}_3C_3\times\frac{1}{2!}+{}_5C_1\times{}_4C_2\times{}_2C_2\times\frac{1}{2!}=\mathbf{25}$$

(3) a, b, c의 구분이 있으므로 (2)에서 세 자연수의 곱으로 나타낸 것을 나열하는 순열의 수를 생각해야 한다.

$$\therefore\ 25\times3!=\mathbf{150}$$

3-16. 집합 Y에서 치역에 속하는 두 개의 원소를 택하는 방법의 수는 $_3C_2=3$

집합 X의 원소를 두 묶음으로 나눈 다음, 치역의 원소에 분배하는 방법을 생각한다. 두 묶음으로 나누는 방법은 1개, 4개 또는 2개, 3개로 나누는 방법이 있으므로

$$({}_5C_1\times{}_4C_4+{}_5C_2\times{}_3C_3)\times2!=30$$

따라서 구하는 함수의 개수는

$$3\times30=\mathbf{90}$$

*****Note*** $_3C_2\times({}_2\Pi_5-2)=3\times30=\mathbf{90}$

3-17. (i) f가 항등함수일 때 1개

(ii) $f(a)=b$이면 $(f\circ f)(a)=a$에서

$$f(b)=a$$

① 서로 한 쌍이 바뀌어져 있을 때

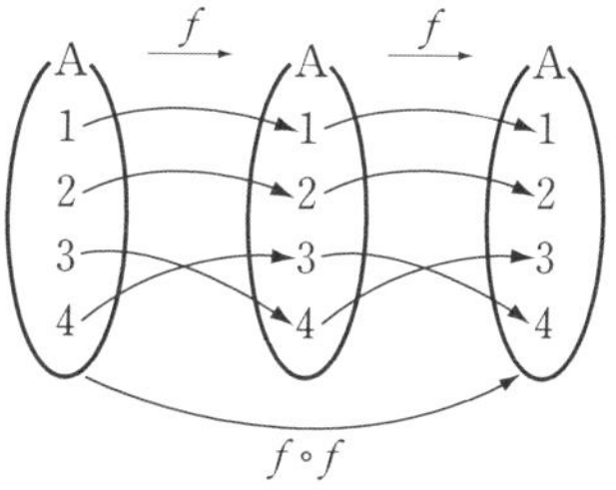

이때에는 집합 A의 원소 4개 중 2개를 뽑는 경우의 수와 같으므로

$$_4C_2=6$$

② 서로 두 쌍이 바뀌어져 있을 때

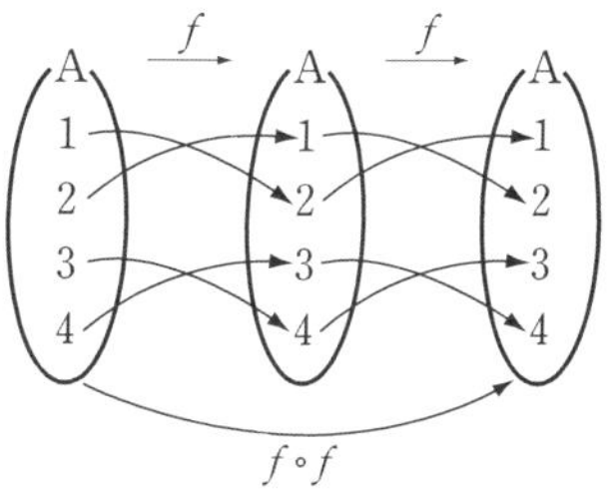

이때에는 집합 A의 원소 4개를 2개씩 두 묶음으로 만드는 경우의 수와 같으므로

$${}_4C_2\times{}_2C_2\times\frac{1}{2!}=3$$

(i), (ii)에서 구하는 함수의 개수는

$$1+6+3=\mathbf{10}$$

3-18. 3, 4, 5, 6, 7, 8, 9에서 중복을 허락하여 3개를 택한 다음, 크기 순으로 $|a|$, $|b|$, $|c|$의 값으로 정하는 경우의 수는

$${}_7H_3={}_{7+3-1}C_3={}_9C_3=84$$

a, b, c의 부호는 양, 음의 2가지씩이므로 구하는 순서쌍 (a, b, c)의 개수는

$$84\times2\times2\times2=672 \qquad \text{답 ④}$$

3-19. (1) $a\times b$가 홀수이므로 a, b는 모두 홀수이다. 이때, $a+b+c$는 짝수이므로 c는 짝수이다. 곧,

$$a=2l+1,\ b=2m+1,\ c=2n+2$$
(l, m, n은 음이 아닌 정수)

로 놓으면

$$(2l+1)+(2m+1)+(2n+2)=12$$
$$\therefore\ l+m+n=4$$

따라서 순서쌍 (l, m, n)의 개수는

$${}_3H_4={}_{3+4-1}C_4={}_6C_4=\mathbf{15}$$

(2) $a\ge c$, $b\ge c$이므로

$$a+b+c\ge c+c+c$$
$$\therefore\ 12\ge3c \quad \therefore\ c\le4$$

또, 조건에서 $c\ge2$이므로

$$c=2,\ 3,\ 4$$

(i) $c=2$일 때, $a=2p$, $b=2q$ (p, q는 자연수)로 놓으면

$$2p+2q+2=12 \quad \therefore\ p+q=5$$

$p=p'+1$, $q=q'+1$ (p', q'은 음이 아닌 정수)로 놓으면

$$(p'+1)+(q'+1)=5$$
$$\therefore\ p'+q'=3$$

따라서 순서쌍 (p', q')의 개수는

$${}_2H_3={}_{2+3-1}C_3={}_4C_3=4$$

(ii) $c=3$일 때, $a=3p$, $b=3q$ (p, q는 자연수)로 놓으면

$$3p+3q+3=12 \quad \therefore\ p+q=3$$

따라서 순서쌍 (p, q)는 (1, 2), (2, 1)의 2개이다.

(iii) $c=4$일 때, $a=4p$, $b=4q$ (p, q는 자연수)로 놓으면

$$4p+4q+4=12 \quad \therefore\ p+q=2$$

따라서 순서쌍 (p, q)는 (1, 1)의 1개이다.

(i), (ii), (iii)에서 구하는 순서쌍의 개수는 $4+2+1=\mathbf{7}$

***Note** (i)의 $p+q=5$에서 p, q는 자연수이므로 순서쌍 (p, q)는

$(p, q)=(1, 4), (2, 3), (3, 2), (4, 1)$

의 4개이다.

3-20. a, b, c, d 중에서 홀수 2개를 정하는 경우의 수는 ${}_4C_2=6$

a, b, c, d 중 두 홀수를 $2p+1$, $2q+1$, 두 짝수를 $2r+2$, $2s+2$라고 하자.

단, p, q, r, s는 음이 아닌 정수이다.

$a+b+c+d=14$에서

$$(2p+1)+(2q+1)+(2r+2)+(2s+2)=14$$
$$\therefore\ p+q+r+s=4$$

이를 만족시키는 순서쌍 (p, q, r, s)의 개수는

$${}_4H_4={}_{4+4-1}C_4={}_7C_4=35$$

따라서 구하는 순서쌍의 개수는

$$6\times35=\mathbf{210}$$

3-21. $abc=2^{2n}$에서 a, b, c는 모두 2의 거듭제곱꼴임을 알 수 있다.

따라서

$$a=2^p,\ b=2^q,\ c=2^r$$
(p, q, r는 음이 아닌 정수)

으로 놓으면

$$2^p\times2^q\times2^r=2^{2n}$$
$$\therefore\ p+q+r=2n$$

이를 만족시키는 순서쌍 $(p,\ q,\ r)$의 개수는

$${}_3H_{2n}={}_{3+2n-1}C_{2n}={}_{2n+2}C_{2n}={}_{2n+2}C_2$$
$$=\frac{(2n+2)(2n+1)}{2\times1}$$
$$=(n+1)(2n+1)$$

순서쌍 $(a,\ b,\ c)$의 개수가 45이므로

$$(n+1)(2n+1)=45$$
$$\therefore\ 2n^2+3n-44=0$$
$$\therefore\ (2n+11)(n-4)=0$$

n은 자연수이므로 $\boldsymbol{n=4}$

3-22. (1) $(x+y+z)^6$을 전개하여 동류항끼리 정리하면 각 항은 모두 $x^ay^bz^c$의 꼴이다.

이때, $a,\ b,\ c$는 방정식 $a+b+c=6$을 만족시키는 음이 아닌 정수이다.

따라서 구하는 서로 다른 항의 개수는 3개의 문자 $a,\ b,\ c$에서 6개를 택하는 중복조합의 수와 같으므로

$${}_3H_6={}_{3+6-1}C_6={}_8C_6=\mathbf{28}$$

***Note** 전개하여 정리하면 각 항은

$$x^6=xxxxxx,\ x^5y=xxxxxy,$$
$$x^3y^2z=xxxyyz,\ \cdots$$

와 같이 6차항이 된다.

따라서 구하는 서로 다른 항의 개수는 3개의 문자 $x,\ y,\ z$에서 6개를 뽑는 중복조합의 수와 같다.

$$\therefore\ {}_3H_6=\mathbf{28}$$

(2) $(a+b)^6$을 전개할 때, 서로 다른 항의 개수는

$${}_2H_6={}_{2+6-1}C_6={}_7C_6=7$$

$(x+y+z)^3$을 전개할 때, 서로 다른 항의 개수는

$${}_3H_3={}_{3+3-1}C_3={}_5C_3=10$$

따라서 $(a+b)^6(x+y+z)^3$을 전개할 때, 서로 다른 항의 개수는

$$7\times10=\mathbf{70}$$

3-23. 흰 공 2개를 3명에게 나누어 주는 방법의 수는

$${}_3H_2={}_{3+2-1}C_2={}_4C_2=6$$

붉은 공 4개를 3명에게 나누어 주는 방법의 수는

$${}_3H_4={}_{3+4-1}C_4={}_6C_4=15$$

검은 공 7개를 적어도 1개씩 3명에게 나누어 주는 방법의 수는 먼저 3명에게 1개씩 주고 남은 4개를 3명에게 나누어 주는 방법의 수이므로 ${}_3H_4=15$

$$\therefore\ 6\times15\times15=1350$$ 답 ⑤

3-24. A, B, C, D를 각각 $x,\ y,\ z,\ w$개 택한다고 하면

$$x+y+z+w=12$$
$$(x\le2,\ y\ge3,\ z\ge2,\ w\ge1)$$

를 만족시키는 음이 아닌 정수해의 개수를 구하는 것과 같다.

따라서

$$y=y'+3,\ z=z'+2,\ w=w'+1$$
$$(y'\ge0,\ z'\ge0,\ w'\ge0)$$

로 놓으면

$$x+y'+z'+w'=6\ (x\le2)$$

을 만족시키는 음이 아닌 정수해의 개수를 구하면 된다.

(i) $x=2$일 때, $y'+z'+w'=4$에서 음이 아닌 정수해의 개수는

$${}_3H_4={}_{3+4-1}C_4={}_6C_4=15$$

(ii) $x=1$일 때, $y'+z'+w'=5$에서 음이 아닌 정수해의 개수는

$${}_3H_5={}_{3+5-1}C_5={}_7C_5=21$$

(iii) $x=0$일 때, $y'+z'+w'=6$에서 음이 아닌 정수해의 개수는

$${}_3H_6={}_{3+6-1}C_6={}_8C_6=28$$

(i), (ii), (iii)에서 구하는 경우의 수는

$$15+21+28=\mathbf{64}$$

4-1. 파스칼의 삼각형에서

$1={}_2C_2,\quad 3={}_3C_2,\quad 6={}_4C_2,$

$10={}_5C_2,\quad 15={}_6C_2,\quad \cdots$

따라서 주어진 패턴을 조합 기호를 사용하여 나타내면

${}_2C_2+{}_3C_2=2^2,\quad {}_3C_2+{}_4C_2=3^2,$

${}_4C_2+{}_5C_2=4^2,\quad {}_5C_2+{}_6C_2=5^2,\quad \cdots$

곧, $n\geq 2$일 때

$${}_nC_2+{}_{n+1}C_2=n^2$$

으로 일반화할 수 있다.

좌변을 계산하여 위의 등식이 성립함을 증명하면 다음과 같다.

$${}_nC_2+{}_{n+1}C_2=\frac{n(n-1)}{2\times1}+\frac{(n+1)n}{2\times1}$$
$$=\frac{n^2-n+n^2+n}{2}=n^2$$

***Note**

$$\begin{array}{ccccccccccccc} &&&&&&1&&&&&& \\ &&&&&1&&1&&&&& \\ &&&&1&&2&&1&&&& \\ &&&1&&3&&3&&1&&& \\ &&1&&4&&6&&4&&1&& \\ &1&&5&&10&&10&&5&&1& \\ 1&&6&&15&&20&&15&&6&&1 \\ &&&&&&\vdots&&&&&& \end{array}$$

하키 스틱 패턴(p. 66)을 이용하면

$3=1+2,$

$6=1+2+3,$

$10=1+2+3+4,$

$15=1+2+3+4+5,\quad \cdots$

임을 알 수 있다.

곧, $n\geq 2$일 때

$${}_nC_2=1+2+3+\cdots+(n-1)$$

이므로 주어진 패턴은 다음과 같이 나타낼 수 있다.

$$\{1+2+3+\cdots+(n-1)\}$$
$$+(1+2+3+\cdots+n)=n^2$$

4-2. (1) 전개하면 다음 꼴이 된다.

$$(1-x)^{10}=a_0+a_1x+a_2x^2+a_3x^3+\cdots+a_{10}x^{10}$$

양변에 $x=1$을 대입하면

$$a_0+a_1+a_2+a_3+\cdots+a_{10}=\mathbf{0}$$

(2) 같은 방법으로 생각하면 전개식의 양변에 $x=1$, $y=1$을 대입할 때의 값과 같다. 따라서 구하는 합은

$$(1-1+1)^5=\mathbf{1}$$

(3) 전개식의 양변에 $x=1$, $y=1$을 대입할 때의 값과 같다.

따라서 구하는 합은

$$(1+2)(2+1)^2(1+1)^3=\mathbf{216}$$

4-3. (준 식)$=(209+1)^4=210^4$

$=(2\times3\times5\times7)^4$

$=2^4\times3^4\times5^4\times7^4$

따라서 양의 약수의 개수는

$$(4+1)(4+1)(4+1)(4+1)=625$$

답 ⑤

4-4. 문제의 조건으로부터

$$(1+x+x^2)^n=a_0+a_1x+a_2x^2+a_3x^3+\cdots+a_{2n}x^{2n}$$

양변에 $x=-1$을 대입하면

$$1=a_0-a_1+a_2-a_3+\cdots+a_{2n}$$

답 ②

4-5. 조건식의 양변에 $x=1$을 대입하면

$1=a_0+a_1+a_2+a_3+\cdots+a_{16}$ ⋯①

조건식의 양변에 $x=-1$을 대입하면

$5^8=a_0-a_1+a_2-a_3+\cdots+a_{16}$ ⋯②

①+②하면

$$2(a_0+a_2+a_4+\cdots+a_{16})=5^8+1$$

$$\therefore\ a_0+a_2+a_4+\cdots+a_{16}=\frac{1}{2}(5^8+1)$$

한편 $(4x^2-2x-1)^8$의 전개식에서 상수항은 1이므로 $a_0=1$

$$\therefore\ a_2+a_4+\cdots+a_{16}=\frac{1}{2}(5^8+1)-1$$
$$=\mathbf{\frac{1}{2}(5^8-1)}$$

4-6. $(b+ax)^{2n}$의 전개식에서 x^n항은

$${}_{2n}C_n b^{2n-n}(ax)^n={}_{2n}C_n a^n b^n x^n$$

$(a+bx)^{2n-1}$의 전개식에서 x^n항은

$${}_{2n-1}C_n a^{2n-1-n}(bx)^n={}_{2n-1}C_n a^{n-1}b^n x^n$$

문제의 조건으로부터

$${}_{2n}C_n a^n b^n={}_{2n-1}C_n a^{n-1}b^n$$

$ab\neq0$이므로 ${}_{2n}C_n a={}_{2n-1}C_n$

$$\therefore \frac{(2n)!}{n!n!}\times a=\frac{(2n-1)!}{n!(n-1)!}$$

$$\therefore \frac{2n}{n}\times a=1 \quad \therefore \boldsymbol{a=\frac{1}{2}}$$

4-7. 전개식의 일반항은

$${}_nC_r(2x^3)^{n-r}\left(\frac{1}{x^2}\right)^r={}_nC_r\,2^{n-r}x^{3n-5r}$$

이므로 0이 아닌 상수항이 존재하려면

$$3n-5r=0,\ 곧\ 3n=5r$$

이어야 한다.

(i) n은 5의 배수이어야 한다.
이때, 100 이하의 5의 배수는

$$5\times1,\ 5\times2,\ 5\times3,\ \cdots,\ 5\times20$$

이므로 자연수 n의 개수는 **20**

(ii) 자연수 n의 최솟값은 $n=5$이고, 이때 $r=3$이므로 상수항은

$${}_nC_r\,2^{n-r}={}_5C_3\times2^{5-3}=\mathbf{40}$$

4-8. $a_1={}_nC_1,\ a_2={}_nC_2,\ a_3={}_nC_3$이므로

$$2\,{}_nC_2={}_nC_1+{}_nC_3$$

$$\therefore 2\times\frac{n(n-1)}{2\times1}=n+\frac{n(n-1)(n-2)}{3\times2\times1}$$

양변을 n으로 나누고 정리하면

$$(n-2)(n-7)=0$$

$n\geq3$이므로 $n=7$ 　 답 ③

*Note 세 수 $a,\ b,\ c$가 이 순서로 등차수열을 이룬다 $\Longleftrightarrow 2b=a+c$

⇦ 수학 I

4-9. 전개식의 일반항은

$${}_{20}C_r\left(\sqrt{3}\,x\right)^{20-r}\left(-\sqrt[3]{2}\,y\right)^r$$

$$={}_{20}C_r(-1)^r\left(\sqrt{3}\right)^{20-r}\left(\sqrt[3]{2}\right)^r x^{20-r}y^r$$

따라서 계수가 유리수이려면

$\left(\sqrt{3}\right)^{20-r}$에서 $20-r$는 2의 배수,

$\left(\sqrt[3]{2}\right)^r$에서 r는 3의 배수이어야 한다.

따라서 r는 6의 배수(0도 포함)이다.

이때, $0\leq r\leq20$이므로

$$r=0,\ 6,\ 12,\ 18$$

곧, 구하는 항의 개수는 4이다.

답 ②

4-10. 전개식의 일반항은

$${}_5C_r x^r\times{}_nC_s(x^2)^s={}_5C_r\times{}_nC_s x^{r+2s}$$

$r+2s=2$로 놓으면 $r,\ s$는 음이 아닌 정수이므로

$$r=0일\ 때\ s=1,\ r=2일\ 때\ s=0$$

이때, x^2의 계수는

$${}_5C_0\times{}_nC_1+{}_5C_2\times{}_nC_0=n+10$$

문제의 조건으로부터

$n+10=14 \quad \therefore n=4$ 　 답 ②

4-11. (1) $(1+x)^k$의 전개식에서 x^2의 계수는 ${}_kC_2\ (k=2,\ 3,\ \cdots,\ n)$이다.

따라서 준 식의 x^2의 계수는

$${}_2C_2+{}_3C_2+{}_4C_2+\cdots+{}_nC_2$$

$$=\sum_{k=2}^{n}{}_kC_2=\sum_{k=2}^{n}\frac{k(k-1)}{2}$$

$$=\sum_{k=1}^{n}\frac{k(k-1)}{2}=\frac{1}{2}\left(\sum_{k=1}^{n}k^2-\sum_{k=1}^{n}k\right)$$

$$=\frac{1}{2}\left\{\frac{n(n+1)(2n+1)}{6}-\frac{n(n+1)}{2}\right\}$$

$$=\boldsymbol{\frac{1}{6}n(n+1)(n-1)}$$

*Note 하키 스틱 패턴에 의하여

$${}_2C_2+{}_3C_2+{}_4C_2+\cdots+{}_nC_2={}_{n+1}C_3$$

$$=\frac{(n+1)n(n-1)}{3\times2\times1}$$

$$=\boldsymbol{\frac{1}{6}n(n+1)(n-1)}$$

(2) $\left(x+\dfrac{1}{x}\right)^n$의 전개식의 일반항은

$${}_nC_r x^{n-r}\left(\frac{1}{x}\right)^r={}_nC_r x^{n-2r}$$

x^2항일 때 $n-2r=2$

$n=2, 3, 4, 5, 6$이므로

$(n, r)=(2, 0), (4, 1), (6, 2)$

따라서 준 식의 x^2의 계수는

$${}_2C_0+{}_4C_1+{}_6C_2=1+4+15=\mathbf{20}$$

4-12. (1) $21^{21}=(1+20)^{21}$

$$=1+{}_{21}C_1\times 20+{}_{21}C_2\times 20^2+{}_{21}C_3\times 20^3+\cdots+20^{21}$$

여기에서 셋째 항 이후는 40으로 나누어 떨어지므로 셋째 항 이후의 합을 40으로 나눈 몫을 k라고 하면

$$21^{21}=421+40k=40(k+10)+21$$

따라서 구하는 나머지는 **21**

(2) $2^{4n}=(2^4)^n=(1+15)^n$

$$=1+{}_nC_1\times 15+{}_nC_2\times 15^2+{}_nC_3\times 15^3+\cdots+15^n$$

여기에서 둘째 항 이후는 5로 나누어 떨어지므로 둘째 항 이후의 합을 5로 나눈 몫을 m이라고 하면

$$2^{4n}=5m+1$$

따라서 구하는 나머지는 **1**

4-13. $0.99^{10}=(1-0.01)^{10}$

$$=1+{}_{10}C_1(-0.01)+{}_{10}C_2(-0.01)^2+{}_{10}C_3(-0.01)^3+{}_{10}C_4(-0.01)^4+\cdots+(-0.01)^{10}$$

$$=1-10\times 0.01+45\times 0.0001-120\times 0.000001+210\times 0.00000001-\cdots+(-0.01)^{10}$$

$$=1-0.1+0.0045-0.00012+0.0000021-\cdots+(-0.01)^{10}$$

$$=0.90438+0.0000021-\cdots+(-0.01)^{10}$$

여기에서 0.0000021 이하는 소수점 아래 다섯째 자리까지 영향을 미치지 않으므로 **0.90438**

4-14. (1) 집합 A의 부분집합에 a_1이 속하는 경우와 속하지 않는 경우 2가지가 있다.

마찬가지로 a_2가 속하는 경우와 속하지 않는 경우 2가지가 있다.

$\cdots$

a_n이 속하는 경우와 속하지 않는 경우 2가지가 있다.

따라서 곱의 법칙에 의하여

$$2\times 2\times 2\times\cdots\times 2=\mathbf{2^n}$$

(2) 원소의 개수가 0인 부분집합의 개수는 ${}_nC_0$, 1인 부분집합의 개수는 ${}_nC_1$, 2인 부분집합의 개수는 ${}_nC_2$, $\cdots$, n인 부분집합의 개수는 ${}_nC_n$이다.

따라서 합의 법칙에 의하여

$${}_nC_0+{}_nC_1+{}_nC_2+\cdots+{}_nC_n=\mathbf{2^n}$$

(3) 원소의 개수가 1인 부분집합의 개수는 ${}_nC_1$, 3인 부분집합의 개수는 ${}_nC_3$, 5인 부분집합의 개수는 ${}_nC_5$, $\cdots$이다.

따라서 합의 법칙에 의하여

$${}_nC_1+{}_nC_3+{}_nC_5+\cdots=\mathbf{2^{n-1}}$$

(짝수 번째 항의 계수의 합)

4-15. $(1+i)^{16}={}_{16}C_0+{}_{16}C_1 i+{}_{16}C_2 i^2+{}_{16}C_3 i^3+\cdots+{}_{16}C_{15} i^{15}+{}_{16}C_{16} i^{16}$

에서

(좌변)$=\{(1+i)^2\}^8=(2i)^8=2^8\times(i^2)^4=2^8\times(-1)^4=256$

(우변)$={}_{16}C_0+{}_{16}C_1 i-{}_{16}C_2-{}_{16}C_3 i+{}_{16}C_4+{}_{16}C_5 i-{}_{16}C_6-{}_{16}C_7 i+{}_{16}C_8+{}_{16}C_9 i-{}_{16}C_{10}-{}_{16}C_{11} i+{}_{16}C_{12}+{}_{16}C_{13} i-{}_{16}C_{14}-{}_{16}C_{15} i+{}_{16}C_{16}$

$$=({}_{16}C_0-{}_{16}C_2+{}_{16}C_4-{}_{16}C_6+\cdots-{}_{16}C_{14}+{}_{16}C_{16})+({}_{16}C_1-{}_{16}C_3+{}_{16}C_5-{}_{16}C_7+\cdots+{}_{16}C_{13}-{}_{16}C_{15})i$$

양변의 실수부분을 비교하면

$${}_{16}C_0-{}_{16}C_2+{}_{16}C_4-{}_{16}C_6+\cdots-{}_{16}C_{14}+{}_{16}C_{16}=\mathbf{256}$$

*Note $_{16}C_1={}_{16}C_{15}$, $_{16}C_3={}_{16}C_{13}$, $\cdots$ 이므로

$$_{16}C_1-{}_{16}C_3+\cdots+{}_{16}C_{13}-{}_{16}C_{15}=0$$

4-16. 볼록 k각형 $(k\ge3)$의 개수는 $2n$개에서 k개를 택하는 조합의 수 $_{2n}C_k$이다.

따라서

$$\sum_{k=3}^{2n}{}_{2n}C_k=\sum_{k=0}^{2n}{}_{2n}C_k-({}_{2n}C_0+{}_{2n}C_1+{}_{2n}C_2)$$
$$=\mathbf{2^{2n}-2n^2-n-1}$$

4-17. 지혜는 알사탕 $k(k=0, 1, 2, \cdots, 5)$개와 박하사탕 $(5-k)$개를 종서에게 주면 된다.

그런데 지혜가 알사탕 k개를 택하는 방법은 $_5C_k$가지이고, 박하사탕 $(5-k)$개를 택하는 방법은 한 가지이므로 구하는 방법의 수는

$$_5C_0+{}_5C_1+{}_5C_2+{}_5C_3+{}_5C_4+{}_5C_5$$
$$=2^5=32$$

답 ②

4-18. 구하는 방법의 수를 S라고 하면

$$S={}_{15}C_8+{}_{15}C_9+{}_{15}C_{10}+\cdots+{}_{15}C_{15}$$

그런데 $_nC_r={}_nC_{n-r}$이므로

$$S={}_{15}C_7+{}_{15}C_6+{}_{15}C_5+\cdots+{}_{15}C_0$$

$$\therefore\ 2S={}_{15}C_0+{}_{15}C_1+{}_{15}C_2+\cdots+{}_{15}C_{15}$$
$$=2^{15}$$

곧, $2S=2^{15}$ $\therefore\ S=2^{14}$

답 ④

4-19. (1) 이항계수의 성질에서

$$_{19}C_0+{}_{19}C_1+{}_{19}C_2+\cdots+{}_{19}C_{19}=2^{19}$$
$$_{19}C_0-{}_{19}C_1+{}_{19}C_2-\cdots-{}_{19}C_{19}=0$$

변변 더하면

$$2({}_{19}C_0+{}_{19}C_2+\cdots+{}_{19}C_{18})=2^{19}$$

$$\therefore\ \sum_{k=1}^{9}{}_{19}C_{2k}=\frac{1}{2}\times2^{19}-{}_{19}C_0=\mathbf{2^{18}-1}$$

(2) $$_{100}C_k\times\frac{101}{k+1}=\frac{100!}{k!(100-k)!}\times\frac{101}{k+1}$$
$$=\frac{101!}{(k+1)!\{101-(k+1)\}!}$$
$$={}_{101}C_{k+1}$$

$$\therefore\ (\text{준 식})=\sum_{k=0}^{100}{}_{101}C_{k+1}=\sum_{k=1}^{101}{}_{101}C_k$$
$$=\sum_{k=0}^{101}{}_{101}C_k-{}_{101}C_0=\mathbf{2^{101}-1}$$

(3) $$k\,{}_{10}C_k=k\times\frac{10!}{k!(10-k)!}$$
$$=\frac{10\times9!}{(k-1)!\{9-(k-1)\}!}$$
$$=10\,{}_9C_{k-1}$$

이므로

$$(\text{분자})=\sum_{k=1}^{10}k\,{}_{10}C_k=\sum_{k=1}^{10}10\,{}_9C_{k-1}$$
$$=10\sum_{k=1}^{10}{}_9C_{k-1}=10\sum_{k=0}^{9}{}_9C_k$$
$$=10\times2^9$$

$$\therefore\ (\text{준 식})=\frac{10\times2^9}{2^{10}}=\frac{10}{2}=\mathbf{5}$$

*Note p. 70에서 공부한

$$_nC_1+2\,{}_nC_2+3\,{}_nC_3+\cdots+n\,{}_nC_n=n\times2^{n-1},$$
$$_nC_0+{}_nC_1+{}_nC_2+\cdots+{}_nC_n=2^n$$

을 이용하면

$$(\text{준 식})=\frac{10\times2^{10-1}}{2^{10}}=\mathbf{5}$$

4-20. $$\sum_{k=1}^{n}f(2k-1)=\sum_{k=1}^{n}{}_{2n}C_{2k-1}$$
$$={}_{2n}C_1+{}_{2n}C_3+{}_{2n}C_5+\cdots+{}_{2n}C_{2n-1}$$

한편 $(1+x)^{2n}$의 전개식

$$(1+x)^{2n}={}_{2n}C_0+{}_{2n}C_1x+{}_{2n}C_2x^2+{}_{2n}C_3x^3+\cdots+{}_{2n}C_{2n}x^{2n}$$

에서 양변에 $x=1$, $x=-1$을 각각 대입하면

$$_{2n}C_0+{}_{2n}C_1+{}_{2n}C_2+{}_{2n}C_3+\cdots+{}_{2n}C_{2n}=2^{2n}$$
$$_{2n}C_0-{}_{2n}C_1+{}_{2n}C_2-{}_{2n}C_3+\cdots+{}_{2n}C_{2n}=0$$

변변 빼면

$$2({}_{2n}C_1+{}_{2n}C_3+\cdots+{}_{2n}C_{2n-1})=2^{2n}$$

$$\therefore\ {}_{2n}C_1+{}_{2n}C_3+\cdots+{}_{2n}C_{2n-1}=\mathbf{2^{2n-1}}$$

*Note p. 70에서 공부한 바와 같이

$_nC_0+{}_nC_1+{}_nC_2+{}_nC_3+\cdots+{}_nC_n$ 에서

$$_nC_0+{}_nC_2+{}_nC_4+\cdots=2^{n-1}$$
(홀수 번째 항의 계수의 합)

$$_nC_1+{}_nC_3+{}_nC_5+\cdots=2^{n-1}$$
(짝수 번째 항의 계수의 합)

임을 이용하면

$$_{2n}C_1+{}_{2n}C_3+\cdots+{}_{2n}C_{2n-1}=\mathbf{2^{2n-1}}$$

4-21. (1) $_6C_0,\ {}_6C_1,\ {}_6C_2,\ \cdots,\ {}_6C_5$는 각각 $(1+x)^6$의 전개식에서 $x^0,\ x^1,\ x^2,\ \cdots,\ x^5$의 계수이다.

또, $_{12}C_5,\ {}_{12}C_4,\ {}_{12}C_3,\ \cdots,\ {}_{12}C_0$은 각각 $(1+x)^{12}$의 전개식에서 $x^5,\ x^4,\ x^3,\ \cdots,\ x^0$의 계수이다.

따라서

$$_6C_0\times{}_{12}C_5+{}_6C_1\times{}_{12}C_4+{}_6C_2\times{}_{12}C_3+\cdots+{}_6C_5\times{}_{12}C_0$$

은 $(1+x)^6(1+x)^{12}$의 전개식에서 x^5의 계수이다.

곧, $(1+x)^{18}$의 전개식에서 x^5의 계수이므로

$$_6C_0\times{}_{12}C_5+{}_6C_1\times{}_{12}C_4+{}_6C_2\times{}_{12}C_3+\cdots+{}_6C_5\times{}_{12}C_0=\mathbf{{}_{18}C_5}$$

(2) $_nC_0{}^2+{}_nC_1{}^2+{}_nC_2{}^2+\cdots+{}_nC_n{}^2$

$$={}_nC_0\times{}_nC_n+{}_nC_1\times{}_nC_{n-1}+{}_nC_2\times{}_nC_{n-2}+\cdots+{}_nC_n\times{}_nC_0 \quad \cdots\cdots ㉮$$

이때, $_nC_0,\ {}_nC_1,\ {}_nC_2,\ \cdots,\ {}_nC_n$은 각각 $(1+x)^n$의 전개식에서 $x^0,\ x^1,\ x^2,\ \cdots,\ x^n$의 계수이므로 ㉮은 $(1+x)^n(1+x)^n$의 전개식에서 $x^r\times x^{n-r}$의 계수이다.

곧, ㉮은 $(1+x)^{2n}$의 전개식에서 x^n의 계수이므로

$$_nC_0{}^2+{}_nC_1{}^2+{}_nC_2{}^2+\cdots+{}_nC_n{}^2=\mathbf{{}_{2n}C_n}$$

5-1. 9개의 공 중에서 2개의 공을 동시에 꺼내는 경우의 수는 $_9C_2=36$

꺼낸 공에 적힌 두 수의 곱이 4의 배수인 경우는 두 수가 모두 짝수인 경우, 한 수는 4의 배수이고 다른 한 수는 홀수인 경우가 있다.

따라서 두 수의 곱이 4의 배수인 경우의 수는

$$_4C_2+{}_2C_1\times{}_5C_1=16$$

$$\therefore\ \frac{16}{36}=\frac{4}{9}$$ 답 ④

5-2. 14명 중에서 임의로 3명을 택하는 경우의 수는 $_{14}C_3$이다.

또, 부대표끼리, 부원끼리는 서로 악수를 하지 않았으므로 3명을 택할 때, 3명이 모두 악수를 나누는 경우의 수는 대표, 부대표, 부원에서 1명씩 뽑는 경우의 수와 같다.

$$\therefore\ \frac{1\times3\times10}{_{14}C_3}=\mathbf{\frac{15}{182}}$$

5-3. 6개의 문자를

$$\text{c, o, f}_1,\ \text{f}_2,\ \text{e}_1,\ \text{e}_2$$

로 보면, 이들을 일렬로 나열하는 경우의 수는 6!이고, 이 각각이 일어날 가능성은 같은 정도로 기대된다.

이 중에서 모음 o, e_1, e_2가 이웃하는 경우의 수는 4!×3!이다.

$$\therefore\ \frac{4!\times3!}{6!}=\frac{1}{5}$$ 답 ①

*__Note__ 같은 것이 있는 순열을 이용하여 다음과 같이 풀어도 된다.

c, o, f, f, e, e를 일렬로 나열하는 경우의 수는

$$\frac{6!}{2!2!}=180$$

이 중에서 모음 o, e, e가 이웃하는 경우의 수는

$$\frac{4!}{2!}\times\frac{3!}{2!}=36 \qquad \therefore\ \frac{36}{180}=\frac{1}{5}$$

5-4. 네 사람을 일렬로 세우는 경우의 수는 4!

첫 번째에는 누구를 세워도 되고, 나머지 세 사람 중 가장 작은 사람을 세 번째에 세우고, 남은 두 명을 일렬로 세우면 된다. 이때, 경우의 수는 $4\times2!$

$$\therefore \frac{4\times2!}{4!}=\frac{1}{3}$$ 답 ①

5-5. 흰 공의 개수를 x라고 하면 수학적 확률과 통계적 확률의 관계에 의하여

$$\frac{{}_x\mathrm{C}_2}{{}_8\mathrm{C}_2}\fallingdotseq\frac{3}{4} \quad \therefore {}_x\mathrm{C}_2\fallingdotseq\frac{3}{4}\times{}_8\mathrm{C}_2$$

$$\therefore \frac{x(x-1)}{2}\fallingdotseq\frac{3}{4}\times\frac{8\times7}{2}$$

$\therefore x^2-x-42\fallingdotseq0 \quad \therefore (x-7)(x+6)\fallingdotseq0$

$x\ge2$이므로 $x\fallingdotseq7$

따라서 흰 공이 **7**개 들어 있다고 할 수 있다.

5-6. 남자를 x명이라고 하면 여자는 $(36-x)$명이므로 문제의 뜻에 따라

$$\frac{{}_x\mathrm{C}_2+{}_{36-x}\mathrm{C}_2}{{}_{36}\mathrm{C}_2}=\frac{1}{2}$$

$$\therefore \frac{x(x-1)+(36-x)(35-x)}{36\times35}=\frac{1}{2}$$

$$\therefore x^2-36x+315=0$$

$\therefore (x-15)(x-21)=0 \quad \therefore x=15,\ 21$

따라서 남녀 수의 차는 $21-15=\mathbf{6}$

5-7. 임의로 근무를 배정하는 경우의 수는 ${}_{10}\mathrm{C}_3$

또,

∨주∨주∨주∨주∨주∨주∨주∨

와 같이 주간 근무하는 7주의 양 끝 2군데와 사이 6군데 중에서 3군데를 뽑아 야간 근무하는 주를 넣으면 되므로 경우의 수는 ${}_8\mathrm{C}_3$

$$\therefore \frac{{}_8\mathrm{C}_3}{{}_{10}\mathrm{C}_3}=\frac{7}{15}$$ 답 ②

5-8. 일어날 수 있는 모든 경우의 수는

$$6\times6\times6=6^3$$

(1) 짝수의 눈은 2, 4, 6의 3가지이므로 눈의 수가 세 번 모두 짝수인 경우의 수는 $3\times3\times3=3^3$

$$\therefore \frac{3^3}{6^3}=\left(\frac{3}{6}\right)^3=\mathbf{\frac{1}{8}}$$

(2) 눈의 수의 합이 5인 경우는 다음 표와 같이 6가지이다.

첫 번째	1	1	1	2	2	3
두 번째	1	2	3	1	2	1
세 번째	3	2	1	2	1	1

$$\therefore \frac{6}{6^3}=\mathbf{\frac{1}{36}}$$

(3) 세 번 중 두 번 같은 수의 눈이 나오는 경우는 ${}_3\mathrm{C}_2$가지이고, 이때 눈의 수는

(1, 1), (2, 2), (3, 3),
(4, 4), (5, 5), (6, 6)

의 6가지이며, 이 각각에 대하여 나머지 한 번의 눈의 수는 이와 달라야 하므로 5가지이다.

$$\therefore \frac{{}_3\mathrm{C}_2\times6\times5}{6^3}=\mathbf{\frac{5}{12}}$$

5-9. 일어날 수 있는 모든 경우의 수는

${}_{12}\mathrm{C}_3$

(1) 색을 정하는 경우의 수는 3

정해진 색에 대하여 숫자를 정하는 경우의 수는 ${}_4\mathrm{C}_3$

$$\therefore \frac{3\times{}_4\mathrm{C}_3}{{}_{12}\mathrm{C}_3}=\mathbf{\frac{3}{55}}$$

(2) 세 개의 숫자를 정하는 경우의 수는

${}_4\mathrm{C}_3$

각각의 숫자는 세 가지 색을 가질 수 있으므로 $3\times3\times3$가지

$$\therefore \frac{{}_4\mathrm{C}_3\times3^3}{{}_{12}\mathrm{C}_3}=\mathbf{\frac{27}{55}}$$

(3) 세 개의 숫자를 정하는 경우의 수는

${}_4\mathrm{C}_3$

각각의 숫자에 대하여 서로 다른 색

을 정해야 하므로 3! 가지

$$\therefore \frac{{}_4C_3\times 3!}{{}_{12}C_3}=\mathbf{\frac{6}{55}}$$

5-10. 수험생 5명을 일렬로 세우는 방법은 5! 가지이다.

이 중에서 5명 모두가 다른 사람의 수험표를 받는 경우는 수험생 5명을 1, 2, 3, 4, 5라고 하여 오른쪽과 같은 수형도를 그려 보면, 1에 2를 대응시킬 때 11가지가 있다.

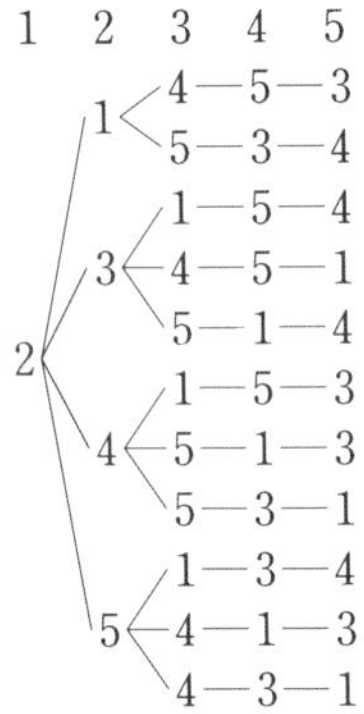

1에 3, 4, 5를 대응시킬 때에도 11 가지씩 있으므로 11×4=44(가지)이다.

$$\therefore \frac{44}{5!}=\mathbf{\frac{11}{30}}$$

5-11. 일어날 수 있는 모든 경우의 수는

$6\times 6=36$

두 개의 주사위의 눈의 수를 각각 a, b라고 하면 조건을 만족시키는 경우는

$a=1$일 때 $b=1, 2, 3, 4, 5, 6$
$a=2$일 때 $b=1, 2, 4, 6$
$a=3$일 때 $b=1, 3, 6$
$a=4$일 때 $b=1, 2, 4$
$a=5$일 때 $b=1, 5$
$a=6$일 때 $b=1, 2, 3, 6$

$$\therefore \frac{6+4+3+3+2+4}{36}=\frac{11}{18}$$ 답 ③

5-12. 일어날 수 있는 모든 경우의 수는

$6\times 6=36$

$f(x)=2x^2-13x+15=(2x-3)(x-5)$ 에서

$f(1)>0,\ f(2)<0,\ f(3)<0,$
$f(4)<0,\ f(5)=0,\ f(6)>0$

$f(a)f(b)>0$이 성립하는 경우는

$a=1$일 때 $b=1, 6$
$a=2$일 때 $b=2, 3, 4$
$a=3$일 때 $b=2, 3, 4$
$a=4$일 때 $b=2, 3, 4$
$a=5$일 때 b의 값은 없다.
$a=6$일 때 $b=1, 6$

$$\therefore \frac{2+3+3+3+2}{36}=\frac{13}{36}$$ 답 ②

5-13. 일어날 수 있는 모든 경우의 수는

$6\times 6=36$

$f(x)=\left(x+\frac{a}{2}\right)^2-\frac{a^2}{4}+b$에서 $f(x)$의 최솟값이 0 이하인 경우는

$-\frac{a^2}{4}+b\le 0$ 곧, $a^2\ge 4b$

$b=1$일 때 $a=2, 3, 4, 5, 6$
$b=2$일 때 $a=3, 4, 5, 6$
$b=3$일 때 $a=4, 5, 6$
$b=4$일 때 $a=4, 5, 6$
$b=5$일 때 $a=5, 6$
$b=6$일 때 $a=5, 6$

$$\therefore \frac{5+4+3+3+2+2}{36}=\mathbf{\frac{19}{36}}$$

5-14. 6명을 2명, 2명, 2명의 3개의 조로 나누는 방법은

${}_6C_2\times{}_4C_2\times{}_2C_2\times\frac{1}{3!}=15$(가지)

이 중에서 A, B는 같은 조가 되고, C, D는 다른 조가 되는 경우는

(A, B), (C, E), (D, F)

또는 (A, B), (C, F), (D, E)

의 2가지이다.

$$\therefore \mathbf{\frac{2}{15}}$$

5-15. X에서 Y로의 함수의 개수는

${}_3\Pi_4=3^4=81$

X의 원소 1, 2, 3, 4를 세 묶음으로 나누어 Y의 원소 a, b, c에 분배하면 치역과 공역이 서로 같다.

1, 2, 3, 4를 세 묶음으로 나누려면 1개, 1개, 2개씩 묶으면 되므로, 치역과 공역이 서로 같은 함수의 개수는

$${}_4C_1\times{}_3C_1\times{}_2C_2\times\frac{1}{2!}\times3!=36$$

$$\therefore\ \frac{36}{81}=\mathbf{\frac{4}{9}}$$

5-16. 6명의 학생이 6개의 좌석에 앉는 방법의 수는 $6!$

같은 나라의 두 학생끼리 좌석 번호의 차가 1 또는 10이 되도록 앉는 경우는 다음의 세 가지이다.

(i) (11, 12), (21, 22), (13, 23)
(ii) (11, 21), (12, 13), (22, 23)
(iii) (11, 21), (12, 22), (13, 23)

위의 각 경우마다 각 자리에 세 나라를 정하는 방법이 $3!$ 가지이고, 한 나라의 두 학생이 자리를 바꿀 수 있으므로 $3!\times2^3$ 가지이다.

$$\therefore\ \frac{3\times3!\times2^3}{6!}=\mathbf{\frac{1}{5}}$$

5-17. 일어날 수 있는 모든 경우의 수는

$${}_4C_2\times{}_4C_2=36$$

갑이 가진 두 장의 카드에 적힌 수의 합은 3, 4, 5, 6, 7 중 하나이고, 을이 가진 두 장의 카드에 적힌 수의 합은 5, 6, 7, 8, 9 중 하나이다.

따라서 갑과 을이 각각 가진 두 장의 카드에 적힌 수의 합이 같을 때는 그 합이 5, 6, 7인 경우이다.

합	갑	을
5	1, 4	2, 3
	2, 3	2, 3
6	2, 4	2, 4
7	3, 4	2, 5
	3, 4	3, 4

위의 표와 같이 갑과 을이 각각 가진 두 장의 카드에 적힌 수의 합이 같은 경우는 5가지이다.

따라서 구하는 확률은 $\dfrac{5}{36}$ 답 ②

5-18. 주머니에서 임의로 3개의 공을 꺼내는 경우의 수는

$${}_9C_3=84$$

합이 홀수인 경우는 홀수가 세 개인 경우와 홀수가 한 개, 짝수가 두 개인 경우가 있다.

(i) 홀수가 세 개인 경우

홀수 1, 3, 5, 7, 9 중에서 적어도 한 개는 3의 배수를 뽑으면 된다.

3을 포함하는 경우의 수는 ${}_4C_2$,
9를 포함하는 경우의 수는 ${}_4C_2$,
3, 9를 포함하는 경우의 수는 ${}_3C_1$

$$\therefore\ {}_4C_2+{}_4C_2-{}_3C_1=9$$

(ii) 홀수가 한 개, 짝수가 두 개인 경우

홀수가 3일 때, 짝수 2, 4, 6, 8 중에서 두 개를 뽑으면 되므로 경우의 수는 ${}_4C_2$이다.

홀수가 9일 때, 이때의 경우의 수도 ${}_4C_2$이다.

홀수가 3, 9가 아닐 때, 홀수 1, 5, 7 중에서 한 개를 뽑고, 짝수 2, 4, 6, 8 중에서 두 개를 뽑되 이 중에서 한 개는 3의 배수인 6을 뽑고, 나머지 2, 4, 8 중에서 한 개를 뽑으면 되므로 경우의 수는

$$3\times{}_3C_1=9$$

$$\therefore\ {}_4C_2+{}_4C_2+9=21$$

따라서 구하는 확률은

$$\frac{9+21}{84}=\mathbf{\frac{5}{14}}$$

5-19. (1) 점 P가 점 A, B, C, D에 있는 경우는 각각 눈의 수가

4,
1 또는 5,
2 또는 6,
3
일 때이므로

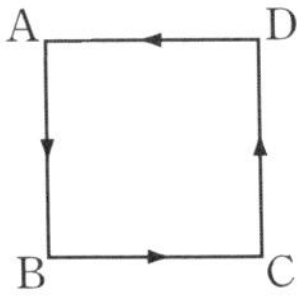

$$\mathrm{A} : \mathbf{\frac{1}{6}},\quad \mathrm{B} : \frac{2}{6}=\mathbf{\frac{1}{3}},$$

$$\mathrm{C} : \frac{2}{6}=\mathbf{\frac{1}{3}},\quad \mathrm{D} : \mathbf{\frac{1}{6}}$$

(2) 주사위를 두 번 계속해서 던질 때 일어날 수 있는 모든 경우의 수는

$$6\times6=36$$

이 중에서 두 번째 시행 후 점 P가 점 A에 있는 경우는 2회 시행 동안 나오는 눈의 수의 합이 4, 8, 12일 때이므로 다음 표와 같이 9가지이다.

1회	1	2	3	2	3	4	5	6	6
2회	3	2	1	6	5	4	3	2	6

$$\therefore\ \frac{9}{36}=\mathbf{\frac{1}{4}}$$

5-20. 아래 그림의 9개의 작은 정삼각형 중에서 3개를 택하는 조합의 수는

$${}_9C_3=84$$

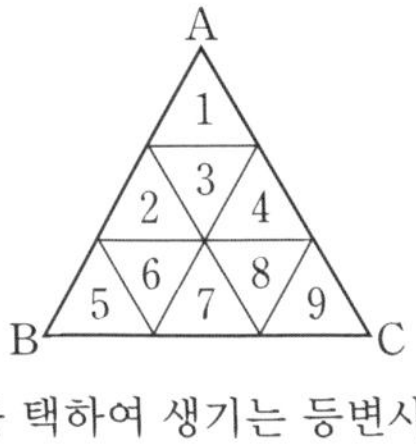

3개를 택하여 생기는 등변사다리꼴 중에서 윗변, 아랫변이 변 BC와 평행한 것의 조합은

(2, 3, 4), (5, 6, 7), (6, 7, 8), (7, 8, 9)

의 4가지이다.

변 AB, 변 AC에 대해서도 마찬가지이다.

$$\therefore\ \frac{4\times3}{84}=\mathbf{\frac{1}{7}}$$

5-21.

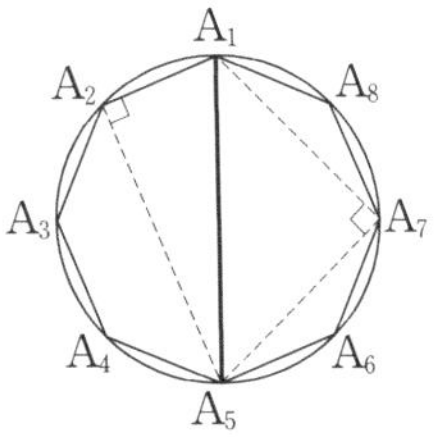

위의 그림과 같이 꼭짓점을 A_1, A_2, $\cdots$, A_8이라고 하자.

8개의 꼭짓점 중에서 3개를 잡아 삼각형을 만드는 경우의 수는 ${}_8C_3=56$

직각삼각형이 되기 위해서는 한 변이 외접원의 지름이어야 한다. 두 꼭짓점을 잡아 지름이 되는 경우는

(A_1, A_5), (A_2, A_6),
(A_3, A_7), (A_4, A_8)

이 각각에 대하여 직각삼각형을 6개씩 만들 수 있다.

$$\therefore\ \frac{4\times6}{56}=\mathbf{\frac{3}{7}}$$

5-22. A에서 B까지 가는 경우의 수는

$$\frac{9!}{5!4!}=126$$

A에서 지점 P, Q, R, S, T를 거쳐 B까지 가는 경우의 수는 각각

$$1,\ \frac{5!}{4!}\times\frac{4!}{3!}=20,\quad \frac{5!}{3!2!}\times\frac{4!}{2!2!}=60,$$

$$\frac{5!}{2!3!}\times\frac{4!}{3!}=40,\quad \frac{5!}{4!}\times1=5$$

따라서 지점 P, Q, R, S, T에서 만날 확률은 각각

$$\frac{1}{126},\ \frac{20}{126},\ \frac{60}{126},\ \frac{40}{126},\ \frac{5}{126}$$

이므로 만날 확률이 가장 큰 지점은 R이다. 답 ③

*****Note*** 오른쪽과 같은 도로망에서 C에서 D까지 가는 최단 경로는 다음 그림의 실선과 같다.

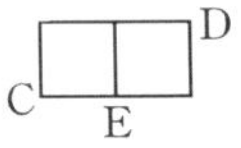

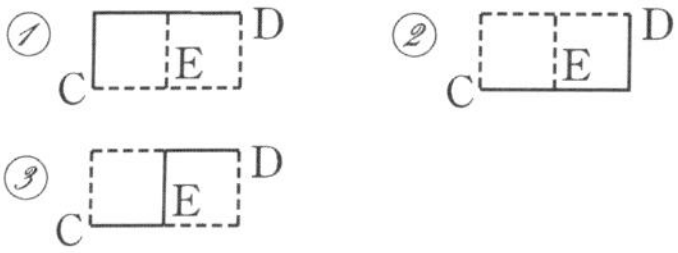

이와 같은 경로를 택할 확률에 대하여 다음 두 가지 경우를 생각할 수 있다.

(i) C에서 D까지 가는 경로는 모두 세 가지로 ①, ②, ③의 어느 경로를 택하는가를 제비뽑기로 정한다면 모두 가능성이 같은 정도로 기대되므로 경로 ①, ②, ③을 택할 확률은 각각

$$① \longrightarrow \frac{1}{3},\quad ② \longrightarrow \frac{1}{3},\quad ③ \longrightarrow \frac{1}{3}$$

(ii) C에서 오른쪽 또는 위쪽으로 갈라지게 되고, E에서 역시 오른쪽 또는 위쪽으로 갈라지게 되므로 경로 ①, ②, ③을 택할 확률은 각각

$$① \longrightarrow \frac{1}{2},\quad ② \longrightarrow \frac{1}{2}\times\frac{1}{2},$$
$$③ \longrightarrow \frac{1}{2}\times\frac{1}{2}$$

일반적으로는 위의 (i), (ii) 중 어느 경우를 의미하는지가 애매하므로 이 문제에서 "최단 경로를 택할 가능성이 같은 정도로 기대된다"는 조건을 붙인 것이고, 이 조건은 (i)의 경우를 의미한다.

6-1. 사건 A, B는 서로 배반사건이므로

$\mathrm{P}(\mathrm{A}\cup\mathrm{B})=\frac{3}{4}$에서 $\mathrm{P}(\mathrm{A})+\mathrm{P}(\mathrm{B})=\frac{3}{4}$

$$\therefore\ \mathrm{P}(\mathrm{B})=\frac{3}{4}-\mathrm{P}(\mathrm{A})$$

한편 $\frac{1}{4}\le\mathrm{P}(\mathrm{B})\le\frac{2}{5}$이므로

$$\frac{1}{4}\le\frac{3}{4}-\mathrm{P}(\mathrm{A})\le\frac{2}{5}$$

$$\therefore\ -\frac{1}{2}\le-\mathrm{P}(\mathrm{A})\le-\frac{7}{20}$$

$$\therefore\ \frac{7}{20}\le\mathrm{P}(\mathrm{A})\le\frac{1}{2}$$

∴ 최댓값 : $\mathbf{\frac{1}{2}}$, 최솟값 : $\mathbf{\frac{7}{20}}$

6-2. $\mathrm{P}(\mathrm{A}\cup\mathrm{B})=\mathrm{P}(\mathrm{A})+\mathrm{P}(\mathrm{B})-\mathrm{P}(\mathrm{A}\cap\mathrm{B})$

$$=\frac{1}{5}+\frac{3}{5}-\mathrm{P}(\mathrm{A}\cap\mathrm{B})$$

$$=\frac{4}{5}-\mathrm{P}(\mathrm{A}\cap\mathrm{B})\quad\cdots①$$

그런데

$$\mathrm{P}(\mathrm{A}\cap\mathrm{B})\le\mathrm{P}(\mathrm{A})=\frac{1}{5},$$

$$\mathrm{P}(\mathrm{A}\cap\mathrm{B})\le\mathrm{P}(\mathrm{B})=\frac{3}{5}$$

이므로 $\mathrm{P}(\mathrm{A}\cap\mathrm{B})\le\frac{1}{5}$

$$\therefore\ 0\le\mathrm{P}(\mathrm{A}\cap\mathrm{B})\le\frac{1}{5}$$

$$\therefore\ -\frac{1}{5}\le-\mathrm{P}(\mathrm{A}\cap\mathrm{B})\le0$$

$$\therefore\ \frac{3}{5}\le\frac{4}{5}-\mathrm{P}(\mathrm{A}\cap\mathrm{B})\le\frac{4}{5}$$

①에서 $\frac{3}{5}\le\mathrm{P}(\mathrm{A}\cup\mathrm{B})\le\frac{4}{5}$

∴ 최댓값 : $\mathbf{\frac{4}{5}}$, 최솟값 : $\mathbf{\frac{3}{5}}$

6-3. 일어날 수 있는 모든 경우의 수는

$$6\times6=36$$

나오는 눈의 수의 합이 8인 사건을 A, 차가 2인 사건을 B라고 하자.

(i) 합이 8인 경우

2	3	4	5	6
6	5	4	3	2

(ii) 차가 2인 경우

6	5	4	3	4	3	2	1
4	3	2	1	6	5	4	3

$$\therefore\ n(\mathrm{A})=5,\ n(\mathrm{B})=8,\ n(\mathrm{A}\cap\mathrm{B})=2$$

$$\therefore\ \mathrm{P}(\mathrm{A}\cup\mathrm{B})=\mathrm{P}(\mathrm{A})+\mathrm{P}(\mathrm{B})-\mathrm{P}(\mathrm{A}\cap\mathrm{B})$$

$$=\frac{5}{36}+\frac{8}{36}-\frac{2}{36}=\mathbf{\frac{11}{36}}$$

6-4. 1점 이상을 얻는 사건을 A, 2점 이하를 얻는 사건을 B라고 하면

$$\mathrm{A}=\{1,\ 2,\ 3,\ 4\},\ \mathrm{B}=\{0,\ 1,\ 2\}$$

문제의 조건에서

$$P(A)=0.9,\ P(B)=0.6$$

또, $A\cup B=\{0, 1, 2, 3, 4\}$는 표본공간이므로

$$P(A\cup B)=1$$

그런데 $\{1, 2\}=A\cap B$이므로 구하는 확률은

$$P(A\cap B)=P(A)+P(B)-P(A\cup B)$$
$$=0.9+0.6-1=0.5$$ 답 ④

*Note $P(0\text{점})=1-P(1\text{점 이상})$
$=1-0.9=0.1$

$\therefore$ $P(1\text{점 또는 }2\text{점})$
$=P(2\text{점 이하})-P(0\text{점})$
$=0.6-0.1=0.5$

6-5. 2의 배수가 되는 사건을 A, 5의 배수가 되는 사건을 B라고 하자.

2의 배수가 되려면 일의 자리 숫자가 2, 4, 6, 8이어야 하므로

$$P(A)=\frac{{}_8P_2\times 4}{{}_9P_3}=\frac{4}{9}$$

5의 배수가 되려면 일의 자리 숫자가 5이어야 하므로

$$P(B)=\frac{{}_8P_2\times 1}{{}_9P_3}=\frac{1}{9}$$

사건 A, B는 서로 배반사건이므로

$$P(A\cup B)=P(A)+P(B)=\frac{4}{9}+\frac{1}{9}=\mathbf{\frac{5}{9}}$$

*Note 3장의 카드를 일렬로 나열하므로 순열의 수를 생각해야 한다.

6-6. 두 자연수 a, b를 3으로 나눈 나머지를 각각 p, q라고 하면

$$a=3a'+p,\ b=3b'+q$$
$$\therefore\ ab=3m+pq$$
(m은 음이 아닌 정수)

따라서 ab를 3으로 나눈 나머지는 pq를 3으로 나눈 나머지와 같으므로 다음 표와 같이 각 칸의 수를 3으로 나눈 나머지만을 생각해도 된다.

2	1	2	1	2
1	2	1	2	1

각 가로줄에서 한 개씩 택하는 경우의 수는 $5\times5=25$

또, 3으로 나눈 나머지가 2인 경우는 1과 2의 곱일 때이다.

첫째 가로줄에서 1을, 둘째 가로줄에서 2를 택하는 사건을 A, 첫째 가로줄에서 2를, 둘째 가로줄에서 1을 택하는 사건을 B라고 하면

$$P(A)=\frac{2\times2}{25},\ P(B)=\frac{3\times3}{25}$$

사건 A, B는 서로 배반사건이므로

$$P(A\cup B)=P(A)+P(B)$$
$$=\frac{4}{25}+\frac{9}{25}=\mathbf{\frac{13}{25}}$$

*Note 3으로 나눈 나머지가 1인 사건의 확률은

$$\frac{2\times3}{25}+\frac{3\times2}{25}=\frac{12}{25}$$

이고, 위의 여사건의 확률과 같다.

6-7. 사건 A^c, B는 서로 배반사건이므로

$$P(A^c\cap B)=0$$
$$\therefore\ P(B)=P(A\cap B)+P(A^c\cap B)$$
$$=P(A\cap B)$$

이때, $P(B)=1-P(B^c)=1-\frac{2}{3}=\frac{1}{3}$

이므로 $P(A\cap B)=\frac{1}{3}$

$$\therefore\ P(A\cap B^c)=P(A)-P(A\cap B)$$
$$=\frac{3}{4}-\frac{1}{3}=\frac{5}{12}$$ 답 ③

*Note 사건 A^c, B는 서로 배반사건이므로

$$P(A^c\cup B)=P(A^c)+P(B)$$
$$=\{1-P(A)\}+\{1-P(B^c)\}$$
$$=\left(1-\frac{3}{4}\right)+\left(1-\frac{2}{3}\right)=\frac{7}{12}$$

$\therefore \ \mathrm{P}(\mathrm{A}\cap\mathrm{B}^c)=\mathrm{P}\big((\mathrm{A}^c\cup\mathrm{B})^c\big)$
$=1-\mathrm{P}(\mathrm{A}^c\cup\mathrm{B})$
$=1-\dfrac{7}{12}=\dfrac{5}{12}$

6-8. 부모가 이웃하지 않는 사건을 A라고 하면 여사건 A^c은 부모가 이웃하는 사건이다.

$$\therefore \ \mathrm{P}(\mathrm{A}^c)=\frac{(5-1)!\times 2!}{(6-1)!}=\frac{2}{5}$$

$$\therefore \ \mathrm{P}(\mathrm{A})=1-\mathrm{P}(\mathrm{A}^c)=1-\frac{2}{5}=\frac{3}{5}$$

답 ④

6-9. 적어도 1개가 흰 공인 사건을 A라고 하면 여사건 A^c은 2개 모두 흰 공이 아닌 사건이다.

조건에서 $\mathrm{P}(\mathrm{A})=\dfrac{13}{18}$이므로

$$\mathrm{P}(\mathrm{A}^c)=1-\mathrm{P}(\mathrm{A})=1-\frac{13}{18}=\frac{5}{18}$$

이때, 흰 공이 아닌 공의 개수는 $(n-4)$이므로

$$\frac{{}_{n-4}\mathrm{C}_2}{{}_n\mathrm{C}_2}=\frac{5}{18}$$

$$\therefore \ \frac{(n-4)(n-5)}{n(n-1)}=\frac{5}{18}$$

$$\therefore \ 13n^2-157n+360=0$$

$$\therefore \ (n-9)(13n-40)=0$$

$n>4$이므로 $\boldsymbol{n=9}$

6-10. 유통 기한이 1일 남은 우유가 1개 이상 포함되는 사건을 A라고 하면 여사건 A^c은 유통 기한이 3일 이상 남은 우유만 3개 택하는 사건이다.

$$\therefore \ \mathrm{P}(\mathrm{A}^c)=\frac{{}_7\mathrm{C}_3}{{}_{10}\mathrm{C}_3}=\frac{7}{24}$$

$$\therefore \ \mathrm{P}(\mathrm{A})=1-\mathrm{P}(\mathrm{A}^c)=1-\frac{7}{24}=\frac{17}{24}$$

답 ⑤

6-11. 남학생이 포함되거나 A반 학생이 포함되는 사건을 E라고 하면 여사건 E^c은 대표 2명 모두 B반 여학생 중에서 뽑는 사건이다.

$$\therefore \ \mathrm{P}(\mathrm{E}^c)=\frac{{}_{14}\mathrm{C}_2}{{}_{62}\mathrm{C}_2}=\frac{91}{1891}$$

$$\therefore \ \mathrm{P}(\mathrm{E})=1-\mathrm{P}(\mathrm{E}^c)=1-\frac{91}{1891}=\boldsymbol{\frac{1800}{1891}}$$

6-12. 실근을 가지는 사건을 A라고 하면 여사건 A^c은 허근을 가지는 사건이다.

계수 a, b를 정하는 모든 경우의 수는

$$6\times 6=36$$

이 중에서 허근을 가지는 경우는 a, b가

$$D/4=a^2-b<0, \ 곧 \ a^2<b$$

를 만족시키는 경우이므로

$a=1$일 때 $\quad b=2, 3, 4, 5, 6$

$a=2$일 때 $\quad b=5, 6$

의 7가지이다.

$$\therefore \ \mathrm{P}(\mathrm{A}^c)=\frac{7}{36}$$

$$\therefore \ \mathrm{P}(\mathrm{A})=1-\mathrm{P}(\mathrm{A}^c)=1-\frac{7}{36}=\boldsymbol{\frac{29}{36}}$$

****Note*** $D/4=a^2-b\ge 0$, 곧 $a^2\ge b$일 확률을 직접 구해도 되지만, 계산 과정이 좀 더 복잡하다.

6-13. $\mathrm{M}-m>1$인 사건을 E라고 하면 여사건 E^c은 $\mathrm{M}-m\le 1$인 사건이다.

세 개의 주사위를 동시에 던질 때, 일어나는 모든 경우의 수는

$$6\times 6\times 6=216$$

(i) $\mathrm{M}-m=0$, 곧 $\mathrm{M}=m$인 사건을 A라고 하면 세 주사위의 눈의 수가 모두 같은 경우는

$(1, 1, 1), (2, 2, 2), (3, 3, 3), \cdots, (6, 6, 6)$

의 6가지이므로

$$\mathrm{P}(\mathrm{A})=\frac{6}{216}=\frac{1}{36}$$

(ii) $\mathrm{M}-m=1$, 곧 $\mathrm{M}=m+1$인 사건을 B라고 하면 $\mathrm{M}=m+1$인 경우는

$(1, 1, 2), (2, 2, 3), (3, 3, 4),$

(4, 4, 5), (5, 5, 6), (1, 2, 2),
(2, 3, 3), (3, 4, 4), (4, 5, 5),
(5, 6, 6)

의 순서쌍에서 각 자리의 수를 서로 바꿔 놓은 경우로 $3\times10=30$(가지)이므로

$$P(B)=\frac{30}{216}=\frac{5}{36}$$

사건 A, B는 서로 배반사건이므로

$$P(A\cup B)=P(A)+P(B)=\frac{1}{36}+\frac{5}{36}=\frac{1}{6}$$

곧, $P(E^c)=\frac{1}{6}$ 이므로

$$P(E)=1-P(E^c)=1-\frac{1}{6}=\mathbf{\frac{5}{6}}$$

6-14. 적어도 2명의 남학생이 서로 이웃하게 배정되는 사건을 A라고 하면 여사건 A^c은 서로 이웃한 남학생이 없는 사건이다.

8명을 배정하는 경우의 수는 8!

	1열	2열	3열
1행	남	여	남
2행	여		여
3행	남	여	남

	1열	2열	3열
1행	여	남	여
2행	남		남
3행	여	남	여

여사건 A^c은 먼저 남학생 4명을 위와 같이 배정한 다음 여학생을 배정하는 사건이므로

$$P(A^c)=\frac{4!\times4!\times2}{8!}=\frac{1}{35}$$

$$\therefore P(A)=1-P(A^c)=1-\frac{1}{35}=\mathbf{\frac{34}{35}}$$

6-15.

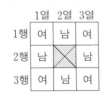

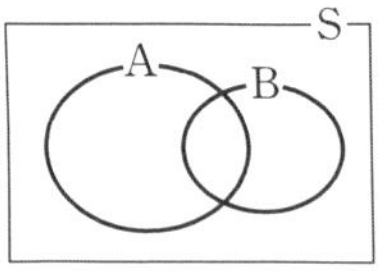

위의 벤 다이어그램에서 집합의 포함 관계를 생각하면 알기 쉽다.

특히 ③은 다음과 같은 방법으로 옳지 않음을 보일 수도 있다.

$$P(A\cup B)=P(A)+P(B)-P(A\cap B)$$

에서

$$P(A\cap B)=P(A)+P(B)-P(A\cup B)$$
$$\ge P(A)+P(B)-1$$
$$(\because P(A\cup B)\le1)$$

답 ③

6-16. 카드에 적힌 수가 3의 배수도 4의 배수도 아닌 사건을 E라고 하면 여사건 E^c은 카드에 적힌 수가 3의 배수 또는 4의 배수인 사건이다.

카드에 적힌 수가 3의 배수인 사건을 A, 4의 배수인 사건을 B라고 하면 $A\cap B$는 3과 4의 공배수, 곧 12의 배수인 사건이고,

$A=\{3\times1, 3\times2, 3\times3, \cdots, 3\times33\}$,
$B=\{4\times1, 4\times2, 4\times3, \cdots, 4\times25\}$,
$A\cap B=\{12\times1, 12\times2, \cdots, 12\times8\}$

이므로

$$P(A\cup B)=P(A)+P(B)-P(A\cap B)=\frac{33}{100}+\frac{25}{100}-\frac{8}{100}=\frac{1}{2}$$

곧, $P(E^c)=\frac{1}{2}$ 이므로

$$P(E)=1-P(E^c)=1-\frac{1}{2}=\mathbf{\frac{1}{2}}$$

6-17. 처음부터 자동차 Q에 탔던 2명이 모두 처음 자리가 아닌 다른 자리에 앉는 사건을 E라고 하면 여사건 E^c은 2명 중 적어도 1명이 처음 자리에 앉는 사건이다.

운전자를 제외한 5명이 운전석을 제외한 5개의 좌석에 앉는 경우의 수는 5!이다.

한편 처음부터 자동차 Q에 탔던 운전자가 아닌 2명을 갑, 을이라고 할 때, 갑이 처음 자리에 그대로 앉는 사건을 A, 을이 처음 자리에 그대로 앉는 사건을 B

라고 하면 갑 또는 을이 처음 자리에 앉을 확률은

$$P(A\cup B)=P(A)+P(B)-P(A\cap B)$$
$$=\frac{4!}{5!}+\frac{4!}{5!}-\frac{3!}{5!}=\frac{7}{20}$$

곧, $P(E^c)=\frac{7}{20}$이므로

$$P(E)=1-P(E^c)=1-\frac{7}{20}=\mathbf{\frac{13}{20}}$$

7-1. (1) $P(B^c|A)=2P(B|A)$에서

$$\frac{P(B^c\cap A)}{P(A)}=2\times\frac{P(B\cap A)}{P(A)}$$
$$\therefore\ P(B^c\cap A)=2P(B\cap A)$$

$P(B\cap A)=P(A\cap B)=0.2$이므로

$$P(A\cap B^c)=P(B^c\cap A)$$
$$=2\times0.2=\mathbf{0.4}$$

(2) $P(A|B)+P(B|A)=0.9$에서

$$\frac{P(A\cap B)}{P(B)}+\frac{P(B\cap A)}{P(A)}=0.9$$
$$\therefore\ \frac{P(A\cap B)}{0.4}+\frac{P(A\cap B)}{0.5}=0.9$$
$$\therefore\ P(A\cap B)=0.2$$
$$\therefore\ P(A|B)=\frac{P(A\cap B)}{P(B)}=\frac{0.2}{0.4}=\mathbf{0.5}$$

(3) $P(B|A)=0.5$에서 $\frac{P(B\cap A)}{P(A)}=0.5$

$$\therefore\ P(A\cap B)=0.5\times0.4=0.2$$

$P(A^c\cap B^c)=0.3$에서

$$1-P(A\cup B)=0.3$$
$$\therefore\ P(A\cup B)=0.7$$
$$P(A\cup B)=P(A)+P(B)-P(A\cap B)$$

에서 $0.7=0.4+P(B)-0.2$

$$\therefore\ P(B)=0.5$$
$$\therefore\ P(A|B)=\frac{P(A\cap B)}{P(B)}=\frac{0.2}{0.5}=\mathbf{0.4}$$

(4) $P(A^c)=0.7$, $P(B^c)=0.8$에서

$$P(A)=0.3,\ P(B)=0.2$$

$P(A|B)=0.4$에서 $\frac{P(A\cap B)}{P(B)}=0.4$

$$\therefore\ P(A\cap B)=0.4\times0.2=0.08$$
$$\therefore\ P(A^c\cap B^c)=1-P(A\cup B)$$
$$=1-\{P(A)+P(B)-P(A\cap B)\}$$
$$=1-(0.3+0.2-0.08)=0.58$$
$$\therefore\ P(A^c|B^c)=\frac{P(A^c\cap B^c)}{P(B^c)}=\frac{0.58}{0.8}$$
$$=\mathbf{0.725}$$

7-2. 스키를 타 본 적이 있는 학생을 택하는 사건을 A, 남학생을 택하는 사건을 B라고 하면

$$P(A)=0.35,\ P(A\cap B)=0.2$$
$$\therefore\ P(B|A)=\frac{P(A\cap B)}{P(A)}$$
$$=\frac{0.2}{0.35}=\frac{4}{7}$$

답 ④

7-3. A에 속한 회원 수가 50이므로 B에 속한 회원 수는 $80-50=30$이다. 따라서 B에 속한 여성 회원 수는 $30\times0.4=12$이다.

이때, A에 속한 여성 회원 수를 x라고 하면

$$x=(x+12)\times0.7\qquad\therefore\ x=28$$

소모임 A에 속한 회원을 택하는 사건을 A, 여성 회원을 택하는 사건을 X라고 하면

$$P(X|A)=\frac{P(A\cap X)}{P(A)}=\frac{28/80}{50/80}=\mathbf{\frac{14}{25}}$$

7-4. 집합 X에서 집합 Y로의 함수의 개수는 ${}_3\Pi_4=3^4=81$

「$i<j$이면 $f(i)\le f(j)$」인 함수를 택하는 사건을 A, 치역이 집합 Y인 함수를 택하는 사건을 B라고 하자.

「$i<j$이면 $f(i)\le f(j)$」인 함수는 Y의 원소 1, 2, 3 중에서 중복을 허락하여 네 개의 원소를 뽑아 이것을 크기 순서로 X의 원소 1, 2, 3, 4에 대응시키면 된다.

따라서 이 함수의 개수는

$${}_3H_4={}_{3+4-1}C_4={}_6C_4=15$$

이므로 $P(A)=\frac{15}{81}$

조건을 만족시키는 함수 중에서 치역이 집합 Y인 함수는

$$(f(1),\ f(2),\ f(3),\ f(4))$$
$$=(1,\ 1,\ 2,\ 3),\ (1,\ 2,\ 2,\ 3),\ (1,\ 2,\ 3,\ 3)$$

의 3가지이므로 $P(A\cap B)=\frac{3}{81}$

$$\therefore\ P(B|A)=\frac{P(A\cap B)}{P(A)}=\frac{3/81}{15/81}=\frac{1}{5}$$

답 ②

7-5. 남학생을 택하는 사건을 A, 혈액형이 O형인 학생을 택하는 사건을 O라고 하면

$$P(A)=0.45,\ P(O)=0.4,$$
$$P(A\cap O)=0.15$$

구하는 확률은 사건 A가 일어나지 않았을 때의 사건 O가 일어나지 않는 사건의 조건부확률이므로

$$P(O^c|A^c)=\frac{P(O^c\cap A^c)}{P(A^c)}$$

이때,

$$P(A^c)=1-P(A)=1-0.45=0.55,$$
$$P(O^c\cap A^c)=P\big((O\cup A)^c\big)$$
$$=1-P(O\cup A)$$
$$=1-\{P(O)+P(A)-P(O\cap A)\}$$
$$=1-(0.4+0.45-0.15)=0.3$$
$$\therefore\ P(O^c|A^c)=\frac{0.3}{0.55}=\mathbf{\frac{6}{11}}$$

7-6. 100원짜리 동전이 나오는 사건을 E라고 하자.

(1) 주사위의 눈의 수에 따라 100원짜리 동전을 꺼낼 확률을 구해 보면

1의 눈이 나올 때 : $\frac{1}{6}\times\frac{1}{20}$

2의 눈이 나올 때 : $\frac{1}{6}\times\frac{2}{20}$

$\cdots$

6의 눈이 나올 때 : $\frac{1}{6}\times\frac{6}{20}$

이므로

$$P(E)=\sum_{k=1}^{6}\left(\frac{1}{6}\times\frac{k}{20}\right)=\frac{1}{120}\times\frac{6\times7}{2}$$
$$=\mathbf{\frac{7}{40}}$$

(2) 번호가 짝수인 주머니를 뽑는 사건을 F라고 하면

$$P(E\cap F)=\frac{1}{6}\times\frac{2}{20}+\frac{1}{6}\times\frac{4}{20}+\frac{1}{6}\times\frac{6}{20}=\frac{1}{10}$$
$$\therefore\ P(F|E)=\frac{P(E\cap F)}{P(E)}=\frac{1/10}{7/40}=\mathbf{\frac{4}{7}}$$

7-7. 모자를 잃어버린 사건을 E라 하고, A의 집, B의 집, C의 집에서 모자를 잃어버린 사건을 각각 A, B, C라고 하면

$$P(A)=\frac{1}{5},\quad P(B)=\frac{4}{5}\times\frac{1}{5}=\frac{4}{25},$$
$$P(C)=\frac{4}{5}\times\frac{4}{5}\times\frac{1}{5}=\frac{16}{125}$$

A, B, C는 서로 배반사건이므로

$$P(E)=P(A)+P(B)+P(C)$$
$$=\frac{1}{5}+\frac{4}{25}+\frac{16}{125}=\frac{61}{125}$$
$$\therefore\ P(B|E)=\frac{P(B\cap E)}{P(E)}=\frac{P(B)}{P(E)}$$
$$=\frac{4}{25}\times\frac{125}{61}=\mathbf{\frac{20}{61}}$$

7-8. 실제로 암에 걸린 사람인 사건을 A, 암에 걸렸다고 진단하는 사건을 E라고 하자.

(1) 암에 걸린 사람을 암에 걸렸다고 진단할 확률은

$$P(A\cap E)=\frac{400}{1000}\times\frac{98}{100}=\frac{392}{1000}$$

암에 걸리지 않은 사람을 암에 걸렸

다고 진단할 확률은

$$P(A^c\cap E)=\frac{600}{1000}\times\frac{8}{100}=\frac{48}{1000}$$

$$\therefore\ P(E)=P(A\cap E)+P(A^c\cap E)$$
$$=\frac{392}{1000}+\frac{48}{1000}=\mathbf{\frac{11}{25}}$$

(2) $P(A|E)=\dfrac{P(A\cap E)}{P(E)}=\dfrac{392/1000}{11/25}$
$$=\mathbf{\frac{49}{55}}$$

7-9. 검색대 A, B를 통과하는 사건을 각각 A, B라 하고, 남학생인 사건을 M, 여학생인 사건을 F라고 하자.

검색대 A를 통과한 남학생 수가 4이므로 검색대 B를 통과한 남학생 수는 3이다. 또, 검색대 A를 통과한 여학생 수를 a라고 하면 검색대 B를 통과한 여학생 수는 $(7-a)$이다.

따라서 다음과 같은 표를 얻는다.

	A	B	합계
M	4	3	7
F	a	$7-a$	7
합계	$4+a$	$10-a$	14

문제의 조건에서 $P(A|F)=P(M|B)$이므로

$$\frac{P(A\cap F)}{P(F)}=\frac{P(M\cap B)}{P(B)}$$

$$\therefore\ \frac{a}{7}=\frac{3}{10-a}\qquad\therefore\ a=3,\ 7$$

그런데 각 검색대를 적어도 한 명의 여학생은 통과했으므로 $\mathbf{a=3}$

7-10. 11장의 카드 중 m은 1장 있다.

이 m을 뽑은 다음, 남은 10장의 카드 중 i는 2장 있다.

이와 같이 생각하면 구하는 확률은

$$\frac{1}{11}\times\frac{2}{10}\times\frac{2}{9}\times\frac{1}{8}=\mathbf{\frac{1}{1980}}$$

7-11. 네 번째까지 정상품 2개, 불량품 2개가 나올 확률은

$$\frac{{}_7C_2\times{}_3C_2}{{}_{10}C_4}=\frac{3}{10}$$

이고, 다섯 번째에 남은 6개의 제품 중에서 불량품이 나올 확률은 $\frac{1}{6}$이다.

따라서 구하는 확률은

$$\frac{3}{10}\times\frac{1}{6}=\mathbf{\frac{1}{20}}$$

7-12. 주머니 A, B, C를 택하여 각각 차례로 2개의 공을 꺼낼 때, 붉은 공, 흰 공의 순으로 나오는 사건을 A, B, C라고 하면

$$P(A)=\frac{1}{3}\times0=0,$$
$$P(B)=\frac{1}{3}\times\frac{2}{4}\times\frac{2}{3}=\frac{1}{9},$$
$$P(C)=\frac{1}{3}\times\frac{3}{4}\times\frac{1}{3}=\frac{1}{12}$$

A, B, C는 서로 배반사건이므로

$$P(A)+P(B)+P(C)=0+\frac{1}{9}+\frac{1}{12}=\mathbf{\frac{7}{36}}$$

7-13. 비가 오는 경우를 ○로, 비가 오지 않는 경우를 ×로 나타내면 월요일에 비가 왔을 때 같은 주 목요일에 비가 오는 경우와 이때의 확률은 다음 표와 같다.

월	화	수	목	확 률
○	×	×	○	$\frac{1}{2}\times\frac{2}{3}\times\frac{1}{3}=\frac{1}{9}$
○	×	○	○	$\frac{1}{2}\times\frac{1}{3}\times\frac{1}{2}=\frac{1}{12}$
○	○	×	○	$\frac{1}{2}\times\frac{1}{2}\times\frac{1}{3}=\frac{1}{12}$
○	○	○	○	$\frac{1}{2}\times\frac{1}{2}\times\frac{1}{2}=\frac{1}{8}$

이 네 사건은 서로 배반사건이므로

$$\frac{1}{9}+\frac{1}{12}+\frac{1}{12}+\frac{1}{8}=\frac{29}{72}$$ 답 ③

7-14. 사건 A, C는 서로 독립이므로

$P(A\cap C)=0.2$에서 $P(A)P(C)=0.2$

$P(C)=0.4$이므로 $P(A)=0.5$

또, 사건 A, B는 서로 배반이므로

$P(A\cup B)=0.9$에서 $P(A)+P(B)=0.9$

$P(A)=0.5$이므로 $P(B)=0.4$

답 ②

7-15. (1) $P(A^c)=\frac{2}{5}$이므로

$$P(A)=1-P(A^c)=\frac{3}{5}$$

사건 A, B는 서로 독립이므로

$$P(A\cap B)=P(A)P(B)$$

$$\therefore \frac{1}{3}=\frac{3}{5}P(B) \quad \therefore P(B)=\frac{5}{9}$$

사건 A, B가 서로 독립이면 사건 A^c, B도 서로 독립이므로

$$P(B|A^c)=P(B)=\mathbf{\frac{5}{9}}$$

(2) $P(A)=\frac{3}{4}$이므로

$$P(A^c)=1-P(A)=\frac{1}{4}$$

사건 A, B가 서로 독립이면 사건 A, B^c도 서로 독립이고, 사건 A^c, B도 서로 독립이므로

$$P(A\cap B^c)+P(A^c\cap B)$$
$$=P(A)P(B^c)+P(A^c)P(B)$$
$$=\frac{3}{4}\{1-P(B)\}+\frac{1}{4}P(B)$$
$$=\frac{3}{4}-\frac{1}{2}P(B)$$

문제의 조건에서

$$\frac{3}{4}-\frac{1}{2}P(B)=\frac{1}{2} \quad \therefore P(B)=\frac{1}{2}$$

$$\therefore P(A\cap B)=P(A)P(B)$$
$$=\frac{3}{4}\times\frac{1}{2}=\mathbf{\frac{3}{8}}$$

(3) $P(A^c\cup B^c)=P\big((A\cap B)^c\big)$

$$=1-P(A\cap B)$$

$$\therefore \frac{3}{4}=1-P(A\cap B)$$

$$\therefore P(A\cap B)=\frac{1}{4}$$

사건 A, B는 서로 독립이므로

$$P(B|A)=P(B)=\frac{1}{3}$$

또, $P(A\cap B)=P(A)P(B)$이므로

$$\frac{1}{4}=P(A)\times\frac{1}{3} \quad \therefore P(A)=\frac{3}{4}$$

$$\therefore P(A\cup B)=P(A)+P(B)-P(A\cap B)$$
$$=\frac{3}{4}+\frac{1}{3}-\frac{1}{4}=\mathbf{\frac{5}{6}}$$

(4) 사건 A, B는 서로 독립이므로

$$P(A\cap B)=P(A)P(B)=\frac{1}{18} \cdots ①$$

$$P(A\cup B)=P(A)+P(B)-P(A\cap B)$$
$$=\frac{4}{9}$$

$$\therefore P(A)+P(B)=\frac{1}{2} \quad \cdots\cdots ②$$

①, ②를 P(A), P(B)에 관하여 연립하여 풀면

$$P(A)=\frac{1}{3},\ P(B)=\frac{1}{6} \text{ 또는}$$

$$P(A)=\frac{1}{6},\ P(B)=\frac{1}{3}$$

$P(A)>P(B)$이므로 $P(A)=\mathbf{\frac{1}{3}}$

7-16. 안타를 치는 경우를 ○로, 안타를 치지 못하는 경우를 ×로 나타내면 안타를 2개 치는 경우와 이때의 확률은 다음 표와 같다.

A	B	확률
○ ○	×	$0.2\times0.2\times0.75$
○ ×	○	$0.2\times0.8\times0.25$
× ○	○	$0.8\times0.2\times0.25$

이 세 사건은 서로 배반사건이므로

$$0.2\times0.2\times0.75+0.2\times0.8\times0.25$$
$$+0.8\times0.2\times0.25=0.11$$

답 ②

7-17. 이틀 동안에 적어도 3건의 화재가 발생하는 사건을 A라고 하면 여사건 A^C은 이틀 동안에 0건 또는 1건 또는 2건의 화재가 발생하는 사건이다.

첫째 날, 둘째 날의 화재 건수를 각각 x, y라고 하면

(i) 0건인 경우 $(x+y=0)$

$(x, y)=(0, 0)$이므로

$$0.4\times0.4=0.16$$

(ii) 1건인 경우 $(x+y=1)$

$(x, y)=(1, 0), (0, 1)$이므로

$$0.3\times0.4+0.4\times0.3=0.24$$

(iii) 2건인 경우 $(x+y=2)$

$(x, y)=(2, 0), (1, 1), (0, 2)$이므로

$$0.2\times0.4+0.3\times0.3+0.4\times0.2=0.25$$

(i), (ii), (iii)은 서로 배반사건이므로

$$P(A^C)=0.16+0.24+0.25=0.65$$

$$\therefore P(A)=1-P(A^C)=1-0.65=0.35$$

답 ④

7-18. n발을 쏘았을 때 한 발도 명중하지 못할 확률은

$$\left(1-\frac{75}{100}\right)^n=\left(1-\frac{3}{4}\right)^n=\left(\frac{1}{4}\right)^n$$

따라서 n발 쏘아서 적어도 1발 명중할 확률이 0.999보다 크다고 하면

$$1-\left(\frac{1}{4}\right)^n>0.999 \quad \therefore \left(\frac{1}{4}\right)^n<0.001$$

$$\therefore \frac{1}{4^n}<\frac{1}{1000} \quad \therefore 4^n>1000$$

$4^4=256$, $4^5=1024$이므로 $n\geq5$

따라서 5발 이상 쏘아야 한다.

답 ②

7-19. 오른쪽으로 한 칸 이동할 확률은 $\frac{1}{2}$, 왼쪽으로 한 칸 이동할 확률은 $\frac{1}{3}$, 위쪽으로 한 칸 이동할 확률은 $\frac{1}{6}$이다.

오른쪽으로 세 칸, 왼쪽으로 한 칸, 위쪽으로 한 칸(→, →, →, ←, ↑) 이동해야 하므로

$$\frac{5!}{3!}\times\left(\frac{1}{2}\right)^3\times\frac{1}{3}\times\frac{1}{6}=\mathbf{\frac{5}{36}}$$

7-20. (i) A팀과 B팀이 같은 조인 경우

같은 조일 확률은 $\frac{2}{6}$이고, B팀이 한 번 이겨야 준결승에서 A팀과 B팀이 시합을 하게 되므로

$$\frac{2}{6}\times\frac{1}{2}=\frac{1}{6}$$

(ii) A팀과 B팀이 다른 조인 경우

다른 조일 확률은 $\frac{4}{6}$이고, A팀이 준결승에서 한 번, B팀이 1회전과 준결승에서 각각 이겨야 결승에서 A팀과 B팀이 시합을 하게 되므로

$$\frac{4}{6}\times\frac{1}{2}\times\left(\frac{1}{2}\times\frac{1}{2}\right)=\frac{1}{12}$$

(i), (ii)는 서로 배반사건이므로

$$\frac{1}{6}+\frac{1}{12}=\mathbf{\frac{1}{4}}$$

7-21. (1) 남학생인 사건을 A, 독감 예방 접종을 한 학생인 사건을 E라고 하면

$$P(A)=\frac{240}{360}=\frac{2}{3},$$

$$P(E)=\frac{216}{360}=\frac{3}{5},$$

$$P(A\cap E)=\frac{a}{360}$$

사건 A, E는 서로 독립이므로

$$P(A\cap E)=P(A)P(E)$$

$$\therefore \frac{a}{360}=\frac{2}{3}\times\frac{3}{5} \quad \therefore a=\mathbf{144}$$

$$\therefore b=240-a=240-144=\mathbf{96},$$

$$c=216-a=216-144=\mathbf{72},$$

$$d=120-c=120-72=\mathbf{48}$$

(2) 여학생인 사건을 B, 독감 예방 접종을 한 학생인 사건을 E라고 하면

$$P(B)=\frac{120}{360}=\frac{1}{3},$$

$$P(B\cap E)=\frac{c}{360}=\frac{72}{360}=\frac{1}{5}$$

$$\therefore\ P(E|B)=\frac{P(B\cap E)}{P(B)}=\frac{1/5}{1/3}=\boldsymbol{\frac{3}{5}}$$

**Note* (1)에서 남학생인 사건이 A이므로 여학생인 사건은 A^c이다.

이때, 사건 A, E가 서로 독립이므로 사건 A^c, E도 서로 독립이다.

$$\therefore\ P(E|A^c)=P(E)=\frac{216}{360}=\boldsymbol{\frac{3}{5}}$$

7-22. 총 세 번의 갈림길이 있고, 각 갈림길에서 왼쪽으로 두 번, 오른쪽으로 한 번 선택해야 하므로

$${}_3C_2\left(\frac{1}{2}\right)^2\left(\frac{1}{2}\right)^1=\boldsymbol{\frac{3}{8}}$$

**Note* A로 나오기까지 갈림길은 세 번 있고, 통로는 3개 있으므로

$$\frac{1}{2}\times\frac{1}{2}\times\frac{1}{2}+\frac{1}{2}\times\frac{1}{2}\times\frac{1}{2}+\frac{1}{2}\times\frac{1}{2}\times\frac{1}{2}=\boldsymbol{\frac{3}{8}}$$

7-23. 한 상자에서 5개의 야구공을 뽑을 때, ★ 모양이 그려진 야구공이 있을 확률은

$$\frac{{}_1C_1\times{}_{19}C_4}{{}_{20}C_5}=\frac{1}{4}$$

따라서 세 번의 시행 중에서 ★ 모양이 그려진 야구공을 두 번 뽑을 확률은

$${}_3C_2\left(\frac{1}{4}\right)^2\left(\frac{3}{4}\right)^1=\boldsymbol{\frac{9}{64}}$$

7-24. 직선 $y=ax+b$가 포물선 $y=-x^2+2x$에 접하는 경우는

$$ax+b=-x^2+2x,\ \text{곧}\quad x^2+(a-2)x+b=0$$

이 중근을 가질 때이므로

$$D=(a-2)^2-4b=0$$

$$\therefore\ b=\frac{(a-2)^2}{4}$$

$a=0, 1, 2, 3$이고 $b=0, 1, 2$이므로 이 식을 만족시키는 경우는

$$a=0,\ b=1\ \text{또는}\ a=2,\ b=0$$

(i) $a=0,\ b=1$일 때

$${}_3C_0\left(\frac{1}{3}\right)^0\left(\frac{2}{3}\right)^3\times{}_2C_1\left(\frac{1}{3}\right)^1\left(\frac{2}{3}\right)^1=\frac{8}{27}\times\frac{4}{9}=\frac{32}{243}$$

(ii) $a=2,\ b=0$일 때

$${}_3C_2\left(\frac{1}{3}\right)^2\left(\frac{2}{3}\right)^1\times{}_2C_0\left(\frac{1}{3}\right)^0\left(\frac{2}{3}\right)^2=\frac{6}{27}\times\frac{4}{9}=\frac{24}{243}$$

(i), (ii)는 서로 배반사건이므로

$$\frac{32}{243}+\frac{24}{243}=\frac{56}{243}$$

답 ③

7-25. 비행기가 안전하게 비행할 수 있는 확률을 엔진이 2기일 때 p_2, 엔진이 4기일 때 p_4라고 하면

$$p_2=1-p\times p=1-p^2$$

$$p_4=1-\{{}_4C_3\,p^3(1-p)^1+p^4\}=1-4p^3+3p^4$$

따라서 $p_2>p_4$이려면

$$1-p^2>1-4p^3+3p^4$$

$$\therefore\ 3p^4-4p^3+p^2<0$$

$p^2>0$이므로 $3p^2-4p+1<0$

$$\therefore\ \boldsymbol{\frac{1}{3}<p<1}$$

8-1. 평균을 m, 분산을 σ^2이라고 하면

$$m=\frac{1}{n}\sum_{k=1}^{n}x_k=\frac{1}{n}\sum_{k=1}^{n}k=\frac{1}{n}\times\frac{n(n+1)}{2}=\boldsymbol{\frac{n+1}{2}}$$

$$\sigma^2=\frac{1}{n}\sum_{k=1}^{n}{x_k}^2-m^2=\frac{1}{n}\sum_{k=1}^{n}k^2-\left(\frac{n+1}{2}\right)^2$$

$$=\frac{1}{n}\times\frac{n(n+1)(2n+1)}{6}-\frac{(n+1)^2}{4}$$

$$=\boldsymbol{\frac{(n-1)(n+1)}{12}}$$

8-2. $f(x)=\sum_{i=1}^{100}(x-a_i)^2$

$$=\sum_{i=1}^{100}(x^2-2xa_i+a_i^2)$$

$$=100x^2-2x\sum_{i=1}^{100}a_i+\sum_{i=1}^{100}a_i^2$$

이므로

$$x=-\frac{-2\sum_{i=1}^{100}a_i}{2\times100}=\frac{\sum_{i=1}^{100}a_i}{100}$$

곧, x가 $a_1,\ a_2,\ a_3,\ \cdots,\ a_{100}$의 평균 m일 때 $f(x)$는 최소이다.

따라서 문제의 조건에서

$$f(m)=\sum_{i=1}^{100}(m-a_i)^2=12$$

구하는 표준편차를 σ라고 하면

$$\sigma^2=\frac{1}{100}\sum_{i=1}^{100}(m-a_i)^2=\frac{12}{100}$$

$$\therefore\ \sigma=\sqrt{\frac{12}{100}}=\boldsymbol{\frac{\sqrt{3}}{5}}$$

8-3. 동전을 던지는 횟수를 확률변수 X라고 하면 $X\ge4$일 확률은 $X\le3$인 사건의 여사건의 확률이다. 이때,

$$P(X\le3)=P(X=2)+P(X=3)$$

$$=\frac{1}{2}\times\frac{1}{2}+{}_2C_1\left(\frac{1}{2}\right)^1\left(\frac{1}{2}\right)^1\times\frac{1}{2}$$

$$=\frac{1}{2}$$

$$\therefore\ P(X\ge4)=1-\frac{1}{2}=\frac{1}{2}$$ 답 ④

8-4. 조건식에서

$$P(X=m+1)=\frac{1}{m}P(X=m)$$

$(m=1,\ 2,\ 3,\ 4)$

이므로 $P(X=1)=a$라고 하면

$$P(X=2)=P(X=1)=a,$$

$$P(X=3)=\frac{1}{2}P(X=2)=\frac{1}{2}a,$$

$$P(X=4)=\frac{1}{3}P(X=3)=\frac{1}{6}a,$$

$$P(X=5)=\frac{1}{4}P(X=4)=\frac{1}{24}a$$

그런데 $\sum_{k=1}^{5}P(X=k)=1$이므로

$$\left(1+1+\frac{1}{2}+\frac{1}{6}+\frac{1}{24}\right)a=1\quad\therefore\ a=\frac{24}{65}$$

$$\therefore\ P(X\le2)=P(X=1)+P(X=2)$$

$$=2a=\boldsymbol{\frac{48}{65}}$$

8-5. 등외까지 포함한 제비의 총 개수를 n, 상금을 X원이라고 하면 X의 확률분포는 아래와 같다.

X	100000	10000	0	합
$P(X=x)$	$\frac{1}{n}$	$\frac{5}{n}$	$\frac{n-6}{n}$	1

문제의 조건으로부터

$$100000\times\frac{1}{n}+10000\times\frac{5}{n}=10000$$

$$\therefore\ n=15$$

따라서 구하는 등외의 개수는

$$15-6=9$$ 답 ①

8-6. 받는 금액을 X원이라고 하면 X가 가지는 값은 14000, -7000이고, 이에 대응하는 확률은 각각

$$\frac{{}_4C_2+{}_3C_2}{{}_7C_2}=\frac{3}{7},\quad \frac{{}_4C_1\times{}_3C_1}{{}_7C_2}=\frac{4}{7}$$

따라서 X의 확률분포는 아래와 같다.

X	14000	-7000	합
$P(X=x)$	$\frac{3}{7}$	$\frac{4}{7}$	1

$$\therefore\ E(X)=14000\times\frac{3}{7}+(-7000)\times\frac{4}{7}$$

$$=2000(원)$$ 답 ④

8-7. 현재, 한 달 후, 두 달 후의 가격은 다음과 같다.

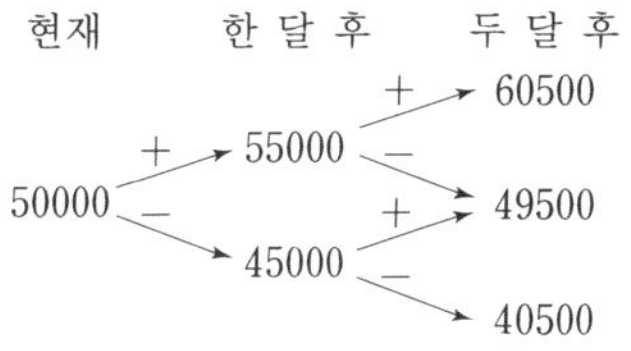

따라서 두 달 후에 받을 수 있는 금액을 X원이라고 하면 X의 확률분포는 아래와 같다.

두 달 후	60500	49500	40500	합
X	0	500	9500	
$P(X=x)$	$\frac{1}{4}$	$\frac{2}{4}$	$\frac{1}{4}$	1

$\therefore\ E(X)=0\times\frac{1}{4}+500\times\frac{2}{4}+9500\times\frac{1}{4}$

$=\frac{10500}{4}=2625$(원) 답 ③

8-8. $P(X=0)=\frac{{}_2C_0\times{}_nC_2}{{}_{n+2}C_2}$

$=\frac{n(n-1)}{(n+2)(n+1)}$

$P(X=1)=\frac{{}_2C_1\times{}_nC_1}{{}_{n+2}C_2}=\frac{4n}{(n+2)(n+1)}$

$P(X=2)=\frac{{}_2C_2\times{}_nC_0}{{}_{n+2}C_2}=\frac{2}{(n+2)(n+1)}$

$\therefore\ E(X)=0\times P(X=0)+1\times P(X=1)+2\times P(X=2)$

$=\frac{4n+4}{(n+2)(n+1)}=\frac{4}{n+2}$

$\therefore\ \frac{4}{n+2}=1 \quad \therefore\ \boldsymbol{n=2}$

* ***Note*** X의 확률질량함수는

$P(X=k)=\frac{{}_2C_k\times{}_nC_{2-k}}{{}_{n+2}C_2}\ (k=0,\ 1,\ 2)$

이다.

8-9. 현관문이 열릴 때까지 시도한 횟수를 확률변수 X라고 하면 X가 가지는 값은 1, 2, 3, 4, 5이고,

$P(X=1)=\frac{1}{5}$,

$P(X=2)=\frac{4}{5}\times\frac{1}{4}=\frac{1}{5}$,

$P(X=3)=\frac{4}{5}\times\frac{3}{4}\times\frac{1}{3}=\frac{1}{5}$,

$P(X=4)=\frac{4}{5}\times\frac{3}{4}\times\frac{2}{3}\times\frac{1}{2}=\frac{1}{5}$,

$P(X=5)=\frac{4}{5}\times\frac{3}{4}\times\frac{2}{3}\times\frac{1}{2}\times\frac{1}{1}=\frac{1}{5}$

따라서 X의 확률분포는 아래와 같다.

X	1	2	3	4	5	합
$P(X=x)$	$\frac{1}{5}$	$\frac{1}{5}$	$\frac{1}{5}$	$\frac{1}{5}$	$\frac{1}{5}$	1

$\therefore\ E(X)=1\times\frac{1}{5}+2\times\frac{1}{5}+\cdots+5\times\frac{1}{5}$

$=\boldsymbol{3}$

* ***Note*** X의 확률질량함수는

$P(X=k)=\frac{1}{5}\ (k=1,\ 2,\ 3,\ 4,\ 5)$

이다.

8-10. X가 가지는 값은 2, 3, 4, 5이고,

$P(X=2)=\frac{{}_2C_2}{{}_5C_2}=\frac{1}{10}$,

$P(X=3)=\frac{{}_2C_1\times{}_3C_1}{{}_5C_2}\times\frac{1}{3}=\frac{2}{10}$,

$P(X=4)=\frac{{}_2C_1\times{}_3C_2}{{}_5C_3}\times\frac{1}{2}=\frac{3}{10}$,

$P(X=5)=\frac{{}_2C_1\times{}_3C_3}{{}_5C_4}\times1=\frac{4}{10}$

이므로 X의 확률분포는 아래와 같다.

X	2	3	4	5	합
$P(X=x)$	$\frac{1}{10}$	$\frac{2}{10}$	$\frac{3}{10}$	$\frac{4}{10}$	1

따라서

$E(X)=2\times\frac{1}{10}+3\times\frac{2}{10}+4\times\frac{3}{10}+5\times\frac{4}{10}$

$=4$

$V(X)=2^2\times\frac{1}{10}+3^2\times\frac{2}{10}+4^2\times\frac{3}{10}+5^2\times\frac{4}{10}-4^2$

$=1$ 답 ①

* ***Note*** 흰 공을 ○로, 검은 공을 ×로 나타내면

X=2일 때 ○○

X=3일 때 (○×)○, (×○)○

X=4일 때 (○××)○, (×○×)○, (××○)○

X=5일 때

(○×××)○, (×○××)○, (××○×)○, (×××○)○

8-11. 공을 바꾸어 넣은 후 주머니에 있는 흰 공의 개수를 확률변수 X라고 하자.

(i) 흰 공 2개를 꺼내는 경우 : 주머니에는 흰 공 1개, 검은 공 4개가 있으므로 X=1이고, 이때의 확률은

$$\frac{{}_3C_2}{{}_5C_2}=\frac{3}{10}$$

(ii) 흰 공 1개, 검은 공 1개를 꺼내는 경우 : 주머니에는 흰 공 3개, 검은 공 2개가 있으므로 X=3이고, 이때의 확률은 $\frac{{}_3C_1\times{}_2C_1}{{}_5C_2}=\frac{6}{10}$

(iii) 검은 공 2개를 꺼내는 경우 : 주머니에는 흰 공만 5개 있으므로 X=5이고, 이때의 확률은 $\frac{{}_2C_2}{{}_5C_2}=\frac{1}{10}$

따라서 X의 확률분포는 아래와 같다.

X	1	3	5	합
$P(X=x)$	$\frac{3}{10}$	$\frac{6}{10}$	$\frac{1}{10}$	1

$$\therefore\ E(X)=1\times\frac{3}{10}+3\times\frac{6}{10}+5\times\frac{1}{10}=\mathbf{\frac{13}{5}}$$

8-12. (i) 0점일 때 :

(앞, 뒤, 앞), (뒤, 앞, 뒤)

$$\therefore\ P(X=0)=\left(\frac{1}{2}\times\frac{1}{2}\times\frac{1}{2}\right)\times2=\frac{1}{4}$$

(ii) 1점일 때 :

(앞, 앞, 뒤), (앞, 뒤, 뒤), (뒤, 뒤, 앞), (뒤, 앞, 앞)

$$\therefore\ P(X=1)=\left(\frac{1}{2}\times\frac{1}{2}\times\frac{1}{2}\right)\times4=\frac{1}{2}$$

(iii) 3점일 때 : (앞, 앞, 앞), (뒤, 뒤, 뒤)

$$\therefore\ P(X=3)=\left(\frac{1}{2}\times\frac{1}{2}\times\frac{1}{2}\right)\times2=\frac{1}{4}$$

따라서 X의 확률분포는 아래와 같다.

X	0	1	3	합
$P(X=x)$	$\frac{1}{4}$	$\frac{1}{2}$	$\frac{1}{4}$	1

$$\therefore\ E(X)=0\times\frac{1}{4}+1\times\frac{1}{2}+3\times\frac{1}{4}=\frac{5}{4}$$

$$V(X)=0^2\times\frac{1}{4}+1^2\times\frac{1}{2}+3^2\times\frac{1}{4}-\left(\frac{5}{4}\right)^2=\mathbf{\frac{19}{16}}$$

8-13. X=1인 경우, 첫 번째에 1이 나오거나, 첫 번째에 짝수이고 두 번째에 1이 나오는 경우이므로

$$P(X=1)=\frac{1}{6}+\frac{3}{6}\times\frac{1}{6}=\frac{1}{4}$$

같은 방법으로 생각하면

$$P(X=3)=\frac{1}{4},\ P(X=5)=\frac{1}{4}$$

또, X=2인 경우, 첫 번째에 짝수이고 두 번째에 2가 나오는 경우이므로

$$P(X=2)=\frac{3}{6}\times\frac{1}{6}=\frac{1}{12}$$

같은 방법으로 생각하면

$$P(X=4)=\frac{1}{12},\ P(X=6)=\frac{1}{12}$$

따라서 X의 확률분포는 아래와 같다.

X	1	2	3	4	5	6
$P(X=x)$	$\frac{1}{4}$	$\frac{1}{12}$	$\frac{1}{4}$	$\frac{1}{12}$	$\frac{1}{4}$	$\frac{1}{12}$

$$\therefore\ E(X)=1\times\frac{1}{4}+2\times\frac{1}{12}+3\times\frac{1}{4}+4\times\frac{1}{12}+5\times\frac{1}{4}+6\times\frac{1}{12}=\mathbf{\frac{13}{4}}$$

8-14. 경기가 계속되었다고 할 때, A는 한 번만 더 이기면 상금을 가질 수 있다.

A가 상금을 가지는 경우는 두 번째 경

기에서 이기는 경우와 두 번째 경기에서는 지고 세 번째 경기에서 이기는 경우이다.

따라서 A가 두 번을 먼저 이길 확률은

$$\frac{1}{2}+\frac{1}{2}\times\frac{1}{2}=\frac{3}{4}$$

이고, B가 이길 확률은

$$1-\frac{3}{4}=\frac{1}{4}$$

이때, 상금을 a원이라고 하면

A의 기댓값은 $a\times\frac{3}{4}$(원),

B의 기댓값은 $a\times\frac{1}{4}$(원)

따라서 합리적인 분배 비율은 A, B의 기댓값의 비율에 따라

$$\frac{3}{4}a:\frac{1}{4}a=3:1$$ 답 ②

8-15. (i) 문제의 조건으로부터

$P(X=x)=kx^2$ (k는 상수, $k\neq0$)

그런데 $\sum_{x=0}^{10}P(X=x)=1$이므로

$$\sum_{x=0}^{10}kx^2=1 \quad \therefore k\sum_{x=0}^{10}x^2=1$$

$$\therefore k\times\frac{10(10+1)(2\times10+1)}{6}=1$$

$$\therefore k=\frac{1}{385} \quad \therefore P(X=x)=\frac{1}{385}x^2$$

$$\therefore P(X=5)=\frac{5^2}{385}=\mathbf{\frac{5}{77}}$$

(ii) $E(X)=\sum_{x=0}^{10}xP(X=x)$

$$=\sum_{x=0}^{10}\left(x\times\frac{1}{385}x^2\right)$$

$$=\frac{1}{385}\left(\frac{10\times11}{2}\right)^2=\mathbf{\frac{55}{7}}$$

8-16. 점 (x, y)에서

점 $(x+1, y)$로 가는 점프를 a,

점 $(x, y+1)$로 가는 점프를 b,

점 $(x+1, y+1)$로 가는 점프를 c

라고 하자.

점프를 반복하여 점 (0, 0)에서 점 (3, 4)까지 이동하는 모든 경우의 수를 구하면

(i) c가 3번 나오는 경우

b, c, c, c를 나열하는 경우의 수와 같으므로 $\frac{4!}{3!}=4$

(ii) c가 2번 나오는 경우

a, b, b, c, c를 나열하는 경우의 수와 같으므로 $\frac{5!}{2!2!}=30$

(iii) c가 1번 나오는 경우

a, a, b, b, b, c를 나열하는 경우의 수와 같으므로 $\frac{6!}{2!3!}=60$

(iv) a, b만 나오는 경우

a, a, a, b, b, b, b를 나열하는 경우의 수와 같으므로 $\frac{7!}{3!4!}=35$

(i)~(iv)에서 모든 경우의 수는

$4+30+60+35=129$

따라서 X의 확률분포는 아래와 같다.

X	4	5	6	7	합
$P(X=x)$	$\frac{4}{129}$	$\frac{30}{129}$	$\frac{60}{129}$	$\frac{35}{129}$	1

$$\therefore E(X)=4\times\frac{4}{129}+5\times\frac{30}{129}+6\times\frac{60}{129}+7\times\frac{35}{129}=\mathbf{\frac{257}{43}}$$

8-17. $Y=\frac{1}{10}X-15$에서 $10Y=X-150$

$\therefore X=10Y+150$

$\therefore E(X)=E(10Y+150)$
$=10E(Y)+150$
$=10\times(-0.5)+150=\mathbf{145}$

또, $V(Y)=E(Y^2)-\{E(Y)\}^2$
$=0.7-(-0.5)^2=0.45$

이므로

$V(X)=V(10Y+150)=10^2V(Y)$
$=100\times0.45=\mathbf{45}$

*Note 다음과 같이 풀 수도 있다.

$$E(Y)=E\left(\frac{1}{10}X-15\right)$$
$$=\frac{1}{10}E(X)-15=-0.5$$

에서 $\mathbf{E(X)=145}$

$$V(Y)=V\left(\frac{1}{10}X-15\right)=\frac{1}{10^2}V(X)$$
$$=0.45$$

에서 $\mathbf{V(X)=45}$

8-18. X의 백의 자리, 십의 자리, 일의 자리의 숫자를 각각 A, B, C라고 하면

$$X=100A+10B+C$$
$$\therefore\ E(X)=E(100A+10B+C)$$
$$=100E(A)+10E(B)+E(C)$$

한편

$$E(A)=E(B)=E(C)$$
$$=(1+2+3+4+5+6)\times\frac{1}{6}=\frac{7}{2}$$
$$\therefore\ E(X)=100\times\frac{7}{2}+10\times\frac{7}{2}+\frac{7}{2}$$
$$=\mathbf{\frac{777}{2}}$$

*Note 일반적으로 세 확률변수 X, Y, Z에 대하여

$$\mathbf{E(X+Y+Z)=E(X)+E(Y)+E(Z)}$$

가 성립한다.

8-19. 예약자 14명 중 실제 비행기에 탑승하는 사람 수를 확률변수 X라고 하면 예약자 1명이 탑승할 확률은 0.8이므로 X는 이항분포 B(14, 0.8)을 따른다.

좌석이 부족한 경우는 $X\ge13$인 경우이므로 구하는 확률은

$$P(X\ge13)=P(X=13)+P(X=14)$$
$$={}_{14}C_{13}\times0.8^{13}\times0.2^1$$
$$+{}_{14}C_{14}\times0.8^{14}\times0.2^0$$
$$=14\times0.055\times0.2$$
$$+1\times(0.055\times0.8)\times1$$
$$=0.198$$

답 ①

8-20. 추가된 부품 중 S의 개수를 확률변수 X라고 하면 X는 이항분포 $B\left(2,\ \frac{1}{2}\right)$을 따르므로 X의 확률질량함수는

$$P(X=k)={}_2C_k\left(\frac{1}{2}\right)^k\left(\frac{1}{2}\right)^{2-k}$$
$$=\frac{1}{4}{}_2C_k\ (k=0,\ 1,\ 2)$$

이다. 따라서

$$P(X=0)=\frac{1}{4}\times{}_2C_0=\frac{1}{4},$$
$$P(X=1)=\frac{1}{4}\times{}_2C_1=\frac{1}{2},$$
$$P(X=2)=\frac{1}{4}\times{}_2C_2=\frac{1}{4}$$

이때, 7개의 부품 중에서 임의로 1개를 택한 것이 T인 사건을 T, 추가된 부품 중 S의 개수가 0, 1, 2인 사건을 각각 A, B, C라고 하면

$$P(T)=P(A\cap T)+P(B\cap T)+P(C\cap T)$$
$$=\frac{1}{4}\times\frac{4}{7}+\frac{1}{2}\times\frac{3}{7}+\frac{1}{4}\times\frac{2}{7}=\frac{3}{7}$$

따라서 구하는 확률은

$$P(C|T)=\frac{P(C\cap T)}{P(T)}=\frac{\frac{1}{4}\times\frac{2}{7}}{\frac{3}{7}}=\mathbf{\frac{1}{6}}$$

8-21. 한 쌍의 애완견 중 적어도 한쪽이 살아 있을 확률은

$$1-(1-0.6)(1-0.7)=0.88$$

따라서 X는 이항분포 B(10, 0.88)을 따른다.

$$\therefore\ V(X)=npq=10\times0.88\times0.12$$
$$=\mathbf{1.056}$$

8-22. $f(m)=3m-m^2>0$에서

$$m(m-3)<0 \quad \therefore\ 0<m<3$$

이때, $m=1,\ 2$이므로

$$P(A)=\frac{2}{6}=\frac{1}{3}$$

X는 이항분포 $B\left(n,\ \frac{1}{3}\right)$을 따르므로

$$E(X)=n\times\frac{1}{3}=\frac{1}{3}n,$$
$$V(X)=n\times\frac{1}{3}\times\frac{2}{3}=\frac{2}{9}n$$

$V(X)=E(X^2)-\{E(X)\}^2$이므로

$$\frac{2}{9}n=E(X^2)-\left(\frac{1}{3}n\right)^2$$
$$\therefore\ E(X^2)=\frac{1}{9}n^2+\frac{2}{9}n$$
$$\therefore\ E(3X^2)=3E(X^2)=\frac{1}{3}n(n+2)$$

$E(3X^2)>10$에서 $\frac{1}{3}n(n+2)>10$

$$\therefore\ n(n+2)>30$$

n은 자연수이므로 n의 최솟값은 **5**

8-23. (1) X는 이항분포 $B\left(3,\ \frac{1}{2}\right)$을 따르므로

$$E(X)=3\times\frac{1}{2}=\boldsymbol{\frac{3}{2}}$$

또, $V(X)=3\times\frac{1}{2}\times\frac{1}{2}=\frac{3}{4}$이므로

$V(X)=E(X^2)-\{E(X)\}^2$에서

$$E(X^2)=V(X)+\{E(X)\}^2$$
$$=\frac{3}{4}+\left(\frac{3}{2}\right)^2=\mathbf{3}$$

(2) $E\left((X-a)^2\right)=E(X^2-2aX+a^2)$
$$=E(X^2)-2aE(X)+a^2$$
$$=3-2a\times\frac{3}{2}+a^2$$
$$=\left(a-\frac{3}{2}\right)^2+\frac{3}{4}$$

따라서 $a=\frac{3}{2}$일 때 최솟값은 $\boldsymbol{\frac{3}{4}}$

*__Note__ 일반적으로 확률변수 X에 대하여

$$E(aX^2+bX+c)$$
$$=aE(X^2)+bE(X)+c$$

가 성립한다. ⇦ 유제 **8**-16의 ***Note***

8-24. X는 이항분포 $B\left(9,\ \frac{1}{3}\right)$을 따르므로

$$E(X)=9\times\frac{1}{3}=3,$$
$$V(X)=9\times\frac{1}{3}\times\frac{2}{3}=2$$
$$\therefore\ E(Y)=E(aX+b)=aE(X)+b$$
$$=3a+b=0$$
$$V(Y)=V(aX+b)=a^2V(X)$$
$$=2a^2=1$$

$a>0$이므로 $\boldsymbol{a=\frac{\sqrt{2}}{2},\ b=-\frac{3\sqrt{2}}{2}}$

8-25. 두 주사위의 눈의 수의 차가 3이거나 3보다 큰 경우는

A	1	1	1	2	2	3
B	4	5	6	5	6	6

B	1	1	1	2	2	3
A	4	5	6	5	6	6

이므로 모두 12가지이다.

따라서 눈의 수의 차가 3보다 작은 경우는 24가지이므로 1회 시행에서

A가 점수를 얻을 확률은 $\frac{24}{36}=\frac{2}{3}$이고,

B가 점수를 얻을 확률은 $\frac{1}{3}$이다.

15회 시행에서 A가 얻는 점수의 합을 확률변수 X라 하고, B가 얻는 점수의 합을 확률변수 Y라고 하면

X는 이항분포 $B\left(15,\ \frac{2}{3}\right)$를 따르고,

Y는 이항분포 $B\left(15,\ \frac{1}{3}\right)$을 따르므로

$$E(X)=15\times\frac{2}{3}=10(\text{점}),$$
$$E(Y)=15\times\frac{1}{3}=5(\text{점})$$

따라서 두 기댓값의 차는 5점이다.

답 ③

9-1. 일반적으로 확률밀도함수 $f(x)$ $(\alpha\le x\le\beta)$는

$$f(x)\ge 0,\quad \int_\alpha^\beta f(x)dx=1$$

을 만족시켜야 한다.

① $f(x)=2x$, $g(x)=1$일 때,

$$f\left(\frac{1}{4}\right)-g\left(\frac{1}{4}\right)=-\frac{1}{2}<0$$

이므로 $f(x)-g(x)$는 확률밀도함수가 아니다.

② $\displaystyle\int_0^1\{f(x)+g(x)\}dx$

$$=\int_0^1 f(x)dx+\int_0^1 g(x)dx$$

$$=1+1=2\ne 1$$

이므로 $f(x)+g(x)$는 확률밀도함수가 아니다.

③ $f(x)=2x$, $g(x)=1$일 때,

$$2f\left(\frac{1}{8}\right)-g\left(\frac{1}{8}\right)=-\frac{1}{2}<0$$

이므로 $2f(x)-g(x)$는 확률밀도함수가 아니다.

④ $f(x)=2x$, $g(x)=1$일 때,

$$\frac{1}{2}\left\{f\left(\frac{1}{4}\right)-g\left(\frac{1}{4}\right)\right\}=-\frac{1}{4}<0$$

이므로 $\frac{1}{2}\{f(x)-g(x)\}$는 확률밀도함수가 아니다.

⑤ $f(x)\ge 0$, $g(x)\ge 0$이므로

$$\frac{1}{3}\{2f(x)+g(x)\}\ge 0$$

이고,

$$\int_0^1\frac{1}{3}\{2f(x)+g(x)\}dx$$

$$=\frac{2}{3}\int_0^1 f(x)dx+\frac{1}{3}\int_0^1 g(x)dx$$

$$=\frac{2}{3}+\frac{1}{3}=1$$

따라서 $\frac{1}{3}\{2f(x)+g(x)\}$는 확률밀도함수이다. 답 ⑤

9-2. (1) $f(x)$ $(0\le x\le 4)$가 확률밀도함수이므로 $y=f(x)$의 그래프와 x축으로 둘러싸인 부분의 넓이는 1이다.

$$\therefore\ \frac{1}{2}\times(4+1)\times a=1\qquad \therefore\ \boldsymbol{a=\frac{2}{5}}$$

(2) $\mathrm{P}(1\le \mathrm{X}\le 3)$

$$=\mathrm{P}(1\le \mathrm{X}\le 2)+\mathrm{P}(2\le \mathrm{X}\le 3)$$

$$=1\times a+\frac{1}{2}\left(a+\frac{a}{2}\right)\times 1$$

$$=\frac{7}{4}a=\frac{7}{4}\times\frac{2}{5}=\boldsymbol{\frac{7}{10}}$$

(3) $\mathrm{E}(\mathrm{X})=\displaystyle\int_0^4 xf(x)dx$

$$=\int_0^1 xf(x)dx+\int_1^2 xf(x)dx+\int_2^4 xf(x)dx$$

$$=\int_0^1\frac{2}{5}x^2dx+\int_1^2\frac{2}{5}x\,dx+\int_2^4\left(-\frac{1}{5}x^2+\frac{4}{5}x\right)dx$$

$$=\left[\frac{2}{5}\times\frac{1}{3}x^3\right]_0^1+\left[\frac{2}{5}\times\frac{1}{2}x^2\right]_1^2+\left[-\frac{1}{5}\times\frac{1}{3}x^3+\frac{4}{5}\times\frac{1}{2}x^2\right]_2^4$$

$$=\frac{2}{15}+\frac{3}{5}+\frac{16}{15}=\boldsymbol{\frac{9}{5}}$$

(4) $\mathrm{E}(2\mathrm{X}-1)=2\mathrm{E}(\mathrm{X})-1$

$$=2\times\frac{9}{5}-1=\boldsymbol{\frac{13}{5}}$$

9-3. $0\le x\le 10$에서 $f(x)\ge 0$이므로

$$a\ge 0$$

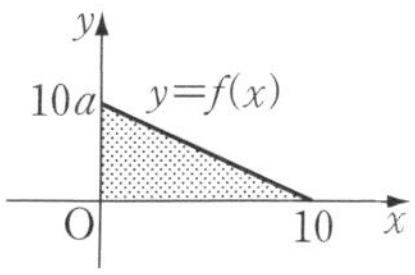

위의 그림에서 점 찍은 부분의 넓이는 1이므로

$$\frac{1}{2}\times 10\times 10a=1\qquad\therefore\ a=\frac{1}{50}$$

(1)

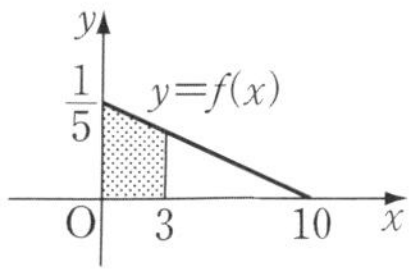

$f(x)=\frac{1}{50}(10-x)\ (0\le x\le 10)$이고, $P(X\le 3)$은 위의 그림에서 점 찍은 부분의 넓이와 같다.

그런데 $x=3$일 때 $y=\frac{7}{50}$이므로

$$P(X\le 3)=\frac{1}{2}\times\left(\frac{1}{5}+\frac{7}{50}\right)\times 3=\mathbf{\frac{51}{100}}$$

(2) $E(X)=\int_0^{10} xf(x)dx$

$$=\int_0^{10}\left\{x\times\frac{1}{50}(10-x)\right\}dx$$

$$=\left[\frac{1}{50}\left(5x^2-\frac{1}{3}x^3\right)\right]_0^{10}=\mathbf{\frac{10}{3}}$$

$$V(X)=\int_0^{10} x^2f(x)dx-\{E(X)\}^2$$

$$=\int_0^{10}\left\{x^2\times\frac{1}{50}(10-x)\right\}dx-\left(\frac{10}{3}\right)^2$$

$$=\left[\frac{1}{50}\left(\frac{10}{3}x^3-\frac{1}{4}x^4\right)\right]_0^{10}-\frac{100}{9}$$

$$=\frac{50}{3}-\frac{100}{9}=\mathbf{\frac{50}{9}}$$

9-4. $E(X)=\int_0^1 xf(x)dx=2$

$$\therefore\ V(X)=\int_0^1 (x-2)^2f(x)dx$$

$$=\int_0^1 x^2f(x)dx-4\int_0^1 xf(x)dx+4\int_0^1 f(x)dx$$

$$=10-4\times 2+4\times 1=\mathbf{6}$$

****Note*** 1° 주어진 조건에서 $E(X)=2$, $E(X^2)=10$이므로

$$V(X)=E(X^2)-\{E(X)\}^2=10-2^2=\mathbf{6}$$

2° $f(x)$가 확률밀도함수이므로

$$\int_0^1 f(x)dx=1$$

9-5. $f(x)$가 확률밀도함수이므로

$$\int_0^b f(x)dx=\int_0^b ax\,dx=\left[\frac{1}{2}ax^2\right]_0^b$$

$$=\frac{1}{2}ab^2=1$$

$\therefore\ ab^2=2$ ……㉮

$$E(X)=\int_0^b (x\times ax)dx=\left[\frac{1}{3}ax^3\right]_0^b$$

$$=\frac{1}{3}ab^3=\frac{2}{3}b \quad \Leftarrow ㉮$$

$$V(X)=\int_0^b (x^2\times ax)dx-\{E(X)\}^2$$

$$=\left[\frac{1}{4}ax^4\right]_0^b-\left(\frac{2}{3}b\right)^2$$

$$=\frac{1}{4}ab^4-\frac{4}{9}b^2=\frac{1}{18}b^2 \quad \Leftarrow ㉮$$

$V(X)=2$이므로

$\frac{1}{18}b^2=2\quad\therefore\ b^2=36$

$b>0$이므로 $b=6$

㉮에 대입하면 $a=\frac{1}{18}$

(1) $E(2X+1)=2E(X)+1$

$$=2\times\left(\frac{2}{3}\times 6\right)+1=\mathbf{9}$$

(2) $P(0\le X\le 3)=\int_0^3 f(x)dx=\int_0^3 \frac{1}{18}x\,dx$

$$=\left[\frac{1}{36}x^2\right]_0^3=\mathbf{\frac{1}{4}}$$

9-6. 기계의 수명을 확률변수 X라고 하자.

(1) $f(x)$가 확률밀도함수이므로

$$\int_0^{10} f(x)dx=\int_0^{10} a(x-10)^2dx$$

$$=a\left[\frac{1}{3}(x-10)^3\right]_0^{10}$$

$$=\frac{1000}{3}a=1$$

$$\therefore\ \boldsymbol{a=\frac{3}{1000}}$$

$$\therefore\ f(x)=\frac{3}{1000}(x-10)^2\ (0\le x\le 10)$$

(2) $X\ge 5$인 사건을 A라 하고, $X\ge 1$인 사건을 B라고 하면 구하는 확률은 $P(A|B)$이다.

$$P(A\cap B)=P(A)=P(X\ge 5)$$

$$=\int_5^{10} f(x)dx$$

$$=\int_5^{10} \frac{3}{1000}(x-10)^2dx$$

$$=\frac{3}{1000}\left[\frac{1}{3}(x-10)^3\right]_5^{10}=\frac{125}{1000}$$

$P(B)=P(X\geq 1)$

$$=\int_1^{10} f(x)dx$$

$$=\int_1^{10} \frac{3}{1000}(x-10)^2dx$$

$$=\frac{3}{1000}\left[\frac{1}{3}(x-10)^3\right]_1^{10}=\frac{729}{1000}$$

$$\therefore\ P(A|B)=\frac{P(A\cap B)}{P(B)}$$

$$=\frac{125/1000}{729/1000}=\mathbf{\frac{125}{729}}$$

(3) $E(X)=\int_0^{10} xf(x)dx$

$$=\int_0^{10} \frac{3}{1000}x(x-10)^2dx$$

$$=\frac{3}{1000}\int_0^{10}(x^3-20x^2+100x)dx$$

$$=\frac{3}{1000}\left[\frac{1}{4}x^4-\frac{20}{3}x^3+50x^2\right]_0^{10}$$

$=\mathbf{2.5}$ (년)

9-7. $E\left((X-a)^2\right)=E(X^2-2aX+a^2)$

$$=E(X^2)-2aE(X)+a^2$$

$$=\{a-E(X)\}^2-\{E(X)\}^2+E(X^2)$$

이므로 $a=E(X)$일 때 최소이다.

$$\therefore\ a=E(X)=\int_0^1 xf(x)dx$$

$$=\int_0^1 (x\times 4x^3)dx$$

$$=\left[\frac{4}{5}x^5\right]_0^1=\mathbf{\frac{4}{5}}$$

9-8. ㄱ. (참) A, B 두 학교 성적의 평균은 같지만, 상위 점수대에서 A학교의 정규분포곡선이 B학교보다 더 위에 있으므로 우수 학생은 A학교에 더 많다.

ㄴ. (거짓) A, B 두 학교 성적의 평균이 같으므로 평균적으로 어느 한쪽이 우수하다고 할 수 없다.

ㄷ. (참) B학교 성적의 표준편차가 C학교보다 작으므로(B학교의 산포도가 C학교보다 작다) B학교 성적이 더 고른 편이다. 답 ④

9-9. X가 정규분포 $N(13, 4^2)$을 따르므로 $Z=\frac{X-13}{4}$으로 표준화하면

$$\sum_{n=1}^{9}P(X-2n\leq 3)=\sum_{n=1}^{9}P(X\leq 2n+3)$$

$$=\sum_{n=1}^{9}P\left(Z\leq\frac{n-5}{2}\right)$$

$$=P(Z\leq -2)+P\left(Z\leq -\frac{3}{2}\right)$$

$$+\cdots+P\left(Z\leq\frac{3}{2}\right)+P(Z\leq 2)$$

실수 a에 대하여

$$P(Z\leq -a)+P(Z\leq a)$$

$$=P(Z\geq a)+P(Z\leq a)=1$$

이므로

$$(\text{준 식})=1+1+1+1+P(Z\leq 0)$$

$$=4.5$$

답 ③

9-10. X가 정규분포 $N(1, 2^2)$을 따르므로 $Z=\frac{X-1}{2}$로 표준화하면

$$P(1\leq X\leq 5)=P(0\leq Z\leq 2)$$

또, Y가 정규분포 $N(0, 3^2)$을 따르므로 $Z=\frac{Y-0}{3}$으로 표준화하면

$$P(0\leq Y\leq a)=P\left(0\leq Z\leq\frac{a}{3}\right)$$

문제의 조건으로부터

$$P(0\leq Z\leq 2)=P\left(0\leq Z\leq\frac{a}{3}\right)$$

$$\therefore\ 2=\frac{a}{3}\qquad\therefore\ \mathbf{a=6}$$

9-11. 진통 효과가 나타날 때까지 걸리는 시간을 확률변수 X라고 하면 X는 정규

분포 N(30, 8^2)을 따른다.

$Z=\dfrac{X-30}{8}$ 으로 표준화하면

$P(40\le X\le 44)=P(1.25\le Z\le 1.75)$
$=P(0\le Z\le 1.75)-P(0\le Z\le 1.25)$
$=0.46-0.39=0.07$ 답 ④

9-12. 반응 시간을 확률변수 X라고 하면

$P(X<2.93)=0.1003$

X는 정규분포 N(m, 1^2)을 따르므로

$Z=\dfrac{X-m}{1}$ 으로 표준화하면

$P(X<2.93)=P(Z<2.93-m)$
$=P(Z>m-2.93)$

$P(X<2.93)=0.1003$이므로

$P(Z>m-2.93)=0.1003$

$\therefore\ P(0\le Z\le m-2.93)=0.5-0.1003$
$=0.3997$

주어진 표에서 $m-2.93=1.28$

$\therefore\ m=4.21$ 답 ③

9-13. 수컷의 길이를 확률변수 X라고 하면 X는 정규분포 N(m, 3^2)을 따른다.

$Z=\dfrac{X-m}{3}$ 으로 표준화하면

$P(X\ge m+6)=P(Z\ge 2)$

또, 암컷의 길이를 확률변수 Y라 하면 Y는 정규분포 N($m+15$, σ^2)을 따른다.

$Z=\dfrac{Y-(m+15)}{\sigma}$ 로 표준화하면

$P(Y\le m+6)=P\left(Z\le -\dfrac{9}{\sigma}\right)$

$P(X\ge m+6)=P(Y\le m+6)$이므로

$P(Z\ge 2)=P\left(Z\le -\dfrac{9}{\sigma}\right)$

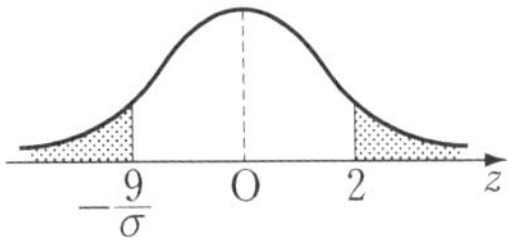

$\therefore\ \dfrac{9}{\sigma}=2 \quad \therefore\ \boldsymbol{\sigma=\dfrac{9}{2}}$

9-14. X가 정규분포 N(m, 5^2)을 따르므로 정규분포곡선 $y=f(x)$는 직선 $x=m$에 대하여 대칭이다.

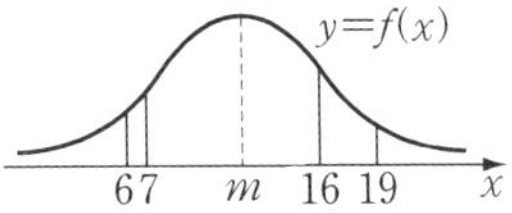

$f(7)>f(19)$이므로

$m-7<19-m \quad \therefore\ m<13$ …①

$f(6)<f(16)$이므로

$m-6>16-m \quad \therefore\ m>11$ …②

①, ②에서 $11<m<13$이고, m은 자연수이므로 $m=12$

$Z=\dfrac{X-12}{5}$ 로 표준화하면

$P(6\le X\le 19)=P(-1.2\le Z\le 1.4)$
$=P(0\le Z\le 1.2)+P(0\le Z\le 1.4)$
$=0.3849+0.4192$
$=0.8041$ 답 ③

9-15. 확률변수 X가 이항분포 $B\left(150,\ \dfrac{2}{5}\right)$를 따른다고 하면

$E(X)=150\times\dfrac{2}{5}=60,$

$V(X)=150\times\dfrac{2}{5}\times\dfrac{3}{5}=6^2$

150은 충분히 크므로 X는 근사적으로 정규분포 N(60, 6^2)을 따른다. 이때,

$\displaystyle\sum_{k=54}^{69}{}_{150}C_k\left(\frac{2}{5}\right)^k\left(\frac{3}{5}\right)^{150-k}=P(54\le X\le 69)$

이므로 $Z=\dfrac{X-60}{6}$ 으로 표준화하면

$P(54\le X\le 69)=P(-1\le Z\le 1.5)$
$=P(0\le Z\le 1)+P(0\le Z\le 1.5)$
$=0.3413+0.4332$
$=0.7745$ 답 ④

9-16. 선정된 유권자 중에서 예산 삭감 정책에 찬성하는 사람 수를 확률변수 X라고 하면 X는 이항분포 $B\left(192,\ \dfrac{3}{4}\right)$을 따

른다.

$$\therefore\ E(X)=192\times\frac{3}{4}=144$$

$$V(X)=192\times\frac{3}{4}\times\frac{1}{4}=6^2$$

192는 충분히 크므로 X는 근사적으로 정규분포 $N(144,\ 6^2)$을 따른다.

$Z=\frac{X-144}{6}$로 표준화하면

$$P(X\ge 150)=P(Z\ge 1)$$
$$=0.5-P(0\le Z\le 1)$$
$$=0.5-0.3413=\mathbf{0.1587}$$

9-17. 예약자 중에서 승선한 인원수를 확률변수 X라고 하면 X는 이항분포 $B\left(400,\ \frac{4}{5}\right)$를 따른다.

$$\therefore\ E(X)=400\times\frac{4}{5}=320$$

$$V(X)=400\times\frac{4}{5}\times\frac{1}{5}=8^2$$

400은 충분히 크므로 X는 근사적으로 정규분포 $N(320,\ 8^2)$을 따른다.

$Z=\frac{X-320}{8}$으로 표준화하면

$$P(X\le 340)=P(Z\le 2.5)$$
$$=0.5+P(0\le Z\le 2.5)$$
$$=0.5+0.4938=\mathbf{0.9938}$$

10-1. $E(\overline{X})=E(X)=10\times\frac{1}{2}+20\times a+30\times\left(\frac{1}{2}-a\right)$
$=20-10a$

이므로

$$20-10a=18\quad\therefore\ a=\frac{1}{5}$$

따라서 주어진 모집단의 확률분포는 아래와 같다.

X	10	20	30	합
$P(X=x)$	$\frac{1}{2}$	$\frac{1}{5}$	$\frac{3}{10}$	1

확률변수 X가 가지는 값은 10, 20, 30이므로 $\overline{X}=20$이고 크기가 2인 표본은

(10, 30), (20, 20), (30, 10)

따라서

$$P(\overline{X}=20)=\frac{1}{2}\times\frac{3}{10}+\frac{1}{5}\times\frac{1}{5}+\frac{3}{10}\times\frac{1}{2}$$
$$=\frac{17}{50}$$

답 ④

10-2. 정규분포 $N(3,\ 4^2)$을 따르는 모집단에서 추출한 표본으로부터 얻은 표본평균 $\overline{X}$는 정규분포

$$N\left(3,\ \frac{4^2}{25}\right)\quad 곧,\ N\left(3,\ \left(\frac{4}{5}\right)^2\right)$$

을 따른다.

또, 정규분포 $N(4,\ 3^2)$을 따르는 모집단에서 추출한 표본으로부터 얻은 표본평균 $\overline{Y}$는 정규분포

$$N\left(4,\ \frac{3^2}{36}\right)\quad 곧,\ N\left(4,\ \left(\frac{1}{2}\right)^2\right)$$

을 따른다.

따라서 $Z=\frac{\overline{X}-3}{\frac{4}{5}}$과 $Z=\frac{\overline{Y}-4}{\frac{1}{2}}$로 각각 표준화하면

(1) $P(\overline{X}\ge 2)=P\left(Z\ge -\frac{5}{4}\right)$,

$P(\overline{Y}\le a)=P(Z\le 2(a-4))$

이므로 문제의 조건에서

$$P\left(Z\ge -\frac{5}{4}\right)=P(Z\le 2(a-4))$$

$$\therefore\ 2(a-4)=\frac{5}{4}\qquad\therefore\ \boldsymbol{a=\frac{37}{8}}$$

(2) $P(\overline{X}\le b)+P(\overline{Y}\le 5)=1$에서

$$P\left(Z\le\frac{5}{4}(b-3)\right)+P(Z\le 2)=1$$

$$\therefore\ \frac{5}{4}(b-3)=-2\qquad\therefore\ b=\frac{7}{5}$$

$$\therefore\ P(\overline{Y}\ge 3b)=P\left(\overline{Y}\ge\frac{21}{5}\right)$$
$$=P\left(Z\ge\frac{2}{5}\right)$$
$$=0.5-P(0\le Z\le 0.4)$$
$$=0.5-0.1554=\mathbf{0.3446}$$

10-3. 제품의 무게가 정규분포 $N(11,\ 2^2)$을 따르므로 크기가 4인 표본으로부터 얻은 표본평균 $\overline{X}$는 정규분포

$$N\left(11,\ \frac{2^2}{4}\right) \quad 곧,\ N(11,\ 1^2)$$

을 따른다.

$Z=\dfrac{\overline{X}-11}{1}$로 표준화하면

$$P\left(10\le\overline{X}\le14\right)=P(-1\le Z\le3)$$
$$=P(0\le Z\le1)+P(0\le Z\le3)$$
$$=0.3413+0.4987=0.84$$

A, B가 각각 독립적으로 표본을 임의추출했으므로 두 사람이 추출한 표본으로부터 얻은 표본평균이 10 이상 14 이하일 확률은 모두 0.84이고, 두 사건은 서로 독립이다.

$\therefore\ 0.84\times0.84=0.7056$ 답 ④

10-4. 실제 구두 밑창의 평균 두께가 $\mu=25$(mm)일 때, 표본평균 $\overline{X}$는 정규분포

$$N\left(25,\ \frac{0.2^2}{4}\right) \quad 곧,\ N(25,\ 0.1^2)$$

을 따른다.

$Z=\dfrac{\overline{X}-25}{0.1}$로 표준화하면 기계를 비정상으로 판단하게 될 확률은

$$1-P\left(24.8\le\overline{X}\le25.2\right)$$
$$=1-P(-2\le Z\le2)=1-2P(0\le Z\le2)$$
$$=1-2\times0.4772=0.0456$$ 답 ⑤

10-5. 모집단의 분포가 정규분포 $N(m,\ 10^2)$을 따르므로 크기가 25인 표본으로부터 얻은 표본평균 $\overline{X}$는 정규분포

$$N\left(m,\ \frac{10^2}{25}\right) \quad 곧,\ N(m,\ 2^2)$$

을 따른다.

(1) $P\left(|\overline{X}-m|\le4\right)=P\left(-4\le\overline{X}-m\le4\right)$
$=P\left(m-4\le\overline{X}\le m+4\right)$

$Z=\dfrac{\overline{X}-m}{2}$으로 표준화하면

$$P\left(|\overline{X}-m|\le4\right)=P(-2\le Z\le2)$$
$$=2P(0\le Z\le2)$$
$$=2\times0.4772$$
$$=\mathbf{0.9544}$$

(2) $Z=\dfrac{\overline{X}-m}{2}$으로 표준화하면

$$P\left(m-k\le\overline{X}\le m+k\right)$$
$$=P\left(-\frac{k}{2}\le Z\le\frac{k}{2}\right)$$
$$=2P\left(0\le Z\le\frac{k}{2}\right)=0.34$$

$\therefore\ P\left(0\le Z\le\dfrac{k}{2}\right)=0.17$

표준정규분포표에서 $P(0\le Z\le0.44)=0.17$이므로

$\dfrac{k}{2}=0.44\qquad\therefore\ \boldsymbol{k=0.88}$

10-6. 모집단의 분포가 정규분포 $N(m,\ \sigma^2)$을 따르므로 표본평균 $\overline{X}$는 정규분포 $N\left(m,\ \dfrac{\sigma^2}{n}\right)$을 따른다.

$Z=\dfrac{\overline{X}-m}{\frac{\sigma}{\sqrt{n}}}$으로 표준화하면

$$f(\sigma)=P\left(\overline{X}\ge m+1.96\frac{1}{\sqrt{n}}\right)$$
$$=P\left(Z\ge\frac{1.96}{\sigma}\right)$$

$\therefore\ f(1)=P(Z\ge1.96)$
$=0.5-P(0\le Z\le1.96)$
$=0.5-0.4750=0.0250$

$f(2)=P(Z\ge0.98)$
$=0.5-P(0\le Z\le0.98)$
$=0.5-0.3365=0.1635$

$\therefore\ f(1)+f(2)=\mathbf{0.1885}$

10-7. 이 지역의 1인 가구의 월 식료품 구입비를 확률변수 X라 하고, 모표준편차를 σ라고 하면 X는 정규분포 $N(m,\ \sigma^2)$을 따른다.

이 지역의 1인 가구 중에서 임의추출한 9가구의 월 식료품 구입비의 표본평균이 $\overline{x}$이므로 신뢰도 99%로 추정한 m에 대한 신뢰구간은

$$\overline{x}-2.58\times\frac{\sigma}{\sqrt{9}}\le m\le\overline{x}+2.58\times\frac{\sigma}{\sqrt{9}}$$

곧, $[\overline{x}-0.86\sigma,\ \overline{x}+0.86\sigma]$이므로

$$c=0.86\sigma$$

따라서 $Z=\dfrac{X-m}{\sigma}$으로 표준화하면

$$\begin{aligned}P(X\le m+c)&=P(X\le m+0.86\sigma)\\&=P(Z\le 0.86)\\&=0.5+P(0\le Z\le 0.86)\\&=0.5+0.3051=\mathbf{0.8051}\end{aligned}$$

10-8. 정규분포 $N(m,\ \sigma^2)$을 따르는 모집단에서 크기가 n인 표본을 임의추출하여 구한 표본평균이 $\overline{X}$일 때, 모평균 m에 대한 신뢰도 α%의 신뢰구간은 신뢰계수를 k라고 하면

$$\overline{X}-k\frac{\sigma}{\sqrt{n}}\le m\le\overline{X}+k\frac{\sigma}{\sqrt{n}}$$

이고,

$\alpha=95$이면 $k=1.96$,
$\alpha=99$이면 $k=2.58$

곧, 신뢰도가 높아지면 k의 값은 커지고, 신뢰도가 낮아지면 k의 값은 작아진다.

또, 신뢰구간의 길이를 l이라고 하면

$$l=2k\frac{\sigma}{\sqrt{n}}\qquad\cdots\cdots㉮$$

그런데 모표준편차 σ가 상수이므로 k를 작게 하고 n을 크게 하면 l은 작아지고, k를 크게 하고 n을 작게 하면 l은 커진다.

① ㉮에서 k가 일정할 때, n을 크게 하면 l은 작아진다.

곧, 신뢰구간의 길이는 짧아진다.

② ㉮에서 k를 크게 하면서 n을 작게 하면 l은 커진다.

곧, 신뢰구간의 길이는 길어진다.

③ ㉮에서 n이 일정할 때, k가 클 때의 l이 k가 작을 때의 l보다 크다.

곧, 신뢰도 99%의 신뢰구간의 길이가 신뢰도 95%의 신뢰구간의 길이보다 길므로 동일한 표본을 사용하는 경우 신뢰도 99%의 신뢰구간이 신뢰도 95%의 신뢰구간을 포함한다.

④ ㉮에서 $k=\dfrac{1}{2\sigma}l\sqrt{n}$이다. l을 작게 해도 n을 매우 크게 하면 k는 커질 수 있다.

곧, 신뢰도가 항상 높아진다고도 할 수 없고, 신뢰도가 항상 낮아진다고도 할 수 없다.

⑤ ㉮에서 n 대신 $4n$을 대입하면

$$2k\frac{\sigma}{\sqrt{4n}}=\frac{1}{2}\times 2k\frac{\sigma}{\sqrt{n}}=\frac{1}{2}l$$

이므로 신뢰구간의 길이는 $\dfrac{1}{2}$배가 된다.

[답] ④

***Note** ④ $k=\dfrac{1}{2\sigma}l\sqrt{n}$에서 l을 $\dfrac{1}{2}$배, n을 16배 하면 k는 2배가 된다.

10-9. 모평균을 m이라고 하면 표본의 크기 n이 충분히 크므로 95%의 신뢰도로서

$$\overline{X}-1.96\frac{\sigma}{\sqrt{n}}\le m\le\overline{X}+1.96\frac{\sigma}{\sqrt{n}}$$

$$\therefore\ -1.96\frac{\sigma}{\sqrt{n}}\le m-\overline{X}\le 1.96\frac{\sigma}{\sqrt{n}}$$

$$\therefore\ |m-\overline{X}|\le 1.96\frac{\sigma}{\sqrt{n}}$$

문제의 조건에서

$$1.96\frac{\sigma}{\sqrt{n}}=1.96\times\frac{0.4}{\sqrt{n}}\le 0.05$$

$$\therefore\ \sqrt{n}\ge 15.68\qquad\therefore\ n\ge 245.8624$$

따라서 자연수 n의 최솟값은 **246**

***Note 1°** σ의 값으로 표본표준편차를 사용하였다.

*Note 2° 이 문제는 $\overline{X}$의 값과는 무관하다. 또, 풀이의 $\overline{X}$ 대신 3.35를 대입하고 풀어도 된다.

11-1. A중학교를 졸업한 학생의 모비율을 p라고 하면 $p=0.34$이므로

$$\sigma(\hat{p})=\sqrt{\frac{0.34\times0.66}{n}}$$

문제의 조건에서

$$\sqrt{\frac{0.34\times0.66}{n}}<0.03$$

$$\therefore\ \sqrt{n}>\sqrt{\frac{0.34\times0.66}{0.03^2}}$$

$$\therefore\ n>\frac{34\times66}{3^2}=249.3\times\times$$

따라서 자연수 n의 최솟값은 250이다.

답 ②

11-2. 혈액형이 A형인 사람의 모비율을 p라고 하면 $p=0.5=\dfrac{1}{2}$이다.

따라서 혈액형이 A형인 사람의 표본비율을 $\hat{p}$이라고 하면 $n=100$이므로

$$E(\hat{p})=p=\frac{1}{2},$$

$$V(\hat{p})=\frac{pq}{n}=\frac{\frac{1}{2}\times\frac{1}{2}}{100}=\frac{1}{20^2}$$

n이 충분히 크므로 $\hat{p}$은 근사적으로 정규분포 $N\left(\dfrac{1}{2},\ \left(\dfrac{1}{20}\right)^2\right)$을 따른다.

따라서 $Z=\dfrac{\hat{p}-\frac{1}{2}}{\frac{1}{20}}$로 표준화하면

$$P\left(\hat{p}\geq\frac{60}{100}\right)=P(Z\geq2)$$
$$=0.5-P(0\leq Z\leq2)$$
$$=0.5-0.4772=\mathbf{0.0228}$$

11-3. 면역을 가지는 사람의 모비율을 p라고 하면 $p=0.8$이다.

따라서 면역을 가지는 사람의 표본비율을 $\hat{p}$이라고 하면 $n=100$이므로

$$E(\hat{p})=p=0.8,$$

$$V(\hat{p})=\frac{pq}{n}=\frac{0.8\times0.2}{100}=0.04^2$$

n이 충분히 크므로 $\hat{p}$은 근사적으로 정규분포 $N(0.8,\ 0.04^2)$을 따른다.

따라서 $Z=\dfrac{\hat{p}-0.8}{0.04}$로 표준화하면

$$P\left(\hat{p}\leq\frac{74}{100}\right)=P(Z\leq-1.5)=P(Z\geq1.5)$$
$$=0.5-P(0\leq Z\leq1.5)$$
$$=0.5-0.4332=\mathbf{0.0668}$$

11-4. 표본비율을 $\hat{p}$이라고 하면 $\hat{p}=0.2$이고 n이 충분히 크므로 모비율 p에 대한 신뢰도 95%의 신뢰구간은

$$0.2-1.96\sqrt{\frac{0.2\times0.8}{400}}\leq p\leq0.2+1.96\sqrt{\frac{0.2\times0.8}{400}}$$

$$\therefore\ \mathbf{0.1608\leq p\leq0.2392}$$

11-5. 표본비율을 $\hat{p}$이라고 하면 $\hat{p}=0.64$이고 n이 충분히 크므로 모비율 p에 대한 신뢰도 95%의 신뢰구간은

$$0.64-1.96\sqrt{\frac{0.64\times0.36}{n}}\leq p\leq0.64+1.96\sqrt{\frac{0.64\times0.36}{n}}$$

$$\therefore\ b-a=2\times1.96\sqrt{\frac{0.64\times0.36}{n}}=0.12544$$

$$\therefore\ \sqrt{n}=\frac{2\times1.96\times0.8\times0.6}{0.12544}=15$$

$$\therefore\ n=225$$

답 ④

11-6. $a=\dfrac{1200}{1600}\times100=\mathbf{75}$

$$b=2.58\sqrt{\frac{1}{4n}}\times100$$
$$=2.58\sqrt{\frac{1}{4\times1600}}\times100$$
$$=3.225\fallingdotseq\mathbf{3.2}$$

유제
풀이 및 정답

유제 풀이 및 정답

1-1. 주사위의 눈의 수의 합으로 가능한 모든 경우를 표로 나타내면 다음과 같다.

A＼B	1	2	3	4	5	6
1	2	3	4	5	6	7
2	3	4	5	6	7	8
3	4	5	6	7	8	9
4	5	6	7	8	9	10
5	6	7	8	9	10	11
6	7	8	9	10	11	12

(1) **6**

(2) 눈의 수의 합이 4인 경우는 3가지이고, 6인 경우는 5가지이다.
따라서 $3+5=\mathbf{8}$

(3) 눈의 수의 합이 5의 배수인 경우는 5, 10일 때이고, 각각의 경우는 4가지, 3가지이다.
따라서 $4+3=\mathbf{7}$

(4) 눈의 수의 합이 10 이상인 경우는 10, 11, 12일 때이고, 각각의 경우는 3가지, 2가지, 1가지이다.
따라서 $3+2+1=\mathbf{6}$

1-2. $108=2^2\times3^3$에서
약수의 개수는
$(2+1)(3+1)=\mathbf{12}$
약수의 총합은
$(2^0+2^1+2^2)(3^0+3^1+3^2+3^3)=7\times40$
$=\mathbf{280}$

1-3. $15=15\times1=5\times3$이므로 각 경우에 가장 작은 수는
$2^{14},\quad 2^4\times3^2$
이고, 이 두 수 중에서 작은 수는
$2^4\times3^2=\mathbf{144}$

1-4. A에서 D까지 가는 경우는
A ⟶ B ⟶ D의 경우 :
$2\times3=6$(가지)
A ⟶ C ⟶ D의 경우 :
$3\times2=6$(가지)
A ⟶ B ⟶ C ⟶ D의 경우 :
$2\times2\times2=8$(가지)
A ⟶ C ⟶ B ⟶ D의 경우 :
$3\times2\times3=18$(가지)
따라서 $6+6+8+18=\mathbf{38}$(가지)

1-5. 갑이 C를 통과하고, 을이 D를 통과하는 방법의 수는
$(3\times2)\times(2\times3)=36$
갑이 D를 통과하고, 을이 C를 통과하는 방법의 수는
$(2\times3)\times(3\times2)=36$
따라서 $36+36=\mathbf{72}$

1-6. 꼭짓점 A에서 꼭짓점 B를 지나 꼭짓점 G까지 가는 길은

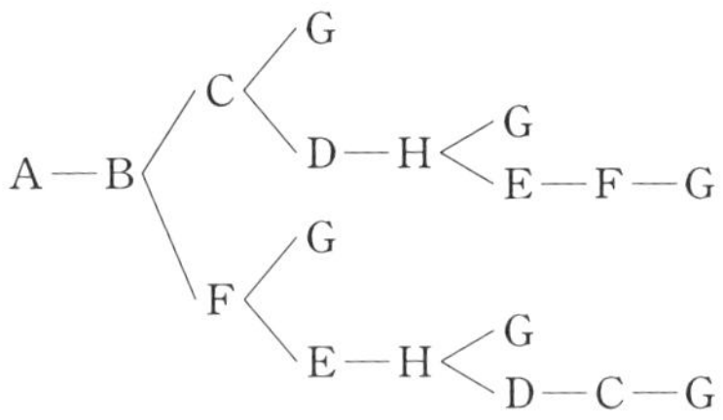

의 6가지이다.
같은 방법으로

$A-D-\cdots-G$
$A-E-\cdots-G$
의 경우도 각각 6가지이다.
따라서 꼭짓점 G에 도달하는 길은
$6+6+6=\mathbf{18}$(가지)

1-7. A에 5가지, B에 4가지, C에 3가지, D에 3가지, E에 3가지 색으로 칠할 수 있으므로
$5\times4\times3\times3\times3=\mathbf{540}$

2-1. (1) $120=6\times5\times4$이므로
${}_6P_r=6\times5\times4$ $\quad\therefore\ \boldsymbol{r=3}$
(2) 준 식의 양변을 $5!(=120)$로 나누면
${}_4P_r=24$
그런데 $24=4\times3\times2=4\times3\times2\times1$
이므로 $\boldsymbol{r=3,\ 4}$

2-2. (1) 준 식에서 $n(n-1)=8n$
$n\geq2$이므로 $n-1=8$ $\quad\therefore\ \boldsymbol{n=9}$
(2) 준 식에서
$n(n-1)(n-2)(n-3)=20n(n-1)$
$n\geq4$이므로 양변을 $n(n-1)$로 나누면
$(n-2)(n-3)=20$
$\therefore\ (n+2)(n-7)=0$
$n\geq4$이므로 $\boldsymbol{n=7}$
(3) 준 식에서 $n(n-1)+4n=28$
$\therefore\ (n+7)(n-4)=0$
$n\geq2$이므로 $\boldsymbol{n=4}$

2-3. $${}_{n-1}P_{r-1}=\frac{(n-1)!}{\{(n-1)-(r-1)\}!}=\frac{(n-1)!}{(n-r)!}$$
이므로 ${}_nP_r=6\times{}_{n-1}P_{r-1}$에서
$$\frac{n!}{(n-r)!}=6\times\frac{(n-1)!}{(n-r)!}$$
$\therefore\ n!=6\times(n-1)!$
$n!=n\times(n-1)!$이므로 $\boldsymbol{n=6}$

이 값을 $3\times{}_{n-1}P_r={}_nP_r$에 대입하면
$3\times{}_5P_r={}_6P_r$
$$\therefore\ 3\times\frac{5!}{(5-r)!}=\frac{6!}{(6-r)!}$$
$(6-r)!=(6-r)\times(5-r)!$이므로
$$3\times\frac{5!}{(5-r)!}=\frac{6\times5!}{(6-r)\times(5-r)!}$$
$\therefore\ 6-r=2$ $\quad\therefore\ \boldsymbol{r=4}$

2-4. $$(\text{우변})=\frac{n!}{(n-l)!}\times\frac{(n-l)!}{\{(n-l)-(r-l)\}!}=\frac{n!}{(n-r)!}={}_nP_r=(\text{좌변})$$

2-5. 9명에서 9명을 택하는 순열의 수이므로 ${}_9P_9=\mathbf{362880}$(가지)

2-6. 다섯 집을 일렬로 세우는 순열의 수이므로 ${}_5P_5=\mathbf{120}$

2-7. 35명에서 3명을 택하는 순열의 수이므로 ${}_{35}P_3=35\times34\times33=\mathbf{39270}$

2-8. 10개에서 2개를 택하는 순열의 수이므로 ${}_{10}P_2=\mathbf{90}$(가지)

2-9. (1) n권에서 n권을 택하는 순열의 수이므로 ${}_nP_n=\boldsymbol{n!}$
(2) n권에서 5권을 택하는 순열의 수이므로 $\boldsymbol{{}_nP_5}$
(3) n권에서 2권을 택하는 순열의 수는 ${}_nP_2$이므로
${}_nP_2=42$ $\quad$곧, $n(n-1)=42$
$\therefore\ (n+6)(n-7)=0$
$n\geq5$이므로 $\boldsymbol{n=7}$

2-10. (1) 수학책 3권을 한 묶음으로 보면 모두 7권을 일렬로 나열하는 경우이므로 7! 가지이고, 이 각각에 대하여 수학책 3권을 일렬로 나열하는 경우는

3! 가지이다.

$\therefore\ 7!\times 3!=5040\times 6=\mathbf{30240}$

(2) 국어책, 수학책을 각각 한 묶음으로 보면 모두 4권을 일렬로 나열하는 경우이므로 4! 가지이고, 이 각각에 대하여 국어책 4권, 수학책 3권을 일렬로 나열하는 경우는 $4!\times 3!$ 가지이다.

$\therefore\ 4!\times 4!\times 3!=24\times 24\times 6=\mathbf{3456}$

(3) 국어책 4권, 영어책 2권을 일렬로 나열하는 경우는 6! 가지이고, 이 각각에 대하여 양 끝과 사이의 7개의 자리에 수학책 3권을 일렬로 나열하는 경우는 ${}_7\mathrm{P}_3$ 가지이다.

$\therefore\ 6!\times {}_7\mathrm{P}_3=720\times 210=\mathbf{151200}$

2-11. a를 처음에, f를 마지막에 고정하고, 나머지 b, c, d, e의 4개에서 2개를 택하는 순열의 수와 같으므로

${}_4\mathrm{P}_2=\mathbf{12}$

2-12. (1) 일의 자리의 숫자를 5로 고정하고, 나머지 1, 2, 3, 4의 순열의 수를 생각하면 되므로

${}_4\mathrm{P}_4=\mathbf{24}$(개)

(2) 양 끝에 홀수가 들어가는 순열의 수는 ${}_3\mathrm{P}_2$이고, 이 각각에 대하여 가운데에 세 개의 숫자가 들어가는 순열의 수는 3! 이므로

${}_3\mathrm{P}_2\times 3!=6\times 6=\mathbf{36}$(개)

2-13. | 부 ○ 모 | ○○

부모 사이에 한 명의 아이가 서는 순열의 수는 ${}_3\mathrm{P}_1$

부모가 자리를 서로 바꾸는 순열의 수는 2!

| 부 ○ 모 | 를 한 명으로 보면 이때의 순열의 수는 3!

$\therefore\ {}_3\mathrm{P}_1\times 2!\times 3!=3\times 2\times 6=\mathbf{36}$

2-14. 전체 순열의 수는 6! 이고, 양 끝에 모두 남학생이 서는 경우의 순열의 수는 $4!\times 2!$ 이므로

$6!-4!\times 2!=720-24\times 2=\mathbf{672}$

2-15. (1) 짝수는 다음 두 가지의 꼴이다.

(i) □□□2 꼴의 수 :

이것은 3개의 □에 1, 3, 4를 나열한 경우이므로 3! 개

(ii) □□□4 꼴의 수 :

이것은 3개의 □에 1, 2, 3을 나열한 경우이므로 3! 개

$\therefore\ 3!+3!=6+6=\mathbf{12}$(개)

***Note** 1, 2, 3, 4 중에서 홀수는 2개, 짝수는 2개이다. 곧, 홀수의 개수와 짝수의 개수가 같으므로 이를 나열하여 만든 네 자리 자연수 중에서 홀수의 개수와 짝수의 개수는 같다.

이를 이용하면 $\dfrac{4!}{2}=\mathbf{12}$(개)

(2) 2300보다 작은 자연수는 다음 두 가지의 꼴이다.

(i) 1□□□ 꼴의 수 :

이것은 3개의 □에 2, 3, 4를 나열한 경우이므로 3! 개

(ii) 21□□ 꼴의 수 :

이것은 2개의 □에 3, 4를 나열한 경우이므로 2! 개

$\therefore\ 3!+2!=6+2=\mathbf{8}$(개)

2-16. (i) 각 자리의 숫자가 모두 다른 경우 : 천의 자리에는 0이 올 수 없으므로 3가지이고, 이 각각에 대하여 세 자리에 3개의 숫자가 오면 되므로 ${}_3\mathrm{P}_3$가지이다.

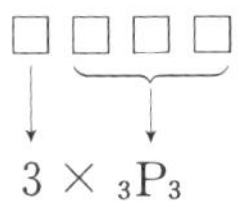

$\therefore\ 3\times {}_3\mathrm{P}_3=3\times(3\times 2\times 1)=\mathbf{18}$

(ii) 각 자리의 숫자가 같아도 상관없는 경우 : 천의 자리에는 0이 올 수 없으므로 3가지이고, 이 각각에 대하여 세 자리에 4개의 숫자가 중복하여 와도 되므로 ${}_4\Pi_3$가지이다.

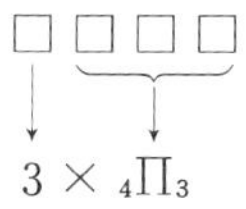

$\therefore\ 3\times{}_4\Pi_3=3\times4^3=\mathbf{192}$

2-17. (1) ${}_3\Pi_2=3^2=\mathbf{9}$

(2) ${}_3P_2=3\times2=\mathbf{6}$

2-18. 집합 $\{1, 2, 3, 4\}$에서 집합 $\{3, 4\}$로의 함수의 개수를 구하는 것과 같으므로 ${}_2\Pi_4=2^4=\mathbf{16}$

2-19. (1) ${}_3\Pi_3=3^3=\mathbf{27}$

(2) ${}_3P_3=3\times2\times1=\mathbf{6}$

2-20. 8개의 문자 n, n, t, t, e, e, i, r의 순열의 수이므로

$$\frac{8!}{2!2!2!}=\mathbf{5040}$$

2-21. (i) 여섯 자리 자연수의 개수

6개의 숫자 1, 1, 1, 2, 2, 3의 순열의 수와 같으므로

$$\frac{6!}{3!2!}=\mathbf{60}(\text{개})$$

(ii) 짝수의 개수

○○○○○2 꼴의 수에서 ○에 5개의 숫자 1, 1, 1, 2, 3을 나열하는 순열의 수와 같으므로

$$\frac{5!}{3!}=\mathbf{20}(\text{개})$$

2-22. (i) 여섯 자리 자연수의 개수

(ㄱ) 1□□□□□의 꼴 :

□에 숫자 1, 1, 2, 2, 0을 나열하는 순열의 수와 같으므로

$$\frac{5!}{2!2!}=30(\text{개})$$

(ㄴ) 2□□□□□의 꼴 :

□에 숫자 1, 1, 1, 2, 0을 나열하는 순열의 수와 같으므로

$$\frac{5!}{3!}=20(\text{개})$$

$\therefore\ 30+20=\mathbf{50}(\text{개})$

*__*Note*__ 맨 앞자리에 0이 오는 경우를 빼도 되므로

$$\frac{6!}{3!2!}-\frac{5!}{3!2!}=60-10=\mathbf{50}(\text{개})$$

(ii) 짝수의 개수

(ㄱ) □□□□□0의 꼴 :

□에 숫자 1, 1, 1, 2, 2를 나열하는 순열의 수와 같으므로

$$\frac{5!}{3!2!}=10(\text{개})$$

(ㄴ) □□□□□2의 꼴 :

□에 숫자 1, 1, 1, 2, 0을 나열하는 순열의 수에서 맨 앞자리에 0이 오는 경우를 빼면 되므로

$$\frac{5!}{3!}-\frac{4!}{3!}=20-4=16(\text{개})$$

$\therefore\ 10+16=\mathbf{26}(\text{개})$

2-23. (1) $\dfrac{9!}{5!4!}=\mathbf{126}$

(2) $\dfrac{3!}{2!}\times\dfrac{6!}{3!3!}=3\times20=\mathbf{60}$

(3) (1)에서 (2)를 빼면 되므로

$126-60=\mathbf{66}$

2-24.

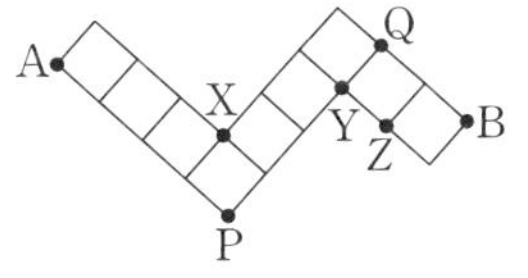

위의 그림에서

$A\longrightarrow X\longrightarrow Y\longrightarrow Z\longrightarrow B$

로 가면 되므로

$$\frac{4!}{3!}\times\frac{3!}{2!}\times1\times2=\mathbf{24}$$

2-25.

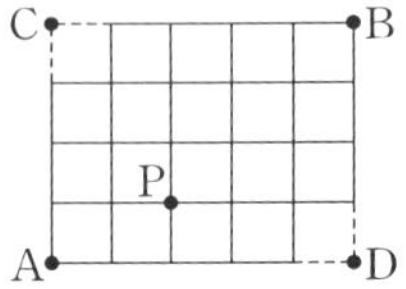

위의 그림에서 A ⟶ B로 가는 경우에서 C, P, D를 거치지 않고 가는 경우이므로

$$\frac{9!}{5!4!}-\left(1+\frac{3!}{2!}\times\frac{6!}{3!3!}+1\right)$$
$$=126-(1+60+1)=\mathbf{64}$$

2-26. (1)

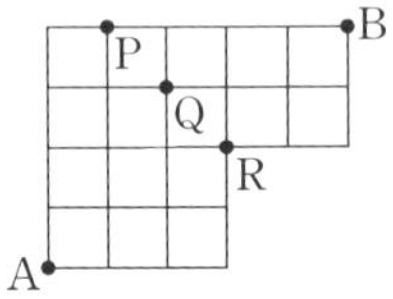

A ⟶ P ⟶ B, A ⟶ Q ⟶ B,
A ⟶ R ⟶ B
로 가는 경우이므로

$$\frac{5!}{4!}\times1+\frac{5!}{2!3!}\times\frac{4!}{3!}+\frac{5!}{3!2!}\times\frac{4!}{2!2!}$$
$$=5+40+60=\mathbf{105}$$

(2)

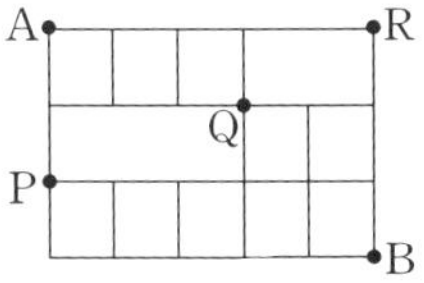

A ⟶ P ⟶ B, A ⟶ Q ⟶ B,
A ⟶ R ⟶ B
로 가는 경우이므로

$$1\times\frac{6!}{5!}+\frac{4!}{3!}\times\frac{4!}{2!2!}+1=6+24+1$$
$$=\mathbf{31}$$

(3)

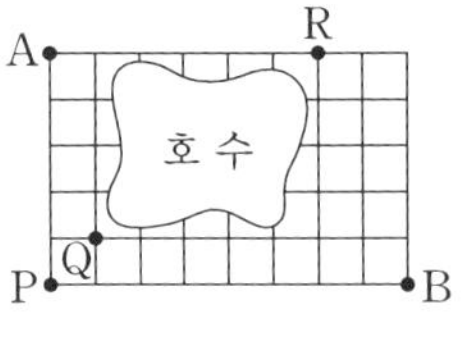

A ⟶ P ⟶ B, A ⟶ Q ⟶ B,
A ⟶ R ⟶ B
로 가는 경우이므로

$$1+\frac{5!}{4!}\times\frac{8!}{7!}+1\times\frac{7!}{2!5!}=1+40+21$$
$$=\mathbf{62}$$

2-27.

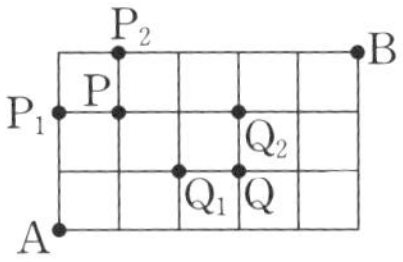

(1) A ⟶ B로 가는 경우의 수에서 P 또는 Q를 지나는 경우의 수를 빼면 되므로

$$\frac{8!}{5!3!}-\left(\frac{3!}{2!}\times\frac{5!}{4!}+\frac{4!}{3!}\times\frac{4!}{2!2!}\right)$$
$$=56-(15+24)=\mathbf{17}$$

(2) A ⟶ B로 가는 경우의 수에서 P 또는 Q에서 좌회전하는 경우의 수를 빼면 된다.

그런데 P에서 좌회전하는 경우는
A ⟶ P_1 ⟶ P ⟶ P_2 ⟶ B
로 가는 경우이고, Q에서 좌회전하는 경우는
A ⟶ Q_1 ⟶ Q ⟶ Q_2 ⟶ B
로 가는 경우이므로

$$\frac{8!}{5!3!}-\left(1\times1\times1\times1+\frac{3!}{2!}\times1\times1\times\frac{3!}{2!}\right)$$
$$=56-(1+9)=\mathbf{46}$$

* ***Note*** P_1에서 P로 가는 경우에는 P에서 좌회전할 수 없으므로 P_2로 갈 수 없다. 마찬가지로 Q_1에서 Q로 가는 경우에는 Q에서 좌회전할 수 없으므로 Q_2로 갈 수 없다.

2-28. (1) 6명이 원탁에 둘러앉는 방법의 수와 같으므로

$$(6-1)!=\mathbf{120}$$

(2) 6명이 원탁에 둘러앉는 방법의 수는

$$(6-1)!=120$$

이 각각에 대하여 아래 그림과 같이 서로 다른 경우가 2가지씩 있으므로

$$120\times2=\mathbf{240}$$

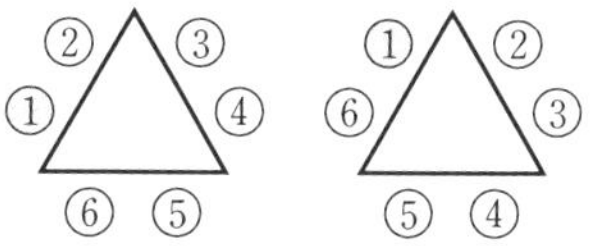

(3) 6명이 원탁에 둘러앉는 방법의 수는

$$(6-1)!=120$$

이 각각에 대하여 아래 그림과 같이 서로 다른 경우가 3가지씩 있으므로

$$120\times3=\mathbf{360}$$

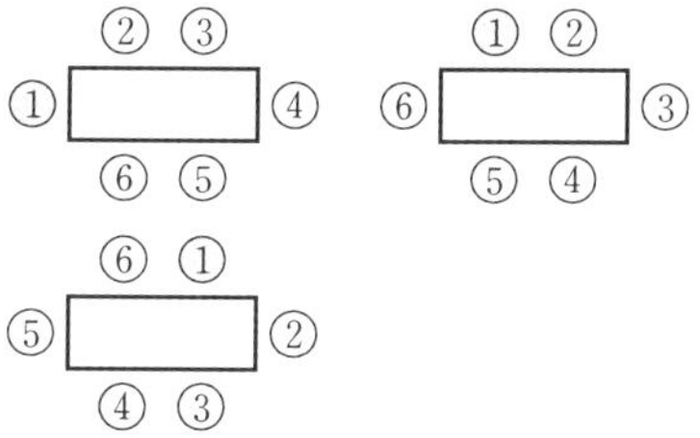

2-29. (1) 부모를 한 사람으로 생각하면 5명이 원탁에 둘러앉는 방법은 $(5-1)!$가지이고, 이 각각에 대하여 부모가 서로 자리를 바꾸는 방법은 $2!$가지이다.

$\therefore\ (5-1)!\times2!=24\times2=\mathbf{48}$(가지)

(2) 부모가 먼저 원탁에 서로 마주 보도록 고정해서 앉으면 나머지 4명의 자녀가 앉는 방법은 $4!$가지이다.

$\therefore\ 4!=\mathbf{24}$(가지)

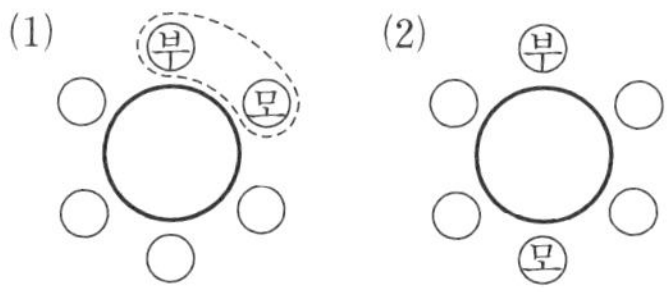

3-1. (1) 준 식에서

$$\frac{{}_nP_2}{2!}=6+15 \qquad \therefore\ \frac{n(n-1)}{2\times1}=21$$

$$\therefore\ n^2-n-42=0$$

$$\therefore\ (n+6)(n-7)=0$$

$n\ge2$이므로 $\boldsymbol{n=7}$

(2) 준 식에서 $\dfrac{{}_{n+2}P_4}{4!}=11\times\dfrac{{}_nP_2}{2!}$

$$\therefore\ \frac{(n+2)(n+1)n(n-1)}{4\times3\times2\times1}=11\times\frac{n(n-1)}{2\times1}$$

$n\ge2$이므로 양변을 $n(n-1)$로 나누어 정리하면

$$(n+2)(n+1)=12\times11$$

$$\therefore\ (n-10)(n+13)=0$$

$n\ge2$이므로 $\boldsymbol{n=10}$

(3) 준 식에서 ${}_nP_2+4\times\dfrac{{}_nP_2}{2!}=60$

$$\therefore\ 3n(n-1)=60$$

$$\therefore\ (n+4)(n-5)=0$$

$n\ge2$이므로 $\boldsymbol{n=5}$

(4) ${}_{10}C_{n+5}={}_{10}C_{2n+2}$에서

$n+5=2n+2$일 때 $n=3$

$n+5=10-(2n+2)$일 때 $n=1$

n은 $n\le4$인 자연수이므로

$\boldsymbol{n=1,\ 3}$

*_**Note**_ $0\le n+5\le10$에서

$-5\le n\le5$ ……①

$0\le 2n+2\le10$에서

$-1\le n\le4$ ……②

①, ②에서 $-1\le n\le4$

따라서 n은 $n\le4$인 자연수이다.

3-2. (우변)

$$=n\times\frac{(n-1)!}{(r-1)!\{(n-1)-(r-1)\}!}$$

$$=\frac{n!}{(r-1)!(n-r)!}$$

$$=r\times\frac{n!}{r!(n-r)!}$$

$=r\times{}_nC_r=$(좌변)

3-3. (1) 특정한 2명은 미리 뽑아 놓고, 나

머지 8명 중에서 3명을 뽑는 경우를 생각하면 되므로 ${}_8C_3=\mathbf{56}$

(2) 특정한 2명을 제외하고, 나머지 8명 중에서 5명을 뽑는 경우를 생각하면 되므로 ${}_8C_5={}_8C_3=\mathbf{56}$

3-4. 선수 14명 중에서 3명을 뽑는 경우의 수는 ${}_{14}C_3$이다.

이 중에서 3명이 모두 야구 선수인 경우의 수는 ${}_9C_3$이고, 3명이 모두 농구 선수인 경우의 수는 ${}_5C_3$이므로

$${}_{14}C_3-({}_9C_3+{}_5C_3)=\mathbf{270}$$

3-5. 적어도 여자 1명이 포함되는 경우의 수는 10명 중에서 2명을 뽑는 경우의 수에서 남자만 2명을 뽑는 경우의 수를 뺀 것과 같다.

따라서 남자를 x명이라고 하면

$${}_{10}C_2-{}_xC_2=30$$

$$\therefore \frac{10\times9}{2}-\frac{x(x-1)}{2}=30$$

$$\therefore (x-6)(x+5)=0$$

$x\geq2$이므로 $x=\mathbf{6}$(명)

3-6. 홀수 5개, 짝수 4개 중에서 3개의 홀수와 2개의 짝수를 뽑는 경우의 수는

$${}_5C_3\times{}_4C_2=60$$

이들 5개의 숫자를 일렬로 나열하는 경우의 수는 $5!$

$$\therefore 60\times5!=\mathbf{7200}(개)$$

3-7. 3개의 모자와 2개의 가방을 뽑는 경우의 수는

$${}_{10}C_3\times{}_5C_2=1200$$

(i) 5개를 일렬로 나열하는 경우의 수는 $5!$이므로

$$1200\times5!=\mathbf{144000}$$

(ii) 5개를 원형으로 나열하는 경우의 수는 $(5-1)!$이므로

$$1200\times(5-1)!=\mathbf{28800}$$

3-8. 김씨와 박씨를 미리 뽑아 놓을 때, 나머지 6명 중에서 2명을 뽑는 경우는 ${}_6C_2$가지이다.

또, 이들 4명 중에서 김씨와 박씨가 이웃하게 일렬로 서는 경우(이때, 김씨와 박씨를 한 사람으로 보되, 두 사람의 순서를 바꾸는 경우도 생각한다)는 $3!\times2!$가지이다.

$$\therefore {}_6C_2\times3!\times2!=\mathbf{180}(가지)$$

3-9. a가 천의 자리 숫자이고 $a<b\leq c<d$이므로 0은 뽑을 수 없다.

따라서 1, 2, 3, 4, 5의 다섯 개의 숫자 중에서 조건에 맞게 뽑아야 한다.

$a<b<c<d$인 경우의 수는 ${}_5C_4=5$

$a<b=c<d$인 경우의 수는 ${}_5C_3=10$

$$\therefore 5+10=\mathbf{15}$$

3-10. 한 직선 위에 있는 세 점은 삼각형을 만들 수 없으므로 이를 뺀다.

(1) ${}_7C_3-{}_4C_3=\mathbf{31}$

(2) ${}_{10}C_3-5\times{}_4C_3=\mathbf{100}$

3-11. (1) 두 개의 꼭짓점을 연결하면 하나의 선분이 생긴다. 이 중에서 볼록십각형의 10개의 변을 제외하면 되므로

$${}_{10}C_2-10=\mathbf{35}$$

(2) 교점의 개수가 가장 많을 때는 어느 세 개의 대각선도 한 점에서 만나지 않을 때이다. 이때, 네 개의 꼭짓점으로 만들어지는 사각형의 두 대각선이 교점 한 개를 결정하므로

$${}_{10}C_4=\mathbf{210}$$

(3) 세 개의 꼭짓점을 연결하면 하나의 삼각형이 생긴다. 이 중에서

(i) 한 변만 일치하는 경우 :

각 변에 대하여 6개씩 있으므로

$$10\times6=60$$

(ii) 두 변이 일치하는 경우 :

각 꼭짓점에 대하여 한 개씩 있으므로 10

$\therefore\ {}_{10}C_3-(60+10)=\mathbf{50}$

3-12. (1) 4가지 색 중에서 1가지 색을 택하여 가운데 삼각형에 칠하는 방법의 수는 ${}_4C_1$이고, 이 각각에 대하여 나머지 3가지 색을 둘레의 삼각형에 칠하는 방법의 수는 $(3-1)!$이다.

$\therefore\ {}_4C_1\times(3-1)!=\mathbf{8}$

(2) 6가지 색 중에서 4가지 색을 택하여 가운데 삼각형에 칠하는 방법의 수는 ${}_6C_4\times{}_4C_1$이고, 이 각각에 대하여 나머지 3가지 색을 둘레의 삼각형에 칠하는 방법의 수는 $(3-1)!$이다.

$\therefore\ {}_6C_4\times{}_4C_1\times(3-1)!=\mathbf{120}$

3-13. (1) ${}_{10}C_4\times{}_6C_6=\mathbf{210}$(가지)

(2) 5명씩 두 조이므로

$${}_{10}C_5\times{}_5C_5\times\frac{1}{2!}=\mathbf{126}\text{(가지)}$$

3-14. (1) ${}_{15}C_4\times{}_{11}C_5\times{}_6C_6=\mathbf{630630}$(가지)

(2) 4송이 묶음이 2개이므로

$${}_{15}C_4\times{}_{11}C_4\times{}_7C_7\times\frac{1}{2!}=\mathbf{225225}\text{(가지)}$$

(3) 5송이 묶음이 3개이므로

$${}_{15}C_5\times{}_{10}C_5\times{}_5C_5\times\frac{1}{3!}=\mathbf{126126}\text{(가지)}$$

(4) 5송이씩 세 묶음으로 나누고, 다시 세 사람에게 나누어 주므로

$${}_{15}C_5\times{}_{10}C_5\times{}_5C_5\times\frac{1}{3!}\times3!=\mathbf{756756}\text{(가지)}$$

3-15. 8명을 2명씩 네 조로 나누는 경우의 수는

$${}_8C_2\times{}_6C_2\times{}_4C_2\times{}_2C_2\times\frac{1}{4!}=105$$

또, 네 조가 4개의 호텔에 투숙하는 방법의 수는 $4!$

$\therefore\ 105\times4!=\mathbf{2520}$

**Note* 2명씩 네 조가 호텔에 순서대로 투숙한다고 하면 네 조가 구별이 되므로 다음과 같이 구해도 된다.

$${}_8C_2\times{}_6C_2\times{}_4C_2\times{}_2C_2=\mathbf{2520}$$

3-16. 6명을 2명씩 세 조로 나누는 방법의 수는

$${}_6C_2\times{}_4C_2\times{}_2C_2\times\frac{1}{3!}=15$$

세 조에서 심판을 보는 조를 정하는 방법의 수는 ${}_3C_1=3$

$\therefore\ 15\times3=\mathbf{45}$

3-17. 남자 7명을 2명, 5명의 두 조로 나누면 되므로

$${}_7C_2\times{}_5C_5=\mathbf{21}$$

**Note* 남자 7명 중에서 여자 3명과 같은 조에 넣을 2명을 택하면 되므로

$${}_7C_2=\mathbf{21}$$

3-18. 서로 다른 구슬 5개를 네 묶음으로 나누는 방법의 수를 구하면 된다.

1개, 1개, 1개, 2개로 나누면 되므로 구하는 방법의 수는

$${}_5C_1\times{}_4C_1\times{}_3C_1\times{}_2C_2\times\frac{1}{3!}=\mathbf{10}$$

3-19. 서로 다른 꽃 6송이를

(i) 1송이, 1송이, 4송이로 나누는 방법의 수는

$${}_6C_1\times{}_5C_1\times{}_4C_4\times\frac{1}{2!}=15$$

(ii) 1송이, 2송이, 3송이로 나누는 방법의 수는 ${}_6C_1\times{}_5C_2\times{}_3C_3=60$

(iii) 2송이, 2송이, 2송이로 나누는 방법의 수는

$${}_6C_2\times{}_4C_2\times{}_2C_2\times\frac{1}{3!}=15$$

(i), (ii), (iii)에서 세 묶음으로 나누는 방법의 수는 $15+60+15=90$이므로 서로 다른 3개의 꽃병에 꽂는 방법의 수는

$$90\times3!=\mathbf{540}$$

3-20. A의 원소 1, 2, 3을 두 묶음으로 나눈 다음, B의 원소 a, b에 분배하는 방법을 생각한다.

1, 2, 3을 두 묶음으로 나누는 방법은 1개, 2개로 나누는 것이므로

$${}_3C_1\times{}_2C_2\times 2!=\mathbf{6}(\text{개})$$

*__Note__ 1° 함수 f는 ${}_2\Pi_3=2^3=8$(개)

이 중에서 치역이 $\{a\}$인 것은 1개, 치역이 $\{b\}$인 것은 1개이므로

$$8-(1+1)=\mathbf{6}(\text{개})$$

2° A의 원소 1, 2, 3에

$(a,\ a,\ b)$, $(a,\ b,\ b)$

꼴의 모든 순열을 대응시키면 치역과 공역이 서로 같으므로

$$\frac{3!}{2!}+\frac{3!}{2!}=\mathbf{6}(\text{개})$$

3-21. A의 원소 1, 2, 3, 4를 세 묶음으로 나눈 다음, B의 원소 a, b, c에 분배하는 방법을 생각한다.

1, 2, 3, 4를 세 묶음으로 나누는 방법은 1개, 1개, 2개로 나누는 것이므로

$${}_4C_1\times{}_3C_1\times{}_2C_2\times\frac{1}{2!}\times 3!=\mathbf{36}(\text{개})$$

*__Note__ 1° 함수 f는 ${}_3\Pi_4=3^4=81$(개)

이 중에서 치역의 원소의 개수가 1인 것은 ${}_3C_1$개, 치역의 원소의 개수가 2인 것은 ${}_3C_2\times({}_2\Pi_4-2)$개이므로

$$81-{}_3C_1-{}_3C_2\times({}_2\Pi_4-2)=\mathbf{36}(\text{개})$$

2° A의 원소 1, 2, 3, 4에

$(a,\ a,\ b,\ c)$, $(a,\ b,\ b,\ c)$,

$(a,\ b,\ c,\ c)$

꼴의 모든 순열을 대응시키면 치역과 공역이 서로 같으므로

$$\frac{4!}{2!}+\frac{4!}{2!}+\frac{4!}{2!}=\mathbf{36}(\text{개})$$

3-22. (1) x, y, z의 세 문자에서 8개를 택하는 중복조합의 수와 같으므로

$${}_3H_8={}_{3+8-1}C_8={}_{10}C_8=\mathbf{45}$$

(2) x, y, z의 세 문자에서 $5(=8-3)$개를 택하는 중복조합의 수와 같으므로

$${}_3H_5={}_{3+5-1}C_5={}_7C_5=\mathbf{21}$$

3-23. 서로 다른 4개의 꽃병에 꽂은 장미의 송이 수를 각각 x, y, z, w라고 하면

$$x+y+z+w=15$$

(1) 방정식 $x+y+z+w=15$의 음이 아닌 정수해의 개수와 같으므로

$${}_4H_{15}={}_{4+15-1}C_{15}={}_{18}C_{15}=\mathbf{816}$$

(2) 각 꽃병에 장미 2송이씩을 먼저 꽂은 다음, 남은 장미 7송이를 서로 다른 4개의 꽃병에 꽂는 방법의 수를 생각하면 된다.

$x+y+z+w=15$에서

$x=a+2,\quad y=b+2,$

$z=c+2,\quad w=d+2$

(a, b, c, d는 음이 아닌 정수)

로 놓으면

$$a+b+c+d=7$$

이 방정식의 음이 아닌 정수해의 개수와 같으므로

$${}_4H_7={}_{4+7-1}C_7={}_{10}C_7=\mathbf{120}$$

3-24. (1) A의 원소 a, b, c에, B의 원소 1, 2, 3, 4, 5 중에서 서로 다른 세 개의 원소를 뽑아 이것을 크기 순서로 대응시키면 된다. $\therefore\ {}_5C_3=\mathbf{10}$

(2) A의 원소 a, b, c에, B의 원소 1, 2, 3, 4, 5 중에서 중복을 허락하여 세 개의 원소를 뽑아 이것을 크기 순서로 대응시키면 된다.

$$\therefore\ {}_5H_3={}_{5+3-1}C_3={}_7C_3=\mathbf{35}$$

3-25. (1) A의 서로 다른 원소에 B의 서로 다른 원소가 대응하는 경우이므로 f는 일대일함수이다. $\therefore\ {}_n\mathbf{P}_m$

(2) A의 m개의 원소에, B의 n개의 원소 중에서 서로 다른 m개를 뽑아 이것을 크기 순서로 대응시키면 된다.

$\therefore\ {}_n\mathrm{C}_m$

(3) A의 m개의 원소에, B의 n개의 원소 중에서 중복을 허락하여 m개를 뽑아 이것을 크기 순서로 대응시키면 된다. $\therefore\ {}_n\mathrm{H}_m$

4-1. (1) 전개식의 일반항은

$${}_8\mathrm{C}_r(2x^3)^{8-r}\left(\frac{1}{x}\right)^r={}_8\mathrm{C}_r\,2^{8-r}x^{24-3r}x^{-r}={}_8\mathrm{C}_r\,2^{8-r}x^{24-4r}$$

상수항일 때 $24-4r=0$ $\therefore\ r=6$

$\therefore\ {}_8\mathrm{C}_r\,2^{8-r}={}_8\mathrm{C}_6\times2^{8-6}=\mathbf{112}$

(2) 전개식의 일반항은

$${}_6\mathrm{C}_r(x^2)^{6-r}\left(-\frac{2}{x}\right)^r={}_6\mathrm{C}_r(-2)^r x^{12-2r}x^{-r}={}_6\mathrm{C}_r(-2)^r x^{12-3r}$$

$\dfrac{1}{x^3}$항일 때 $12-3r=-3$ $\therefore\ r=5$

$\therefore\ {}_6\mathrm{C}_r(-2)^r={}_6\mathrm{C}_5\times(-2)^5=\mathbf{-192}$

(3) 전개식의 일반항은

$${}_7\mathrm{C}_r(2x)^{7-r}(-y)^r={}_7\mathrm{C}_r\,2^{7-r}(-1)^r x^{7-r}y^r$$

x^4y^3항일 때 $7-r=4$, $r=3$

$\therefore\ r=3$

$\therefore\ {}_7\mathrm{C}_r\,2^{7-r}(-1)^r={}_7\mathrm{C}_3\times2^4\times(-1)^3=\mathbf{-560}$

(4) 전개식의 일반항은

$${}_7\mathrm{C}_r\,x^{7-r}\left(-\frac{1}{y}\right)^r={}_7\mathrm{C}_r(-1)^r\frac{x^{7-r}}{y^r}$$

$\dfrac{x^4}{y^3}$항일 때 $7-r=4$, $r=3$

$\therefore\ r=3$

$\therefore\ {}_7\mathrm{C}_r(-1)^r={}_7\mathrm{C}_3\times(-1)^3=\mathbf{-35}$

4-2. 전개식의 일반항은

$${}_6\mathrm{C}_r(ax^2)^{6-r}\left(-\frac{1}{x}\right)^r={}_6\mathrm{C}_r a^{6-r}(-1)^r x^{12-3r}$$

상수항일 때 $12-3r=0$ $\therefore\ r=4$

이때, 상수항이 60이므로

${}_6\mathrm{C}_4\times a^{6-4}\times(-1)^4=60$

$\therefore\ a^2=4$ $\therefore\ \boldsymbol{a=\pm2}$

4-3. 전개식의 일반항은

$${}_7\mathrm{C}_r(x^2)^{7-r}\left(\frac{a}{y}\right)^r={}_7\mathrm{C}_r a^r\frac{x^{14-2r}}{y^r}$$

$\dfrac{x^4}{y^5}$항일 때 $14-2r=4$, $r=5$

$\therefore\ r=5$

이때, 계수가 672이므로

${}_7\mathrm{C}_5\,a^5=672$ $\therefore\ a^5=32$

a는 실수이므로 $\boldsymbol{a=2}$

4-4. 전개식의 일반항은

$${}_5\mathrm{C}_r\,x^{5-r}(ay)^r={}_5\mathrm{C}_r\,a^r x^{5-r}y^r$$

(1) 전개식에서 x^2y^3항일 때

$5-r=2$, $r=3$ $\therefore\ r=3$

이때, 계수가 80이므로

${}_5\mathrm{C}_3\,a^3=80$ $\therefore\ a^3=8$

a는 실수이므로 $\boldsymbol{a=2}$

(2) 전개식에서 x^4y항일 때

$5-r=4$, $r=1$ $\therefore\ r=1$

이때, 계수는 ${}_5\mathrm{C}_1\,a$

전개식에서 xy^4항일 때

$5-r=1$, $r=4$ $\therefore\ r=4$

이때, 계수는 ${}_5\mathrm{C}_4\,a^4$

계수의 합이 0이므로

${}_5\mathrm{C}_1\,a+{}_5\mathrm{C}_4\,a^4=0$ $\therefore\ a(1+a^3)=0$

a는 0이 아닌 실수이므로 $\boldsymbol{a=-1}$

4-5. $(1+2x)^4$, $(1-x)^5$의 전개식의 일반항은 각각 ${}_4\mathrm{C}_r\,2^r x^r$, ${}_5\mathrm{C}_s(-1)^s x^s$이므로 $(1+2x)^4(1-x)^5$의 전개식의 일반항은

$${}_4\mathrm{C}_r\,2^r x^r\times{}_5\mathrm{C}_s(-1)^s x^s={}_4\mathrm{C}_r\times{}_5\mathrm{C}_s\,2^r(-1)^s x^{r+s}\ \cdots ㉮$$

따라서 x^2항일 때 $r+s=2$

$\therefore\ (r,\ s)=(0,\ 2),\ (1,\ 1),\ (2,\ 0)$

이 값을 ㉮의 계수에 대입하여 더하면

x^2의 계수는

$${}_4C_0\times{}_5C_2\times(-1)^2+{}_4C_1\times{}_5C_1\times2^1\times(-1)^1$$
$$+{}_4C_2\times{}_5C_0\times2^2=\mathbf{-6}$$

4-6. $(2x-y)^7$의 전개식의 일반항은

$${}_7C_r(2x)^{7-r}(-y)^r={}_7C_r\,2^{7-r}(-1)^r x^{7-r}y^r$$

따라서 y^3을 포함한 항은 $r=3$일 때이고, 이때 항은

$${}_7C_r\,2^{7-r}(-1)^r x^{7-r}y^r$$
$$={}_7C_3\times2^4\times(-1)^3x^4y^3$$
$$=-560x^4y^3$$

이 항과 $x-1$의 -1을 곱하면 x^4y^3항이므로 x^4y^3의 계수는

$$(-1)\times(-560)=\mathbf{560}$$

4-7. $\left(x+\dfrac{1}{x}\right)^{10}$의 전개식의 일반항은

$${}_{10}C_r\,x^{10-r}\left(\frac{1}{x}\right)^r={}_{10}C_r\,x^{10-2r}\quad\cdots㉮$$

㉮ 중에서 $\dfrac{1}{x^2}$항은 x^2+1의 x^2과 곱하여 상수가 된다.

또, ㉮ 중에서 상수항은 x^2+1의 1과 곱하여 상수가 된다.

$\dfrac{1}{x^2}$항일 때 $10-2r=-2$ $\quad\therefore\ r=6$

상수항일 때 $10-2r=0$ $\quad\therefore\ r=5$

따라서 구하는 상수항은

$${}_{10}C_6+{}_{10}C_5=210+252=\mathbf{462}$$

4-8. (1) ${}_nC_0+{}_nC_1+{}_nC_2+\cdots+{}_nC_n=2^n$

이므로

$$\sum_{r=1}^{n}{}_nC_r={}_nC_1+{}_nC_2+\cdots+{}_nC_n$$
$$=2^n-{}_nC_0=2^n-1$$

따라서 준 식은 $2^n-1=255$

$\therefore\ 2^n=256\quad\therefore\ \boldsymbol{n=8}$

(2) $\displaystyle\sum_{j=0}^{i}{}_iC_j={}_iC_0+{}_iC_1+\cdots+{}_iC_i=2^i$

이므로

$$\sum_{i=0}^{n}\left(\sum_{j=0}^{i}{}_iC_j\right)=\sum_{i=0}^{n}2^i=\frac{1\times(2^{n+1}-1)}{2-1}$$
$$=2^{n+1}-1$$

따라서 준 식은 $2^{n+1}-1=63$

$\therefore\ 2^{n+1}=64\quad\therefore\ \boldsymbol{n=5}$

4-9. $\displaystyle\sum_{r=0}^{n}{}_nC_r={}_nC_0+{}_nC_1+\cdots+{}_nC_n=2^n$

이므로 준 식은

$$1000<2^n<2000$$

그런데

$$2^9=512,\ 2^{10}=1024,\ 2^{11}=2048$$

이고, n은 자연수이므로 $\boldsymbol{n=10}$

4-10. ${}_{15}C_r={}_{15}C_{15-r}\,(r=0,\ 1,\ 2,\ \cdots,\ 15)$

이므로

$${}_{15}C_8+{}_{15}C_9+\cdots+{}_{15}C_{15}$$
$$={}_{15}C_7+{}_{15}C_6+\cdots+{}_{15}C_0$$

한편

$${}_{15}C_0+{}_{15}C_1+{}_{15}C_2+\cdots+{}_{15}C_{15}=2^{15}$$

$$\therefore\ {}_{15}C_8+{}_{15}C_9+\cdots+{}_{15}C_{15}=\frac{1}{2}\times2^{15}=2^{14}$$

$$\therefore\ (\text{준 식})=\log_4 2^{14}=\log_{2^2}2^{14}=\mathbf{7}$$

4-11. $(1+x)^n={}_nC_0+{}_nC_1x+{}_nC_2x^2+\cdots+{}_nC_nx^n$

(1) 양변에 $x=9$, $n=11$을 대입하면

$${}_{11}C_0+{}_{11}C_1\times9+{}_{11}C_2\times9^2$$
$$+\cdots+{}_{11}C_{11}\times9^{11}=(1+9)^{11}=\mathbf{10^{11}}$$

(2) 양변에 $x=-2$, $n=10$을 대입하면

$${}_{10}C_0+{}_{10}C_1\times(-2)+{}_{10}C_2\times(-2)^2$$
$$+\cdots+{}_{10}C_{10}\times(-2)^{10}=(1-2)^{10}=\mathbf{1}$$

***Note** (1) (준 식)

$$=\sum_{r=0}^{11}({}_{11}C_r\times1^{11-r}\times9^r)$$
$$=(1+9)^{11}=\mathbf{10^{11}}$$

(2) $\displaystyle(\text{준 식})=\sum_{r=0}^{10}\left\{{}_{10}C_r\times1^{10-r}\times(-2)^r\right\}$

$$=(1-2)^{10}=\mathbf{1}$$

4-12. $(1+x)^n={}_nC_0+{}_nC_1x+{}_nC_2x^2+\cdots+{}_nC_nx^n$

이 식의 양변에 $x=3$을 대입하면

$${}_nC_0+{}_nC_1\times3+{}_nC_2\times3^2+\cdots+{}_nC_n\times3^n=(1+3)^n=4^n$$

$$\therefore\ a_n=4^n$$

$$\therefore\ \sum_{k=1}^{n}a_k=\sum_{k=1}^{n}4^k=\frac{4(4^n-1)}{4-1}=\mathbf{\frac{4}{3}(4^n-1)}$$

4-13. $(1+x)^n=\sum_{r=0}^{n}{}_nC_rx^r$ 에서

① $x=1$일 때 $\sum_{r=0}^{n}{}_nC_r=2^n$

② $x=2$일 때 $\sum_{r=0}^{n}2^r{}_nC_r=3^n$

③ $x=-1$일 때 $\sum_{r=0}^{n}(-1)^r{}_nC_r=0$

④ 양변을 x에 관하여 미분하면

$$n(1+x)^{n-1}=\sum_{r=0}^{n}{}_nC_r\,rx^{r-1}$$

$x=1$을 대입하면

$$\sum_{r=0}^{n}r\,{}_nC_r=n\times2^{n-1}$$

$$\therefore\ \sum_{r=0}^{n}(5+r){}_nC_r=5\sum_{r=0}^{n}{}_nC_r+\sum_{r=0}^{n}r\,{}_nC_r=5\times2^n+n\times2^{n-1}=(10+n)\times2^{n-1}$$

⑤ $\sum_{r=1}^{n}2^r{}_nC_rp^rq^{n-r}=\sum_{r=1}^{n}{}_nC_rq^{n-r}(2p)^r$

$$=\sum_{r=0}^{n}{}_nC_rq^{n-r}(2p)^r-{}_nC_0q^{n-0}(2p)^0$$

$$=(q+2p)^n-q^n$$

답 ⑤

4-14. $(\text{준 식})=\sum_{x=1}^{10}f(x)$

$$=\sum_{x=1}^{10}{}_{10}C_x\left(\frac{1}{3}\right)^{10-x}\left(\frac{2}{3}\right)^x$$

$$=\sum_{x=0}^{10}{}_{10}C_x\left(\frac{1}{3}\right)^{10-x}\left(\frac{2}{3}\right)^x-{}_{10}C_0\left(\frac{1}{3}\right)^{10}\left(\frac{2}{3}\right)^0$$

$$=\left(\frac{1}{3}+\frac{2}{3}\right)^{10}-\left(\frac{1}{3}\right)^{10}$$

$$=\mathbf{1-\frac{1}{3^{10}}}$$

5-1. 표본공간 $S=\{1, 2, 3, 4, 5, 6\}$에서

$$A=\{1, 3, 5\},\ B=\{4, 6\},\ C=\{2, 3, 5\}$$

(1) $A\cap B=\varnothing$이므로 사건 A와 사건 B는 서로 배반사건이다.

(2) $A^C=\{2, 4, 6\}$, $B^C=\{1, 2, 3, 5\}$ 이므로

$$A^C\cap B^C=\{2\}\neq\varnothing$$

따라서 A^C과 B^C은 서로 배반사건이 아니다.

(3) $B^C=\{1, 2, 3, 5\}=\mathbf{A\cup C}$

5-2. 일어날 수 있는 모든 경우의 수는

$$6\times6=36$$

(1) 나오는 눈의 수가 서로 같은 경우는 다음과 같이 6가지이다.

A	1	2	3	4	5	6
B	1	2	3	4	5	6

$$\therefore\ \frac{6}{36}=\mathbf{\frac{1}{6}}$$

(2) 나오는 눈의 수의 합이 7이 되는 경우는 다음과 같이 6가지이다.

A	1	2	3	4	5	6
B	6	5	4	3	2	1

$$\therefore\ \frac{6}{36}=\mathbf{\frac{1}{6}}$$

(3) 나오는 눈의 수의 합이 3 이하가 되는 경우는 다음과 같이 3가지이다.

A	1	1	2
B	1	2	1

$$\therefore\ \frac{3}{36}=\mathbf{\frac{1}{12}}$$

(4) 나오는 눈의 수의 차가 3 이상이 되는 경우는 다음과 같이 12가지이다.

A	1	1	1	2	2	3
B	4	5	6	5	6	6

A	4	5	5	6	6	6
B	1	1	2	1	2	3

$\therefore \frac{12}{36}=\mathbf{\frac{1}{3}}$

5-3. 20장의 복권 중에서 2장의 복권을 사는 경우의 수는 ${}_{20}C_2$이고, 이 중에서 2장이 모두 당첨 복권인 경우의 수는 ${}_4C_2$이다.

$\therefore \frac{{}_4C_2}{{}_{20}C_2}=\mathbf{\frac{3}{95}}$

5-4. 10개의 제품 중에서 2개의 제품을 뽑는 경우의 수는 ${}_{10}C_2$이다.

(1) 2개가 모두 불량품인 경우의 수는 3개의 불량품 중에서 2개를 뽑는 경우의 수이므로 ${}_3C_2$이다.

$\therefore \frac{{}_3C_2}{{}_{10}C_2}=\mathbf{\frac{1}{15}}$

(2) 1개는 정상품, 1개는 불량품인 경우의 수는 ${}_7C_1\times{}_3C_1$이다.

$\therefore \frac{{}_7C_1\times{}_3C_1}{{}_{10}C_2}=\mathbf{\frac{7}{15}}$

5-5. 남자 6명, 여자 4명 중에서 위원 4명을 뽑는 경우의 수는 ${}_{10}C_4$이고, 남자 2명, 여자 2명이 뽑히는 경우의 수는 ${}_6C_2\times{}_4C_2$이다.

$\therefore \frac{{}_6C_2\times{}_4C_2}{{}_{10}C_4}=\mathbf{\frac{3}{7}}$

5-6. 일곱 사람이 일렬로 서는 경우의 수는 7!이고, 특정한 세 사람이 이웃하게 일렬로 서는 경우의 수는 5!×3!이다.

$\therefore \frac{5!\times3!}{7!}=\mathbf{\frac{1}{7}}$

5-7. 남학생 5명과 여학생 3명이 원탁에 둘러앉는 경우의 수는 $(8-1)!$이다.

(1) 여학생 3명이 이웃하여 앉는 경우의 수는 $(6-1)!\times3!$이다.

$\therefore \frac{(6-1)!\times3!}{(8-1)!}=\mathbf{\frac{1}{7}}$

(2) 특정한 남학생 1명, 여학생 1명이 이웃하여 앉는 경우의 수는 $(7-1)!\times2!$이다.

$\therefore \frac{(7-1)!\times2!}{(8-1)!}=\mathbf{\frac{2}{7}}$

(3) 여학생끼리 서로 이웃하지 않도록 앉는 경우의 수는 $(5-1)!\times{}_5P_3$이다.

$\therefore \frac{(5-1)!\times{}_5P_3}{(8-1)!}=\mathbf{\frac{2}{7}}$

5-8.

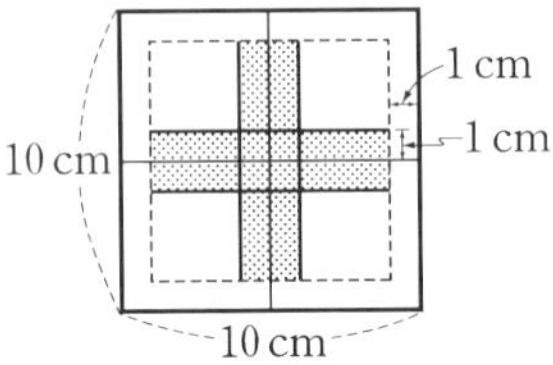

동전의 중심을 생각하면, 동전의 중심이 정지할 수 있는 곳은 위의 그림의 점선의 내부(경계 포함)이고, 이 영역의 넓이는 $(10-2)^2=64(\text{cm}^2)$

또, 동전이 선분과 만나기 위해서는 동전의 중심이 위의 그림의 점 찍은 부분에 있어야 하고, 이 영역의 넓이는

$2\times8\times2-4=28(\text{cm}^2)$

$\therefore \frac{28}{64}=\mathbf{\frac{7}{16}}$

5-9.

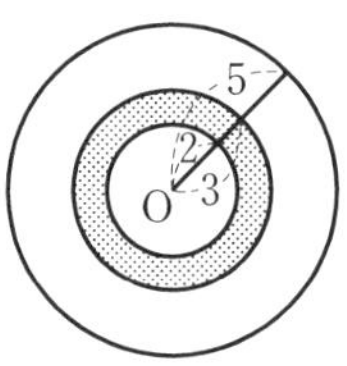

원판의 넓이는 $\pi\times5^2$이다.

또, $2\le\overline{OP}\le3$을 만족시키는 점 P가 존재하는 영역은 위의 그림의 점 찍은 부분(경계 포함)이고, 그 넓이는 $\pi\times3^2-\pi\times2^2$이다.

$\therefore \frac{\pi\times3^2-\pi\times2^2}{\pi\times5^2}=\mathbf{\frac{1}{5}}$

5-10. (1)

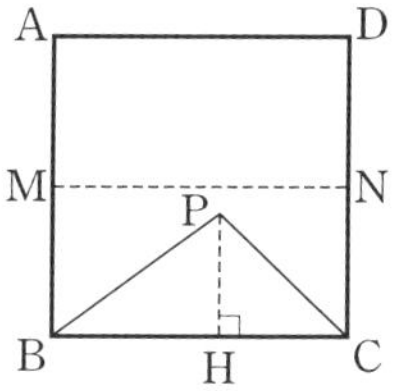

점 P에서 변 BC에 내린 수선의 발을 H라고 하면

$$\triangle PBC=\frac{1}{2}\times\overline{BC}\times\overline{PH}$$
$$=\frac{1}{2}\times2\times\overline{PH}=\overline{PH}$$

따라서 △PBC의 넓이가 1보다 작은 경우는 $\overline{PH}<1$일 때이다.

따라서 변 AB, 변 CD의 중점을 각각 M, N이라고 할 때, 점 P는 □MBCN의 내부에 존재하면 된다.

$$\therefore \frac{(\square\text{MBCN의 넓이})}{(\square\text{ABCD의 넓이})}=\frac{2\times1}{2^2}=\mathbf{\frac{1}{2}}$$

(2)

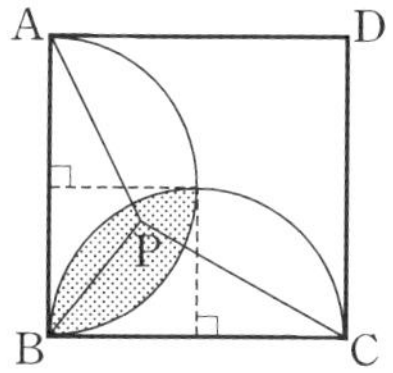

점 P가 변 AB를 지름으로 하는 반원의 내부에 존재하고, 동시에 변 BC를 지름으로 하는 반원의 내부에 존재하면

$$\angle APB>90^\circ,\quad \angle BPC>90^\circ$$

이므로 △PAB와 △PBC는 모두 둔각삼각형이다.

$$\therefore \frac{(\text{점 찍은 부분의 넓이})}{(\square\text{ABCD의 넓이})}$$
$$=\frac{\left(\frac{1}{4}\pi\times1^2\right)\times2-1^2}{2^2}=\mathbf{\frac{\pi-2}{8}}$$

6-1. 사건 A, B는 서로 배반사건이므로

$$P(A\cup B)=\frac{2}{3}\text{에서}\quad P(A)+P(B)=\frac{2}{3}$$

P(A)=3P(B)이므로

$$4P(B)=\frac{2}{3}\qquad \therefore P(B)=\mathbf{\frac{1}{6}}$$
$$\therefore P(A)=3P(B)=3\times\frac{1}{6}=\mathbf{\frac{1}{2}}$$

6-2. 어떤 문제를 A, B가 푸는 사건을 각각 A, B라고 하면

$$P(A)=0.7,\ P(B)=0.6,$$
$$P(A\cap B)=0.4$$

A, B 중 적어도 한 사람이 푸는 사건은 A∪B이므로

$$P(A\cup B)=P(A)+P(B)-P(A\cap B)$$
$$=0.7+0.6-0.4=\mathbf{0.9}$$

6-3. $P(A)=0.7,\ P(B)=0.5,$
$P(A\cup B)=0.9$

이므로

$$P(A\cap B)=P(A)+P(B)-P(A\cup B)$$
$$=0.7+0.5-0.9=\mathbf{0.3}$$

6-4. 20장의 지폐에서 두 장을 꺼내는 경우의 수는 ${}_{20}C_2$이다.

두 장이 모두 5000원짜리 지폐인 사건을 A, 두 장이 모두 1000원짜리 지폐인 사건을 B라고 하면

$$P(A)=\frac{{}_{10}C_2}{{}_{20}C_2},\quad P(B)=\frac{{}_{6}C_2}{{}_{20}C_2}$$

두 사건 A, B는 서로 배반사건이므로

$$P(A\cup B)=P(A)+P(B)$$
$$=\frac{{}_{10}C_2}{{}_{20}C_2}+\frac{{}_{6}C_2}{{}_{20}C_2}$$
$$=\frac{45}{190}+\frac{15}{190}=\mathbf{\frac{6}{19}}$$

6-5. 10개의 제품 중에서 3개의 제품을 뽑는 경우의 수는 ${}_{10}C_3$이다.

(1) 3개가 모두 불량품인 사건을 A, 3개가 모두 정상품인 사건을 B라고 하면

두 사건 A, B는 서로 배반사건이므로

$$\mathrm{P}(A\cup B)=\mathrm{P}(A)+\mathrm{P}(B)=\frac{{}_3C_3}{{}_{10}C_3}+\frac{{}_7C_3}{{}_{10}C_3}=\frac{1}{120}+\frac{35}{120}=\mathbf{\frac{3}{10}}$$

(2) 3개가 모두 불량품인 사건을 A, 2개가 불량품인 사건을 C라고 하면 두 사건 A, C는 서로 배반사건이므로

$$\mathrm{P}(A\cup C)=\mathrm{P}(A)+\mathrm{P}(C)=\frac{{}_3C_3}{{}_{10}C_3}+\frac{{}_3C_2\times{}_7C_1}{{}_{10}C_3}=\frac{1}{120}+\frac{21}{120}=\mathbf{\frac{11}{60}}$$

6-6. 모두 12개의 동전이 들어 있는 주머니에서 3개의 동전을 꺼내는 경우의 수는 ${}_{12}C_3$이다.

3개가 모두 10원짜리 동전인 사건을 A, 3개가 모두 100원짜리 동전인 사건을 B, 3개가 모두 500원짜리 동전인 사건을 C라고 하면 세 사건 A, B, C는 서로 배반사건이므로

$$\mathrm{P}(A\cup B\cup C)=\mathrm{P}(A)+\mathrm{P}(B)+\mathrm{P}(C)=\frac{{}_3C_3}{{}_{12}C_3}+\frac{{}_4C_3}{{}_{12}C_3}+\frac{{}_5C_3}{{}_{12}C_3}=\frac{1}{220}+\frac{4}{220}+\frac{10}{220}=\mathbf{\frac{3}{44}}$$

6-7. (1) $\mathrm{P}(A^c)=1-\mathrm{P}(A)=1-0.6=\mathbf{0.4}$

(2) $\mathrm{P}(A\cup B)=\mathrm{P}(A)+\mathrm{P}(B)-\mathrm{P}(A\cap B)=0.6+0.5-0.3=\mathbf{0.8}$

(3) $\mathrm{P}(A^c\cup B^c)=\mathrm{P}\big((A\cap B)^c\big)=1-\mathrm{P}(A\cap B)=1-0.3=\mathbf{0.7}$

(4) $\mathrm{P}(A^c\cap B^c)=\mathrm{P}\big((A\cup B)^c\big)=1-\mathrm{P}(A\cup B)=1-0.8=\mathbf{0.2}$

6-8. $\mathrm{P}(A^c)=0.4$에서 $1-\mathrm{P}(A)=0.4$

$\therefore\ \mathrm{P}(A)=0.6$

$\mathrm{P}(B^c)=0.7$에서 $1-\mathrm{P}(B)=0.7$

$\therefore\ \mathrm{P}(B)=0.3$

$\mathrm{P}(A^c\cap B^c)=0.2$에서 $\mathrm{P}\big((A\cup B)^c\big)=0.2$

$\therefore\ 1-\mathrm{P}(A\cup B)=0.2$

$\therefore\ \mathrm{P}(A\cup B)=\mathbf{0.8}$

$\therefore\ \mathrm{P}(A\cap B)=\mathrm{P}(A)+\mathrm{P}(B)-\mathrm{P}(A\cup B)=0.6+0.3-0.8=\mathbf{0.1}$

6-9. 적어도 1개가 불량품인 사건을 A라고 하면 여사건 A^c은 3개 모두 정상품인 사건이므로

$$\mathrm{P}(A^c)=\frac{{}_6C_3}{{}_8C_3}=\frac{5}{14}$$

$$\therefore\ \mathrm{P}(A)=1-\mathrm{P}(A^c)=1-\frac{5}{14}=\mathbf{\frac{9}{14}}$$

6-10. 적어도 1개가 흰 공인 사건을 A라고 하면 여사건 A^c은 2개 모두 검은 공인 사건이므로

$$\mathrm{P}(A^c)=\frac{{}_3C_2}{{}_8C_2}=\frac{3}{28}$$

$$\therefore\ \mathrm{P}(A)=1-\mathrm{P}(A^c)=1-\frac{3}{28}=\mathbf{\frac{25}{28}}$$

6-11. 적어도 한 장이 당첨 복권인 사건을 A라고 하면 여사건 A^c은 두 장 모두 당첨 복권이 아닌 사건이다.

조건에서 $\mathrm{P}(A)=\dfrac{7}{19}$이므로

$$\mathrm{P}(A^c)=1-\mathrm{P}(A)=1-\frac{7}{19}=\frac{12}{19}$$

이때, 당첨 복권을 x장이라고 하면 당첨 복권이 아닌 것은 $(20-x)$장이므로

$$\frac{{}_{20-x}C_2}{{}_{20}C_2}=\frac{12}{19}$$

$$\therefore\ \frac{(20-x)(19-x)}{20\times19}=\frac{12}{19}$$

$$\therefore\ (x-4)(x-35)=0$$

$0<x<20$이므로 $x=\mathbf{4}$**(장)**

6-12. $(a-b)(b-c)=0$인 사건을 A라고

하면 여사건 A^c은

$$(a-b)(b-c)\neq 0$$

곧, $a\neq b$이고 $b\neq c$

인 사건이다.

$$\therefore\ P(A^c)=\frac{6\times5\times5}{6^3}=\frac{25}{36}$$

$$\therefore\ P(A)=1-P(A^c)=\mathbf{\frac{11}{36}}$$

6-13. 16개의 점 중에서 두 점을 택하는 경우의 수는 ${}_{16}C_2$이다.

(i) 두 점 사이의 거리가 1인 경우

가로로 3×4가지, 세로로 3×4가지 이므로 이때의 확률은

$$\frac{3\times4+3\times4}{{}_{16}C_2}=\mathbf{\frac{1}{5}}$$

(ii) 두 점 사이의 거리가 2인 경우

가로로 2×4가지, 세로로 2×4가지 이므로 이때의 확률은

$$\frac{2\times4+2\times4}{{}_{16}C_2}=\mathbf{\frac{2}{15}}$$

(iii) 두 점 사이의 거리가 $\sqrt{2}$인 경우

한 변의 길이가 1인 정사각형 9개에 각각 2개씩 있으므로 ⇦ ⧅, ⧄

9×2가지

따라서 이때의 확률은 $\dfrac{9\times2}{{}_{16}C_2}=\mathbf{\dfrac{3}{20}}$

7-1. $P(A\cap B^c)=P(A)-P(A\cap B)$

$$=\frac{5}{12}-\frac{1}{12}=\mathbf{\frac{1}{3}}$$

$$P(A\cup B)=P(A)+P(B)-P(A\cap B)$$

$$=\frac{5}{12}+\frac{3}{8}-\frac{1}{12}=\mathbf{\frac{17}{24}}$$

$$P(B|A)=\frac{P(A\cap B)}{P(A)}=\frac{1/12}{5/12}=\mathbf{\frac{1}{5}}$$

$$P(A|B^c)=\frac{P(A\cap B^c)}{P(B^c)}=\frac{P(A\cap B^c)}{1-P(B)}$$

$$=\frac{1/3}{1-(3/8)}=\mathbf{\frac{8}{15}}$$

7-2. $P(B^c)=1-P(B)=1-0.2=0.8$

$$P(A^c\cap B^c)=P\big((A\cup B)^c\big)$$

$$=1-P(A\cup B)$$

$$=1-0.4=0.6$$

$$\therefore\ P(A^c|B^c)=\frac{P(A^c\cap B^c)}{P(B^c)}=\frac{0.6}{0.8}=\mathbf{0.75}$$

7-3. (i) $P(A\cap B)=P(A)P(B|A)$

$$=\frac{2}{3}\times\frac{1}{3}=\mathbf{\frac{2}{9}}$$

(ii) $P(A\cap B^c)=P(A)P(B^c|A)$

$$=P(A)\{1-P(B|A)\}$$

$$=\frac{2}{3}\left(1-\frac{1}{3}\right)=\frac{4}{9}$$

$$\therefore\ P(A|B^c)=\frac{P(A\cap B^c)}{P(B^c)}=\frac{4/9}{1/2}=\mathbf{\frac{8}{9}}$$

***Note** $P(B^c|A)=\dfrac{P(B^c\cap A)}{P(A)}$

$$=\frac{P(A)-P(A\cap B)}{P(A)}=1-\frac{P(A\cap B)}{P(A)}$$

$$=1-P(B|A)$$

7-4. 지윤이가 연필을 사는 사건을 A, 노트를 사는 사건을 B라고 하면

$$P(A)=\frac{3}{4},\quad P(A\cap B)=\frac{1}{2}$$

구하는 확률은 사건 A가 일어났을 때의 사건 B의 조건부확률이므로

$$P(B|A)=\frac{P(A\cap B)}{P(A)}=\frac{1/2}{3/4}=\mathbf{\frac{2}{3}}$$

7-5. 3의 배수가 적힌 카드를 뽑는 사건을 A, 2의 배수가 적힌 카드를 뽑는 사건을 B라고 하면

$$A=\{3,\ 6,\ 9,\ 12,\ 15,\ 18\},$$

$$B=\{2,\ 4,\ 6,\ \cdots,\ 20\}$$

$$\therefore\ A\cap B=\{6,\ 12,\ 18\}$$

구하는 확률은 사건 A가 일어났을 때의 사건 B의 조건부확률이므로

$$P(B|A)=\frac{P(A\cap B)}{P(A)}=\frac{3/20}{6/20}=\mathbf{\frac{1}{2}}$$

7-6. 첫 번째 검은 공을 꺼내는 사건을 A,

두 번째 검은 공을 꺼내는 사건을 B라고 하면 두 개 모두 검은 공을 꺼내는 사건은 $A\cap B$이다.

(1) $P(A\cap B)=P(A)P(B|A)$
$$=\frac{5}{15}\times\frac{4}{14}=\mathbf{\frac{2}{21}}$$

(2) $P(A\cap B)=P(A)P(B|A)$
$$=\frac{5}{15}\times\frac{5}{15}=\mathbf{\frac{1}{9}}$$

7-7. A, B가 당첨 제비를 뽑는 사건을 각각 A, B라고 하자.

A가 당첨 제비를 뽑고 B도 당첨 제비를 뽑을 확률은
$$P(A\cap B)=P(A)P(B|A)$$
$$=\frac{4}{10}\times\frac{3}{9}=\frac{2}{15}$$

A가 당첨 제비를 뽑지 못하고 B가 당첨 제비를 뽑을 확률은
$$P(A^c\cap B)=P(A^c)P(B|A^c)$$
$$=\frac{6}{10}\times\frac{4}{9}=\frac{4}{15}$$
$$\therefore\ P(B)=P(A\cap B)+P(A^c\cap B)$$
$$=\frac{2}{15}+\frac{4}{15}=\mathbf{\frac{2}{5}}$$

7-8. 처음에 흰 공 1개, 검은 공 1개를 꺼내는 사건을 A, 처음에 흰 공 2개를 꺼내는 사건을 B라 하고, 다시 2개의 공을 꺼낼 때 흰 공 2개를 꺼내는 사건을 E라고 하자.

(i) 처음에 흰 공 1개, 검은 공 1개를 꺼내는 경우 : 흰 공만 4개 남으므로
$$P(A\cap E)=P(A)P(E|A)$$
$$=\frac{{}_5C_1\times{}_1C_1}{{}_6C_2}\times\frac{{}_4C_2}{{}_4C_2}=\frac{1}{3}$$

(ii) 처음에 흰 공 2개를 꺼내는 경우 : 흰 공 3개, 검은 공 1개가 남으므로
$$P(B\cap E)=P(B)P(E|B)$$
$$=\frac{{}_5C_2}{{}_6C_2}\times\frac{{}_3C_2}{{}_4C_2}=\frac{1}{3}$$
$$\therefore\ P(E)=P(A\cap E)+P(B\cap E)$$
$$=\frac{1}{3}+\frac{1}{3}=\mathbf{\frac{2}{3}}$$

7-9. 주사위 A, B를 택하는 사건을 각각 A, B라 하고, 택한 주사위를 두 번 던져서 두 번 모두 1이 나오는 사건을 E라고 하면
$$P(E)=P(A\cap E)+P(B\cap E)$$
$$=P(A)P(E|A)+P(B)P(E|B)$$
$$=\frac{1}{2}\times\left(\frac{3}{6}\times\frac{3}{6}\right)+\frac{1}{2}\times\left(\frac{4}{6}\times\frac{4}{6}\right)$$
$$=\frac{25}{72}$$
$$\therefore\ P(A|E)=\frac{P(A\cap E)}{P(E)}=\frac{1/8}{25/72}=\mathbf{\frac{9}{25}}$$

7-10. 병아리가 실제로 수컷인 사건을 A, 실제로 암컷인 사건을 B라 하고, 감별사가 수컷으로 판정하는 사건을 E라고 하면
$$P(A\cap E)=P(A)P(E|A)$$
$$=0.4\times0.98=0.392$$
$$P(B\cap E)=P(B)P(E|B)$$
$$=0.6\times0.03=0.018$$
$$\therefore\ P(E)=P(A\cap E)+P(B\cap E)=0.41$$

구하는 확률은 사건 E가 일어났을 때의 사건 B의 조건부확률이므로
$$P(B|E)=\frac{P(B\cap E)}{P(E)}=\frac{0.018}{0.41}=\mathbf{\frac{9}{205}}$$

7-11. ① $A\cap A^c=\varnothing$이므로 A와 A^c은 서로 배반이다.

② A와 B가 서로 배반이면 $A\cap B=\varnothing$이므로 $A^c\cap B=B$이다.
$$\therefore\ P(A^c|B)=\frac{P(A^c\cap B)}{P(B)}=\frac{P(B)}{P(B)}=1$$

③ A와 B가 서로 독립이면 A^c과 B도 서로 독립이므로

⇦ 기본 문제 7-8의 ①
$$P(A^c\cap B)=P(A^c)P(B)$$

④ A와 B가 서로 독립이면 A^c과 B^c도 서로 독립이므로

⇦ **기본 문제 7-8**의 ②

$$P(A^c|B^c)=P(A^c)=1-P(A)$$
$$=1-P(A|B)$$

⑤ $P(A)>0$, $P(B)>0$인 임의의 두 사건 A, B에 대하여

$$P(A\cap B)=P(A)P(B|A)$$
$$=P(B)P(A|B)$$

이므로

$$P(A)P(B|A)=P(B)P(A|B)$$

라고 해서 A, B가 반드시 서로 독립인 것은 아니다. 답 ⑤

7-12. A, B가 30년 후까지 생존하는 사건을 각각 A, B라고 하면 두 사건 A, B는 서로 독립이다.

(1) $P(A\cap B^c)+P(A^c\cap B)$

$$=P(A)P(B^c)+P(A^c)P(B)$$
$$=0.2\times(1-0.25)+(1-0.2)\times0.25$$
$$=\mathbf{0.35}$$

(2) 적어도 한 사람이 30년 후까지 생존하는 사건을 E라고 하면 여사건 E^c은 A, B 모두 30년 후까지 생존하지 못하는 사건이다.

$$\therefore\ P(E^c)=P(A^c\cap B^c)$$
$$=P(A^c)P(B^c)$$
$$=(1-0.2)(1-0.25)=0.6$$
$$\therefore\ P(E)=1-P(E^c)=1-0.6=\mathbf{0.4}$$

**Note* $P(A\cup B)$

$$=P(A)+P(B)-P(A\cap B)$$
$$=P(A)+P(B)-P(A)P(B)$$
$$=0.2+0.25-0.2\times0.25=\mathbf{0.4}$$

7-13. A, B, C가 합격하는 사건을 각각 A, B, C라고 하면 사건 A, B, C는 서로 독립이다.

A, B, C 중 적어도 한 사람이 합격하는 사건을 E라고 하면 여사건 E^c은 A, B, C 세 사람이 모두 불합격하는 사건이다.

세 사건 A, B, C가 서로 독립이면 세 사건 A^c, B^c, C^c도 서로 독립이므로

$$P(E^c)=P(A^c\cap B^c\cap C^c)$$
$$=P(A^c)P(B^c)P(C^c)$$
$$=(1-0.2)(1-0.4)(1-0.6)$$
$$=0.192$$
$$\therefore\ P(E)=1-P(E^c)=1-0.192=\mathbf{0.808}$$

**Note* 1° 세 사건 A, B, C에 대하여 두 사건끼리는 서로 독립이고

$$P(A\cap B\cap C)=P(A)P(B)P(C)$$

를 만족시키면 세 사건 A, B, C는 서로 독립이라고 한다.

2° 세 사건 A, B, C가 서로 독립이면 세 사건 A^c, B^c, C^c에 대하여 두 사건끼리는 서로 독립이고

$$P(A^c\cap B^c\cap C^c)$$
$$=P\big((A\cup B\cup C)^c\big)$$
$$=1-P(A\cup B\cup C)$$
$$=1-\{P(A)+P(B)+P(C)$$
$$-P(A)P(B)-P(B)P(C)$$
$$-P(C)P(A)+P(A)P(B)P(C)\}$$
$$=\{1-P(A)\}\{1-P(B)\}\{1-P(C)\}$$
$$=P(A^c)P(B^c)P(C^c)$$

이므로 세 사건 A^c, B^c, C^c도 서로 독립이다.

7-14. A, B, C가 닫혀 있는 사건을 각각 A, B, C라고 하면 A, B, C는 서로 독립이다.

(1) $P(A\cap B\cap C^c)=P(A)P(B)P(C^c)$

$$=0.4\times0.3\times(1-0.2)$$
$$=\mathbf{0.096}$$

(2) $P(A\cap C\cap B^c)=P(A)P(C)P(B^c)$

$$=0.4\times0.2\times(1-0.3)$$
$$=\mathbf{0.056}$$

(3) $P(A\cap B\cap C)=P(A)P(B)P(C)$
$=0.4\times0.3\times0.2$
$=\mathbf{0.024}$

**Note* 전류가 흐를 확률은 (1), (2), (3)의 확률을 모두 더하여
$0.096+0.056+0.024=0.176$
이라고 하면 된다.

7-15. 주머니 A에 흰 공 2개, 붉은 공 1개를 넣고, 이 중에서 흰 공 2개를 꺼낼 확률을 P_1이라고 하면

$$P_1=\frac{{}_3C_2\times{}_3C_1}{{}_6C_3}\times\frac{{}_2C_2}{{}_3C_2}=\frac{3}{20}$$

또, 주머니 A에 흰 공 3개를 넣고, 이 중에서 흰 공 2개를 꺼낼 확률을 P_2라고 하면

$$P_2=\frac{{}_3C_3}{{}_6C_3}\times\frac{{}_3C_2}{{}_3C_2}=\frac{1}{20}$$

그런데 P_1, P_2는 서로 배반사건의 확률이므로 구하는 확률은

$$P_1+P_2=\frac{3}{20}+\frac{1}{20}=\mathbf{\frac{1}{5}}$$

7-16. 5회 이내의 시행에서 A가 이기는 경우는 제1회 또는 제3회 또는 제5회 때이다.

짝수의 눈이 나오는 것을 ○로, 홀수의 눈이 나오는 것을 ×로 나타내면

제1회 때 ⟶ ○
제3회 때 ⟶ ××○
제5회 때 ⟶ ××××○

따라서 5회 이내의 시행에서 A가 이길 확률은

$$\frac{1}{2}+\left(\frac{1}{2}\right)^3+\left(\frac{1}{2}\right)^5=\mathbf{\frac{21}{32}}$$

7-17. 한 발을 쏘아서 명중할 확률은 $\frac{1}{2}$이므로 6발을 쏘아서 2발이 명중할 확률은

$$_6C_2\left(\frac{1}{2}\right)^2\left(\frac{1}{2}\right)^4=\mathbf{\frac{15}{64}}$$

7-18. 주사위 A의 짝수의 눈이 나오는 사건을 A, 주사위 B의 5 이상의 눈이 나오는 사건을 B라고 하면

$$P(A\cap B)=P(A)P(B)=\frac{3}{6}\times\frac{2}{6}=\frac{1}{6}$$

따라서 사건 $A\cap B$가 네 번 중 두 번 일어날 확률은

$$_4C_2\left(\frac{1}{6}\right)^2\left(\frac{5}{6}\right)^2=\mathbf{\frac{25}{216}}$$

7-19. 5명 중 적어도 한 명이 치유되는 사건을 A라고 하면 여사건 A^c은 5명 중 한 명도 치유되지 않는 사건이므로

$$P(A^c)={}_5C_0\left(\frac{3}{4}\right)^0\left(\frac{1}{4}\right)^5=\frac{1}{1024}$$

$$\therefore\ P(A)=1-P(A^c)=1-\frac{1}{1024}=\mathbf{\frac{1023}{1024}}$$

7-20. 한 개의 주사위를 던질 때, 1 또는 2의 눈이 나올 확률은

$$\frac{2}{6}=\frac{1}{3}$$

구하는 확률은 4회 중 1 또는 2의 눈이 2회 나올 확률이므로

$$_4C_2\left(\frac{1}{3}\right)^2\left(\frac{2}{3}\right)^2=\mathbf{\frac{8}{27}}$$

7-21. (i) 흰 공을 꺼내고 동전을 3회 던져서 앞면이 3회 나올 확률은

$$\frac{2}{4}\times{}_3C_3\left(\frac{1}{2}\right)^3\left(\frac{1}{2}\right)^0=\frac{1}{16}$$

(ii) 검은 공을 꺼내고 동전을 4회 던져서 앞면이 3회 나올 확률은

$$\frac{2}{4}\times{}_4C_3\left(\frac{1}{2}\right)^3\left(\frac{1}{2}\right)^1=\frac{1}{8}$$

(i), (ii)는 서로 배반사건의 확률이므로

$$\frac{1}{16}+\frac{1}{8}=\mathbf{\frac{3}{16}}$$

7-22. 1회 시행에서 A가 1점을 얻을 확률은 $\frac{2}{6}=\frac{1}{3}$, B가 1점을 얻을 확률은 $\frac{4}{6}=\frac{2}{3}$이다.

(1) 3회까지 A가 2점, B가 1점을 얻고,

4회째에 A가 1점을 얻으면 되므로

$$ {}_3C_2\left(\frac{1}{3}\right)^2\left(\frac{2}{3}\right)^1\times\frac{1}{3}=\mathbf{\frac{2}{27}} $$

(2) 6회 이내에 승자가 결정되는 사건을 E라고 하면 여사건 E^c은 6회 이내에 승자가 결정되지 않는 사건이다.

6회 이내에 승자가 결정되지 않는 경우는 6회까지 A, B의 점수가 각각 3점일 때이므로

$$ P(E^c)={}_6C_3\left(\frac{1}{3}\right)^3\left(\frac{2}{3}\right)^3=\frac{160}{729} $$

$$ \therefore\ P(E)=1-P(E^c)=1-\frac{160}{729}=\mathbf{\frac{569}{729}} $$

8-1. (1) 구하는 평균을 m'이라고 하면

$$ \begin{aligned} m'&=\frac{1}{n}\sum(5x_i+7) \\ &=5\times\frac{1}{n}\sum x_i+\frac{1}{n}\times7n \\ &=5\times10+7=\mathbf{57} \end{aligned} $$

(2) 구하는 평균을 m'이라고 하면

$$ \begin{aligned} m'&=\frac{1}{n}\sum 20(x_i+5) \\ &=20\left(\frac{1}{n}\sum x_i+\frac{1}{n}\times5n\right) \\ &=20(10+5)=\mathbf{300} \end{aligned} $$

8-2. 변량의 평균을 m, 표준편차를 σ라고 하면

$$ m=5,\ \sum_{i=1}^{20}x_i{}^2=520 $$

이므로

$$ \begin{aligned} \sigma^2&=\frac{1}{20}\sum_{i=1}^{20}x_i{}^2-m^2 \\ &=\frac{1}{20}\times520-5^2=1 \end{aligned} $$

$$ \therefore\ \sigma=\mathbf{1} $$

8-3. 세 수 x_1, x_2, x_3의 평균을 m, 분산을 σ^2이라고 하면

$$ \sigma^2=\frac{1}{3}\sum_{i=1}^{3}x_i{}^2-m^2 $$

문제의 조건에서 $m=8$, $\sigma^2=6$이므로

$$ 6=\frac{1}{3}\sum_{i=1}^{3}x_i{}^2-8^2 \quad \therefore\ \frac{1}{3}\sum_{i=1}^{3}x_i{}^2=\mathbf{70} $$

8-4. (1) X가 가지는 값은 0, 1, 2이고,

$$ P(X=0)=\frac{{}_2C_0\times{}_8C_2}{{}_{10}C_2}=\frac{28}{45}, $$

$$ P(X=1)=\frac{{}_2C_1\times{}_8C_1}{{}_{10}C_2}=\frac{16}{45}, $$

$$ P(X=2)=\frac{{}_2C_2\times{}_8C_0}{{}_{10}C_2}=\frac{1}{45} $$

따라서 X의 확률분포를 표로 나타내면 아래와 같다.

X	0	1	2	합
$P(X=x)$	$\frac{28}{45}$	$\frac{16}{45}$	$\frac{1}{45}$	1

(2) $P(X\le1)=P(X=0)+P(X=1)$

$$ =\frac{28}{45}+\frac{16}{45}=\mathbf{\frac{44}{45}} $$

**Note* X의 확률질량함수는

$$ P(X=k)=\frac{{}_2C_k\times{}_8C_{2-k}}{{}_{10}C_2}\quad(k=0,\ 1,\ 2) $$

이다.

8-5. X가 가지는 값은 0, 10, 100, 110이고, 이에 대응하는 확률은 각각 $\frac{1}{4}$이므로 X의 확률분포는 아래와 같다.

X	0	10	100	110	합
$P(X=x)$	$\frac{1}{4}$	$\frac{1}{4}$	$\frac{1}{4}$	$\frac{1}{4}$	1

$$ \therefore\ E(X)=0\times\frac{1}{4}+10\times\frac{1}{4}+100\times\frac{1}{4}+110\times\frac{1}{4}=\mathbf{55}(\text{원}) $$

$$ V(X)=0^2\times\frac{1}{4}+10^2\times\frac{1}{4}+100^2\times\frac{1}{4}+110^2\times\frac{1}{4}-55^2=\mathbf{2525} $$

**Note* X의 확률질량함수는

$$ P(X=k)=\frac{1}{4}\ (k=0,\ 10,\ 100,\ 110) $$

이다.

8-6. X가 가지는 값은

$0,\ 100,\ 200,\ 300$

이고, 이에 대응하는 확률은 각각

$${}_3C_0\left(\frac{1}{2}\right)^3=\frac{1}{8},\quad {}_3C_1\left(\frac{1}{2}\right)^3=\frac{3}{8},$$

$${}_3C_2\left(\frac{1}{2}\right)^3=\frac{3}{8},\quad {}_3C_3\left(\frac{1}{2}\right)^3=\frac{1}{8}$$

이므로 X의 확률분포는 아래와 같다.

X	0	100	200	300	합
P(X=x)	$\frac{1}{8}$	$\frac{3}{8}$	$\frac{3}{8}$	$\frac{1}{8}$	1

$$\therefore\ E(X)=0\times\frac{1}{8}+100\times\frac{3}{8}+200\times\frac{3}{8}+300\times\frac{1}{8}=\mathbf{150}\text{(원)}$$

$$V(X)=0^2\times\frac{1}{8}+100^2\times\frac{3}{8}+200^2\times\frac{3}{8}+300^2\times\frac{1}{8}-150^2=7500$$

$$\therefore\ \sigma(X)=\sqrt{7500}=\mathbf{50\sqrt{3}}\text{(원)}$$

8-7. X가 가지는 값은 2, 3, 4, 5, 6이다. 이에 대응하는 확률을 각각 구하여 X의 확률분포를 표로 나타내면 아래와 같다.

X	2	3	4	5	6	합
P(X=x)	$\frac{1}{36}$	$\frac{4}{36}$	$\frac{10}{36}$	$\frac{12}{36}$	$\frac{9}{36}$	1

$$\therefore\ E(X)=2\times\frac{1}{36}+3\times\frac{4}{36}+4\times\frac{10}{36}+5\times\frac{12}{36}+6\times\frac{9}{36}=\mathbf{\frac{14}{3}}$$

$$V(X)=2^2\times\frac{1}{36}+3^2\times\frac{4}{36}+4^2\times\frac{10}{36}+5^2\times\frac{12}{36}+6^2\times\frac{9}{36}-\left(\frac{14}{3}\right)^2=\frac{10}{9}$$

$$\therefore\ \sigma(X)=\sqrt{\frac{10}{9}}=\mathbf{\frac{\sqrt{10}}{3}}$$

8-8. X가 가지는 값은 2, 3, 4, 5, 6이고,

$$P(X=2)=\frac{{}_2C_2}{{}_5C_2}=\frac{1}{10},$$

$$P(X=3)=\frac{{}_2C_1\times{}_2C_1}{{}_5C_2}=\frac{4}{10},$$

$$P(X=4)=\frac{{}_2C_2}{{}_5C_2}=\frac{1}{10},$$

$$P(X=5)=\frac{{}_2C_1\times{}_1C_1}{{}_5C_2}=\frac{2}{10},$$

$$P(X=6)=\frac{{}_2C_1\times{}_1C_1}{{}_5C_2}=\frac{2}{10}$$

이므로 X의 확률분포는 아래와 같다.

X	2	3	4	5	6	합
P(X=x)	$\frac{1}{10}$	$\frac{4}{10}$	$\frac{1}{10}$	$\frac{2}{10}$	$\frac{2}{10}$	1

$$\therefore\ E(X)=2\times\frac{1}{10}+3\times\frac{4}{10}+4\times\frac{1}{10}+5\times\frac{2}{10}+6\times\frac{2}{10}=\mathbf{4}$$

$$V(X)=2^2\times\frac{1}{10}+3^2\times\frac{4}{10}+4^2\times\frac{1}{10}+5^2\times\frac{2}{10}+6^2\times\frac{2}{10}-4^2=\mathbf{\frac{9}{5}}$$

8-9. X가 가지는 값은 0, 1, 2이고,

$$P(X=0)=\frac{{}_2C_0\times{}_4C_2}{{}_6C_2}=\frac{6}{15},$$

$$P(X=1)=\frac{{}_2C_1\times{}_4C_1}{{}_6C_2}=\frac{8}{15},$$

$$P(X=2)=\frac{{}_2C_2\times{}_4C_0}{{}_6C_2}=\frac{1}{15}$$

이므로 X의 확률분포는 아래와 같다.

X	0	1	2	합
P(X=x)	$\frac{6}{15}$	$\frac{8}{15}$	$\frac{1}{15}$	1

따라서 평균 E(X)와 분산 V(X)는

$$E(X)=0\times\frac{6}{15}+1\times\frac{8}{15}+2\times\frac{1}{15}=\mathbf{\frac{2}{3}}$$

$$V(X)=0^2\times\frac{6}{15}+1^2\times\frac{8}{15}+2^2\times\frac{1}{15}-\left(\frac{2}{3}\right)^2=\mathbf{\frac{16}{45}}$$

*Note 1° 흰 공과 파란 공을 같은 색의 공으로 보고 붉은 공이 2개, 붉은색이 아닌 공이 4개 있다고 생각하면 된다.

2° X의 확률질량함수는

$$P(X=k)=\frac{{}_2C_k\times{}_4C_{2-k}}{{}_6C_2}\ (k=0,\ 1,\ 2)$$

이다.

8-10. X가 가지는 값은 0, 1, 2이고,

$$P(X=0)=\frac{{}_3C_0\times{}_4C_2}{{}_7C_2}=\frac{2}{7},$$

$$P(X=1)=\frac{{}_3C_1\times{}_4C_1}{{}_7C_2}=\frac{4}{7},$$

$$P(X=2)=\frac{{}_3C_2\times{}_4C_0}{{}_7C_2}=\frac{1}{7}$$

이므로 X의 확률분포는 아래와 같다.

X	0	1	2	합
$P(X=x)$	$\frac{2}{7}$	$\frac{4}{7}$	$\frac{1}{7}$	1

따라서 평균 E(X)와 분산 V(X)는

$$E(X)=0\times\frac{2}{7}+1\times\frac{4}{7}+2\times\frac{1}{7}=\mathbf{\frac{6}{7}}$$

$$V(X)=0^2\times\frac{2}{7}+1^2\times\frac{4}{7}+2^2\times\frac{1}{7}-\left(\frac{6}{7}\right)^2=\mathbf{\frac{20}{49}}$$

*Note X의 확률질량함수는

$$P(X=k)=\frac{{}_3C_k\times{}_4C_{2-k}}{{}_7C_2}\ (k=0,\ 1,\ 2)$$

이다.

8-11. $E(X)=\sum_{k=0}^{2}kP(X=k)$

$$=\sum_{k=0}^{2}\left\{k\times\frac{1}{6}(k+1)\right\}$$

$$=\frac{1}{6}\sum_{k=0}^{2}(k^2+k)$$

$$=\frac{1}{6}(0+2+6)=\mathbf{\frac{4}{3}}$$

$$V(X)=\sum_{k=0}^{2}k^2P(X=k)-\{E(X)\}^2$$

$$=\sum_{k=0}^{2}\left\{k^2\times\frac{1}{6}(k+1)\right\}-\left(\frac{4}{3}\right)^2$$

$$=\frac{1}{6}\sum_{k=0}^{2}(k^3+k^2)-\left(\frac{4}{3}\right)^2$$

$$=\frac{1}{6}(0+2+12)-\left(\frac{4}{3}\right)^2=\mathbf{\frac{5}{9}}$$

*Note X의 확률질량함수에 $k=0,\ 1,\ 2$를 대입하여 X의 확률분포를 표로 나타낸 다음, 이로부터 E(X)와 V(X)를 구해도 된다.

8-12. 2장의 카드에 적힌 수 중 큰 수를 확률변수 X라고 하면 X의 확률분포는 아래와 같다.

X	2	3	⋯	10	합
$P(X=k)$	$\frac{1}{{}_{10}C_2}$	$\frac{2}{{}_{10}C_2}$	⋯	$\frac{9}{{}_{10}C_2}$	1

따라서 X의 확률질량함수는

$$P(X=k)=\frac{k-1}{{}_{10}C_2}\ (k=2,\ 3,\ \cdots,\ 10)$$

이고

$$E(X)=\sum_{k=2}^{10}\left(k\times\frac{k-1}{{}_{10}C_2}\right)=\frac{1}{45}\sum_{k=2}^{10}(k^2-k)$$

$$=\frac{1}{45}\sum_{k=1}^{10}(k^2-k)$$

$$=\frac{1}{45}\left(\frac{10\times11\times21}{6}-\frac{10\times11}{2}\right)$$

$$=\mathbf{\frac{22}{3}}$$

8-13. $\sum P(X=x)=a+\frac{a}{2}+a^2=1$

에서 $(2a-1)(a+2)=0$

$0<a<1$이므로 $a=\frac{1}{2}$

(1) $E(X)=(-1)\times\frac{1}{2}+0\times\frac{1}{4}+1\times\frac{1}{4}=\mathbf{-\frac{1}{4}}$

$$V(X)=(-1)^2\times\frac{1}{2}+0^2\times\frac{1}{4}+1^2\times\frac{1}{4}-\left(-\frac{1}{4}\right)^2=\mathbf{\frac{11}{16}}$$

(2) $aX+1=\frac{1}{2}X+1=Y$로 놓으면

$$E(Y)=E\left(\frac{1}{2}X+1\right)=\frac{1}{2}E(X)+1$$
$$=\frac{1}{2}\times\left(-\frac{1}{4}\right)+1=\mathbf{\frac{7}{8}}$$
$$V(Y)=V\left(\frac{1}{2}X+1\right)=\left(\frac{1}{2}\right)^2V(X)$$
$$=\frac{1}{4}\times\frac{11}{16}=\mathbf{\frac{11}{64}}$$

8-14. $\sum P(X=x)=q+\frac{1}{4}+p=1$에서

$$p+q=\frac{3}{4} \qquad \cdots\cdots①$$
$$E(X)=0\times q+2\times\frac{1}{4}+3\times p=3p+\frac{1}{2}$$
$$V(X)=0^2\times q+2^2\times\frac{1}{4}+3^2\times p-\left(3p+\frac{1}{2}\right)^2$$
$$=-9p^2+6p+\frac{3}{4}$$
$$=-9\left(p-\frac{1}{3}\right)^2+\frac{7}{4}$$

따라서 $\boldsymbol{p=\frac{1}{3}}$일 때 V(X)는 최대가 된다.

$p=\frac{1}{3}$을 ①에 대입하면 $\boldsymbol{q=\frac{5}{12}}$

8-15. $\sum P(X=x)=\frac{4}{7}+a+b=1$에서

$$a+b=\frac{3}{7} \qquad \cdots\cdots①$$

$\frac{4}{7}$, a, b가 이 순서로 등비수열을 이루므로

$$a^2=\frac{4}{7}b \qquad \cdots\cdots②$$

①에서의 $b=\frac{3}{7}-a$를 ②에 대입하면

$$a^2=\frac{4}{7}\left(\frac{3}{7}-a\right)$$
$$\therefore (7a+6)(7a-2)=0$$

$0\le a\le 1$이므로 $a=\frac{2}{7}$

①에 대입하면 $b=\frac{1}{7}$

E(X)=24이므로

$$k\times\frac{4}{7}+2k\times\frac{2}{7}+4k\times\frac{1}{7}=24$$
$$\therefore \boldsymbol{k=14}$$

8-16. (1) $E(X)=(-2)\times0.2+(-1)\times0.1+0\times0.4+1\times0.2+2\times0.1$
$$=\mathbf{-0.1}$$
$$E(X^2)=(-2)^2\times0.2+(-1)^2\times0.1+0^2\times0.4+1^2\times0.2+2^2\times0.1$$
$$=\mathbf{1.5}$$
$$V(X)=E(X^2)-\{E(X)\}^2$$
$$=1.5-(-0.1)^2=\mathbf{1.49}$$

(2) $E\left(2(X-1)^2\right)=E(2X^2-4X+2)$
$$=2E(X^2)-4E(X)+2$$
$$=2\times1.5-4\times(-0.1)+2$$
$$=\mathbf{5.4}$$

(3) $E(Y)=E(2X+1)=2E(X)+1$
$$=2\times(-0.1)+1=\mathbf{0.8}$$
$$V(Y)=V(2X+1)=2^2V(X)$$
$$=4\times1.49=\mathbf{5.96}$$

***Note** (2) 상수 a, b, c에 대하여

$$E(aX^2+bX+c)$$
$$=\sum(ax_i^2+bx_i+c)p_i$$
$$=a\sum x_i^2p_i+b\sum x_ip_i+c\sum p_i$$
$$=aE(X^2)+bE(X)+c$$

곧,

$$\boldsymbol{E(aX^2+bX+c)=aE(X^2)+bE(X)+c}$$

가 성립한다.

8-17. X가 가지는 값은 1, 2, 3, 4, 5, 6 이고, X가 이들 값을 가질 확률은 각각 $\frac{1}{6}$이므로 X의 확률분포는 아래와 같다.

X	1	2	3	4	5	6
$P(X=x)$	$\frac{1}{6}$	$\frac{1}{6}$	$\frac{1}{6}$	$\frac{1}{6}$	$\frac{1}{6}$	$\frac{1}{6}$

$\therefore\ E(X^2)=1^2\times\frac{1}{6}+2^2\times\frac{1}{6}+3^2\times\frac{1}{6}+\cdots+6^2\times\frac{1}{6}=\frac{91}{6}$

$\therefore\ E(aX^2-1)=aE(X^2)-1=\frac{91}{6}a-1=90$

$\therefore\ \boldsymbol{a=6}$

8-18. $E(X)=10,\ \sigma(X)=0.1$이므로

$E(Y)=E(aX+b)=aE(X)+b=10a+b$

$\sigma(Y)=\sigma(aX+b)=|a|\sigma(X)=0.1a\ (\because\ a>0)$

그런데 문제의 조건에서 $E(Y)=0$, $\sigma(Y)=1$이므로

$10a+b=0,\ 0.1a=1$

$\therefore\ \boldsymbol{a=10,\ b=-100}$

8-19. 불량품이 나오는 사건은 서로 독립이므로 X는 이항분포 B(100, 0.2)를 따른다.

(1) $E(X)=np=100\times0.2=\mathbf{20}$

$\sigma(X)=\sqrt{npq}=\sqrt{100\times0.2\times0.8}=\mathbf{4}$

(2) $V(X)=E(X^2)-\{E(X)\}^2$에 (1)의 값을 대입하면

$4^2=E(X^2)-20^2\quad\therefore\ E(X^2)=\mathbf{416}$

8-20. 씨앗이 발아하는 사건은 서로 독립이므로 X는 이항분포 B(400, 0.9)를 따른다.

$\therefore\ \sigma(X)=\sqrt{npq}=\sqrt{400\times0.9\times0.1}=\mathbf{6}$

8-21. 1개의 공을 꺼낼 때 흰 공일 확률은 $\frac{4}{10}=\frac{2}{5}$이고, 복원추출이므로 흰 공이 나오는 사건은 서로 독립이다.

따라서 X는 이항분포 $B\left(3,\ \frac{2}{5}\right)$를 따른다.

$\therefore\ E(X)=np=3\times\frac{2}{5}=\mathbf{\frac{6}{5}}$

$\sigma(X)=\sqrt{npq}=\sqrt{3\times\frac{2}{5}\times\frac{3}{5}}=\mathbf{\frac{3\sqrt{2}}{5}}$

8-22. X는 이항분포 $B\left(10,\ \frac{1}{2}\right)$을 따르므로

$E(X)=10\times\frac{1}{2}=5$

$\therefore\ E(2X+1)=2E(X)+1=2\times5+1=\mathbf{11}$(원)

8-23. X는 이항분포 $B\left(10,\ \frac{1}{2}\right)$을 따르므로 X의 확률질량함수는

$P(X=x)={}_{10}C_x\left(\frac{1}{2}\right)^x\left(\frac{1}{2}\right)^{10-x}$

$(x=0,\ 1,\ 2,\ \cdots,\ 10)$

$\therefore\ E(3^X)=\sum_{x=0}^{10}3^xP(X=x)$

$=\sum_{x=0}^{10}3^x{}_{10}C_x\left(\frac{1}{2}\right)^x\left(\frac{1}{2}\right)^{10-x}$

$=\sum_{x=0}^{10}{}_{10}C_x\left(\frac{3}{2}\right)^x\left(\frac{1}{2}\right)^{10-x}$

$=\left(\frac{3}{2}+\frac{1}{2}\right)^{10}=\mathbf{1024}$(원)

8-24. X는 이항분포 $B\left(10,\ \frac{1}{5}\right)$을 따르므로 X의 확률질량함수는

$P(X=r)={}_{10}C_r\left(\frac{1}{5}\right)^r\left(\frac{4}{5}\right)^{10-r}$

$(r=0,\ 1,\ 2,\ \cdots,\ 10)$

$\therefore\ P_0=P(X=0)={}_{10}C_0\left(\frac{1}{5}\right)^0\left(\frac{4}{5}\right)^{10}=\left(\frac{4}{5}\right)^{10}$

(1) $P(X=1)={}_{10}C_1\left(\frac{1}{5}\right)^1\left(\frac{4}{5}\right)^9$

$=2\times\left(\frac{4}{5}\right)^{10}\times\frac{5}{4}=\mathbf{\frac{5}{2}P_0}$

(2) $P(X=2)={}_{10}C_2\left(\frac{1}{5}\right)^2\left(\frac{4}{5}\right)^8$

$=\frac{9}{5}\times\left(\frac{4}{5}\right)^8$

$=\frac{9}{5}\times\left(\frac{4}{5}\right)^{10}\times\left(\frac{5}{4}\right)^2=\mathbf{\frac{45}{16}P_0}$

(3) $P(X\geq 3)=1-\{P(X=0)+P(X=1)+P(X=2)\}$

$=1-\left(P_0+\frac{5}{2}P_0+\frac{45}{16}P_0\right)$

$=\mathbf{1-\frac{101}{16}P_0}$

8-25. X는 이항분포 $B(n, p)$를 따르므로

$E(X)=np$, $V(X)=np(1-p)$

$E(2X-5)=175$에서

$2E(X)-5=175 \quad \therefore E(X)=90$

$\therefore np=90 \quad \cdots\cdots①$

$V(2X-5)=12^2$에서

$2^2V(X)=144 \quad \therefore V(X)=36$

$\therefore np(1-p)=36 \quad \cdots\cdots②$

②÷①하면 $1-p=\frac{2}{5} \quad \therefore p=\frac{3}{5}$

$\therefore \boldsymbol{n=150}$

8-26. X는 이항분포 $B\left(20, \frac{1}{6}\right)$을 따르므로

$V(X)=20\times\frac{1}{6}\times\frac{5}{6}=\frac{25}{9}$

Y는 이항분포 $B\left(n, \frac{1}{2}\right)$을 따르므로

$V(Y)=n\times\frac{1}{2}\times\frac{1}{2}=\frac{n}{4}$

문제의 조건에서 $\frac{n}{4}>\frac{25}{9}$

$\therefore n>\frac{100}{9}=11.\times\times\times$

따라서 자연수 n의 최솟값은 **12**

9-1. (1) $f(x)(0\leq x\leq 1)$가 확률밀도함수이므로 오른쪽 그림에서 $y=f(x)$의 그래프와 x축, y축으로 둘러싸인 부분의 넓이는 1이다.

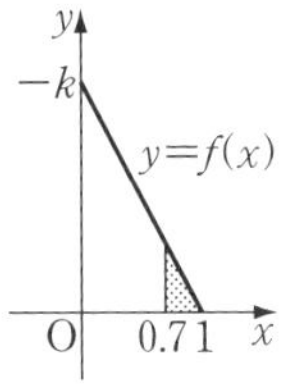

$\therefore \frac{1}{2}\times 1\times(-k)=1$

$\therefore \boldsymbol{k=-2}$

(2) $f(x)=-2(x-1)$ $(0\leq x\leq 1)$이고, $P(X\geq 0.7)$은 위의 그림에서 점 찍은 부분의 넓이와 같다.

그런데 $x=0.7$일 때 $y=0.6$이므로

$P(X\geq 0.7)=\frac{1}{2}\times(1-0.7)\times 0.6$

$=\mathbf{0.09}$

(3)

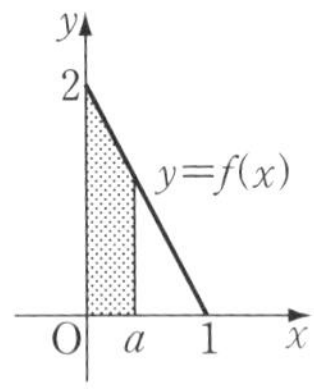

$P(X\leq a)=\frac{1}{2}\times\{2+(-2a+2)\}\times a$

$=0.64$

$\therefore a^2-2a+0.64=0$

$\therefore (a-0.4)(a-1.6)=0$

$0\leq a\leq 1$이므로 $\boldsymbol{a=0.4}$

* ***Note*** $P(a\leq X\leq 1)=1-0.64=0.36$ 임을 이용할 수도 있다.

(4) $E(X)=\int_0^1 xf(x)dx$

$=\int_0^1(-2x^2+2x)dx$

$=\left[-\frac{2}{3}x^3+x^2\right]_0^1=\mathbf{\frac{1}{3}}$

$V(X)=\int_0^1 x^2f(x)dx-\{E(X)\}^2$

$=\int_0^1(-2x^3+2x^2)dx-\left(\frac{1}{3}\right)^2$

$=\left[-\frac{1}{2}x^4+\frac{2}{3}x^3\right]_0^1-\frac{1}{9}$

$=\frac{1}{6}-\frac{1}{9}=\mathbf{\frac{1}{18}}$

9-2. 국어, 수학, 영어 점수를 각각 표준화하면

국어 : $\frac{78-65}{8}=\frac{13}{8}$

수학 : $\frac{75-55}{10}=2$

영어 : $\frac{74-60}{6}=\frac{7}{3}$

이 중에서 가장 큰 수는 영어 과목의 경우이므로 상대적으로 가장 잘하는 과목은 영어

9-3. $m=160$, $\sigma=10$이므로

$$Z=\frac{X-m}{\sigma}=\frac{X-160}{10}$$

으로 표준화하면

(1) $X=160$일 때 $Z=\frac{160-160}{10}=0$

$X=170$일 때 $Z=\frac{170-160}{10}=1$

$\therefore P(160\le X\le 170)=P(0\le Z\le 1)$
$=\mathbf{0.3413}$

(2) $X=155$일 때 $Z=\frac{155-160}{10}=-0.5$

$X=175$일 때 $Z=\frac{175-160}{10}=1.5$

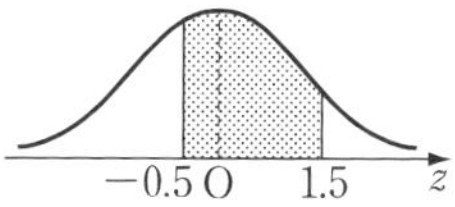

$\therefore P(155\le X\le 175)$
$=P(-0.5\le Z\le 1.5)$
$=P(0\le Z\le 0.5)+P(0\le Z\le 1.5)$
$=0.1915+0.4332=\mathbf{0.6247}$

(3) $X=165$일 때 $Z=\frac{165-160}{10}=0.5$

$X=180$일 때 $Z=\frac{180-160}{10}=2$

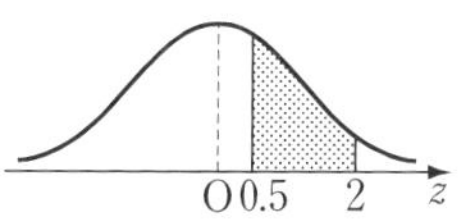

$\therefore P(165\le X\le 180)=P(0.5\le Z\le 2)$
$=P(0\le Z\le 2)-P(0\le Z\le 0.5)$
$=0.4772-0.1915=\mathbf{0.2857}$

9-4. 몸무게를 확률변수 X라고 하면 X는 정규분포 $N(63,\ 6^2)$을 따른다.

$Z=\frac{X-m}{\sigma}=\frac{X-63}{6}$으로 표준화하면

Z는 표준정규분포 $N(0,\ 1)$을 따르므로

$P(60\le X\le 75)=P(-0.5\le Z\le 2)$
$=P(0\le Z\le 0.5)+P(0\le Z\le 2)$
$=0.1915+0.4772=0.6687$
$=\mathbf{66.87}$**(%)**

9-5. 집에서 학교까지의 거리를 확률변수 X라고 하면 X는 정규분포 $N(2000,\ 250^2)$을 따른다.

$$Z=\frac{X-m}{\sigma}=\frac{X-2000}{250}$$

으로 표준화하면

$P(X\ge 2500)=P(Z\ge 2)$
$=0.5-P(0\le Z\le 2)$
$=0.5-0.48=0.02$

따라서 집에서 학교까지의 거리가 2500 m 미만인 사건을 A, 대중교통을 이용하여 통학하는 학생인 사건을 E라고 하면

$P(E)=P(A\cap E)+P(A^c\cap E)$
$=0.98\times 0.3+0.02\times 0.8=0.31$

$\therefore P(A|E)=\frac{P(A\cap E)}{P(E)}$
$=\frac{0.98\times 0.3}{0.31}=\mathbf{\frac{147}{155}}$

9-6. $Z=\frac{X-m}{\sigma}=\frac{X-5}{1.2}$로 표준화하면

$P(5-1.2k\le X\le 5+1.2k)$
$=P(-k\le Z\le k)=2P(0\le Z\le k)$

따라서 $2P(0\le Z\le k)=0.4972$에서
$P(0\le Z\le k)=0.2486$

주어진 표준정규분포표에서 $\boldsymbol{k=0.67}$

9-7. 수학 성적을 확률변수 X라고 하면 X는 정규분포 $N(72,\ 9^2)$을 따른다.

'수'를 받기 위한 최저 점수를 x라 하고, $Z=\frac{X-m}{\sigma}=\frac{X-72}{9}$로 표준화하면

$$P(X \ge x) = P\left(Z \ge \frac{x-72}{9}\right) = 0.1$$

$$\therefore\ 0.5 - P\left(0 \le Z \le \frac{x-72}{9}\right) = 0.1$$

$$\therefore\ P\left(0 \le Z \le \frac{x-72}{9}\right) = 0.4$$

표준정규분포표에서

$$P(0 \le Z \le 1.28) = 0.3997$$

이므로

$$\frac{x-72}{9} \fallingdotseq 1.28 \qquad \therefore\ x \fallingdotseq 83.52$$

점수는 자연수이므로 **84점**

9-8. 앞면이 나오는 횟수를 확률변수 X라고 하면 X는 이항분포 $B\left(100, \frac{1}{2}\right)$을 따르므로

$$E(X) = np = 100 \times \frac{1}{2} = 50,$$

$$V(X) = npq = 100 \times \frac{1}{2} \times \frac{1}{2} = 25$$

100은 충분히 크므로 X는 근사적으로 정규분포 $N(50, 5^2)$을 따른다.

$Z = \frac{X-m}{\sigma} = \frac{X-50}{5}$ 으로 표준화하면

(1) $P(45 \le X \le 55) = P(-1 \le Z \le 1)$
$= 2P(0 \le Z \le 1)$
$= 2 \times 0.3413 = \mathbf{0.6826}$

(2) $P(X \le 65) = P(Z \le 3)$
$= 0.5 + P(0 \le Z \le 3)$
$= 0.5 + 0.4987 = \mathbf{0.9987}$

**Note* X의 확률질량함수는

$$P(X=x) = {}_{100}C_x \left(\frac{1}{2}\right)^x \left(\frac{1}{2}\right)^{100-x}$$

$$= \left(\frac{1}{2}\right)^{100} {}_{100}C_x \ (x=0, 1, 2, \cdots, 100)$$

이므로

$$P(45 \le X \le 55) = \sum_{x=45}^{55} \left(\frac{1}{2}\right)^{100} {}_{100}C_x,$$

$$P(X \le 65) = \sum_{x=0}^{65} \left(\frac{1}{2}\right)^{100} {}_{100}C_x$$

를 구해도 되지만 일반적으로는 계산이 복잡하다.

9-9. 치유되는 환자의 수를 확률변수 X라고 하면 X는 이항분포 $B(150, 0.6)$을 따르므로

$$E(X) = np = 150 \times 0.6 = 90,$$

$$V(X) = npq = 150 \times 0.6 \times 0.4 = 36$$

150은 충분히 크므로 X는 근사적으로 정규분포 $N(90, 6^2)$을 따른다.

$Z = \frac{X-m}{\sigma} = \frac{X-90}{6}$ 으로 표준화하면

$P(X \ge 99) = P(Z \ge 1.5)$
$= 0.5 - P(0 \le Z \le 1.5)$
$= 0.5 - 0.4332 = \mathbf{0.0668}$

9-10. 명중한 화살의 개수를 확률변수 X라고 하면 X는 이항분포 $B(100, 0.9)$를 따르므로

$$E(X) = np = 100 \times 0.9 = 90,$$

$$V(X) = npq = 100 \times 0.9 \times 0.1 = 9$$

100은 충분히 크므로 X는 근사적으로 정규분포 $N(90, 3^2)$을 따른다.

$Z = \frac{X-m}{\sigma} = \frac{X-90}{3}$ 으로 표준화하면

$P(X \le 84) = P(Z \le -2) = P(Z \ge 2)$
$= 0.5 - P(0 \le Z \le 2)$
$= 0.5 - 0.4772 = \mathbf{0.0228}$

10-1. X의 평균을 m, 분산을 σ^2이라고 하면

$$m = 1 \times \frac{1}{10} + 2 \times \frac{1}{2} + 3 \times \frac{2}{5} = \frac{23}{10},$$

$$\sigma^2 = 1^2 \times \frac{1}{10} + 2^2 \times \frac{1}{2} + 3^2 \times \frac{2}{5} - \left(\frac{23}{10}\right)^2 = \frac{41}{100}$$

$$\therefore\ E(\overline{X}) = m = \mathbf{\frac{23}{10}}$$

$$V(\overline{X}) = \frac{\sigma^2}{n} = \frac{41/100}{4} = \mathbf{\frac{41}{400}}$$

10-2. 모집단의 숫자를 확률변수 X라고 하면 X의 확률분포는 다음과 같다.

X	1	2	3	합
P(X=x)	$\frac{2}{4}$	$\frac{1}{4}$	$\frac{1}{4}$	1

X의 평균을 m, 분산을 σ^2이라고 하면

$$m=1\times\frac{2}{4}+2\times\frac{1}{4}+3\times\frac{1}{4}=\frac{7}{4},$$

$$\sigma^2=1^2\times\frac{2}{4}+2^2\times\frac{1}{4}+3^2\times\frac{1}{4}-\left(\frac{7}{4}\right)^2=\frac{11}{16}$$

$$\therefore\ \mathrm{E}(\overline{\mathrm{X}})=m=\mathbf{\frac{7}{4}}$$

$$\mathrm{V}(\overline{\mathrm{X}})=\frac{\sigma^2}{n}=\frac{11/16}{2}=\mathbf{\frac{11}{32}}$$

*__Note__ n개의 변량 $x_1, x_2, x_3, \cdots, x_n$의 평균을 m, 분산을 σ^2이라고 하면

$$m=\frac{1}{n}\sum_{i=1}^{n}x_i,\ \ \sigma^2=\frac{1}{n}\sum_{i=1}^{n}x_i^2-m^2$$

이므로 ⇦ p. 136, 138

$$m=\frac{1}{4}(1+1+2+3)=\frac{7}{4},$$

$$\sigma^2=\frac{1}{4}(1^2+1^2+2^2+3^2)-\left(\frac{7}{4}\right)^2=\frac{11}{16}$$

10-3. 모집단의 분포는 정규분포 $\mathrm{N}(500,\ 80^2)$을 따른다.

따라서 크기가 100인 표본으로부터 얻은 표본평균을 $\overline{\mathrm{X}}$라 하면 $\overline{\mathrm{X}}$는 정규분포

$$\mathrm{N}\left(500,\ \frac{80^2}{100}\right)\ \text{곧, } \mathrm{N}(500,\ 8^2)$$

을 따른다.

$\mathrm{Z}=\dfrac{\overline{\mathrm{X}}-500}{8}$으로 표준화하면

$$\begin{aligned}\mathrm{P}(492\le\overline{\mathrm{X}}\le512)&=\mathrm{P}(-1\le\mathrm{Z}\le1.5)\\&=\mathrm{P}(0\le\mathrm{Z}\le1)+\mathrm{P}(0\le\mathrm{Z}\le1.5)\\&=0.3413+0.4332=\mathbf{0.7745}\end{aligned}$$

10-4. 모집단의 분포는 정규분포 $\mathrm{N}(30,\ 5^2)$을 따른다.

따라서 크기가 100인 표본으로부터 얻은 표본평균 $\overline{\mathrm{X}}$는 정규분포

$$\mathrm{N}\left(30,\ \frac{5^2}{100}\right)\ \text{곧, } \mathrm{N}(30,\ 0.5^2)$$

을 따른다.

$\mathrm{Z}=\dfrac{\overline{\mathrm{X}}-30}{0.5}$으로 표준화하면

(1) $$\begin{aligned}\mathrm{P}(29\le\overline{\mathrm{X}}\le31)&=\mathrm{P}(-2\le\mathrm{Z}\le2)\\&=2\mathrm{P}(0\le\mathrm{Z}\le2)\\&=2\times0.4772=\mathbf{0.9544}\end{aligned}$$

(2) $$\begin{aligned}\mathrm{P}(\overline{\mathrm{X}}\ge31.5)&=\mathrm{P}(\mathrm{Z}\ge3)\\&=0.5-\mathrm{P}(0\le\mathrm{Z}\le3)\\&=0.5-0.4987=\mathbf{0.0013}\end{aligned}$$

10-5. 모집단의 분포는 정규분포 $\mathrm{N}(60,\ 6^2)$을 따른다.

따라서 임의추출한 학생 9명의 몸무게의 평균을 $\overline{\mathrm{X}}$라고 하면

$$\mathrm{E}(\overline{\mathrm{X}})=60,\ \ \sigma(\overline{\mathrm{X}})=\frac{6}{\sqrt{9}}=2$$

이므로 $\overline{\mathrm{X}}$는 정규분포 $\mathrm{N}(60,\ 2^2)$을 따른다.

한편 경고음이 울리려면 $\overline{\mathrm{X}}\ge\dfrac{549}{9}=61$이어야 한다.

$\mathrm{Z}=\dfrac{\overline{\mathrm{X}}-60}{2}$으로 표준화하면

$$\begin{aligned}\mathrm{P}(\overline{\mathrm{X}}\ge61)&=\mathrm{P}(\mathrm{Z}\ge0.5)\\&=0.5-\mathrm{P}(0\le\mathrm{Z}\le0.5)\\&=0.5-0.1915=\mathbf{0.3085}\end{aligned}$$

10-6. 모집단의 분포가 정규분포 $\mathrm{N}(50,\ 4^2)$을 따르므로 크기가 n인 표본으로부터 얻은 표본평균 $\overline{\mathrm{X}}$는 정규분포 $\mathrm{N}\left(50,\ \dfrac{4^2}{n}\right)$을 따른다.

$\mathrm{Z}=\dfrac{\overline{\mathrm{X}}-50}{\frac{4}{\sqrt{n}}}$으로 표준화하면

$$\begin{aligned}\mathrm{P}(49\le\overline{\mathrm{X}}\le51)&=\mathrm{P}\left(-\frac{\sqrt{n}}{4}\le\mathrm{Z}\le\frac{\sqrt{n}}{4}\right)\\&=2\mathrm{P}\left(0\le\mathrm{Z}\le\frac{\sqrt{n}}{4}\right)\\&=0.6826\end{aligned}$$

$\therefore\ P\left(0\le Z\le \dfrac{\sqrt{n}}{4}\right)=0.3413$

따라서 표준정규분포표에 의하여

$\dfrac{\sqrt{n}}{4}=1 \quad \therefore\ \boldsymbol{n=16}$

10-7. 과자 A의 무게가 정규분포 $N(800,\ 14^2)$을 따르므로 크기가 49인 표본으로부터 얻은 표본평균 $\overline{X}$는 정규분포

$N\left(800,\ \dfrac{14^2}{49}\right)$ 곧, $N(800,\ 2^2)$

을 따른다.

따라서 $P(\overline{X}<c)=0.015$에서

$Z=\dfrac{\overline{X}-800}{2}$으로 표준화하면

$P\left(Z<\dfrac{c-800}{2}\right)=0.015$

$\therefore\ P\left(Z>\dfrac{800-c}{2}\right)=0.015$

$\therefore\ P\left(0\le Z\le \dfrac{800-c}{2}\right)=0.5-0.015=0.485$

따라서 표준정규분포표에 의하여

$\dfrac{800-c}{2}=2.17 \quad \therefore\ \boldsymbol{c=795.66}$

10-8. 표본의 크기가 충분히 크므로 다음 신뢰구간이 성립한다.

(1) $70000-1.96\times\dfrac{10000}{\sqrt{10000}}\le m \le 70000+1.96\times\dfrac{10000}{\sqrt{10000}}$

$\therefore\ \boldsymbol{69804\le m\le 70196}$

(2) $70000-2.58\times\dfrac{10000}{\sqrt{10000}}\le m \le 70000+2.58\times\dfrac{10000}{\sqrt{10000}}$

$\therefore\ \boldsymbol{69742\le m\le 70258}$

10-9. 모집단의 표준편차는 $\sigma=100$이고, 표본의 크기는 $n=100$, 표본평균은 $\overline{X}=1200$이므로 평균 수명(모평균)을 m이라고 하면 표본의 크기가 충분히 크므로 다음 신뢰구간이 성립한다.

$1200-2.58\times\dfrac{100}{\sqrt{100}}\le m \le 1200+2.58\times\dfrac{100}{\sqrt{100}}$

$\therefore\ 1174.2\le m\le 1225.8$

$\therefore\ \boldsymbol{[1174.2,\ 1225.8]}$

10-10. 표본평균 $\overline{X}$는 450이고, 모표준편차가 5이므로 모평균 m에 대한 신뢰도 99 %의 신뢰구간은

$450-2.58\times\dfrac{5}{\sqrt{n}}\le m\le 450+2.58\times\dfrac{5}{\sqrt{n}}$

이 신뢰구간이

$448.71\le m\le 451.29$

와 일치해야 하므로

$450-2.58\times\dfrac{5}{\sqrt{n}}=448.71,$

$450+2.58\times\dfrac{5}{\sqrt{n}}=451.29$

$\therefore\ \sqrt{n}=10 \quad \therefore\ \boldsymbol{n=100}$

10-11. 모표준편차가 12이므로 모평균 m에 대한 신뢰도 95 %의 신뢰구간은

$\overline{X}-1.96\times\dfrac{12}{\sqrt{n}}\le m\le \overline{X}+1.96\times\dfrac{12}{\sqrt{n}}$

이 신뢰구간이

$82.648\le m\le 87.352$

와 일치해야 하므로

$\overline{X}-1.96\times\dfrac{12}{\sqrt{n}}=82.648,$

$\overline{X}+1.96\times\dfrac{12}{\sqrt{n}}=87.352$

변변 더하면 $2\overline{X}=170 \quad \therefore\ \boldsymbol{\overline{X}=85}$

이 값을 위의 첫째 식에 대입하면

$85-1.96\times\dfrac{12}{\sqrt{n}}=82.648$

$\therefore\ \sqrt{n}=10 \quad \therefore\ \boldsymbol{n=100}$

10-12. 표본의 크기를 n이라고 하면 신뢰도 95 %, 99 %의 신뢰구간의 길이는 각각

$$2\times 1.96\times\frac{\sigma}{\sqrt{100}},\ 2\times 2.58\times\frac{\sigma}{\sqrt{n}}$$

문제의 뜻에 따라

$$2\times 2.58\times\frac{\sigma}{\sqrt{n}}\le 2\times 1.96\times\frac{\sigma}{\sqrt{100}}$$

$$\therefore\ \sqrt{n}\ge\frac{2.58\times 10}{1.96}\qquad\therefore\ n\ge 173.27\times\times$$

따라서 174개 이상의 전구를 골라야 하므로 더 골라야 하는 전구는 최소한

$174-100=$**74**(개)

11-1. 모비율을 p, 표본의 크기를 n이라고 하면 $p=0.8,\ n=400$

(1) 표본비율 $\hat{p}$의 평균과 표준편차는

$E(\hat{p})=p=\mathbf{0.8},$

$$V(\hat{p})=\frac{pq}{n}=\frac{0.8\times 0.2}{400}=\frac{0.4^2}{20^2}=0.02^2$$

$\therefore\ \sigma(\hat{p})=\mathbf{0.02}$

(2) n이 충분히 크므로 $\hat{p}$은 근사적으로 정규분포 $N(0.8,\ 0.02^2)$을 따른다.

$Z=\dfrac{\hat{p}-0.8}{0.02}$로 표준화하면

$$P(\hat{p}\ge 0.82)=P(Z\ge 1)=0.5-P(0\le Z\le 1)=0.5-0.3413=\mathbf{0.1587}$$

11-2. 모비율이 $p=0.6$이고 표본의 크기가 $n=150$이므로 표본비율 $\hat{p}$의 평균과 분산은

$E(\hat{p})=p=0.6=\dfrac{3}{5},$

$$V(\hat{p})=\frac{pq}{n}=\frac{0.6\times 0.4}{150}=\left(\frac{1}{25}\right)^2$$

그런데 n이 충분히 크므로 $\hat{p}$은 근사적으로 정규분포 $N\left(\dfrac{3}{5},\ \left(\dfrac{1}{25}\right)^2\right)$을 따른다.

따라서 $Z=\dfrac{\hat{p}-\frac{3}{5}}{\frac{1}{25}}$으로 표준화하면

$$P\left(\frac{84}{150}\le\hat{p}\le\frac{99}{150}\right)=P\left(\frac{\frac{84}{150}-\frac{3}{5}}{\frac{1}{25}}\le Z\le\frac{\frac{99}{150}-\frac{3}{5}}{\frac{1}{25}}\right)$$

$$=P(-1\le Z\le 1.5)$$

$$=P(0\le Z\le 1)+P(0\le Z\le 1.5)$$

$$=0.3413+0.4332=\mathbf{0.7745}$$

11-3. 모비율이 $p=0.2$이고 표본의 크기가 $n=25$이므로 표본비율 $\hat{p}$의 평균과 분산은

$E(\hat{p})=p=0.2=\dfrac{1}{5},$

$$V(\hat{p})=\frac{pq}{n}=\frac{0.2\times 0.8}{25}=\left(\frac{2}{25}\right)^2$$

그런데 n이 충분히 크므로 $\hat{p}$은 근사적으로 정규분포 $N\left(\dfrac{1}{5},\ \left(\dfrac{2}{25}\right)^2\right)$을 따른다.

따라서 $Z=\dfrac{\hat{p}-\frac{1}{5}}{\frac{2}{25}}$로 표준화하면

$$P\left(\hat{p}\le\frac{2}{25}\right)=P\left(Z\le\frac{\frac{2}{25}-\frac{1}{5}}{\frac{2}{25}}\right)$$

$$=P(Z\le -1.5)=P(Z\ge 1.5)$$

$$=0.5-P(0\le Z\le 1.5)$$

$$=0.5-0.4332=\mathbf{0.0668}$$

11-4. 표본비율을 $\hat{p}$이라고 하면

$$\hat{p}=\frac{10}{100}=0.1$$

따라서 모비율을 p라고 하면 표본의 크기가 충분히 크므로 다음 신뢰구간이 성립한다.

$$0.1-1.96\sqrt{\frac{0.1\times 0.9}{100}}\le p\le 0.1+1.96\sqrt{\frac{0.1\times 0.9}{100}}$$

$\therefore\ 0.0412\le p\le 0.1588$

$\therefore\ [\mathbf{0.0412,\ 0.1588}]$

11-5. 표본비율을 $\hat{p}$이라고 하면

$$\hat{p}=\frac{80}{400}=0.2$$

따라서 모비율을 p라고 하면 표본의 크기가 충분히 크므로 다음 신뢰구간이 성립한다.

$$0.2-2.58\sqrt{\frac{0.2\times0.8}{400}}\le p\le 0.2+2.58\sqrt{\frac{0.2\times0.8}{400}}$$

$\therefore\ 0.1484\le p\le 0.2516$

$\therefore$ **[0.1484, 0.2516]**

11-6. 표본의 크기 n이 충분히 크므로 신뢰도 95 %의 신뢰구간은

$$\hat{p}-1.96\sqrt{\frac{\hat{p}(1-\hat{p})}{n}}\le p\le\hat{p}+1.96\sqrt{\frac{\hat{p}(1-\hat{p})}{n}}$$

이 신뢰구간이 $0.7608\le p\le 0.8392$와 일치해야 하므로

$$\hat{p}-1.96\sqrt{\frac{\hat{p}(1-\hat{p})}{n}}=0.7608,$$

$$\hat{p}+1.96\sqrt{\frac{\hat{p}(1-\hat{p})}{n}}=0.8392$$

변변 더하면 $2\hat{p}=1.6$ $\therefore$ $\boldsymbol{\hat{p}=0.8}$

이 값을 위의 첫째 식에 대입하면

$$0.8-1.96\sqrt{\frac{0.8\times0.2}{n}}=0.7608$$

$$\therefore\ \frac{1.96\times0.4}{\sqrt{n}}=0.0392$$

$\therefore\ \sqrt{n}=20$ $\therefore$ $\boldsymbol{n=400}$

11-7. 표본의 크기 n이 충분히 크므로 신뢰도 99 %의 신뢰구간은

$$0.36-2.58\sqrt{\frac{0.36\times0.64}{n}}\le p\le 0.36+2.58\sqrt{\frac{0.36\times0.64}{n}}$$

이 신뢰구간이 $0.2052\le p\le a$와 일치해야 하므로

$$0.36-2.58\times\frac{0.48}{\sqrt{n}}=0.2052 \quad\cdots①$$

$$0.36+2.58\times\frac{0.48}{\sqrt{n}}=a \quad\cdots②$$

①에서 $\sqrt{n}=8$ $\therefore$ $\boldsymbol{n=64}$

②에 대입하면 $\boldsymbol{a=0.5148}$

11-8. 표본비율을 $\hat{p}$이라고 하면 신뢰도 95 %로 추정한 신뢰구간의 길이는

$$2\times1.96\sqrt{\frac{\hat{p}\hat{q}}{n}}\ (\hat{q}=1-\hat{p})$$

$\hat{p}=0.9$일 때, 이 값이 0.2 이하이려면

$$2\times1.96\sqrt{\frac{0.9\times0.1}{n}}\le0.2$$

$\therefore\ \sqrt{n}\ge5.88$ $\therefore\ n\ge34.5744$

따라서 표본의 크기 n의 최솟값은 **35**

***Note** 신뢰구간의 길이는

95 %의 신뢰도로 $\boldsymbol{2\times1.96\sqrt{\frac{\hat{p}\hat{q}}{n}}}$

99 %의 신뢰도로 $\boldsymbol{2\times2.58\sqrt{\frac{\hat{p}\hat{q}}{n}}}$

11-9. 신뢰도 99 %의 신뢰구간의 길이의 최댓값은 $2\times2.58\sqrt{\frac{1}{4n}}$

이 값이 0.3 이하이려면

$$2\times2.58\sqrt{\frac{1}{4n}}\le0.3$$

$\therefore\ \sqrt{n}\ge8.6$ $\therefore\ n\ge73.96$

따라서 표본의 크기 n의 최솟값은 **74**

***Note** 1° 신뢰구간의 길이의 최댓값은

95 %의 신뢰도로 $\boldsymbol{2\times1.96\sqrt{\frac{1}{4n}}}$

99 %의 신뢰도로 $\boldsymbol{2\times2.58\sqrt{\frac{1}{4n}}}$

⇦ p. 224

2° 신뢰구간의 최대 허용 표본오차는

95 %의 신뢰도로 $\boldsymbol{1.96\sqrt{\frac{1}{4n}}}$

99 %의 신뢰도로 $\boldsymbol{2.58\sqrt{\frac{1}{4n}}}$

⇦ p. 225

표준정규분포표

$$P(0 \le Z \le z) = \int_0^z \frac{1}{\sqrt{2\pi}} e^{-\frac{x^2}{2}} dx$$

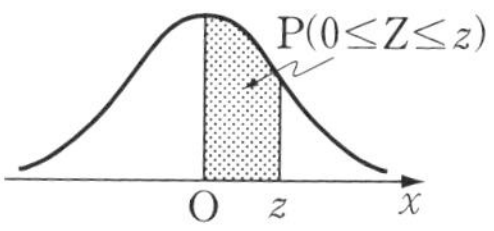

z	0.00	0.01	0.02	0.03	0.04	0.05	0.06	0.07	0.08	0.09
0.0	.0000	.0040	.0080	.0120	.0160	.0199	.0239	.0279	.0319	.0359
0.1	.0398	.0438	.0478	.0517	.0557	.0596	.0636	.0675	.0714	.0753
0.2	.0793	.0832	.0871	.0910	.0948	.0987	.1026	.1064	.1103	.1141
0.3	.1179	.1217	.1255	.1293	.1331	.1368	.1406	.1443	.1480	.1517
0.4	.1554	.1591	.1628	.1664	.1700	.1736	.1772	.1808	.1844	.1879
0.5	.1915	.1950	.1985	.2019	.2054	.2088	.2123	.2157	.2190	.2224
0.6	.2257	.2291	.2324	.2357	.2389	.2422	.2454	.2486	.2517	.2549
0.7	.2580	.2611	.2642	.2673	.2704	.2734	.2764	.2794	.2823	.2852
0.8	.2881	.2910	.2939	.2967	.2995	.3023	.3051	.3078	.3106	.3133
0.9	.3159	.3186	.3212	.3238	.3264	.3289	.3315	.3340	.3365	.3389
1.0	.3413	.3438	.3461	.3485	.3508	.3531	.3554	.3577	.3599	.3621
1.1	.3643	.3665	.3686	.3708	.3729	.3749	.3770	.3790	.3810	.3830
1.2	.3849	.3869	.3888	.3907	.3925	.3944	.3962	.3980	.3997	.4015
1.3	.4032	.4049	.4066	.4082	.4099	.4115	.4131	.4147	.4162	.4177
1.4	.4192	.4207	.4222	.4236	.4251	.4265	.4279	.4292	.4306	.4319
1.5	.4332	.4345	.4357	.4370	.4382	.4394	.4406	.4418	.4429	.4441
1.6	.4452	.4463	.4474	.4484	.4495	.4505	.4515	.4525	.4535	.4545
1.7	.4554	.4564	.4573	.4582	.4591	.4599	.4608	.4616	.4625	.4633
1.8	.4641	.4649	.4656	.4664	.4671	.4678	.4686	.4693	.4699	.4706
1.9	.4713	.4719	.4726	.4732	.4738	.4744	.4750	.4756	.4761	.4767
2.0	.4772	.4778	.4783	.4788	.4793	.4798	.4803	.4808	.4812	.4817
2.1	.4821	.4826	.4830	.4834	.4838	.4842	.4846	.4850	.4854	.4857
2.2	.4861	.4864	.4868	.4871	.4875	.4878	.4881	.4884	.4887	.4890
2.3	.4893	.4896	.4898	.4901	.4904	.4906	.4909	.4911	.4913	.4916
2.4	.4918	.4920	.4922	.4925	.4927	.4929	.4931	.4932	.4934	.4936
2.5	.4938	.4940	.4941	.4943	.4945	.4946	.4948	.4949	.4951	.4952
2.6	.4953	.4955	.4956	.4957	.4959	.4960	.4961	.4962	.4963	.4964
2.7	.4965	.4966	.4967	.4968	.4969	.4970	.4971	.4972	.4973	.4974
2.8	.4974	.4975	.4976	.4977	.4977	.4978	.4979	.4979	.4980	.4981
2.9	.4981	.4982	.4983	.4983	.4984	.4984	.4985	.4985	.4986	.4986
3.0	.4987	.4987	.4987	.4988	.4988	.4989	.4989	.4989	.4990	.4990
3.1	.4990	.4991	.4991	.4991	.4992	.4992	.4992	.4992	.4993	.4993

찾 아 보 기

기본 수학의 정석

확률과 통계

1966년 초판 발행
총개정 제12판 발행

지 은 이 홍 성 대(洪 性 大)

도 운 이 남 진 영
박 재 희

발 행 인 홍 상 욱

발 행 소 **성지출판(주)**

06743 서울특별시 서초구 강남대로 202
등록 1997.6.2. 제22-1152호
전화 02-574-6700(영업부), 6400(편집부)
Fax 02-574-1400, 1358

인쇄 : 동화인쇄공사 · 제본 : 국일문화사

ISBN 979-11-5620-031-4 53410

수학의 정석 시리즈

홍성대 지음

개정 교육과정에 따른

수학의 정석 시리즈 안내

기본 수학의 정석 수학(상)
기본 수학의 정석 수학(하)
기본 수학의 정석 수학 I
기본 수학의 정석 수학 II
기본 수학의 정석 미적분
기본 수학의 정석 확률과 통계
기본 수학의 정석 기하

실력 수학의 정석 수학(상)
실력 수학의 정석 수학(하)
실력 수학의 정석 수학 I
실력 수학의 정석 수학 II
실력 수학의 정석 미적분
실력 수학의 정석 확률과 통계
실력 수학의 정석 기하